한 권으로 끝내기

한끝

중학 국어 〔문법편〕

구성과 특징

1 개념 익히기

국어 영역에서 알아 두어야 할 필수 문법 개념을 학습해 보세요.

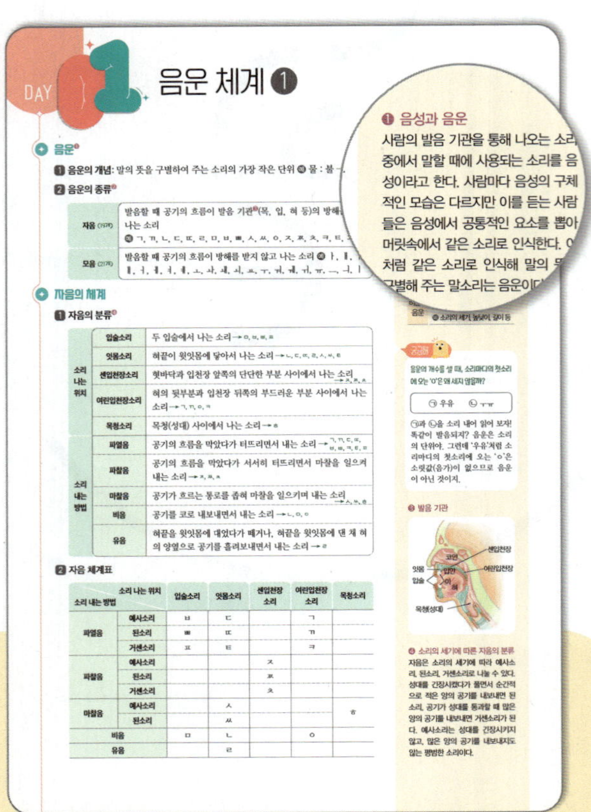

- ✦ 국어 영역에서 알아 두어야 할 기본적인 문법 개념은 물론 성취 기준에 제시된 내용까지 체계적으로 정리하고, '예'를 통해 개념을 쉽게 풀어 설명하였습니다.

- ✦ 개념에 대한 보충 지식과 헷갈리는 문법 개념들을 추가적으로 정리하여 심화·확장 학습을 할 수 있도록 하였습니다.

2 기본 다지기

필수 문법 개념을 유형화한 다양한 문제를 풀어 보며 기초를 쌓아 보세요.

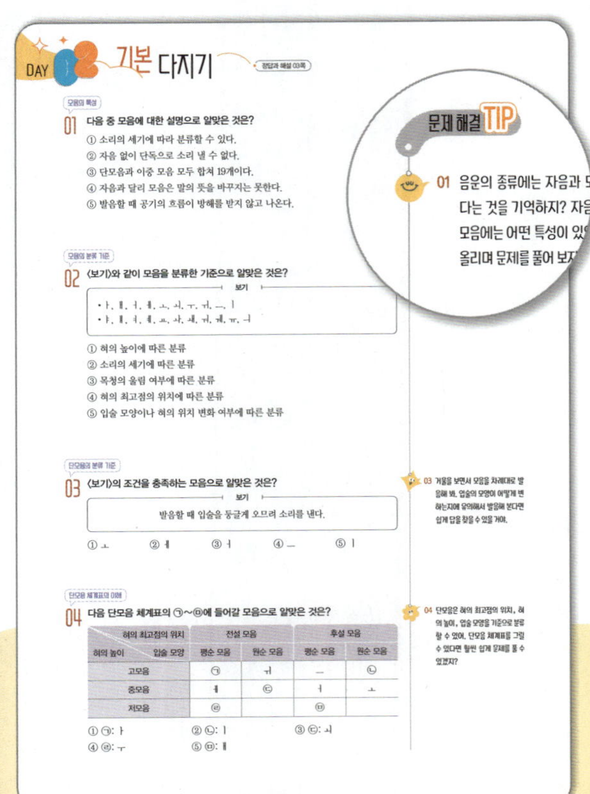

- ✦ 필수 문법 개념을 유형화하여 기본 실력을 점검하기 위한 기본 문제를 수록하였습니다.

- ✦ 문제 풀이를 위한 접근법, 알아 두어야 하는 지식은 '문제 해결 TIP'으로 수록하였습니다.

세상이 변해도
배움의 즐거움은
변함없도록

시대는 빠르게 변해도
배움의 즐거움은
변함없어야 하기에

어제의 비상은
남다른 교재부터
결이 다른 콘텐츠
전에 없던 교육 플랫폼까지

변함없는 혁신으로
교육 문화 환경의 새로운 전형을
실현해왔습니다.

비상은 오늘, 다시 한번
새로운 교육 문화 환경을 실현하기 위한
또 하나의 혁신을 시작합니다.

오늘의 내가 어제의 나를 초월하고
오늘의 교육이 어제의 교육을 초월하여
배움의 즐거움을 지속하는 혁신,

바로, 메타인지 기반 완전 학습을.

상상을 실현하는 교육 문화 기업 비상

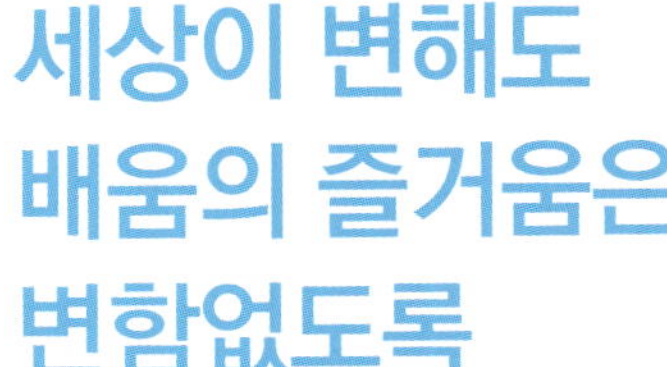

메타인지 기반 완전 학습

초월을 뜻하는 meta와 생각을 뜻하는 인지가 결합한 메타인지는
자신이 알고 모르는 것을 스스로 구분하고 학습계획을 세우도록 하는
궁극의 학습 능력입니다. 비상의 메타인지 기반 완전 학습 시스템은
잠들어 있는 메타인지를 깨워 공부를 100% 내 것으로 만들도록 합니다.

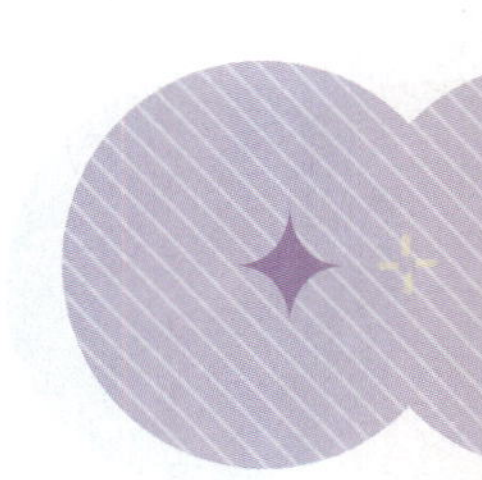

3 실력 쌓기

문법 실력을 키워 줄 응용 문제를 풀어 보고, 고난도 문제까지 도전해 보세요.

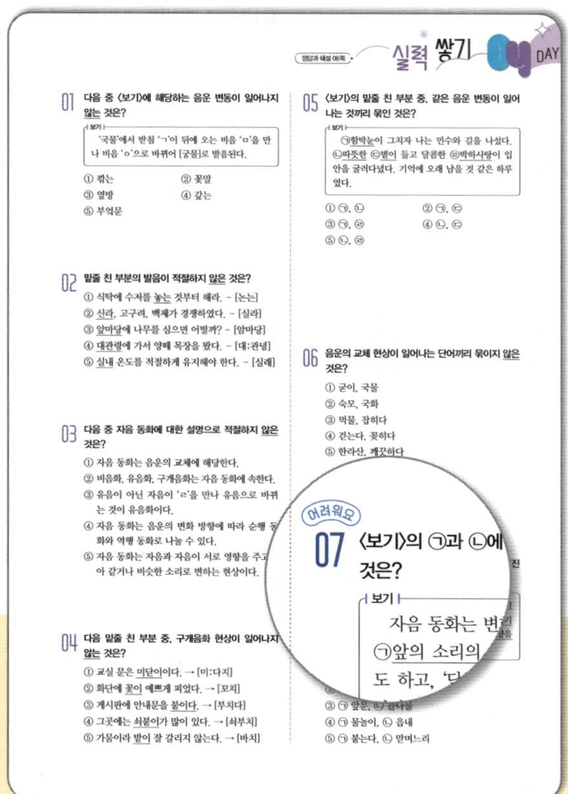

✦ 기본 문제를 바탕으로 하여 문법 실력을 쌓기 위한 응용 문제를 수록하였습니다.

✦ 난이도가 높은 문제를 선별 출제하여 어려워요 로 표시하였습니다.

4 기출로 끝내기

문법 개념을 대단원별 문제로 풀어 보며 정복해 보세요.

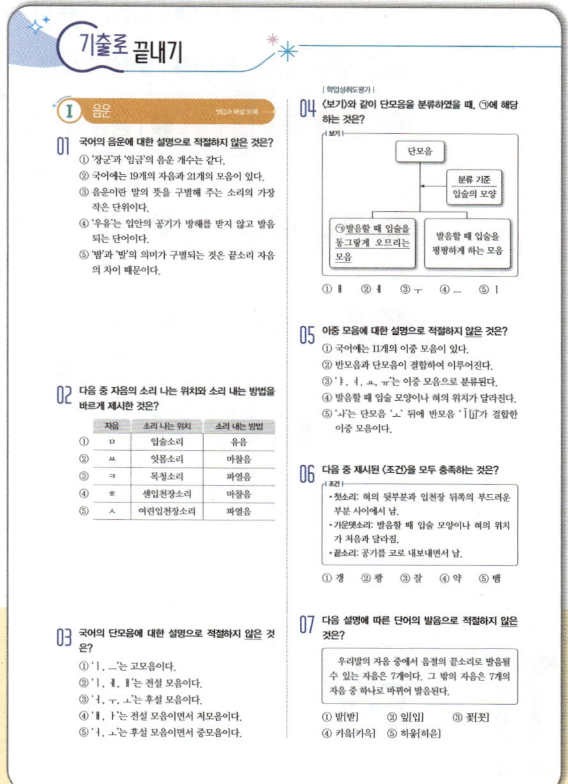

✦ 대단원별로 학업성취도평가 기출 문제 및 기출 응용 문제를 수록하였습니다.

✦ 고난도 및 신유형 문제를 풀어 봄으로써 실전에 대비할 수 있도록 하였습니다.

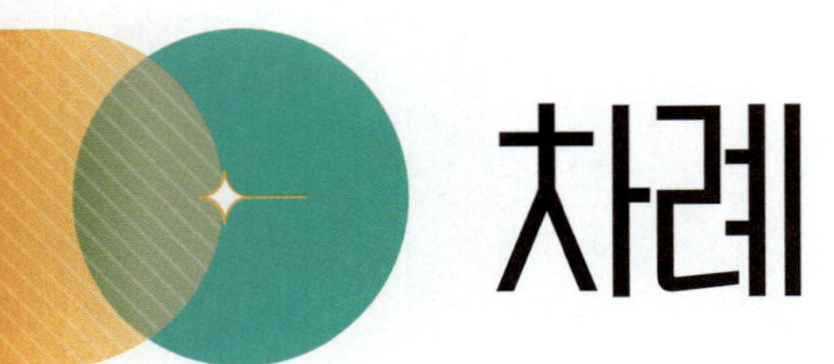

차례

학습 계획표

대단원	소단원		학습일	학습 결과 점검
Ⅰ 음운	**DAY 01**	**음운 체계 ❶** 음운, 자음의 체계	/	☺ 😐 ☹
	DAY 02	**음운 체계 ❷** 모음의 체계	/	☺ 😐 ☹
	DAY 03	**음운의 변동 ❶** 음운의 변동, 음운의 교체 ① (음절의 끝소리 규칙, 된소리되기)	/	☺ 😐 ☹
	DAY 04	**음운의 변동 ❷** 음운의 교체 ② (비음화, 유음화, 구개음화), 음운의 축약 (거센소리되기)	/	☺ 😐 ☹
	DAY 05	**음운의 변동 ❸** 음운의 탈락(자음군 단순화, 'ㄹ' 탈락과 'ㅎ' 탈락, 모음 탈락), 음운의 첨가('ㄴ' 첨가, 반모음 첨가)	/	☺ 😐 ☹
	고득점 도전하기		/	☺ 😐 ☹
Ⅱ 단어	**DAY 06**	**품사 ❶** 품사의 개념과 분류, 체언: 명사, 대명사, 수사	/	☺ 😐 ☹
	DAY 07	**품사 ❷** 용언: 동사, 형용사, 수식언: 관형사, 부사	/	☺ 😐 ☹
	DAY 08	**품사 ❸** 관계언: 조사, 독립언: 감탄사	/	☺ 😐 ☹
	DAY 09	**단어의 형성 ❶** 형태소, 단어, 어근과 접사	/	☺ 😐 ☹
	DAY 10	**단어의 형성 ❷** 단일어와 복합어, 합성어, 파생어, 새말	/	☺ 😐 ☹
	DAY 11	**어휘의 체계와 양상** 어휘의 체계, 어휘의 양상	/	☺ 😐 ☹
	DAY 12	**단어의 의미 관계** 유의 관계(유의어), 반의 관계(반의어), 상하 관계(상의어, 하의어), 동형이의 관계(동형이의어), 다의 관계(다의어)	/	☺ 😐 ☹
	고득점 도전하기		/	☺ 😐 ☹

1 학습 계획표에 날짜를 적고, 해당 단원 공부하기
2 학습 계획표에 따라 공부하기
3 학습 결과를 점검해 보고, ☺ ☺ ☺ 중 하나에 표시하기
4 ☺ ☺로 표시한 단원은 다시 돌아가 복습해 보기

대단원		소단원	학습일	학습 결과 점검
Ⅲ 문장	DAY 13	**문장 성분** 문장 성분의 개념, 문장 성분의 종류	/	☺ ☺ ☹
	DAY 14	**문장의 짜임 ❶** 문장의 종류, 이어진문장	/	☺ ☺ ☹
	DAY 15	**문장의 짜임 ❷** 안긴문장과 안은문장, 안은문장	/	☺ ☺ ☹
	DAY 16	**문법 요소 ❶** 종결 표현의 개념과 특징, 종결 표현에 따른 문장의 유형	/	☺ ☺ ☹
	DAY 17	**문법 요소 ❷** 높임 표현의 개념, 높임 표현의 유형	/	☺ ☺ ☹
	DAY 18	**문법 요소 ❸** 시제, 동작상	/	☺ ☺ ☹
	DAY 19	**문법 요소 ❹** 피동 표현, 사동 표현	/	☺ ☺ ☹
	DAY 20	**문법 요소 ❺** 인용 표현, 부정 표현	/	☺ ☺ ☹
	DAY 21	담화 담화의 개념과 구성 요소, 담화의 상황 맥락, 담화의 사회·문화적 맥락	/	☺ ☺ ☹
	고득점 도전하기		/	☺ ☺ ☹
Ⅳ 국어의 규범	DAY 22	**한글 맞춤법 ❶** 한글 맞춤법 총칙, 주요 규정 ①: 소리에 관한 것	/	☺ ☺ ☹
	DAY 23	**한글 맞춤법 ❷** 주요 규정 ②: 형태에 관한 것, 주요 규정 ③: 띄어쓰기	/	☺ ☺ ☹
	DAY 24	표준 발음법 표준 발음법 총칙, 주요 규정	/	☺ ☺ ☹
	고득점 도전하기		/	☺ ☺ ☹
Ⅴ 한글	DAY 25	훈민정음의 창제 원리와 한글의 가치 훈민정음의 창제 원리, 한글의 가치	/	☺ ☺ ☹
	고득점 도전하기		/	☺ ☺ ☹

I

음운

DAY 01~05

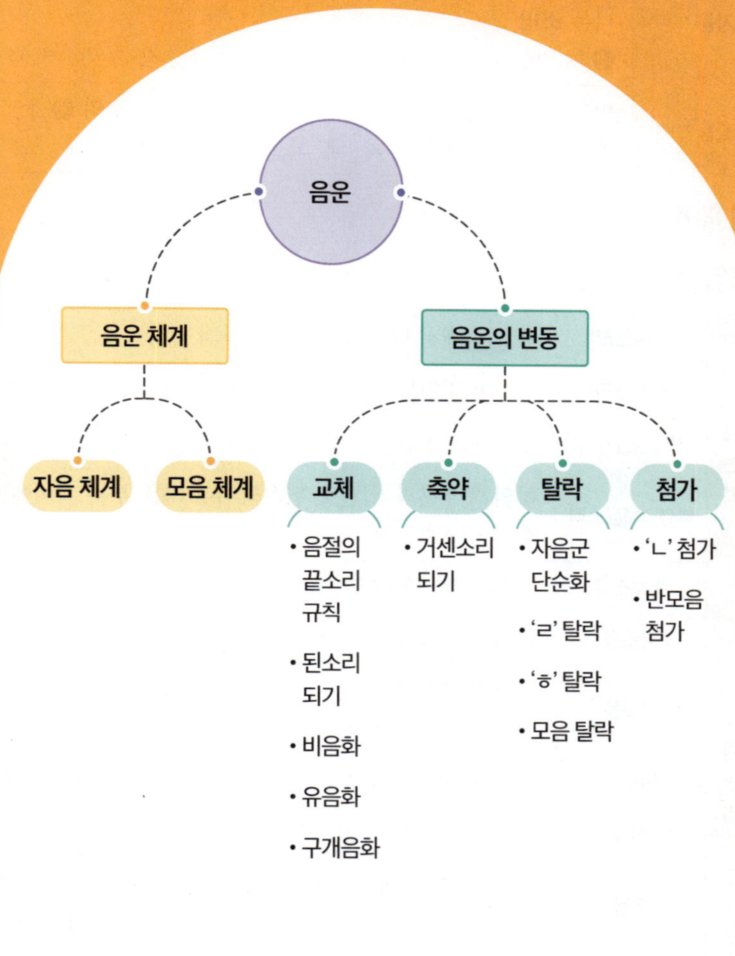

음운
음운 체계
음운의 변동
자음 체계
모음 체계
교체
축약
탈락
첨가
• 음절의 끝소리 규칙
• 된소리되기
• 비음화
• 유음화
• 구개음화
• 거센소리되기
• 자음군 단순화
• 'ㄹ' 탈락
• 'ㅎ' 탈락
• 모음 탈락
• 'ㄴ' 첨가
• 반모음 첨가

음운 체계 ❶

◆ 음운❶

1 음운의 개념: 말의 뜻을 구별하여 주는 소리의 가장 작은 단위 **예** 물 : 불 → 'ㅁ'과 'ㅂ'에 따라 말의 뜻이 달라짐.

2 음운의 종류❷

자음 (19개)	발음할 때 공기의 흐름이 발음 기관❸(목, 입, 혀 등)의 방해를 받아 나는 소리 **예** ㄱ, ㄲ, ㄴ, ㄷ, ㄸ, ㄹ, ㅁ, ㅂ, ㅃ, ㅅ, ㅆ, ㅇ, ㅈ, ㅉ, ㅊ, ㅋ, ㅌ, ㅍ, ㅎ
모음 (21개)	발음할 때 공기의 흐름이 방해를 받지 않고 나는 소리 **예** ㅏ, ㅐ, ㅑ, ㅒ, ㅓ, ㅔ, ㅕ, ㅖ, ㅗ, ㅘ, ㅙ, ㅚ, ㅛ, ㅜ, ㅝ, ㅞ, ㅟ, ㅠ, ㅡ, ㅢ, ㅣ

◆ 자음의 체계

1 자음의 분류❹

소리 나는 위치	입술소리	두 입술에서 나는 소리 → ㅁ, ㅂ, ㅃ, ㅍ
	잇몸소리	혀끝이 윗잇몸에 닿아서 나는 소리 → ㄴ, ㄷ, ㄸ, ㄹ, ㅅ, ㅆ, ㅌ
	센입천장소리	혓바닥과 입천장 앞쪽의 단단한 부분 사이에서 나는 소리 → ㅈ, ㅉ, ㅊ
	여린입천장소리	혀의 뒷부분과 입천장 뒤쪽의 부드러운 부분 사이에서 나는 소리 → ㄱ, ㄲ, ㅇ, ㅋ
	목청소리	목청(성대) 사이에서 나는 소리 → ㅎ
소리 내는 방법	파열음	공기의 흐름을 막았다가 터뜨리면서 내는 소리 → ㄱ, ㄲ, ㄷ, ㄸ, ㅂ, ㅃ, ㅋ, ㅌ, ㅍ
	파찰음	공기의 흐름을 막았다가 서서히 터뜨리면서 마찰을 일으켜 내는 소리 → ㅈ, ㅉ, ㅊ
	마찰음	공기가 흐르는 통로를 좁혀 마찰을 일으키며 내는 소리 → ㅅ, ㅆ, ㅎ
	비음	공기를 코로 내보내면서 내는 소리 → ㄴ, ㅁ, ㅇ
	유음	혀끝을 윗잇몸에 대었다가 떼거나, 혀끝을 윗잇몸에 댄 채 혀의 양옆으로 공기를 흘려보내면서 내는 소리 → ㄹ

2 자음 체계표

소리 내는 방법	소리 나는 위치	입술소리	잇몸소리	센입천장 소리	여린입천장 소리	목청소리
파열음	예사소리	ㅂ	ㄷ		ㄱ	
	된소리	ㅃ	ㄸ		ㄲ	
	거센소리	ㅍ	ㅌ		ㅋ	
파찰음	예사소리			ㅈ		
	된소리			ㅉ		
	거센소리			ㅊ		
마찰음	예사소리		ㅅ			ㅎ
	된소리		ㅆ			
비음		ㅁ	ㄴ		ㅇ	
유음			ㄹ			

---

❶ 음성과 음운

사람의 발음 기관을 통해 나오는 소리 중에서 말할 때에 사용되는 소리를 음성이라고 한다. 사람마다 음성의 구체적인 모습은 다르지만 이를 듣는 사람들은 음성에서 공통적인 요소를 뽑아 머릿속에서 같은 소리로 인식한다. 이처럼 같은 소리로 인식해 말의 뜻을 구별해 주는 말소리는 음운이다.

❷ 음운의 종류

분절 음운	소리마디의 경계가 뚜렷하게 나누어지는 음운 **예** 자음, 모음
비분절 음운	소리마디의 경계가 잘 나누어지지 않는 음운 **예** 소리의 세기, 높낮이, 길이 등

궁금해

음운의 개수를 셀 때, 소리마디의 첫소리에 오는 'ㅇ'은 왜 세지 않을까?

㉠ 우유	㉡ ㅜㅠ

㉠과 ㉡을 소리 내어 읽어 보자! 똑같이 발음되지? 음운은 소리의 단위야. 그런데 '우유'처럼 소리마디의 첫소리에 오는 'ㅇ'은 소릿값(음가)이 없으므로 음운이 아닌 것이지.

❸ 발음 기관

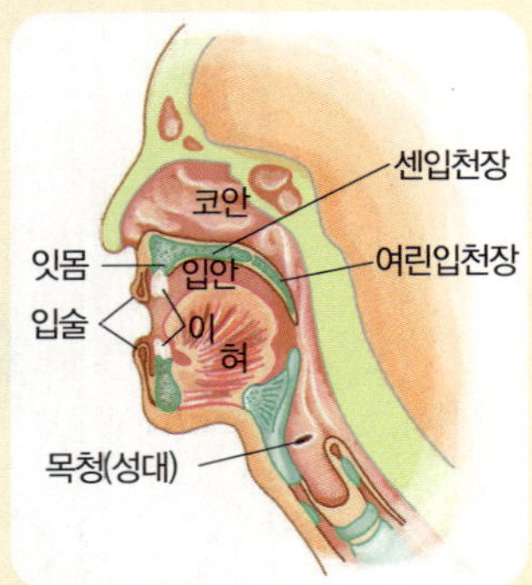

❹ 소리의 세기에 따른 자음의 분류

자음은 소리의 세기에 따라 예사소리, 된소리, 거센소리로 나눌 수 있다. 성대를 긴장시켰다가 풀면서 순간적으로 적은 양의 공기를 내보내면 된소리, 공기가 성대를 통과할 때 많은 양의 공기를 내보내면 거센소리가 된다. 예사소리는 성대를 긴장시키지 않고, 많은 양의 공기를 내보내지도 않는 평범한 소리이다.

핵심만 바로 체크

1 다음 설명이 맞으면 ○, 틀리면 × 표시하시오.

(1) 음운은 발음할 때 한 번에 낼 수 있는 소리의 단위이다. ( )

(2) 자음이나 모음 중 하나가 달라지면 말의 뜻이 달라진다. ( )

(3) 자음은 발음할 때 공기의 흐름이 발음 기관의 방해를 받아 나는 소리이다. ( )

2 빈칸에 들어갈 알맞은 단어를 쓰시오.

(1) 예사소리, 된소리, 거센소리는 자음을 소리의 □□에 따라 분류한 것이다.

(2) 소리 나는 위치에 따라 자음을 구분할 때 'ㅈ, ㅉ, ㅊ'은 □□□□소리이다.

(3) 공기를 코로 내보내면서 내는 소리를 □□, 혀끝을 윗잇몸에 대었다가 떼거나 윗 잇몸에 댄 채 공기를 혀 양옆으로 흘려보내면서 내는 소리를 □□(이)라고 한다.

예시로 바로 연습

1 〈보기〉와 같이 다음 단어의 음운을 분석해 보고, 음운의 개수를 쓰시오.

┌─ 보기 ─┐

바람: [바람] → ㅂ, ㅏ, ㄹ, ㅏ, ㅁ / 5개

(1) 노래: ( ) / ( )개
(2) 마음: ( ) / ( )개

2 두 입술이 닿았다가 떨어지며 나는 자음만 쓰인 단어를 고르시오.

┌─ 보기 ─┐

| 국어 | 문법 | 바람 | 모범 | 하늘 |

( )

3 다음 단어에 쓰인 자음의 종류를 바르게 연결하시오.

(1) 두부, 파도 •　　　　　　　• ㉠ 비음

(2) 노인, 여왕 •　　　　　　　• ㉡ 마찰음

(3) 주차, 처지 •　　　　　　　• ㉢ 파열음

(4) 사회, 희소 •　　　　　　　• ㉣ 파찰음

기본 다지기

정답과 해설 02쪽

음운의 개념과 특징

01 음운에 대한 설명으로 알맞지 않은 것은?

① '복'과 '봄'은 'ㄱ'과 'ㅁ'으로 인해 뜻이 구별된다.
② 소리의 길이에 따라 말의 뜻이 구별되기도 한다.
③ 말의 뜻을 구별해 주는 소리의 가장 작은 단위이다.
④ '행복'이라는 단어에 사용된 음운의 개수는 5개이다.
⑤ 음운은 발음할 때 공기의 흐름이 방해를 받느냐에 따라 자음과 모음으로 나눌 수 있다.

자음의 개념과 특징

02 자음에 대한 설명으로 알맞지 않은 것은?

① 우리말의 음운 중 자음은 19개이다.
② 소리마디의 첫소리에 오는 'ㅇ'은 [ㅇ]으로 발음된다.
③ 목, 입, 혀 등의 발음 기관의 방해를 받아 나는 소리이다.
④ 소리 나는 위치와 소리 내는 방법에 따라 분류할 수 있다.
⑤ 소리의 세기에 따라 예사소리, 된소리, 거센소리로 나눌 수 있다.

자음의 분류

03 다음 설명에 해당하는 자음이 아닌 것은?

> 윗잇몸과 혀끝이 닿아서 나는 소리

① ㄴ ② ㄹ ③ ㅂ ④ ㅆ ⑤ ㅌ

자음의 체계

04 다음 자음 체계표에서 ㉠~㉤에 들어갈 내용으로 알맞지 않은 것은?

소리 내는 방법 \ 소리 나는 위치		입술소리	잇몸소리	센입천장소리	㉠	목청소리
파열음	예사소리	ㅂ	ㄷ		ㄱ	
	된소리	ㅃ	ㄸ		ㄲ	
	거센소리	ㅍ	ㅌ		ㅋ	
㉡	예사소리			ㅈ		
	된소리			ㅉ		
	거센소리			㉢		
마찰음	예사소리		ㅅ			ㅎ
	㉣		ㅆ			
비음		ㅁ	ㄴ		ㅇ	
㉤			ㄹ			

① ㉠: 혀뒤소리 ② ㉡: 파찰음 ③ ㉢: ㅊ
④ ㉣: 된소리 ⑤ ㉤: 유음

문제 해결 TIP

01 음운의 개념과 특징을 묻는 문제야. 우리말 음운의 종류와 특징을 떠올리며 문제를 풀어 보자!

02 자음의 개념과 특징을 확인하는 문제야. 우리말 자음의 종류를 직접 써 보고 각각 발음해 보면 적절하지 않은 설명을 찾을 수 있을 거야.

03 자음을 소리 나는 위치에 따라 분류했을 때 각각의 자음이 어디에서 소리 나는지 알 수 있어야 해. 하나씩 발음해 보며 나머지와 다른 위치에서 소리 나는 하나를 찾아보면 쉽겠지?

04 자음은 크게 소리 나는 위치와 소리 내는 방법에 따라 나눌 수 있어. 이 기준을 바탕으로 자음이 세부적으로 어떻게 나누어지는지 체계표를 그려 보면 쉽게 찾을 수 있어!

01 다음 중 국어의 음운에 대한 설명으로 알맞지 <u>않은</u> 것은?

① '공'과 '강'은 'ㅗ'와 'ㅏ'로 뜻이 구별된다.
② '숭어'는 'ㅅ, ㅜ, ㅇ, ㅇ, ㅓ'로 음운을 분석할 수 있다.
③ '담'이 '봄'과 뜻이 구분되는 것은 두 개의 음운 때문이다.
④ 자음과 모음은 소리마디의 경계가 뚜렷하게 나누어지는 음운이다.
⑤ 같은 자음과 모음으로 이루어진 말도 소리의 길이에 따라 뜻이 달라지기도 한다.

02 소리 나는 위치가 같은 자음으로만 이루어진 단어는?

① 김밥　　② 상추　　③ 항의
④ 날씨　　⑤ 음향

03 〈보기〉에 해당하는 자음이 모두 포함된 단어는?

┤ 보기 ├
• 목청 사이에서 나는 소리
• 혀끝을 윗잇몸에 대었다가 떼거나, 혀끝을 윗잇몸에 댄 채 혀의 양옆으로 공기를 흘려보내면서 내는 소리

① 각도　　② 도로　　③ 용량
④ 하나　　⑤ 하루

04 〈보기〉에 대한 설명으로 알맞은 것은?

┤ 보기 ├
잘랑 ─ 짤랑 ─ 찰랑

① '찰랑'보다 '짤랑'이 거세게 소리가 난다.
② '짤랑'보다 '잘랑'이 목청에 가까운 쪽에서 소리가 난다.
③ '잘랑'보다 '찰랑'이 입술에 가까운 쪽에서 소리가 난다.
④ '잘랑'보다 '짤랑'을 발음할 때 성대가 긴장된 소리가 난다.
⑤ '짤랑'보다 '찰랑'을 발음할 때 적은 양의 공기를 내보내게 된다.

05 〈보기〉를 바탕으로 외국인이 한국어의 자음을 익힐 때 겪는 어려움을 바르게 파악한 것은?

┤ 보기 ├
외국인은 'ㅂ, ㅃ, ㅍ' 소리를 잘 구별하지 못하여 '불, 뿔, 풀' 소리의 차이를 인식하기 어렵다.

① 자음의 소리 나는 위치를 구분하는 데 어려움을 겪는다.
② 자음의 소리 내는 방법이 다름을 이해하는 데 어려움을 겪는다.
③ 자음이 모음과 함께 소리 난다는 사실을 이해하는 데 어려움을 겪는다.
④ 소리의 세기에 따라 다르게 발음되는 자음을 구분하는 데 어려움을 겪는다.
⑤ 자음이 발음 기관의 방해를 받으며 소리 난다는 사실을 이해하는 데 어려움을 겪는다.

06 〈보기〉의 단어에 사용된 자음의 종류를 모두 찾아 바르게 묶은 것은?
(어려워요)

┤ 보기 ├
남의 떡이 더 커 보인다.

① 파열음, 비음　　　② 파찰음, 유음
③ 마찰음, 유음　　　④ 파열음, 마찰음, 비음
⑤ 파찰음, 마찰음, 유음

음운 체계 ❷

◆ 모음의 체계

1 단모음과 이중 모음

단모음 (10개)	발음할 때 입술 모양이나 혀의 위치가 달라지지 않는 모음 예 ㅏ, ㅐ, ㅓ, ㅔ, ㅗ, ㅚ, ㅜ, ㅟ, ㅡ, ㅣ
이중 모음❶ (11개)	발음할 때 입술 모양이나 혀의 위치가 처음과 달라지는 모음 예 ㅑ, ㅒ, ㅕ, ㅖ, ㅘ, ㅙ, ㅛ, ㅝ, ㅞ, ㅠ, ㅢ

2 단모음의 분류

혀의 최고점❷의 위치	전설 모음	발음할 때 혀의 최고점이 입안의 앞쪽에 있는 모음 예 ㅐ, ㅔ, ㅚ, ㅟ, ㅣ
	후설 모음	발음할 때 혀의 최고점이 입안의 뒤쪽에 있는 모음 예 ㅏ, ㅓ, ㅗ, ㅜ, ㅡ

혀의 높이	고모음	발음할 때 입이 조금 열려서 혀의 높이가 높은 모음 예 ㅜ, ㅟ, ㅡ, ㅣ
	중모음	발음할 때 고모음보다 입이 더 열려서 혀의 높이가 중간인 모음 예 ㅓ, ㅔ, ㅗ, ㅚ
	저모음	발음할 때 입이 크게 열려서 혀의 높이가 낮은 모음 예 ㅏ, ㅐ

입술 모양	평순 모음	발음할 때 입술을 둥글게 오므리지 않고 소리 내는 모음 예 ㅏ, ㅐ, ㅓ, ㅔ, ㅡ, ㅣ
	원순 모음	발음할 때 입술을 둥글게 오므려 소리 내는 모음 예 ㅗ, ㅚ, ㅜ, ㅟ

3 단모음 체계표

혀의 최고점의 위치		전설 모음		후설 모음	
혀의 높이	입술 모양	평순 모음	원순 모음	평순 모음	원순 모음
고모음		ㅣ	ㅟ	ㅡ	ㅜ
중모음		ㅔ	ㅚ	ㅓ	ㅗ
저모음		ㅐ		ㅏ	

---

❶ 이중 모음

이중 모음은 반모음과 단모음이 결합하여 이루어진다. 반모음은 홀로 자립하지 못하고 다른 모음(단모음)에 붙어서 쓰이는 것으로 'ㅣ[i]'와 'ㅗ/ㅜ[w]'가 있다.

예를 들어 모음 'ㅑ'는 반모음 'ㅣ[i]'와 단모음 'ㅏ'가 결합한 것으로, 'ㅑ'를 발음해 보면 [ㅣ] 소리로 시작하여 [ㅏ] 소리로 바뀌어, 발음하는 과정에서 입술 모양과 혀의 위치가 달라지는 것을 알 수 있다.

❷ 혀의 최고점

혀의 최고점이란 발음할 때 혀가 가장 높이 올라가는 부분을 가리킨다. 입천장의 중간점을 기준으로 혀의 최고점이 입안의 앞쪽에 있으면 전설 모음, 뒤쪽에 있으면 후설 모음이다.

궁금해

'ㅐ'와 'ㅔ'의 발음은 어떻게 구별할까?

> ㉠ 내가 개를 좋아할까?
> ㉡ 네가 게를 좋아할까?

㉠과 ㉡은 의미가 다른데, 우리는 평상시에 이 둘을 구별하여 발음하지 않아. 확실한 의미 전달을 위해 'ㅐ'와 'ㅔ'를 정확하게 발음하려면 입이 벌어지는 정도와 혀의 높이를 살펴보아야 해. 즉 입을 크게 벌릴수록 혀의 높이가 낮아지기 때문에 저모음인 'ㅐ'를 발음할 때는 중모음인 'ㅔ'보다 입을 크게 벌리고 혀의 위치를 낮게 해서 발음해야 하는 거지.

궁금해

'ㅚ'와 'ㅟ'는 어떻게 발음할까?

'ㅚ'와 'ㅟ'는 표준 발음법에서 단모음으로 규정하고 있어. 하지만 많은 사람들이 'ㅚ'를 발음할 때 반모음 'ㅜ'와 단모음 'ㅔ'를 연속하여 발음하는 것과 같이 'ㅞ[we]'로 발음하고, 'ㅟ'도 반모음 'ㅗ'와 'ㅣ'를 연속하여 발음하는 것([wi])처럼 발음하곤 하지. 그래서 표준 발음법에서는 'ㅚ, ㅟ'를 이중 모음으로 발음할 수도 있다고 설명하고 있어.

핵심만 바로 체크

1 다음 설명이 맞으면 ○, 틀리면 × 표시하시오.

(1) 모음은 단모음 11개, 이중 모음 10개로 이루어져 있다. ( )

(2) 이중 모음은 발음할 때 입술 모양이나 혀의 위치가 달라진다. ( )

(3) 발음할 때 입술 모양에 따라 전설 모음과 후설 모음으로 나뉜다. ( )

2 다음 문장에 들어갈 알맞은 말을 고르시오.

(1) 발음할 때 입이 크게 열려서 혀의 위치가 낮은 모음은 (고모음 / 저모음)이다.

(2) 전설 모음은 발음할 때 혀의 최고점이 입안의 (앞쪽 / 뒤쪽)에 있는 모음이다.

(3) (평순 모음 / 원순 모음)은 발음할 때 입술을 둥글게 오므려 소리 내는 모음이다.

예시로 바로 연습

1 〈보기〉의 모음을 단모음과 이중 모음으로 나누어 구분하여 쓰시오.

보기
ㅒ, ㅡ, ㅖ, ㅠ, ㅔ, ㅗ, ㅢ, ㅏ, ㅘ

(1) 단모음: ( )

(2) 이중 모음: ( )

2 다음 설명에 해당하는 모음을 찾아 바르게 연결하시오.

(1) 전설 모음이면서 혀의 높이가 낮다. •　　　　• ㉠ ㅗ

(2) 후설 모음이면서 평순 모음이고 혀의 높이가 높다. •　　　　• ㉡ ㅡ

(3) 후설 모음이면서 입술을 둥글게 오므리고 혀의 높이가 중간이다. •　　　　• ㉢ ㅒ

3 〈보기〉의 문장에 사용된 모음을 전설 모음과 후설 모음으로 구분해 쓰시오.

보기
네게 좋은 일이 생길 것이다.

(1) 전설 모음: ( )

(2) 후설 모음: ( )

문제 해결 TIP

[모음의 특성]

01 다음 중 모음에 대한 설명으로 알맞은 것은?

① 소리의 세기에 따라 분류할 수 있다.
② 자음 없이 단독으로 소리 낼 수 없다.
③ 단모음과 이중 모음 모두 합쳐 19개이다.
④ 자음과 달리 모음은 말의 뜻을 바꾸지는 못한다.
⑤ 발음할 때 공기의 흐름이 방해를 받지 않고 나온다.

01 음운의 종류에는 자음과 모음이 있다는 것을 기억하지? 자음과 달리 모음에는 어떤 특성이 있었는지 떠올리며 문제를 풀어 보자.

[모음의 분류 기준]

02 〈보기〉와 같이 모음을 분류한 기준으로 알맞은 것은?

┤ 보기 ├

• ㅏ, ㅐ, ㅓ, ㅔ, ㅗ, ㅚ, ㅜ, ㅟ, ㅡ, ㅣ
• ㅑ, ㅒ, ㅕ, ㅖ, ㅛ, ㅘ, ㅙ, ㅝ, ㅞ, ㅠ, ㅢ

① 혀의 높이에 따른 분류
② 소리의 세기에 따른 분류
③ 목청의 울림 여부에 따른 분류
④ 혀의 최고점의 위치에 따른 분류
⑤ 입술 모양이나 혀의 위치 변화 여부에 따른 분류

02 〈보기〉에 제시된 모음을 천천히 소리 내어 보면 어떤 기준으로 분류되었는지 알 수 있을 거야.

[단모음의 분류 기준]

03 〈보기〉의 조건을 충족하는 모음으로 알맞은 것은?

┤ 보기 ├

발음할 때 입술을 둥글게 오므려 소리를 낸다.

① ㅗ　　② ㅔ　　③ ㅓ　　④ ㅡ　　⑤ ㅣ

03 거울을 보면서 모음을 차례대로 발음해 봐. 입술의 모양이 어떻게 변하는지에 유의해서 발음해 본다면 쉽게 답을 찾을 수 있을 거야.

[단모음 체계표의 이해]

04 다음 단모음 체계표의 ㉠~㉤에 들어갈 모음으로 알맞은 것은?

혀의 최고점의 위치		전설 모음		후설 모음	
혀의 높이	입술 모양	평순 모음	원순 모음	평순 모음	원순 모음
고모음		㉠	ㅟ	ㅡ	㉡
중모음		ㅔ	㉢	ㅓ	ㅗ
저모음		㉣		㉤	

① ㉠: ㅏ　　② ㉡: ㅣ　　③ ㉢: ㅚ
④ ㉣: ㅜ　　⑤ ㉤: ㅐ

04 단모음은 혀의 최고점의 위치, 혀의 높이, 입술 모양을 기준으로 분류할 수 있어. 단모음 체계표를 그릴 수 있다면 훨씬 쉽게 문제를 풀 수 있겠지?

실력 쌓기 2 DAY

01 모음에 대한 설명으로 적절하지 <u>않은</u> 것은?

① '달'과 '돌'의 뜻을 구별해 주는 것은 모음이다.
② 'ㅓ'와 'ㅗ'는 발음할 때 입술 모양이 다른 모음이다.
③ 'ㅟ'와 'ㅚ'는 혀의 최고점의 위치와 혀의 높이가 다른 모음이다.
④ 단모음은 혀의 최고점의 위치에 따라 전설 모음과 후설 모음으로 나뉜다.
⑤ 이중 모음은 발음할 때 입술 모양이나 혀의 위치가 처음과 달라지는 모음이다.

02 다음 중 단모음으로만 구성된 단어로 알맞은 것은?

① 계산　　　　② 해양
③ 의자　　　　④ 생쥐
⑤ 여성

03 〈보기〉에 제시된 모음의 공통점으로 알맞은 것은?

┤보기├
ㅐ, ㅔ, ㅚ, ㅟ, ㅣ

① 발음할 때 혀의 높이가 높다.
② 발음할 때 혀의 최고점이 앞쪽에 있다.
③ 발음할 때 혀의 최고점이 뒤쪽에 있다.
④ 발음할 때 입술을 둥글게 오므려 소리 낸다.
⑤ 발음할 때 입술을 둥글게 오므리지 않고 소리 낸다.

04 〈보기〉에 해당하는 모음으로만 바르게 묶인 것은?

┤보기├
발음할 때 혀의 최고점이 입안의 뒤쪽에 있고 입술을 둥글게 오므리지 않고 소리 내는 모음

① ㅏ, ㅓ, ㅡ　　　② ㅐ, ㅔ, ㅣ
③ ㅓ, ㅔ, ㅗ　　　④ ㅏ, ㅚ, ㅟ
⑤ ㅗ, ㅚ, ㅜ

05 다음 중 발음할 때 혀의 높이가 높은 모음과, 혀의 높이가 낮은 모음을 바르게 짝 지은 것은?

① ㅏ, ㅐ　　　　② ㅓ, ㅟ
③ ㅗ, ㅜ　　　　④ ㅚ, ㅟ
⑤ ㅣ, ㅐ

06 다음 문장에 쓰인 모음에 해당하지 <u>않는</u> 것은?

초여름 이른 더위로 선풍기를 틀었어.

① 중모음　　　　② 저모음
③ 이중 모음　　　④ 전설 모음
⑤ 평순 모음

07 다음 〈조건〉을 모두 충족하는 모음만 쓰인 단어는?

┤조건├
• 발음할 때 혀의 높이가 높다.
• 발음할 때 혀의 최고점의 위치가 앞쪽에 있다.

① 지위　　　② 사서　　　③ 외모
④ 의심　　　⑤ 귀향

（어려워요）
08 〈보기〉의 상황에서 오해가 발생하지 않도록 '지호'에게 해 줄 수 있는 조언으로 알맞은 것은?

┤보기├
지호: 우리 이따 서촌 놀러 갈까?
수빈: 서천? 충청도까지 갈 시간이 돼?
준현: 서천은 너무 멀어.
지호: 무슨 소리야? 서천이 아니라 서촌.

① 'ㅓ'는 'ㅗ'보다 혀의 높이를 낮게 발음해야 해.
② 'ㅓ'는 'ㅗ'보다 입을 작게 벌리고 발음해야 해.
③ 'ㅗ'는 'ㅓ'와 달리 입술을 둥글게 오므려 발음해야 해.
④ 'ㅗ'는 'ㅓ'와 달리 혀의 위치를 옮겨 가며 발음해야 해.
⑤ 'ㅓ'는 'ㅗ'와 달리 혀의 최고점이 입안의 앞쪽에 오게 발음해야 해.

음운의 변동 ①

◆ 음운의 변동

음운이 일정한 환경에 따라 다르게 발음되는 현상을 음운 변동❶이라고 한다. 음운의 변동에는 교체, 축약, 탈락, 첨가가 있다.

교체	한 음운이 다른 음운으로 바뀌는 현상 → 음절의 끝소리 규칙, 된소리되기, 비음화, 유음화, 구개음화
축약	두 개의 음운이 하나의 음운으로 합쳐지는 현상 → 거센소리되기
탈락	원래 있던 음운이 없어지는 현상 → 자음군 단순화, 'ㄹ' 탈락, 'ㅎ' 탈락, 모음 탈락
첨가	없던 음운이 새로 추가되는 현상 → 'ㄴ' 첨가, 반모음 첨가

◆ 음운의 교체 ①

한 음운이 다른 음운으로 바뀌는 현상

1 음절❷의 끝소리 규칙❸: 'ㄱ, ㄴ, ㄷ, ㄹ, ㅁ, ㅂ, ㅇ'의 7개 자음만이 음절의 끝소리에서 발음될 수 있어 이외의 자음이 음절의 끝에 오면 이 7개의 자음 중 하나의 소리로 바뀌어 발음되는 현상

음절 끝소리(받침)	발음	예
ㄱ, ㄲ, ㅋ	[ㄱ]	박[박], 밖[박], 부엌[부억]
ㄴ	[ㄴ]	논[논]
ㄷ, ㅌ, ㅅ, ㅆ, ㅈ, ㅊ, ㅎ	[ㄷ]	낟[낟:], 겉[걷], 빗[빋], 낮[낟], 돛[돋], 히읗[히읃]
ㄹ	[ㄹ]	날[날]
ㅁ	[ㅁ]	잠[잠]
ㅂ, ㅍ	[ㅂ]	답[답], 잎[입]
ㅇ	[ㅇ]	상[상]

2 된소리되기: 일정한 환경에서 예사소리 'ㄱ, ㄷ, ㅂ, ㅅ, ㅈ'이 된소리 'ㄲ, ㄸ, ㅃ, ㅆ, ㅉ'으로 바뀌어 발음되는 현상

① 받침 'ㄱ, ㄷ, ㅂ' 뒤에 'ㄱ, ㄷ, ㅂ, ㅅ, ㅈ'이 올 때의 된소리되기

ㄱ, ㄷ, ㅂ	+	ㄱ, ㄷ, ㅂ, ㅅ, ㅈ	→	ㄲ, ㄸ, ㅃ, ㅆ, ㅉ

예 국가[국까], 뻗대다[뻗때다], 약밥[약빱], 국수[국쑤], 옆집[엽찝]

② 용언의 어간❹ 받침 'ㄴ, ㅁ' 뒤에 첫소리가 'ㄱ, ㄷ, ㅅ, ㅈ'인 어미가 올 때의 된소리되기

ㄴ, ㅁ	+	ㄱ, ㄷ, ㅅ, ㅈ	→	ㄲ, ㄸ, ㅆ, ㅉ

예 안고[안:꼬], 신다[신:따], 감다[감:따], 더듬지[더듬찌]

③ 관형사형 어미 '-(으)ㄹ' 뒤에 'ㄱ, ㄷ, ㅂ, ㅅ, ㅈ'이 올 때의 된소리되기

-(으)ㄹ	+	ㄱ, ㄷ, ㅂ, ㅅ, ㅈ	→	ㄲ, ㄸ, ㅃ, ㅆ, ㅉ

예 할 것[할껃], 갈 데[갈떼], 할 바[할빠], 볼 사람[볼싸람], 할 적에[할쩌게]

④ 한자어에서의 받침 'ㄹ' 뒤에 'ㄷ, ㅅ, ㅈ'이 올 때의 된소리되기

ㄹ	+	ㄷ, ㅅ, ㅈ	→	ㄸ, ㅆ, ㅉ

예 절도[절또], 일시[일씨], 갈증[갈쯩]

---

❶ 음운 변동의 발생 이유
발음을 좀 더 편하고 자연스럽게 하기 위해 일어난다.

❷ 음절
발음할 수 있는 최소의 언어 단위를 음절이라고 하며 다음과 같이 분류할 수 있다.
① 모음 ② 자음+모음
③ 모음+자음 ④ 자음+모음+자음

❸ 음절의 끝소리 규칙
① 변동 양상
• 음절의 끝소리: 솥[솓], 닻[닫]
• 자음과 만날 때: 밭도[받또], 잎과[입꽈]
• 모음으로 시작하는 실질 형태소(실질적인 의미를 지닌 말)와 만날 때: 옷+안[옫+안 → 오단], 옷+아래[옫+아래 → 오다래]
② 변동이 나타나지 않는 경우: 뒤에 모음으로 시작하는 형식 형태소(문법적 의미를 지닌 말)와 만날 때 음절의 끝소리 규칙이 아닌, 연음 현상이 나타난다.
예 옷이[오시], 짖으니[지즈니]

❹ 어간과 어미
'웃고, 웃으니, 웃지만'과 같이 용언이 활용할 때 변하지 않는 부분인 '웃-'을 어간, 변하는 부분인 '-고, -(으)니, -지만' 등을 어미라고 한다.

궁금해

같은 '물질'인데 왜 발음이 다른 거지?

㉠ 두 화학 물질(物質)[물찔]이 반응하여 폭발했다.
㉡ 물질[물질]을 잘하는 해녀를 상군 해녀라고 부른다.

㉠의 '물질(物質)'은 '물체의 본바탕'이라는 뜻으로, 받침 'ㄹ' 뒤에 'ㅈ'이 온 한자어야. 그래서 된소리되기를 적용해 [물찔]로 발음하지. 하지만 ㉡에 쓰인 '물질'은 '주로 해녀들이 바닷속에 들어가서 해산물을 따는 일'을 뜻하는 고유어이기 때문에, 같은 환경이라도 된소리되기가 적용되지 않아 [물질]로 발음하는 거야. ㉠과 ㉡은 된소리되기의 조건이 다르기 때문에 발음도 다른 것이지.

핵심만 바로 체크

1 다음 설명이 맞으면 ○, 틀리면 × 표시하시오.

(1) 음절의 끝소리는 '책'의 'ㄱ'처럼 한 음절의 마지막에 오는 음운을 말한다. (　　　)

(2) 음절의 끝소리에서는 'ㄱ, ㄴ, ㄷ, ㄹ, ㅁ, ㅂ, ㅅ'의 7개 자음만 발음된다. (　　　)

(3) 된소리되기에 따라 받침 'ㄱ, ㄷ, ㅂ' 뒤에 오는 'ㄱ, ㄷ, ㅂ, ㅈ'은 'ㅋ, ㅌ, ㅍ, ㅊ'으로 발음된다. (　　　)

2 빈칸에 들어갈 알맞은 단어를 쓰시오.

(1) 음운이 일정한 환경에 따라 다르게 발음되는 현상을 음운의 □□(이)라고 한다.

(2) 'ㅌ'이 음절의 끝소리에서 □(으)로 소리 나는 것을 음절의 □□□ 규칙이라고 한다.

(3) '국밥, 신다, 갈증'을 발음할 때에는 공통적으로 □□□□□□이/가 나타난다.

예시로 바로 연습

1 〈보기〉의 자음 중, 음절의 끝에서 같은 소리로 발음되는 것끼리 분류하시오.

> **보기**
>
> ㄱ, ㄲ, ㄷ, ㄸ, ㅂ, ㅅ, ㅆ, ㅈ, ㅊ, ㅋ, ㅌ, ㅍ

(1) [ㄱ]: (　　　　　　　　　　　　　　　)

(2) [ㄷ]: (　　　　　　　　　　　　　　　)

(3) [ㅂ]: (　　　　　　　　　　　　　　　)

2 다음 중 발음할 때 음절의 끝소리가 같은 것끼리 바르게 연결하시오.

(1) 밖 •　　　　　　• ㉠ 낮

(2) 앞 •　　　　　　• ㉡ 삽

(3) 잣 •　　　　　　• ㉢ 부엌

3 〈보기〉를 바탕으로 밑줄 친 말을 소리 나는 대로 쓰시오.

> **보기**
>
> 일정한 환경에서 예사소리가 된소리로 바뀐다.

(1) 그는 아직 이사할 날짜를 잡지 않았다. → [　　　　　　　　　]

(2) 그림 속의 여인은 머리에 비녀를 꽂고 있었다. → [　　　　　　　　　]

(3) 큰소리를 치고 나왔지만 달리 갈 곳 없는 처지이다. → [　　　　　　　]

(4) 하천에 오염 물질을 무단 방류한 업체가 발각되었다. → [　　　　　　　]

음절의 끝소리 규칙의 적용

01 다음 중 발음이 나머지와 <u>다른</u> 것은?

① 낮   ② 낱
③ 낫   ④ 낚
⑤ 낯

음절의 끝소리 규칙의 적용

02 밑줄 친 음절의 발음이 바르지 <u>않은</u> 것은?

① 앞뒤가 다르다. → [압]
② 줄이 끝도 없다. → [끋]
③ 하루 종일 잤다. → [잗]
④ 밥 많이 먹었니? → [밥]
⑤ 이건 '히읗'처럼 보인다. → [읃]

된소리되기의 적용

03 〈보기〉의 예에 해당하는 단어로 적절한 것은?

> **보기**
>
> 앞 음절의 끝소리 받침이 'ㄱ, ㄷ, ㅂ'으로 발음되는 경우, 뒤 음절의 첫소리로 'ㄱ, ㄷ, ㅂ, ㅅ, ㅈ'을 만나면 뒤 음절의 첫소리가 모두 된소리 'ㄲ, ㄸ, ㅃ, ㅆ, ㅉ'으로 발음된다.

① 각운   ② 나무꾼
③ 말살   ④ 숟가락
⑤ 돌잔치

된소리되기의 구분

04 다음 밑줄 친 말 중, 된소리되기가 나타나지 <u>않는</u> 것은?

① 밥상을 들고 가라.
② 머리를 짧게 깎다.
③ 담장을 조금 낮추자.
④ 곱셈을 제대로 하자.
⑤ 뛰었더니 갈증이 난다.

01 다음 중 음운의 변동과 관련된 설명으로 적절하지 않은 것은?

① 음운 변동의 규칙을 이해하면 올바르게 발음할 수 있게 된다.

② 우리말은 발음할 때 원래 모습대로 발음되지 않는 경우가 있다.

③ 끝소리 받침과 뒤 음절의 첫소리 자음이 만날 때 항상 나타난다.

④ 음운의 변동 현상에는 음절의 끝소리 규칙, 음운의 축약, 음운의 탈락 등이 있다.

⑤ 표기대로 발음했을 때 소리 내기가 힘든 경우, 발음하기 쉽게 음운이 달라진다.

02 다음 중 밑줄 친 부분의 발음이 바르지 않은 것은?

① 시장에 가서 사과를 <u>샀다</u>. → [삳따]

② <u>잎사귀</u>가 파릇파릇하다. → [입싸귀]

③ 내 동생은 <u>낯가림</u>이 심하다. → [낟까림]

④ 벽에 <u>못이</u> 박혀 빠지지 않는다. → [모시]

⑤ 선풍기에 <u>덮개</u>를 씌워 보관한다. → [덥깨]

03 ⟨보기⟩의 ㉠, ㉡에 적용되는 음운 현상으로 바르게 짝 지어진 것은?

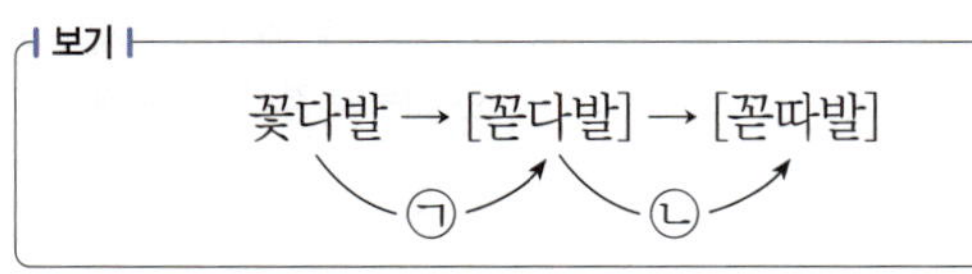

	㉠	㉡
①	된소리되기	음운의 탈락
②	된소리되기	음절의 끝소리 규칙
③	음운의 탈락	된소리되기
④	음절의 끝소리 규칙	된소리되기
⑤	음절의 끝소리 규칙	음운의 탈락

04 다음 중 표기와 발음이 서로 같은 것은?

① 빛　　　　　② 곳

③ 현상　　　　④ 무릎

⑤ 솎다

05 다음 중 된소리되기가 나타난 단어끼리 묶인 것은?

① 운명, 옆집　　　　② 깡통, 밭갈이

③ 연탄, 국밥　　　　④ 날개, 뻗대다

⑤ 옷고름, 장미꽃

06 다음 중 ⟨보기⟩와 같은 환경에서 된소리되기가 나타나는 것은?

┤보기├

[ㄱ, ㄷ, ㅂ] + [ㄱ, ㄷ, ㅂ, ㅅ, ㅈ]
→ [ㄱ, ㄷ, ㅂ] + [ㄲ, ㄸ, ㅃ, ㅆ, ㅉ]

① 품다　　　　② 엽서

③ 실전　　　　④ 짜증

⑤ 부엌

07 밑줄 친 부분을 발음할 때 ⟨보기⟩의 현상이 나타나지 않는 것은?

┤보기├

⟨표준어 규정⟩ 제6장 경음화
제27항　관형사형 '-(으)ㄹ' 뒤에 연결되는 'ㄱ, ㄷ, ㅂ, ㅅ, ㅈ'은 된소리로 발음한다.

① 더 이상 <u>갈 데</u>가 없다.

② 진작에 <u>할 것</u>을 그랬다.

③ 내가 <u>할 도리</u>는 다 했다.

④ 여기에서 <u>만날 사람</u>이 있다.

⑤ <u>돌 던지기</u>는 너무 위험하다.

08 (어려워요) 다음 중 ⟨보기⟩의 설명이 모두 적용되는 사례로 알맞은 것은?

┤보기├

(가) 국어의 음절 끝소리는 'ㄱ, ㄴ, ㄷ, ㄹ, ㅁ, ㅂ, ㅇ'의 대표음으로 소리 난다.

(나) 받침 뒤에 모음으로 시작하는 실질 형태소가 오면, 그 받침은 음절의 끝소리 규칙에 따라 발음한다.

① '밭도'는 [받또]로 발음해야 한다.

② '옷 속'은 [옫쏙]으로 발음해야 한다.

③ '밖에서'는 [바께서]로 발음해야 한다.

④ '옷 안에'는 [오다네]로 발음해야 한다.

⑤ '숲 산책'은 [숩 산책]으로 발음해야 한다.

음운의 변동 ②

◆ 음운의 교체 ②

1 비음화[1]: 앞에 오는 음절의 끝소리 'ㄱ, ㄷ, ㅂ'이 그 뒤에 오는 음절의 첫소리토 비음 'ㄴ, ㅁ'을 만나 각각 비음 'ㅇ, ㄴ, ㅁ'으로 바뀌어 발음되는 현상

음운 변동 과정	예
ㄱ + ㄴ, ㅁ → [ㅇ] + ㄴ, ㅁ	• 먹는 → [멍는] • 부엌문 → [부억문] → [부엉문]
ㄷ + ㄴ, ㅁ → [ㄴ] + ㄴ, ㅁ	• 닫는 → [단는] • 밭머리 → [받머리] → [반머리]
ㅂ + ㄴ, ㅁ → [ㅁ] + ㄴ, ㅁ	• 잡는 → [잠는] • 잎만 → [입만] → [임만]

2 유음화: 비음 'ㄴ'이 유음 'ㄹ'의 앞이나 뒤에서 유음 'ㄹ'의 영향을 받아 유음 'ㄹ'로 바뀌어 발음되는 현상

음운 변동 과정	예
ㄴ + ㄹ → [ㄹ] + ㄹ	• 신라 → [실라] • 대관령 → [대:괄령]
ㄹ + ㄴ → ㄹ + [ㄹ]	• 칼날 → [칼랄] • 달나라 → [달라라]

3 구개음화[2]: 앞말의 끝소리 'ㄷ, ㅌ'이 모음 'ㅣ'나 반모음 'ǐ[j]'로 시작하는 형식 형태소[3]를 만나 구개음인 'ㅈ, ㅊ'으로 바뀌어 발음되는 현상

음운 변동 과정	예
ㄷ + ㅣ → [지]	• 굳이 → [구지] • 해돋이 → [해도지]
ㅌ + ㅣ → [치]	• 같이 → [가치] • 밭이 → [바치]

◆ 음운의 축약

두 음운이 합쳐져서 하나의 음운으로 줄어드는 현상

1 거센소리되기: 예사소리인 'ㄱ, ㄷ, ㅂ, ㅈ'과 'ㅎ'이 만나 거센소리 'ㅋ, ㅌ, ㅍ, ㅊ'으로 바뀌어 발음되는 현상

음운 변동 과정	예	
ㄱ + ㅎ → [ㅋ]	• 국화 → [구콰]	• 놓고 → [노코]
ㄷ + ㅎ → [ㅌ]	• 맏형 → [마텽]	• 좋다 → [조:타]
ㅂ + ㅎ → [ㅍ]	• 입학 → [이팍]	• 잡히다 → [자피다]
ㅈ + ㅎ → [ㅊ]	• 맞히다 → [마치다]	• 그렇지 → [그러치]

---

❶ 'ㄹ'의 비음화

'ㄹ'을 제외한 자음 뒤에서 'ㄹ'이 비음 [ㄴ]으로 바뀌는 현상으로 한자어나 외래어에만 적용된다.
예 담력[담:녁], 종로[종노], 훌런[훌년]

궁금해

비음화, 유음화 현상에서 음운의 변화 방향은 어떻게 알 수 있을까?

두 자음이 만나 한쪽이나 양쪽 모두 비슷하거나 같은 소리로 바뀌는 현상인 비음화, 유음화를 자음 동화라고 해. 자음 동화는 음운이 변화하는 방향에 따라 순행 동화와 역행 동화로 구분할 수 있어.

순행 동화	인접해 있는 두 자음 중, 뒤의 소리가 앞의 소리를 닮는 것 예 찰내[찰라], 달님[달림]
역행 동화	인접해 있는 두 자음 중, 앞의 소리가 뒤의 소리를 닮는 것 예 국물[궁물], 천리[철리]

❷ 구개음화가 일어나는 이유

두 개의 음운을 발음할 때, 두 음운이 입안의 가까운 자리에서 소리 날 때 발음하기가 더 쉽다. 즉, 'ㄷ, ㅌ'보다 'ㅈ, ㅊ'이 모음 'ㅣ'나 반모음 'ǐ'와 더 가까운 위치에서 소리 나기 때문에 'ㄷ, ㅌ'을 'ㅈ, ㅊ'으로 바꾸면 발음하기가 더 편해진다. 구개음화는 이러한 발음의 경제성 때문에 발생한다.

❸ 형식 형태소

형태소는 일정한 뜻을 가진 가장 작은 말의 단위로, 형식 형태소는 실질적 의미를 가진 형태소 뒤에 붙어 문법적인 기능을 하는 형태소이다.

궁금해

'잔디'는 왜 구개음화 현상이 일어나지 않는 거지?

구개음화는 앞말의 끝소리 'ㄷ, ㅌ'이 모음 'ㅣ'나 반모음 'ǐ[j]'로 시작하는 형식 형태소를 만나야 일어나는 현상이야. '잔디'처럼 하나의 형태소 안에서 'ㄷ'과 'ㅣ'가 만날 때는 구개음화의 조건을 충족하지 못하기 때문에 구개음화 현상이 일어나지 않는 거지.

✧ 핵심만 바로 체크

1 다음 설명이 맞으면 ○, 틀리면 × 표시하시오.

(1) 유음화는 'ㄹ'이 'ㄴ'의 앞 또는 뒤에서 'ㄴ'의 영향을 받아 'ㄴ'으로 바뀌어 발음되는 현상이다. (❷)

(2) 구개음화는 발음을 더 편하게 하기 위해 나타나는 현상이다. ( )

(3) 음운의 교체는 두 음운이 합쳐져서 하나의 음운으로 줄어드는 현상이다. ( )

2 다음 문장에 들어갈 알맞은 말을 고르시오.

(1) '국내'의 올바른 발음은 ([국내], [궁내])이다.

(2) '피붙이'의 올바른 발음은 ([피부치], [피부티])이다.

(3) '미닫이'의 올바른 발음은 ([미ː다지], [미ː다디])이다.

✧ 예시로 바로 연습

1 다음 단어에서 일어나는 음운 변동 현상을 찾아 바르게 연결하시오.

(1) 밥물 •

(2) 난로 •   • ㉠ 비음화

(3) 곤란 •   • ㉡ 유음화

(4) 곡물 •

2 〈보기〉에서 구개음화가 일어난 단어를 모두 찾아 쓰시오.

보기
끝이   마디   샅샅이   볕에   홑이불   맏이

( )

3 거센소리되기에 맞는 예를 〈보기〉에서 골라 기호를 쓰시오.

보기
㉠ 백합   ㉡ 덥히다   ㉢ 젖히다

(1) 'ㅈ'과 'ㅎ'이 만나 [ㅊ]으로 소리 남. ( )

(2) 'ㄱ'과 'ㅎ'이 만나 [ㅋ]으로 소리 남. ( )

(3) 'ㅂ'과 'ㅎ'이 만나 [ㅍ]으로 소리 남. ( )

비음화의 적용

01 발음할 때 〈보기〉와 같은 음운의 변동이 일어나는 것은?

─── 보기 ───

ㅂ + ㅁ → ㅁ + ㅁ

① 탐방
② 냄비
③ 밥맛
④ 남부
⑤ 굼벵이

> **01** 〈보기〉에 제시된 음운 변동의 종류가 무엇인지 파악한 뒤, ①~⑤에 제시된 단어를 하나씩 소리 나는 대로 발음해 봐. 단어를 발음대로 적어 보면 문제를 쉽게 해결할 수 있을 거야.

유음화의 적용

02 유음화가 일어나는 단어가 포함된 문장으로 적절한 것은?

① 친구의 곁에 앉아 있었다.
② 모든 학생이 교실을 떠나 집으로 갔다.
③ 아침에 일어나니 밖에 눈이 쌓여 있었다.
④ 학교에 가려는 찰나, 동생이 나를 붙잡았다.
⑤ 공원에서 아이들이 신나게 뛰어노는 중이다.

> **02** 유음화는 'ㄴ'이 'ㄹ'의 앞이나 뒤에서 'ㄹ'의 영향을 받아 유음 'ㄹ'로 바뀌어 발음되는 현상이야. 유음화가 일어나는 조건을 다시 한번 정리하고, 제시된 문장에 유음화가 일어나는 단어가 포함되어 있는지 확인해 봐.

구개음화의 적용

03 다음 중 〈보기〉에 해당하는 음운 변동 현상이 일어나는 것은?

─── 보기 ───

앞말의 끝소리 'ㄷ, ㅌ'이 모음 'ㅣ'나 반모음 'ㅣ[j]'로 시작하는 형식 형태소를 만나 구개음인 'ㅈ, ㅊ'으로 바뀌어 발음되는 현상

① 밭이
② 반란
③ 닭다
④ 곁에
⑤ 견디다

> **03** '맏이[마지]'처럼 끝소리가 'ㄷ, ㅌ'인 형태소가 모음 'ㅣ'나 반모음 'ㅣ'로 시작하는 형식 형태소를 만나 구개음인 'ㅈ, ㅊ'으로 바뀌어 발음되는 되는 현상이 구개음화야. 이 조건에 맞는 단어가 무엇인지 생각하면서 발음해 보면 쉽게 찾을 수 있겠지?

거센소리되기의 적용

04 다음 중 〈보기〉의 밑줄 친 부분과 같은 음운 변동 현상이 일어나지 <u>않는</u> 것은?

─── 보기 ───

쥐가 고양이에게 <u>잡히다</u>.

① 옳지
② 하얗게
③ 못하다
④ 놓치다
⑤ 업히다

> **04** 〈보기〉의 밑줄 친 부분인 '잡히다'를 발음해 보고, 어떤 음운 변동 현상이 일어나는지 먼저 파악해 봐. 이 음운 변동 현상이 ①~⑤에 제시된 단어를 발음할 때도 일어나는지를 살펴보면서 문제를 해결해 보자!

실력 쌓기   DAY

01 다음 중 〈보기〉에 해당하는 음운 변동이 일어나지 <u>않는</u> 것은?

> ┤보기├
>
> '국물'에서 받침 'ㄱ'이 뒤에 오는 비음 'ㅁ'을 만나 비음 'ㅇ'으로 바뀌어 [궁물]로 발음된다.

① 깎는   ② 꽃말
③ 옆방   ④ 갚는
⑤ 부엌문

02 밑줄 친 부분의 발음이 적절하지 <u>않은</u> 것은?

① 식탁에 수저를 <u>놓는</u> 것부터 해라. – [논는]
② <u>신라</u>, 고구려, 백제가 경쟁하였다. – [실라]
③ <u>앞마당</u>에 나무를 심으면 어떨까? – [암마당]
④ <u>대관령</u>에 가서 양떼 목장을 봤다. – [대ː관녕]
⑤ <u>실내</u> 온도를 적절하게 유지해야 한다. – [실래]

03 다음 중 자음 동화에 대한 설명으로 적절하지 <u>않은</u> 것은?

① 자음 동화는 음운의 교체에 해당한다.
② 비음화, 유음화, 구개음화는 자음 동화에 속한다.
③ 유음이 아닌 자음이 'ㄹ'을 만나 유음으로 바뀌는 것이 유음화이다.
④ 자음 동화는 음운의 변화 방향에 따라 순행 동화와 역행 동화로 나눌 수 있다.
⑤ 자음 동화는 자음과 자음이 서로 영향을 주고받아 같거나 비슷한 소리로 변하는 현상이다.

04 다음 밑줄 친 부분 중, 구개음화 현상이 일어나지 <u>않는</u> 것은?

① 교실 문은 <u>미닫이</u>이다. → [미ː다지]
② 화단에 <u>꽃이</u> 예쁘게 피었다. → [꼬치]
③ 게시판에 안내문을 <u>붙이다</u>. → [부치다]
④ 그곳에는 <u>쇠붙이</u>가 많이 있다. → [쇠부치]
⑤ 가뭄이라 <u>밭이</u> 잘 갈리지 않는다. → [바치]

05 〈보기〉의 밑줄 친 부분 중, 같은 음운 변동이 일어나는 것끼리 묶인 것은?

> ┤보기├
>
> ㉠<u>함박눈</u>이 그치자 나는 민수와 길을 나섰다. ㉡<u>따뜻한</u> ㉢<u>볕이</u> 들고 달콤한 ㉣<u>박하사탕</u>이 입 안을 굴러다녔다. 기억에 오래 남을 것 같은 하루였다.

① ㉠, ㉡   ② ㉠, ㉢
③ ㉠, ㉣   ④ ㉡, ㉢
⑤ ㉡, ㉣

06 음운의 교체 현상이 일어나는 단어끼리 묶인 것은?

① 굳이, 국물
② 숙모, 국화
③ 먹물, 잡히다
④ 걷는다, 꽂히다
⑤ 한라산, 도착하다

07 〈보기〉의 ㉠과 ㉡에 해당하는 예가 바르게 짝 지어진 것은?

> ┤보기├
>
> 자음 동화는 변화 방향에 따라 '별님[별림]'처럼 ㉠<u>앞의 소리의 영향을 받아 뒤의 소리가 바뀌기</u>도 하고, '닫는[단는]'처럼 ㉡<u>뒤의 소리의 영향을 받아 앞의 소리가 바뀌기</u>도 한다.

① ㉠ 진리, ㉡ 담력
② ㉠ 신랑, ㉡ 먹는다
③ ㉠ 앞문, ㉡ 들나물
④ ㉠ 물놀이, ㉡ 읍내
⑤ ㉠ 붙는다, ㉡ 맏며느리

음운의 변동 ③

◆ 음운의 탈락

두 음운 중 하나의 음운이 발음되지 않는 현상

1 자음군 단순화[1]: 음절의 끝에 겹받침[2]이 올 때, 두 자음 중 하나가 탈락하고 하나만 발음되는 현상

	끝소리(받침)	대표음	예
뒤 자음 탈락	ㄳ, ㄵ, ㄼ, ㄽ, ㄾ, ㅄ	받침의 앞 자음인 [ㄱ, ㄴ, ㄹ, ㅂ]으로 발음함.	삯[삭], 앉고[안꼬], 섧다[설:따], 외곬[외골/웨골], 훑고[훌꼬], 값[갑]
앞 자음 탈락	ㄺ, ㄻ, ㄿ	받침의 뒤 자음인 [ㄱ, ㅁ, ㅂ]으로 발음함.	닭[닥], 삶[삼:], 읊다[읍따]

2 'ㄹ' 탈락과 'ㅎ' 탈락

	의미	예
'ㄹ' 탈락	• 'ㄹ'로 끝나는 용언의 어간이 몇몇 어미와 결합할 때 'ㄹ'이 탈락함. • 복합어가 만들어질 때 'ㄹ'이 탈락하는 경우도 있음.	• 놀-+-는 → [노는] • 알-+-시-+-고 → [아:시그] • 아들+-님 → [아드님] → 복합어의 'ㄹ' 탈락(동일한 환경이지만 '달님'과 같이 'ㄹ' 탈락이 일어나지 않는 경우가 많아 규칙화하기 어려움.)
'ㅎ' 탈락	'ㅎ'으로 끝나는 용언의 어간 뒤에 모음으로 시작하는 형식 형태소가 올 때 'ㅎ'이 탈락함.	• 쌓-+-아 → [싸아] ┐ 용언이 활용할 때 • 놓-+-을 → [노을] ┘ 어간의 'ㅎ'이 탈락함

3 모음 탈락

	의미	예
'—' 탈락	모음 'ㅏ/ㅓ'로 시작하는 어미 앞에서 용언의 어간 '—'가 탈락함.	• 담그-+-아 → [담가] • 쓰-+-어 → [써]
동음 탈락	모음으로 끝나는 어간 뒤에 동일한 모음으로 시작하는 어미가 올 때 그중 하나가 탈락함.	• 가-+-아서 → [가서] • 건너-+-어서 → [건너서]

◆ 음운의 첨가

두 음운이 만날 때, 그 사이에 음운이 덧붙는 현상

	의미	예
'ㄴ' 첨가	두 형태소가 결합하여 이루어지는 합성어와 파생어에서, 자음으로 끝나는 말 뒤에 모음 'ㅣ'나 반모음 'ㅣ[j]'로 시작하는 말이 결합할 때 'ㄴ'이 첨가됨.	• 콩잎 → [콩닙] • 솜이불 → [솜:니불]
반모음 첨가[3]	모음으로 끝나는 형태소 뒤에 단모음으로 시작하는 형태소가 올 때, 모음끼리의 충돌을 피하기 위해 반모음 'ㅣ[j]'나 반모음 'ㅗ/ㅜ[w]'가 덧붙음.	• 피어 → [피어], [피여] → 피+ㅣ+어 • 되어 → [되어], [되여] → 되+ㅣ+어

---

❶ 자음군 단순화가 일어나는 환경
① 어말일 때 예 여덟[여덜]
② 뒤에 모음으로 시작하는 실질 형태소가 올 때
  예 흙 위[흑 위 → 흐귀]
③ 뒤에 자음으로 시작하는 형태소가 올 때 예 젊다[점:따]

❷ 겹받침 발음의 예외
① 'ㄼ': 'ㅂ'이 탈락하는 것이 원칙이나 '밟-', '넓-'과 같은 일부 단어에서 'ㄹ'이 탈락함.
  예 • 밟다[밥:따], 밟고[밥:꼬]
    • 넓둥글다[넙뚱글다]
② 'ㄺ': 'ㄹ'이 탈락하는 것이 원칙이나, 'ㄱ'으로 시작하는 어미 앞에서는 'ㄱ'이 탈락함.
  예 맑고[말꼬], 읽고[일꼬]

❸ 반모음 첨가
실제 언어생활에서 흔히 나타나는 현상이지만 일정한 조건의 단어들 외에는 표준 발음으로 인정되지 않는다. 어간의 모음 'ㅣ (ㅚ, ㅟ)' 뒤에 오는 단모음에 반모음 'ㅣ[j]'가 덧붙는 경우, '이오[이오/이요], 아니오[아니오/아니요], 기어[기어/기여]'와 같이 반모음을 첨가하여 발음하는 것을 허용하지만, 이외의 경우에는 대개 표준 발음으로 인정하지 않는다.

궁금해

탈락과 축약은 어떻게 구별할까?

① 공통점
탈락과 축약 모두 음운의 개수가 줄어들어.
예 • 딸+님(6개) → [따님](5개)
  • 낳-+-다(5개) → [나타](4개)
② 차이점
탈락은 원래 있던 한 음운이 사라지는 것이지만, 축약은 두 개의 음운이 하나로 합쳐지면서 새로운 음운으로 바뀌지.
예 • 낳-+-아 → [나아] → 'ㅎ' 탈락
  • 낳-+-고 → [나코] → 자음 축약
즉 원래 있던 음운 하나(예 'ㅎ')가 사라지면 탈락, 음운의 개수는 줄었는데 없던 음운(예 'ㅋ')이 생겼으면 축약이야.

핵심만 바로 체크

1 다음 설명이 맞으면 ○, 틀리면 × 표시하시오.

(1) 음운의 탈락은 모음에서만 일어나는 현상이다.　　　　　　　　　　(　　　)

(2) '넓다'는 받침의 뒤 자음 'ㅂ'이 탈락해 [널따]로 발음된다.　　　　　(　　　)

(3) 'ㄹ' 탈락은 음절 끝의 두 자음 중 하나가 탈락하고, 하나만 소리 나는 현상을 말한다.

　　　　　　　　　　　　　　　　　　　　　　　　　　　　　　　　(　　　)

2 빈칸에 들어갈 알맞은 단어를 쓰시오.

(1) 두 음운이 만나 어느 하나의 음운이 발음되지 않는 현상을 □□(이)라고 한다.

(2) '가-+-아서 → [가서]', '건너-+어서 → [건너서]'는 같은 소리의 모음 두 개 중 하나가 탈락한 □□ 탈락의 예이다.

(3) '솜이불'은 [솜ː니불]로, '한여름'은 [한녀름]으로 발음하는 것은 단어가 합성 또는 파생될 때 '□'이/가 □□되었기 때문이다.

예시로 바로 연습

1 〈보기〉와 같이 단어의 올바른 발음을 쓰고, 겹받침에서 탈락한 자음을 쓰시오.

> ── 보기 ├
>
> 몫[목]: 'ㄳ'에서 'ㅅ' 탈락

(1) 닭[　　　　　　]: 'ㄺ'에서 '(　　　　　)' 탈락

(2) 여덟[　　　　　]: 'ㄼ'에서 '(　　　　)' 탈락

(3) 훑고[　　　　　]: 'ㄾ'에서 '(　　　　)' 탈락

(4) 읽고[　　　　　]: 'ㄺ'에서 '(　　　　)' 탈락

2 다음 단어에서 일어나는 음운 변동 현상을 바르게 연결하시오.

(1) 맨입 •　　　　　　　　　　　　• ㉠ 'ㅎ' 탈락

(2) 좋은 •　　　　　　　　　　　　• ㉡ 'ㅡ' 탈락

(3) 잠가 •　　　　　　　　　　　　• ㉢ 'ㄴ' 첨가

3 각각의 음운 변동 현상이 일어나는 단어를 〈보기〉에서 찾아 쓰시오.

> ── 보기 ├
>
> 아드님　　흙　　집안일　　아파　　아니오

(1) 음운의 탈락: (　　　　　　　　　　　　　　　　)

(2) 음운의 첨가: (　　　　　　　　　　　　　　　　)

정답과 해설 08쪽

문제 해결 TIP

자음군 단순화의 적용

01 다음 단어의 발음이 알맞지 <u>않은</u> 것은?

① 삶[삼]
② 읽다[익따]
③ 핥고[할꼬]
④ 앉다[안따]
⑤ 외곬[외골]

01 겹받침의 발음에 유의하며 소리 나는 대로 써 보자. 기억이 안 난다면 아래 내용을 확인해 봐.
- 뒤 자음 탈락: ㄳ, ㄵ, ㄼ, ㄽ, ㄾ, ㅄ
- 앞 자음 탈락: ㄺ, ㄻ, ㄿ

음운 탈락의 적용

02 밑줄 친 말 중, 〈보기〉에서 설명하는 음운 변동 현상이 일어나지 <u>않는</u> 것은?

보기

두 음운 중 하나의 음운이 발음되지 않는 현상

① <u>따님</u>이 올해 몇 살인가요?
② 우정은 <u>값도</u> 매길 수 없다.
③ 그는 곧 바른 자세로 <u>섰다</u>.
④ 그가 정답을 <u>맞히면</u> 좋겠다.
⑤ 공을 <u>넣어</u> 득점을 하고 싶다.

02 〈보기〉에서 설명하는 음운 현상이 무엇인지 떠올려 봐. 그리고 밑줄 친 부분을 구성하는 음운을 분석해 보면서 원래 있던 음운이 사라진 경우가 아닌 것을 찾으면 돼. 이때 두 음운이 합쳐져 새로운 음운이 되는 축약과 헷갈리지 않도록 주의하자.

음운 첨가의 적용

03 〈보기〉에서 설명하는 음운 변동 현상이 <u>아닌</u> 것은?

보기

두 음운이 만날 때 그 사이에 음운이 덧붙는 현상

① 줄넘기
② 내복약
③ 솜이불
④ 한여름
⑤ 급행열차

03 두 음운이 만나면서 없던 음운이 덧붙는 음운의 첨가 현상에는 'ㄴ' 첨가와 반모음 첨가가 있어. 각 단어의 올바른 발음을 적으면서 어떤 음운이 첨가되었는지 찾아보자.

음운 탈락과 음운 첨가의 적용

04 〈보기〉의 ㉠~㉣에서 일어나는 음운 변동 현상에 대한 설명으로 알맞지 <u>않은</u> 것은?

보기

㉠<u>담요</u> 위에 ㉡<u>색연필</u>이 ㉢<u>놓여</u> 있으니 ㉣<u>가서</u> 가져와라.

① ㉠은 ㉡과 달리 발음할 때 'ㄴ'이 첨가된다.
② ㉠과 ㉡은 모두 표기와 발음이 일치하지 않는다.
③ ㉡은 ㉢과 달리 음운과 음운 사이에 새로운 음운이 생겨난다.
④ ㉢은 ㉣과 달리 음절 끝의 자음에 변동이 생긴다.
⑤ ㉢과 ㉣은 모두 음운 변동 후 음운의 수가 줄어든다.

04 〈보기〉의 밑줄 친 단어들을 발음 나는 대로 써 보자. 표기와 발음을 비교해 보면 무엇이 탈락하였고, 무엇이 첨가되었는지 찾아볼 수 있어.

01 다음 중 음운의 변동을 바르게 이해한 것은?

① '낡다'를 [낙따]로 발음하는 것은 '첨가'에 해당해.
② '좋아'를 [조아]로 발음하는 것은 '첨가'에 해당해.
③ '되어'를 [되여]로 발음하는 것은 '첨가'에 해당해.
④ '앓고'를 [알코]로 발음하는 것은 '탈락'에 해당해.
⑤ '맨입'을 [맨닙]으로 발음하는 것은 '탈락'에 해당해.

02 〈보기〉를 참고할 때, 다음 단어의 발음이 적절하지 <u>않은</u> 것은?

> **보기**
>
> 겹받침을 발음할 때에는 겹받침을 이루는 두 개의 자음 중 하나로 발음된다. 'ㄳ, ㄵ, ㄼ, ㄽ, ㄾ, ㅄ'의 경우 뒤 자음이 탈락하고, 'ㄺ, ㄻ, ㄿ'의 경우 앞 자음이 탈락한다. 단 예외도 있는데, 'ㄺ'의 경우 'ㄹ'이 탈락하는 것이 원칙이나, 'ㄱ'으로 시작하는 어미 앞에서 'ㄹ'이 아닌 'ㄱ'이 탈락한다.

① 얹다[언따] ② 읽고[익꼬]
③ 없고[업:꼬] ④ 삶다[삼:따]
⑤ 읊조리다[읍쪼리다]

03 다음 단어 중, 음운의 탈락이 일어나지 <u>않는</u> 것은?

① 화살 ② 없다
③ 바빠 ④ 월요일
⑤ 우짖다

04 밑줄 친 단어의 발음 표기가 표준 발음이 <u>아닌</u> 것은?

① 고기 냄새가 옷에 배었다[배엳따].
② 고개를 들어 하늘을 보아라[보아라].
③ 앞마당에 꽃이 예쁘게 피었다[피엳따].
④ 그는 가방을 끌어안고 뛰었다[뛰얻따].
⑤ 당신이 바라는 바는 무엇이오[무어시오]?

05 〈보기〉를 바탕으로, 음운 현상에 대해 나눈 대화 중 적절하지 <u>않은</u> 것은?

> **보기**
>
> 자음이나 모음이 어떤 환경에서 없어지는 탈락 현상에는 자음군 단순화, 'ㄹ' 탈락, 'ㅎ' 탈락, 모음 탈락 등이 있다.

① 가온: '닭다[담따]', '값[갑]'과 같이 음절 끝의 두 자음 중 하나가 탈락하고 하나만 소리 나는 현상을 자음군 단순화라고 해.
② 민식: '살-+-는 → 사는'처럼 용언의 어간 끝소리 'ㄹ'이 몇몇 어미와 결합할 때 탈락하기도 해.
③ 재현: 'ㅎ' 탈락의 예로는 '쌓아[싸아]', '놓을[노을]' 등이 있어.
④ 정대: '아프다'와 '아파서'는 용언의 어간 끝소리 '_'가 탈락하는 모음 탈락에 해당해.
⑤ 이안: '가-'와 '-아서'가 결합해 '가서'가 되는 것은 동일한 모음 'ㅏ'가 탈락하는 모음 탈락이야.

06 음운 변동 유형에 따라 〈보기〉와 같이 단어를 분류하였을 때, 빈칸에 들어갈 기준으로 바르게 짝 지은 것은?

(어려워요)

> **보기**
>
> 고파서 편리 버드나무 눈요기 식용유
>
> **기준 1** ______________________
> ↳ 편리 / 고파서, 버드나무, 눈요기, 식용유
>
> **기준 2** ______________________
> ↳ 고파서, 버드나무 / 눈요기, 식용유

	기준 1	기준 2
①	음운의 개수가 변하였는가?	음운이 탈락한 것인가, 덧붙는 것인가?
②	음운의 개수가 변하였는가?	음운이 합쳐진 것인가, 덧붙는 것인가?
③	없던 음운이 새로 생겼는가?	음운의 개수가 변하였는가?
④	없던 음운이 새로 생겼는가?	음운이 탈락한 것인가, 합쳐진 것인가?
⑤	음운이 탈락한 것인가, 합쳐진 것인가?	음운이 합쳐진 것인가, 덧붙는 것인가?

01 ㉠~㉤에 들어갈 말로 알맞지 <u>않은</u> 것은?

> '발'과 '말'은 'ㅂ', 'ㅁ'에 의하여 의미가 달라지고, '발'과 '불'은 (㉠)에 의하여 의미가 달라진다. 이처럼 말의 뜻을 구별해 주는 (㉡)의 가장 작은 단위를 (㉢)이라고 한다. (㉢)에는 발음할 때 공기의 흐름이 방해를 받지 않고 나오는 소리인 (㉣)과 발음할 때 공기의 흐름이 방해를 받고 나오는 소리인 (㉤) 등이 있다.

① ㉠: 'ㅏ', 'ㅜ'　② ㉡: 의미　③ ㉢: 음운
④ ㉣: 모음　⑤ ㉤: 자음

02 다음을 통해 알 수 있는 결론으로 알맞은 것은?

> 우리 집 말은 어쩐지 내 말을 알아듣는 것 같다.

> ▼ 표준 국어 대사전 검색
>
> '말'에 대한 검색 결과입니다. (10건)
>
> 말¹[말:]「명사」 사람의 생각이나 느낌 따위를 표현하고 전달하는 데 쓰는 음성 기호. 곧 사람의 생각이나 느낌 따위를 목구멍을 통하여 조직적으로 나타내는 소리를 가리킨다.
> 말⁴[말]「명사」 말과의 포유류. 어깨의 높이는 1.2~1.7미터이며, 갈색·검은색·붉은 갈색·흰색 따위가 있다.

① 우리말의 모음은 홀로 음절을 이룰 수 있다.
② 우리말의 긴소리는 첫째 음절에서만 나타난다.
③ 우리말은 하나의 말이 두 가지 이상으로 발음될 수 있다.
④ 우리말은 자음과 모음 외에도 음운에 속하는 요소가 있다.
⑤ 우리말은 소리의 높낮이를 통해 말의 뜻을 구별할 수 있다.

03 다음 중 자음을 소리 나는 위치와 발음에 따라 바르게 분류한 것은?

① 'ㅁ': 입술소리, 유음
② 'ㅌ': 잇몸소리, 파열음
③ 'ㅉ': 목청소리, 파찰음
④ 'ㄴ': 센입천장소리, 비음
⑤ 'ㄱ': 여린입천장소리, 파찰음

04 〈보기〉와 같은 방법으로 소리 내는 자음을 포함한 단어로 알맞은 것은?

> ┤보기├
> 공기가 흐르는 통로를 좁히고 공기를 좁은 틈 사이로 내보내어 마찰을 일으키며 내는 소리

① 기린　　② 마음　　③ 포도
④ 학교　　⑤ 자동차

05 다음 과제의 답을 모두 합한 개수는?

> 과제
>
> ㉠ '사과나무'에 쓰인 비음의 개수는?
> ㉡ '찌른다'에 쓰인 된소리의 개수는?
> ㉢ '미끄럽다'에 쓰인 파찰음의 개수는?
> ㉣ '여름'에 쓰인 유음의 개수는?

① 3개　② 4개　③ 5개　④ 6개　⑤ 7개

[06~07] 다음 문장을 읽고 물음에 답하시오.

> 그는 상대편 선수의 공을 발로 찬다.

06 위 문장에 쓰인 자음들이 소리 나는 위치에 해당하지 <u>않는</u> 것은?

① 입술소리　　　② 목청소리
③ 잇몸소리　　　④ 센입천장소리
⑤ 여린입천장소리

07 위 문장에서 〈보기〉의 기준을 충족하는 모음을 찾아 〈조건〉에 맞게 쓰시오.

> ┤보기├
> (1) 발음할 때 혀의 최고점이 뒤쪽에 있고, 혀의 높이가 가장 낮은 모음
> (2) 발음할 때 입술의 모양이나 혀의 위치가 달라지는 모음

> ┤조건├
> (1)과 (2)에 해당하는 모음을 찾고 명칭을 밝힐 것

(1): (　　　　　　　　　　　　　)
(2): (　　　　　　　　　　　　　)

08 다음 단모음 체계표에서 ㉠~㉤에 들어갈 모음으로 알맞은 것은?

혀의 최고점의 위치	전설 모음		후설 모음	
혀의 높이 / 입술 모양	평순 모음	원순 모음	평순 모음	원순 모음
고모음	㉠	㉡		
중모음				㉢
저모음	㉣		㉤	

① ㉠: 'ㅡ'
② ㉡: 'ㅟ'
③ ㉢: 'ㅏ'
④ ㉣: 'ㅜ'
⑤ ㉤: 'ㅔ'

09 〈조건〉을 모두 만족하는 한 글자의 단어를 쓰시오.

┌ 조건 ┐

1단계
· 첫소리: 파열음이면서 잇몸소리예요.
· 가운뎃소리: 후설 모음이면서 중모음인 단모음이에요.
· 끝소리: 여린입천장소리예요.

2단계
· 첫소리: 크고 거친 느낌을 줘요.
· 가운뎃소리: 입술을 동그랗게 만들어 소리 내요.
· 끝소리: 코로 공기를 내보내면서 내는 소리예요.

(   )

도와줘

먼저 〈조건〉의 1단계에 맞는 자음과 모음들을 첫소리, 가운뎃소리, 끝소리로 구분하여 모두 써 본다. 그중 2단계에서 설명하는 음운을 찾아 한 글자의 단어로 조합해 본다.

10 음운의 변동에 대한 설명으로 적절하지 <u>않은</u> 것은?

① 보통 인접해 있는 음운 사이에서 실현된다.
② 표기와 발음을 일치시키기 위한 현상이다.
③ 음운이 일정한 환경에서 말소리가 바뀌는 현상이다.
④ 원래 없던 음운이 생기거나 원래 있었던 음운이 없어지기도 한다.
⑤ 한 음운이 다른 음운으로 바뀌거나 두 음운이 하나의 음운으로 줄어들기도 한다.

11 〈보기〉를 참고했을 때, 음운 변동 현상에 대한 설명으로 적절하지 <u>않은</u> 것은?

┌ 보기 ┐

· 우리말에서는 'ㄱ, ㄴ, ㄷ, ㄹ, ㅁ, ㅂ, ㅇ'의 7개 자음만이 음절의 끝소리로 발음될 수 있다. 이외의 자음이 음절 끝에 오면 이 7개 자음 중에 하나의 소리로 바뀌어 발음되는 현상을 음절의 끝소리 규칙이라고 한다.
· 일정한 환경에서 예사소리 'ㄱ, ㄷ, ㅂ, ㅅ, ㅈ'이 된소리인 'ㄲ, ㄸ, ㅃ, ㅆ, ㅉ'으로 바뀌어 발음되는 현상을 된소리되기라고 한다.
· 비음이 아닌 소리가 비음의 영향을 받아 비음 'ㄴ, ㅁ, ㅇ'으로 바뀌어 발음되는 현상을 비음화라고 한다.

① '웃는'은 'ㅅ'이 대표음 'ㄷ'으로 바뀌어 소리 난 후 비음화가 나타난다.
② '앞만'은 'ㅍ'이 대표음 'ㅂ'으로 바뀌어 소리 난 후 비음화가 나타난다.
③ '꺾고'는 'ㄲ'이 대표음 'ㄱ'으로 바뀌어 소리 난 후 된소리되기가 나타난다.
④ '북녘'은 'ㅋ'이 대표음 'ㄱ'으로 바뀌는 음절의 끝소리 규칙과 비음화가 나타난다.
⑤ '먹을 것'은 비음화와 'ㅅ'이 대표음 'ㄷ'으로 바뀌는 음절의 끝소리 규칙이 나타난다.

12 〈보기〉의 ㉠, ㉡에 해당하는 예가 바르게 짝 지어진 것은?

┌ 보기 ┐

'칼날'은 '날'의 ㉠'ㄴ'이 앞에 오는 유음 'ㄹ'의 영향을 받아 'ㄹ'로 바뀌어 [칼랄]로 소리 난다. '천리'는 '천'의 ㉡'ㄴ'이 뒤에 오는 유음 'ㄹ'의 영향을 받아 'ㄹ'로 바뀌어 [철리]로 소리 난다. 이처럼 'ㄴ'이 'ㄹ'의 앞이나 뒤에서 'ㄹ'의 영향을 받아 유음 'ㄹ'로 바뀌어 발음되는 현상을 유음화라고 한다.

	㉠	㉡
①	논리	대관령
②	달님	줄넘기
③	대관령	줄넘기
④	줄넘기	광한루
⑤	광한루	달님

13 〈보기〉의 ㉠~㉤의 발음과 이에 적용된 음운 변동 현상에 대한 설명으로 적절하지 <u>않은</u> 것은?

┤보기├
- ㉠속삭이는 소리가 들렸다.
- 소녀는 갑자기 ㉡웃음을 멈췄다.
- 우리는 끝까지 ㉢같이 갈 것이다.
- 동생은 미소 ㉣짓는 모습이 귀엽다.
- 나는 어린 시절로 돌아가고 ㉤싶다.

① ㉠: 된소리되기가 나타나 [속싸기는]으로 발음된다.
② ㉡: 음절의 끝소리 규칙이 나타나 [욷음]으로 발음된다.
③ ㉢: 구개음화가 나타나 [가치]로 발음된다.
④ ㉣: 음절의 끝소리 규칙과 비음화가 나타나 [진는]으로 발음된다.
⑤ ㉤: 음절의 끝소리 규칙과 된소리되기가 나타나 [십따]로 발음된다.

14 다음 과제에서 ㉠~㉢에 나타나는 음운 변동 현상을 〈조건〉에 맞게 쓰시오.

과제
• 난로 ──────→ [날:로] 　　　　(㉠) • 부엌문 ──────→ [부억문] ──────→ [부엉문] 　　　　(㉡)　　　　　　(㉢)

┤조건├
㉠~㉢은 중복되지 않게 쓸 것

- ㉠: (　　　　　　　　　　　　　　　)
- ㉡: (　　　　　　　　　　　　　　　)
- ㉢: (　　　　　　　　　　　　　　　)

15 다음 단어 중, 음운 변동 현상의 유형이 <u>다른</u> 하나는?
① 담가　　　　　② 싫지
③ 갔다　　　　　④ 닿아서
⑤ 둥그니

16 〈보기〉에서 구개음화가 일어나는 부분을 모두 찾아 쓰고, 이와 같이 발음되는 이유를 〈조건〉에 맞게 쓰시오.

┤보기├
"굳이 이 밤에 또 나가려고?"
여닫이문이 열리면서 어머니께서 나오셨다.
"실낱같은 희망이라도 있다면 밭을 샅샅이 뒤져서라도 반지를 찾아야 해요."
준우가 단호하게 대답하였다.

┤조건├
구개음화가 일어나는 부분의 발음과 이러한 현상이 일어나는 이유를 구체적으로 쓸 것

____

____

> **도와줘**
> 구개음화는 구개음이 아닌 음운이 구개음으로 변하는 것이다. 국어의 구개음에는 'ㅈ, ㅉ, ㅊ'이 있다. 〈보기〉를 소리 내어 읽어 본 뒤 구개음으로 변하는 것들을 찾아보고, 어떤 환경에서 공통적으로 소리가 바뀌는지를 생각해 보자.

17 〈보기〉의 ㉠에 해당하는 예로 알맞지 <u>않은</u> 것은?

┤보기├
　자음군 단순화란 음절의 끝에 자음이 두 개 연결된 겹받침이 올 때, 두 자음 중 하나가 탈락하고 하나만 발음되는 현상이다. 그런데 ㉠<u>겹받침으로 끝나는 형태소가 다른 형태소와 결합할 때에는 다른 음운 변동 현상이 함께 나타나는 경우가 많다.</u> 예를 들어 '핥-' 뒤에 '-고'가 와서 [할꼬]로 발음되는 것에서는 된소리되기가 나타난다. '읽-' 뒤에 '-는'이 와서 [잉는]으로 발음되는 것에서는 비음화가 나타난다.

① 맑지[막찌]　　　　② 읊고[읍꼬]
③ 훑는[훌른]　　　　④ 삶는[삼는]
⑤ 닭만[당만]

> **도와줘**
> 겹받침이 다른 형태소와 결합할 때 겹받침 중 자음 하나가 탈락하는 현상 외에 다른 음운 변동 현상이 나타나는지 살펴본다. 음운 변동 현상에는 교체(음절의 끝소리 규칙, 유음화, 비음화, 구개음화), 탈락, 첨가, 축약이 있다.

18 〈보기〉의 ㉠~㉤에서 일어나는 음운 변동 현상을 탐구한 내용으로 적절하지 <u>않은</u> 것은?

┤보기├
- 운동을 하니 몸의 균형이 ㉠<u>잡혔다</u>.
- 신발 뒤창이 다 ㉡<u>닳도록</u> 돌아다니다.
- 새로운 것을 배우는 일은 쉽지 ㉢<u>않지</u>.
- 우리집 강아지가 다섯 마리를 ㉣<u>낳았다</u>.
- 경수는 별로 힘들이지 ㉤<u>않고</u> 짐을 옮겼다.

① ㉠: 'ㅂ'과 'ㅎ'이 만나 'ㅍ'으로 음운이 축약되어 소리 난다.
② ㉡: 겹받침 'ㅀ'에서 뒤의 자음 'ㅎ'이 탈락하여 소리 난다.
③ ㉢: 'ㅎ'과 'ㅈ'이 만나 'ㅊ'으로 음운이 축약되어 소리 난다.
④ ㉣: 'ㅎ'으로 끝나는 어간 뒤에 모음으로 시작하는 형식 형태소가 올 때 'ㅎ'이 탈락한다.
⑤ ㉤: 'ㅎ'과 'ㄱ'이 만나 'ㅋ'으로 음운이 축약되어 소리 난다.

도와줘
㉠~㉤을 소리 나는 대로 써 보고, 표기와의 차이점을 비교해 본다. 음운이 합쳐져 줄어들었는지, 아예 사라지거나 새로운 음운이 나타나지 않았는지, 자음끼리 만나서 어떤 영향을 주고받았는지 살펴본다.

19 다음 단어들에서 일어나는 음운 변동 현상에 대한 분석이 바르지 <u>않은</u> 것은?

	단어	음운 변동 과정	현상
①	축하	ㄱ + ㅎ → ㅋ	축약
②	노는	놀 + 는 → 노는	탈락
③	입는	ㅂ + ㄴ → ㅁ + ㄴ	비음화
④	신록	ㄴ + ㄹ → ㄹ + ㄴ	유음화
⑤	덥히다	ㅂ + ㅎ → ㅍ	축약

20 〈보기〉의 ㉠~㉣에 대한 설명으로 적절하지 <u>않은</u> 것은?

┤보기├
- ㉠ 아는, 여는
- ㉡ 한라산, 잎눈
- ㉢ 금이빨, 홑이불
- ㉣ 묻히다, 좁히다

① ㉠에 나타난 음운 변동이 '사는'에도 나타난다.
② ㉡에서 '한라산'은 유음화, '잎눈'은 비음화가 나타난다.
③ ㉢에 공통적으로 나타난 음운 변동 현상이 '가랑잎'에도 나타난다.
④ ㉣에 나타난 음운 변동이 '썼다'에도 나타난다.
⑤ 음절의 끝소리 규칙이 적용된 예가 있는 것은 ㉡과 ㉢이다.

도와줘
㉠은 어간과 어미로 나누어 보고, 용언의 기본형에서 어떤 음운이 탈락했는지 찾아본다. ㉡~㉣은 소리 나는 대로 써 본 후 교체, 탈락, 첨가, 축약 중 어떤 현상이 나타났는지 찾아본 후 제시된 예와 비교해 본다.

21 밑줄 친 부분의 발음이 적절하지 <u>않은</u> 것은?

① 집 앞에 꽃이 <u>피어[피여]</u> 사진을 찍었다.
② 병원에 가니 새로운 <u>물약[무략]</u>을 주었다.
③ 아궁이 앞에 장작을 <u>쌓고[싸코]</u> 불을 지폈다.
④ <u>파랗게[파라케]</u> 된 하늘을 보니 속이 뚫렸다.
⑤ '드디어 <u>잡히다[자피다]</u>'라는 제목의 기사를 보았다.

22 ㉠~㉢에서 일어나는 음운 변동 현상을 분석하여 한 문장으로 쓰시오.

눈요기가 되어 기뻐.
　㉠　　㉡　㉢
→ [눈뇨기가 되여 기뻐]

Ⅱ 단어

DAY 06~12

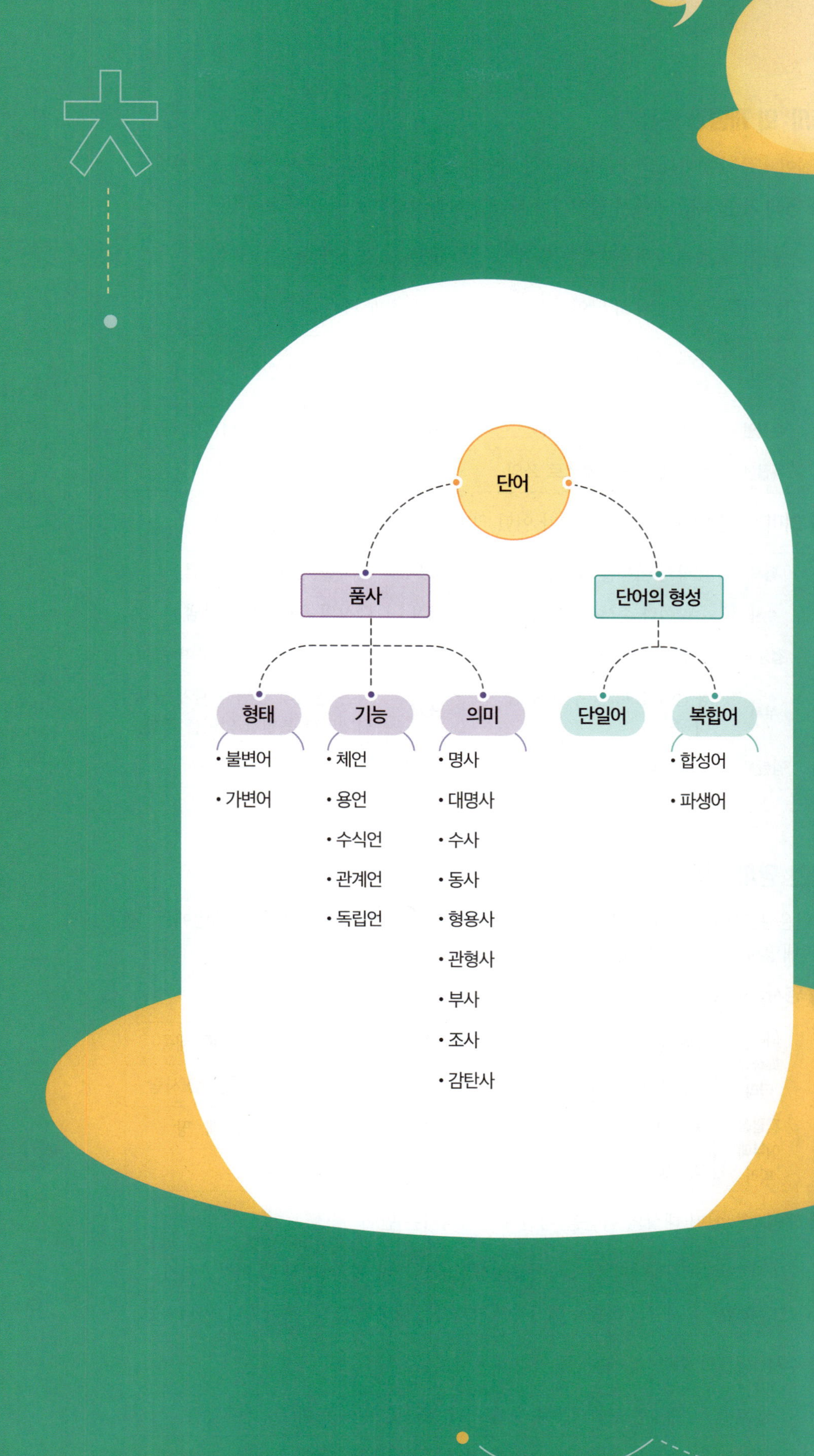

단어
품사
단어의 형성
형태
기능
의미
단일어
복합어
• 불변어
• 가변어
• 체언
• 용언
• 수식언
• 관계언
• 독립언
• 명사
• 대명사
• 수사
• 동사
• 형용사
• 관형사
• 부사
• 조사
• 감탄사
• 합성어
• 파생어

DAY 06 품사 ①

◆ 품사[1]의 개념과 분류

성질이 공통된 것끼리 모아 분류해 놓은 단어의 갈래로, 우리말의 품사는 9개로 분류된다.

1 형태 기준: 문장 안에서 단어의 형태가 변하는지의 여부에 따라 분류함.

불변어	형태가 변하지 않는 단어	가변어	형태가 변하는 단어

2 기능 기준: 문장 안에서 단어가 어떤 기능을 하는지에 따라 분류함.

체언	주로 주어, 목적어, 보어 등으로 쓰임.	용언	서술어로 쓰임.
수식언	체언이나 용언을 꾸며 줌.	관계언	단어들의 관계를 나타내 줌.
독립언	문장에서 독립적으로 쓰임.		

3 의미[2] 기준: 문장 안에서 단어가 어떤 의미를 나타내는지에 따라 분류함.

명사	대상의 이름을 나타냄.	대명사	명사를 대신하여 나타냄.
수사	수량이나 순서를 나타냄.	동사	대상의 움직임을 나타냄.
형용사	대상의 성질, 상태를 나타냄.	관형사	체언 앞에서 체언을 꾸며 줌.
부사	용언이나 다른 부사 등을 꾸며 줌.	조사	다른 말과의 문법적 관계를 나타내거나 특별한 의미를 더함.
감탄사	느낌이나 놀람, 부름, 대답 등을 나타냄.		

◆ 체언: 명사, 대명사, 수사

체언은 문장에서 주체가 되는 역할(주어, 목적어, 보어)을 하는 말이다. 체언에는 '명사, 대명사, 수사'가 있는데, 주로 조사와 결합하며 형태가 변하지 않는다.

1 명사: 사람, 사물, 장소 등 구체적인 대상의 이름을 나타내는 단어

의미의 특성에 따라	고유 명사	특정 대상을 다른 개체와 구별하기 위해 붙인 이름 예 세종
	보통 명사	공통된 특성을 지닌 대상들을 아울러 대표하는 이름 예 사람
자립성 여부에 따라	자립 명사	다른 말의 도움 없이 혼자 쓰일 수 있는 명사 예 노래, 땅
	의존 명사	다른 말에 기대어 쓰이는 명사 예 두 개, 탈 것

2 대명사[3]: 어떤 대상의 이름을 대신하여 가리키는 단어

지시 대명사	사물이나 장소의 이름을 대신하여 가리키는 대명사 예 이것 / 여기
인칭 대명사	사람의 이름을 대신하여 가리키는 대명사 예 나, 우리 / 너, 자네 / 그

3 수사: 사물의 수량이나 순서를 가리키는 단어

양수사	수량을 나타내는 수사 예 하나, 둘, 셋, 일(一), 이(二), 삼(三)
서수사	순서를 나타내는 수사 예 첫째, 둘째, 제일, 제이

핵심만 바로 체크

1 다음 설명이 맞으면 ○, 틀리면 × 표시하시오.

(1) 품사는 공통된 성질을 가진 것끼리 묶은 단어의 갈래이다. ( )

(2) 문장 안에서 단어의 형태가 변하는지의 여부에 따라 불변어와 가변어로 분류한다. ( )

(3) 품사는 어떤 의미를 나타내는지에 따라 체언, 수식언, 관계언, 독립언, 용언으로 나눌 수 있다. ( )

2 빈칸에 들어갈 알맞은 단어를 쓰시오.

(1) □□은/는 문장의 주체가 되는 말로, 주로 주어, □□□, 보어로 쓰인다.

(2) 문장에서 다른 말과의 문법적 관계를 나타내는 단어를 □□□(이)라고 한다.

(3) 명사는 사람이나 사물의 □□을/를 나타내며, □□□은/는 이름을 대신하여 나타내고, □□은/는 사물의 수량이나 순서를 나타낸다.

예시로 바로 연습

1 〈보기〉에서 고유 명사가 <u>아닌</u> 것을 골라 쓰시오.

보기
한강　　　서울　　　국가　　　이순신　　　대한민국

( )

2 다음 설명에 해당하는 단어를 〈보기〉에서 골라 쓰시오.

보기
그분　　　여기　　　그것　　　우리　　　나

(1) 사람의 이름을 대신하여 가리키는 대명사: ( )

(2) 사물이나 장소의 이름을 대신하여 가리키는 대명사: ( )

3 다음 단어에 해당하는 수사의 종류를 〈보기〉에서 찾아 그 기호를 쓰시오.

보기
㉠ 수량을 나타내는 수사 ㉡ 순서를 나타내는 수사

(1) 둘째, 일곱째, 제삼: ( )

(2) 다섯, 이(二), 삼(三): ( )

DAY 06 기본 다지기

정답과 해설 11쪽

01 품사에 대한 설명으로 적절하지 <u>않은</u> 것은?

① 우리말에는 아홉 가지의 품사가 있다.
② 성질이 공통된 것끼리 모아 놓은 단어의 갈래이다.
③ 명사, 대명사, 수사는 품사를 기능에 따라 나눈 것이다.
④ 품사를 이해하면 단어가 문장 안에서 하는 역할을 이해하는 데 도움이 된다.
⑤ 품사 분류 기준에서 의미는 같은 품사의 단어가 지닌 공통된 의미를 말한다.

02 형태를 기준으로 품사를 분류할 때, 밑줄 친 단어 중 그 종류가 <u>다른</u> 하나는?

① 식탁 위에 있던 <u>빵을</u> 먹었니?
② <u>편안한</u> 마음으로 최선을 다하자.
③ 아기들은 <u>자는</u> 모습이 천사 같아.
④ <u>헌</u> 신발을 버리고 새 신발을 샀어.
⑤ 학생들이 합창 대회에서 부를 곡을 <u>연습했다</u>.

03 체언에 대한 설명으로 적절하지 <u>않은</u> 것은?

① 조사와 결합하여 쓰일 수 있다.
② 문장에서 쓰일 때 형태가 변한다.
③ 체언에는 명사, 대명사, 수사가 있다.
④ 문장에서 주로 주체가 되는 역할을 한다.
⑤ 주어, 목적어, 보어 등의 문장 성분으로 쓰인다.

04 다음 문장 중, 체언이 포함되지 <u>않는</u> 것은?

① 이것이 최선의 방법이다.
② 달은 지구의 주위를 돈다.
③ 항상 바쁘게 살아야 한다.
④ 학생 셋이 마주 보며 웃는다.
⑤ 그는 고양이보다 강아지를 좋아한다.

문제 해결 TIP

01 품사의 개념과 특징을 정확하게 이해하고 있는지 확인하는 문제야. 품사를 분류하는 기준은 세 가지가 있어. 그 기준에 따라 품사를 분류했을 때 어떻게 나눌 수 있었는지 떠올려 봐!

02 우리말 품사는 형태를 기준으로 불변어와 가변어로 나눌 수 있어. 불변어와 가변어의 의미를 떠올려 보고, 이에 따라 ①~⑤의 밑줄 친 단어를 분류해 보자.

03 체언은 문장에서 주체가 되는 역할을 하는 말이라고 배웠어. 체언의 특징과 종류를 정리해 보고, 적절하지 않은 것을 골라 보자.

04 체언에는 명사, 대명사, 수사가 있어. ①~⑤의 문장에 명사, 대명사, 수사가 쓰였는지 살펴보고 답을 찾아보자.

01 품사의 분류에 대한 설명으로 적절한 것은?

① 우리말 단어는 기능적 특성에 따라 9개의 품사로 나눌 수 있다.

② 품사를 의미에 따라 분류할 때 불변어와 가변어로 나눌 수 있다.

③ 품사를 기능에 따라 분류할 때 명사와 수사는 같은 부류로 묶을 수 있다.

④ 품사를 형태에 따라 분류할 때 형용사와 관형사는 같은 부류로 묶을 수 있다.

⑤ 문장에서 서술어로 쓰이는 용언은 형태에 따라 품사를 분류하면 형용사에 해당한다.

02 〈보기〉의 문장을 다음과 같이 분류할 때, ㉠~㉢에 들어갈 말로 알맞은 것은?

┤보기├

와! 창밖에서 하얀 눈이 펑펑 내린다.

↓

| ㉠ | ㉡ | 와, 창밖, 에서, 눈, 이, 펑펑 |
| | ㉢ | 하얀, 내린다 |

	㉠	㉡	㉢
①	기능	명사	형용사
②	의미	가변어	불변어
③	기능	독립언	용언
④	형태	독립언	수식언
⑤	형태	불변어	가변어

03 밑줄 친 단어 중, 〈보기〉의 설명에 해당하는 단어가 아닌 것은?

┤보기├

• 문장에서 주로 주어나 목적어로 쓰인다.
• 문장에서 쓰일 때 형태가 변하지 않는다.
• 다른 말의 도움 없이 단독으로 쓰일 수 있다.

① 코끼리는 코가 길다.

② 비가 와서 강물이 불어났어.

③ 배가 고픈데 떡볶이를 먹을까?

④ 아끼던 모자를 잃어버려서 속상해.

⑤ 내가 사고 싶은 앨범이 두 개가 있다.

04 〈보기〉의 대화에서 ㉠~㉤이 가리키는 대상으로 적절하지 않은 것은?

┤보기├

상희: 오랜만이야. ㉠너 요즘 어떻게 지내?

동현: 반갑다. ㉡나 요즘 운동 시작했어.

상희: 오! 어디에서 하는데? 어떤 운동해?

동현: 방과 후에 친구들과 체육관에서 배구를 하는데 재미있어.

상희: ㉢거기가 어디야? 나도 가 보고 싶어.

동현: ㉣우리야 좋지. (휴대 전화의 지도를 보여 주며) ㉤여기를 볼래?

① ㉠: 동현   ② ㉡: 동현

③ ㉢: 체육관   ④ ㉣: 상희와 동현

⑤ ㉤: 지도

05 〈보기〉의 ㉠~㉤을 제시된 품사에 따라 바르게 분류한 것은?

┤보기├

• ㉠그분께서 도착하셨어요.
• ㉡여러분의 의견을 듣고 싶습니다.
• 군자의 뜻을 ㉢소인이 어찌 알겠는가?
• 노는 것에 급급하다 보니 공부는 ㉣제이다.
• 전통문화에는 조상들의 ㉤지혜가 담겨 있다.

	자립 명사	인칭 대명사	서수사
①	㉠, ㉡	㉢, ㉤	㉣
②	㉠, ㉣	㉢, ㉤	㉡
③	㉡, ㉣	㉠, ㉢	㉤
④	㉢, ㉤	㉠, ㉡	㉣
⑤	㉠, ㉢, ㉤	㉣	㉡

06 (어려워요) 밑줄 친 단어 중, 수사가 아닌 것은?

① 아플 때는 쉬는 것이 제일이다.

② 내 부탁 하나만 들어줄 수 있어?

③ 둘이 먹다가 하나가 죽어도 모른다.

④ 이 문제를 열 명 중에 다섯이 풀었다.

⑤ 건강에서 첫째로 중요한 것은 운동이다.

품사 ❷

◆ 용언: 동사, 형용사❶

용언은 문장에서 주로 주어를 서술하는 역할을 하는 말이다. 용언에는 '동사, 형용사'가 있는데, 이들은 다른 품사들과 달리 문장에서 쓰일 때 형태❷가 변한다.

1 동사: 사람 또는 사물의 움직임이나 작용을 나타내는 단어

자동사	움직임이 주어에만 미치는 동사 예 솟다, 앉다, 울다, 피다
타동사	움직임의 대상이 되는 목적어를 필요로 하는 동사 예 먹다, 읽다, 찾다, 부르다

2 형용사: 사람 또는 사물의 성질이나 상태를 나타내는 단어

성상 형용사	사람 또는 사물의 성질이나 상태를 나타내는 형용사 예 달다, 붉다, 기쁘다
지시 형용사	사람 또는 사물의 성질이나 상태 등이 어떠하다는 것을 지시하는 형용사 예 그러하다, 어떠하다, 아무러하다 → 성상 형용사를 대신하여 쓰일 수 있음.

◆ 수식언: 관형사, 부사❸

수식언은 문장에서 뒤에 오는 다른 말을 꾸며 주는 역할을 하는 말이다. 수식언에는 '관형사, 부사'가 있는데, 이들은 문장에서 쓰일 때 형태가 변하지 않는다.

1 관형사: 주로 체언 앞에 놓여서 체언(명사, 대명사, 수사)을 꾸며 주는 역할을 하는 단어

지시 관형사	어떤 대상을 가리키는 역할을 하는 관형사 예 이, 그, 저
성상 관형사	사물의 성질이나 상태를 꾸며 주는 역할을 하는 관형사 예 새, 헌, 온갖
수 관형사	수량, 순서와 같은 수 개념을 나타내는 관형사 예 한, 두, 세

2 부사: 주로 용언(동사, 형용사)이나 문장 전체를 꾸며 주지만, 때로는 다른 부사나 관형사, 체언 등을 꾸며 주기도 하는 단어. 문장의 어느 한 성분을 꾸며 주는 부사인 '성분 부사'와 문장 전체를 꾸며 주는 부사인 '문장 부사'가 있음.

	성상 부사	모양, 상태, 성질을 한정하여 꾸며 주는 부사 예 잘, 매우, 자주
성분 부사	지시 부사	장소나 시간 등 특정한 대상을 가리키는 부사 예 이리, 어제, 내일
	부정 부사	부정의 뜻을 지닌 부사 예 못, 아니(안)
문장 부사	양태 부사	말하는 이의 태도를 나타내는 부사 예 과연, 설마, 제발
	접속 부사	체언이나 문장을 이어 주는 부사 예 그리고, 그러나, 그런데

---

❶ 동사와 형용사의 구분

① 현재 시제를 나타내는 어미 '-ㄴ-/-는-'이 결합할 수 있으면 동사, 그렇지 않으면 형용사임.
  예 • 먹는다(○) → 동사
    • 예쁜다(×) → 형용사
② 명령형 어미 '-아라/-어라'가 결합할 수 있으면 동사, 그렇지 않으면 형용사임.
  예 • 먹어라(○) → 동사
    • 예뻐라(×) → 형용사
③ 청유형 어미 '-자'가 결합할 수 있으면 동사, 그렇지 않으면 형용사임.
  예 • 먹자(○) → 동사
    • 예쁘자(×) → 형용사

❷ 용언의 기본형과 활용

용언이 활용하는 여러 형태 중에서 가장 기본이 되는 것으로 용언의 어간에 어미 '-다'가 붙은 것을 용언의 기본형이라고 한다. 그리고 문장 속에서 담당하고 있는 기능에 따라 어간에 여러 어미가 번갈아 결합하여 용언의 형태가 달라지는 것을 용언의 활용이라고 한다. 이때 형태가 변하지 않고 실질적인 의미를 가지는 부분을 '어간', 형태가 변하며 문법적 의미를 가지는 부분을 '어미'라고 한다.

	어간	어미
먹다	먹-	-다
먹고	먹-	-고
먹으니	먹-	-으니
먹었다	먹-	-었다

❸ 관형사와 부사의 특징

관형사	다른 말과 띄어 쓰고, 어미가 붙지 않음. 예 헌 신발
부사	문장 안에서 위치가 비교적 자유로움. 예 • 나는 <u>무척</u> 빵을 좋아해. • 나는 빵을 <u>무척</u> 좋아해.

핵심만 바로 체크

1 다음 설명이 맞으면 ○, 틀리면 × 표시하시오.

(1) 용언은 문장에서 주로 주어를 꾸며 주는 역할을 한다. ( )

(2) 동사는 사람 또는 사물의 움직임이나 작용을 나타내는 품사이다. (❷)

(3) 수식언인 관형사와 부사는 문장에서 쓰일 때 형태가 변하지 않는다. ( )

2 빈칸에 들어갈 알맞은 단어를 쓰시오.

(1) □□□은/는 움직임이 주어에만 미치는 동사이다.

(2) □□□은/는 사람 또는 사물의 성질이나 상태를 나타내는 품사이다.

(3) □□□은/는 주로 체언을 꾸며 주고, □□은/는 주로 용언이나 문장 전체를 꾸며 준다.

예시로 바로 연습

1 다음 설명에 해당하는 단어를 〈보기〉에서 골라 쓰시오.

> **보기**
>
> 읽다　　작다　　흐르다　　따뜻하다　　주다　　슬프다

(1) 사람 또는 사물의 성질이나 상태를 나타내는 단어: ( )

(2) 사람 또는 사물의 움직임이나 작용을 나타내는 단어: ( )

2 다음 설명에 해당하는 부사를 〈보기〉에서 골라 쓰시오.

> **보기**
>
> 아니　　　어제　　　자주

(1) 부정의 뜻을 지닌 부사: ( )

(2) 모양, 상태, 성질을 한정하여 꾸며 주는 부사: ( )

(3) 장소나 시간 등의 특정한 대상을 가리키는 부사: ( )

3 다음 문장에서 밑줄 친 단어의 품사를 쓰시오.

(1) 그는 매우 빨리 달린다. ( )

(2) 나는 다른 일에는 관심이 없다. ( )

(3) 과연 내일은 오늘처럼 비가 올까? ( )

(4) 이번 엑스포는 여러 나라에서 참가했다. ( )

문제 해결 TIP

용언의 개념과 특징

01 용언에 대한 설명으로 적절하지 <u>않은</u> 것은?

① 문장에서 쓰일 때 다양한 형태로 변한다.
② 사람 또는 사물의 움직임이나 상태를 나타낸다.
③ 주어의 움직임이나 상태를 서술하는 기능을 한다.
④ 관형사의 수식을 받지만 부사의 수식은 받지 않는다.
⑤ 용언을 의미에 따라 나누면 동사와 형용사로 나눌 수 있다.

01 문장 안에서 용언이 어떤 역할을 하고, 용언을 수식하는 품사가 무엇인지 떠올려 보면 쉽게 답을 찾을 수 있을 거야. 기억이 나지 않는다면 관련된 내용을 한 번 더 정리하고 오자.

동사와 형용사의 구분

02 밑줄 친 단어의 품사가 나머지와 <u>다른</u> 하나는?

① 그는 마음이 <u>넓다</u>.
② 잡고 있던 공을 <u>놓았다</u>.
③ 이 책은 내가 읽기에 <u>어렵다</u>.
④ 그곳은 <u>작고</u> 조용한 마을이다.
⑤ 설명을 하자면 복잡하고 <u>길다</u>.

02 동사는 움직임이나 작용을, 형용사는 성질이나 상태를 나타내는 단어야. 이때 동사는 현재를 나타내는 어미 '-는-/-ㄴ-', 명령형 어미 '-아라/-어라', 청유형 어미 '-자'와 결합할 수 있지만, 형용사는 이들과 결합할 수 없다는 점을 기억하면서 동사와 형용사를 구분해 보자.

관형사와 부사의 특징

03 〈보기〉의 문장에서 ㉠과 ㉡의 품사에 대한 설명으로 적절하지 <u>않은</u> 것은?

> 보기
>
> ㉠<u>이번</u> 방학에는 국어 문법을 ㉡<u>꼭</u> 공부해야지.

① ㉠은 주로 체언을 꾸며 주는 역할을 한다.
② ㉠은 문장에서 어떤 대상을 가리키는 역할을 한다.
③ ㉡은 주로 용언을 꾸며 주는 역할을 한다.
④ ㉡은 문장 내에서 비교적 이동이 자유롭다.
⑤ ㉠과 ㉡은 문장에서 쓰일 때 형태가 변한다.

03 〈보기〉의 문장에서 ㉠과 ㉡이 하는 역할은 무엇인지 살펴보면 각 단어의 품사가 무엇인지 쉽게 파악할 수 있을 거야. 각 품사의 특징을 떠올리며 문제를 풀어 보자.

관형사와 부사의 구분

04 다음 중 관형사와 부사가 모두 쓰인 문장은?

① 너는 어떤 것이 더 좋아?
② 되도록 급식을 남기지 말자.
③ 넓은 공원에서 자전거를 타자.
④ 저 책은 내가 읽으려던 책이야.
⑤ 열심히 청소해서 교실이 정말 깨끗해졌어.

04 관형사와 부사는 모두 수식언으로, 문장에서 뒤에 오는 말을 꾸며 주는 역할을 하지만 주로 꾸며 주는 품사에는 차이가 있었어. 이러한 특징을 바탕으로 문장에서 관형사와 부사를 찾아보자.

01 〈보기〉의 밑줄 친 단어들의 공통점으로 적절한 것은?

> **보기**
> • 우연히 옛 친구를 <u>만났다</u>.
> • 그 장난감은 무척이나 <u>위험하다</u>.

① 문장 전체를 꾸며 주는 역할을 한다.
② 체언 앞에 놓여서 체언을 꾸며 준다.
③ 문장에서 사용할 때 그 형태가 변한다.
④ 문장 주체의 움직임이나 작용을 나타낸다.
⑤ 사람 또는 사물의 성질이나 상태를 나타낸다.

02 〈보기〉를 모두 만족하는 품사가 쓰인 문장은?

> **보기**
> • 문장에서 쓰임에 따라 형태가 변한다.
> • 문장에서 주로 서술어의 자리에 쓰인다.
> • 사람이나 사물의 상태나 성질을 나타낸다.

① 나는 동물을 사랑한다.
② 바로 자리에서 일어나자.
③ 생각보다 일찍 도착했다.
④ 처음 본 문제도 잘 해결한다.
⑤ 우리 교실은 언제나 깨끗하다.

03 다음 밑줄 친 단어 중, 관형사가 <u>아닌</u> 것은?

① 나는 <u>다른</u> 일에는 관심이 없다.
② 민수가 예상보다 <u>빨리</u> 도착했다.
③ 네가 말한 색깔이 <u>저런</u> 색깔이니?
④ 나는 그 요리에 <u>온갖</u> 정성을 기울였다.
⑤ 그 그림은 <u>대한민국의</u> 화가가 그린 것이다.

04 〈보기〉의 ㉠과 꾸며 주는 범위가 같은 부사가 쓰인 문장은?

> **보기**
> ㉠설마 우리가 떨어지겠어?

① 그는 매우 부지런하다.
② 아주 헌 가방을 버렸다.
③ 가던 길을 급히 멈추었다.
④ 너는 엄청 빨리 달리는구나!
⑤ 분명히 그는 다시 올 것이다.

05 〈보기〉에서 설명하는 부사가 쓰인 문장은?

> **보기**
> 문장에서 어느 한 성분을 수식하는 부사이며, 장소나 시간 등 특정한 대상을 가리키는 역할을 한다.

① 우리는 내일 만나자.
② 지금은 밖에 눈이 안 와.
③ 집에 간다. 그리고 저녁을 먹는다.
④ 주문하신 물건을 빨리 보내겠습니다.
⑤ 아이는 하루가 다르게 무럭무럭 자랐다.

06 〈보기〉의 ㉠~㉤을 같은 품사끼리 묶은 것은?

> **보기**
> 선생님: ㉠새 친구가 전학을 왔어요. 인사해 주세요.
> 상민: ㉡이 학교에 다니게 되어 기쁩니다.
> 연주: ㉢정말 반가워! 어디에서 왔어?
> 상민: 여기서 ㉣한 시간쯤 걸리는 곳이야.
> 대선: 오늘 축구할 건데 ㉤같이 할래?

① ㉠ / ㉡, ㉢, ㉣, ㉤
② ㉠, ㉡ / ㉢, ㉣, ㉤
③ ㉠, ㉢ / ㉡, ㉣, ㉤
④ ㉠, ㉣ / ㉡, ㉢, ㉤
⑤ ㉠, ㉡, ㉣ / ㉢, ㉤

어려워요

07 〈보기〉의 문장에 사용된 용언에 대한 설명으로 적절하지 <u>않은</u> 것은?

> **보기**
> ㉠ 동생은 간식을 먹는다.
> ㉡ 동생의 볼은 말랑하다.

① ㉠의 '먹는다'는 움직임이 주어 '동생'에만 관련되는 자동사이다.
② ㉠의 '먹는다'는 주어 '동생'의 움직임이나 작용을 나타내는 말이다.
③ ㉡의 '말랑하다'는 '크다, 높다, 빠르다' 등과 같은 성상 형용사이다.
④ ㉡의 '말랑하다'는 주어 '동생의 볼'의 상태를 나타내는 말이다.
⑤ ㉠의 '먹는다'와 ㉡의 '말랑하다'는 문장에서 사용될 때 그 형태가 변하는 가변어이다.

품사 ③

✦ 관계언: 조사

관계언은 주로 체언에 붙어 그 말과 다른 말의 문법적 관계를 나타내거나 특별한 뜻을 더해 주는 말로, 조사가 이에 속한다. 조사는 홀로 쓰일 수 없어 반드시 다른 말에 붙어서 쓰이고, 여러 개가 겹쳐서 쓰일 수 있다. 또 서술격 조사 '이다'❶만 형태가 변하고, 나머지 조사들은 형태가 변하지 않는다.

1 격 조사: 체언 뒤에 붙어서 체언이 문장 안에서 일정한 자격을 갖도록 해 주는 조사

> 예 동생이 방에서 나의 책을 읽고 있다.
> 주격   부사격   관형격   목적격
> 조사   조사   조사   조사

주격 조사	└→ 주어가 기관이나 단체 등 집단일 때 사용함. 앞의 체언이 주어의 자격을 갖게 하는 조사 예 이/가, 에서, 께서 ─→ 주어가 존대의 대상일 때 사용함.
목적격 조사	앞의 체언이 목적어의 자격을 갖게 하는 조사 예 을/를
관형격 조사	앞의 체언이 관형어의 자격을 갖게 하는 조사 예 의
부사격 조사	앞의 체언이 부사어의 자격을 갖게 하는 조사 예 에, 에서, 에게 등
보격 조사	앞의 체언이 보어의 자격을 갖게 하는 조사 예 이/가 ─→ 서술어 '되다/아니다' 앞에 오는 체언에 붙음.
호격 조사	앞의 체언이 독립어의 자격을 갖게 하는 조사 예 아/야, 이여
서술격 조사	앞의 체언이 서술어의 자격을 갖게 하는 조사 예 이다 ─→ 용언처럼 다양하게 활용함.

2 접속 조사: '와/과, (이)랑, 하고' 등과 같이 두 단어를 같은 자격으로 이어 주는 조사

> 예 영호와/랑/하고 민수는 성격이 비슷하다.

3 보조사❷: '은/는, 도, 만, 부터, 요' 등과 같이 앞말에 특별한 뜻을 더해 주는 조사

> 예 이 제품만 좋은 줄 알았는데 저 제품도 좋다.
> '한정, 강조, 유일'의 의미를 덧붙이는 보조사   '더함, 역시'의 의미를 덧붙이는 보조사

✦ 독립언: 감탄사

문장에서 다른 성분들과 문법적인 관계를 맺지 않고 독립적❸으로 사용되는 단어로, 감탄사가 이에 속한다. 감탄사는 부름, 대답, 놀람, 느낌 등을 나타내는 데 쓰이고, 문장에서 쓰일 때 형태가 변하지 않는다.

> 예 • 얘, 여기 좀 봐! ─→ 부름을 나타내는 감탄사
> • 그래, 그때 보자. ─→ 대답을 나타내는 감탄사
> • 앗! 깜짝 놀랐어. ─→ 놀람을 나타내는 감탄사

---

❶ 서술격 조사 '이다'의 활용
조사는 형태가 변하지 않지만, 서술격 조사 '이다'는 동사나 형용사처럼 활용한다.
예 • 이것이 너의 펜이니?
• 이제 곧 졸업이구나.
• 내가 학교에 도착한 것은 8시 넘어서였다.

❷ 보조사의 의미

은/는	대조, 강조 예 인생은 짧고 예술은 길다.
만	한정, 강조, 유일 예 너만 믿는다.
마저	하나 남은 마지막 예 너마저 떠나는구나.
도	더함, 역시 예 반찬도 같이 먹어라.
뿐	한정, 강조 예 가진 것은 이것뿐이다.
부터	시작, 먼저 예 나부터 할게.
(이)나	선택 예 드라마나 보자.
까지	범위의 끝 예 그를 집까지 데려다 주었다.
요	존대 예 잠이 안 오는 걸요.

❸ 감탄사의 특징
감탄사는 독립성이 강하여 단독으로도 문장을 이룰 수 있다. 보통 조사와 결합하지 않지만 '글쎄요'와 같이 감탄사 '글쎄'에 보조사 '요'가 결합하는 경우가 있다.

궁금해

부르는 말은 모두 감탄사일까?

> 야! 유미야! 어디 가?

'야'는 부름을 나타내는 감탄사야. 그러면 '유미야!'라고 부르는 말도 감탄사일까?
감탄사 '야'는 조사와 결합하지 않지만, '유미야'는 명사 '유미'와 호격 조사 '야'가 결합된 형태야. 이처럼 똑같은 '야'일지라도 문장 안에서 독립적으로 쓰이면 감탄사이고, 체언 뒤에 붙어서 그 말과 다른 말의 문법적 관계를 나타내는 말이면 조사야. 상대방의 이름을 부르는 경우는 감탄사가 아니니 주의하자.

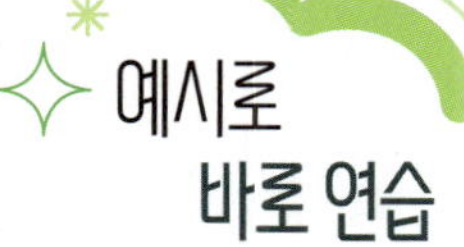

핵심만 바로 체크

1 다음 설명이 맞으면 ○, 틀리면 × 표시하시오.

(1) 조사는 주로 용언 뒤에 붙어 그 말과 다른 말의 문법적인 관계를 나타내는 품사를 말한다. (　　　)

(2) 서술격 조사 '이다'는 다른 조사와 달리 문장 안에서 형태가 변한다. (　　　)

(3) 감탄사는 문장에서 다른 성분들과 문법적인 관계를 맺지 않고 독립적으로 쓰이므로 독립언이라고 한다. (　　　)

2 다음 문장에 들어갈 알맞은 말을 고르시오.

(1) '에, 에서, 에게' 등은 앞의 체언이 (주어 , 부사어)의 자격을 갖게 한다.

(2) 조사 중에서 (접속 조사 , 보조사)는 체언과 결합하여 앞말에 특별한 뜻을 더해 준다.

(3) 감탄사는 대체로 조사와 결합하지 않으며, 문장 안에서의 위치가 (고정된 , 자유로운) 품사이다.

예시로 바로 연습

1 〈보기〉의 ㉠～㉢을 격 조사, 접속 조사, 보조사로 구분하여 쓰시오.

> 보기
>
> 사과㉠랑 배는 집㉡에 있는데, 많이㉢도 샀구나.

(1) ㉠ (　　　　　　　　　)
(2) ㉡ (　　　　　　　　　)
(3) ㉢ (　　　　　　　　　)

2 다음 밑줄 친 말이 해당하는 조사를 바르게 연결하시오.

(1) 영호<u>가</u> 야구를 좋아한다. •　　　　　　• ㉠ 주격 조사

(2) 엄마<u>의</u> 목걸이가 예뻐 보였다. •　　　　　• ㉡ 호격 조사

(3) 채연<u>아</u>, 내일은 학교 앞에서 보자. •　　　• ㉢ 관형격 조사

3 다음 대화에서 감탄사를 모두 찾아 쓰시오.

> 소라: 아야, 너 내 발을 밟았어.
> 지후: 아이, 깜짝이야. 미안해.
> 소라: 아이고.

(　　　　　　　　　　　　　　　　　)

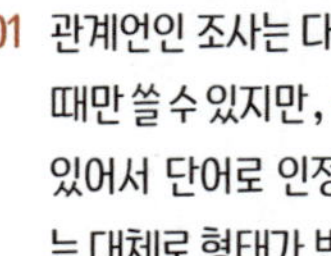

관계언의 개념과 특징 파악

01 조사에 대한 설명으로 알맞지 않은 것은?

① 주로 체언 뒤에 붙어서 쓰인다.
② 여러 개가 겹쳐서 쓰일 수 있다.
③ 자립할 수 있기 때문에 단어로 인정된다.
④ 서술격 조사 '이다'를 제외하고는 형태가 변하지 않는다.
⑤ 다른 말과의 문법적 관계를 나타내거나 뜻을 더해 주기도 한다.

01 관계언인 조사는 다른 말에 붙었을 때만 쓸 수 있지만, 쉽게 분리될 수 있어서 단어로 인정해. 또한 조사는 대체로 형태가 변하지 않지만, 형태가 변하는 조사도 있어. 이러한 점을 꼭 기억하고 문제를 풀어 보자.

조사의 종류 구분

02 다음 밑줄 친 조사 중, 종류가 다른 하나는?

① 내일 나에게 와 줘.
② 나는 대학생이 아니다.
③ 나는 현대 미술을 좋아한다.
④ 할아버지께서 나를 부르셨다.
⑤ 나는 오늘 밥도 먹고 빵도 먹었다.

02 조사는 크게 격 조사, 접속 조사, 보조사로 나눌 수 있어. 문장 안에서 조사가 다른 말과의 문법적 관계를 나타내는지, 단어와 단어를 연결해 주는지, 체언 뒤에 붙어서 의미를 더해 주는지를 살펴봐!

독립언의 개념과 특징 파악

03 〈보기〉의 밑줄 친 품사의 특징으로 알맞은 것은?

> 보기
>
> **그래**, 네 말이 맞아.

① 문장 안의 다른 성분들과 관련이 깊다.
② 문장 안에서 위치를 이동하기 어렵다.
③ 듣는 이의 놀람이나 느낌을 나타낸다.
④ 홀로 쓰이지 못해 반드시 조사가 붙는다.
⑤ 문장에서 쓰일 때 형태가 변하지 않는다.

03 놀람, 반가움 등의 감정이나 부름, 대답 등을 나타내는 감탄사는 문장에서 다른 성분과 문법적인 관계를 맺지 않고 독립적으로 사용되는 단어라는 것을 기억하면서 문제를 풀어 봐.

감탄사의 종류 구분

04 다음 중 밑줄 친 단어의 품사가 다른 하나는?

① 아차, 내 정신 좀 봐.
② 이봐, 창문 좀 열어 주겠나?
③ 아니요, 제 생각은 다릅니다.
④ 청춘, 열정이 가득한 시기이다.
⑤ 아이고, 미처 그 생각을 못 했네.

04 감탄사의 뒤에는 주로 쉼표나 느낌표 등의 문장 부호를 사용해서, 독립된 요소임을 나타내. 하지만 그렇지 않은 경우도 있으니 생략해도 문장이 성립하는 독립적인 성분인지 살펴봐야 해.

01 ㉠~㉢의 밑줄 친 부분을 품사의 분류 기준에 따라 바르게 분류한 것은?

┌ 보기 ┐
㉠ 나와 동생은 우애가 좋다.
㉡ 아버지께서 집으로 돌아오셨다.
㉢ 감격스럽게도 오늘은 첫 모임 날이다.
└─────┘

	㉠	㉡	㉢
①	보조사	격 조사	접속 조사
②	격 조사	보조사	접속 조사
③	격 조사	접속 조사	보조사
④	접속 조사	격 조사	보조사
⑤	접속 조사	보조사	격 조사

02 〈보기〉의 밑줄 친 조사에 대한 설명으로 적절한 것은?

┌ 보기 ┐
㉠ 물이 얼음이 되었다.
㉡ 도서관에서 책을 찾았다.
└─────┘

① ㉠의 '이'는 체언을 주어로 만든다.
② ㉠의 '이'는 '물'과 '얼음'을 같은 자격으로 이어 준다.
③ ㉡의 '에서'는 '도서관'이 문장의 주체임을 나타 낸다.
④ ㉠의 '이'와 ㉡의 '에서'는 문장에서 형태가 변하 기도 한다.
⑤ ㉠의 '이'와 ㉡의 '에서'는 다른 말과의 문법적 관계를 나타낸다.

03 다음 밑줄 친 조사 중에서 '어떤 대상이 다른 것과 대조됨'의 의미를 나타내는 것은?

① 나도 그 비밀을 알았어.
② 어디서부터 말해야 할까?
③ 인생은 짧고, 예술은 길다.
④ 공부만 중요한 것은 아니야.
⑤ 너마저 그렇게 생각할 줄 몰랐어.

04 〈보기〉에서 설명하는 품사를 제시된 문장에서 찾아 개수를 세었을 때 알맞은 것은?

┌ 보기 ┐
• 문장에서 사용될 때 형태 변화가 없음.
• 생략해도 문장이 성립하며, 독립적으로 쓰임.
└─────┘

"에헴, 옛 친구를 만나 너무 반가웠네. 사람들은 내가 친구들을 다 잊었을 거라 했었지? 천만에, 절대 그렇지 않아. 자, 자네는 어떤가?"

① 1개 ② 2개 ③ 3개 ④ 4개 ⑤ 5개

05 다음 문장의 ㉠~㉤ 중에서 독립언에 해당하는 것은?

㉠아, ㉡다시 ㉢말할게. ㉣잘 ㉤들어 주렴.

① ㉠ ② ㉡ ③ ㉢ ④ ㉣ ⑤ ㉤

어려워요
06 다음은 '부사격 조사의 기능'을 정리한 학생의 노트이다. ㉠~㉤의 설명과 밑줄 친 조사가 알맞게 짝 지어진 것은?

부사격 조사의 기능
㉠ 앞말이 자격의 의미를 갖게 함.
㉡ 앞말이 도구의 의미를 갖게 함.
㉢ 앞말이 장소의 의미를 갖게 함.
㉣ 앞말이 출발점의 의미를 갖게 함.
㉤ 앞말이 도착점의 의미를 갖게 함.

① ㉠: 갈등은 대화로 풀자.
② ㉡: 회장으로서 최선을 다할게.
③ ㉢: 그는 산에서 쓰레기를 주웠다.
④ ㉣: 우리가 드디어 집에 도착했어.
⑤ ㉤: 너에게 아주 멋진 선물을 줄게.

단어의 형성 ①

◆ 형태소

1 형태소❶의 개념: 일정한 뜻을 가진 가장 작은 말의 단위

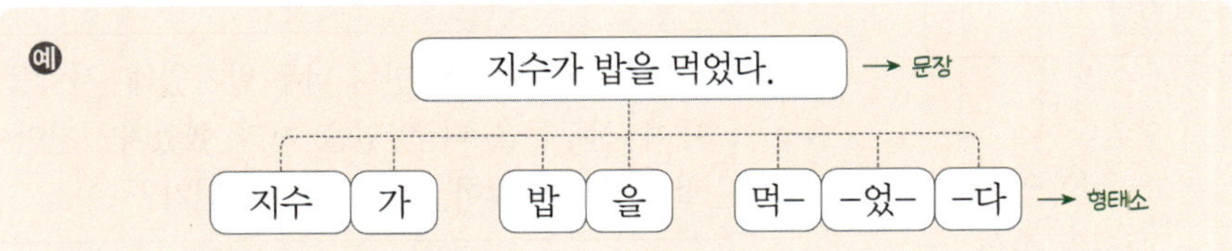

2 형태소의 종류

자립성의 유무	자립 형태소	다른 말에 의존하지 않고 홀로 쓰일 수 있는 형태소 예 지수, 밥
	의존 형태소	홀로 쓰일 수 없어 다른 형태소와 함께 쓰이는 형태소 예 가, 을, 먹-, -었-, -다
실질적 의미의 유무	실질 형태소	실질적인 의미❷를 지니고 있는 형태소 예 지수, 밥, 먹-
	형식 형태소	실질적인 의미 없이 문법적 기능❸을 하는 형태소 예 가, 을, -었-, -다

◆ 단어

홀로 쓰일 수 있는 말 또는 홀로 쓰일 수 있는 말에 붙어서 쉽게 분리할 수 있는 말

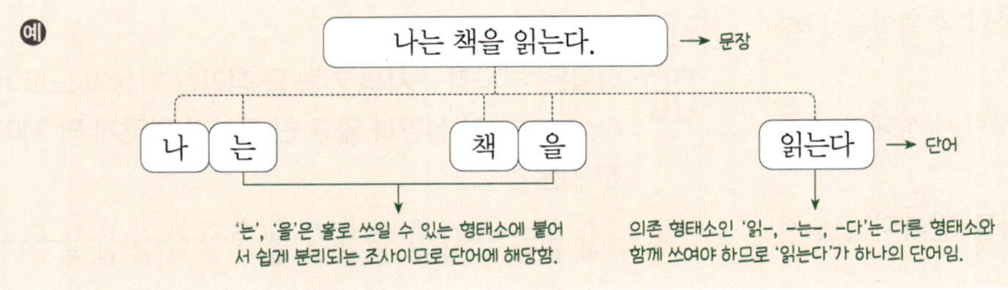

◆ 어근과 접사

어근	형태소가 결합하여 단어를 형성할 때, 단어의 실질적인 의미를 지닌 중심 부분 예 '논밭'의 '논'과 '밭', '덮개'의 '덮-'
접사	형태소가 결합하여 단어를 형성할 때, 일부 어근에 붙어 그 뜻을 제한하거나 문법적 역할을 하는 주변 부분. 어근 앞에 붙어서 그 어근에 뜻을 더하거나 제한하는 접사인 '접두사'와 어근 뒤에 붙어서 그 뜻을 더하거나 때로는 품사를 바꾸기도 하는 접사인 '접미사'가 있음. 예 • 접두사: '맨손'의 '맨-', '새빨갛다'의 '새-' • 접미사: '겁쟁이'의 '-쟁이', '가위질'의 '-질'

---

❶ **형태소**
형태소는 더 작은 단위로 나누면 본래의 뜻을 잃어버린다. 예를 들어 '산'을 'ㅅ', 'ㅏ', 'ㄴ'처럼 나누거나 '나무'를 '나'와 '무'처럼 나누면 단어가 가진 본래의 의미를 잃게 된다.

❷ **실질적인 의미**
'밥'은 '끼니로 먹는 음식'이라는 뜻을 나타내고, '먹다', '먹고', '먹으니' 등에서 '먹-'은 '음식 따위를 입을 통하여 배 속에 들여보내다.'라는 뜻을 나타낸다. 이처럼 구체적인 대상이나 상태, 동작 등을 나타내는 것을 '실질적인 의미'라고 한다.

❸ **문법적 기능**
'지수가'에서 '가'는 지수가 문장의 주체임을 나타내는 기능을, '먹었다'에서 '-었-'은 문장이 과거의 일임을 나타내는 기능을, '-다'는 문장이 종결되었음을 나타내는 기능을 한다. 이처럼 문장 성분들 간의 문법적 관계를 나타내는 것을 '문법적 기능'이라고 한다.

궁금해

단어와 형태소는 어떤 차이가 있을까?

나는 책을 읽었다.

단어	나	는	책	을	읽었다	
형태소	나	는	책	을	읽-	-었- -다

단어는 문장에서 홀로 쓰일 수 있는 말이야. 따라서 홀로 쓰일 수 있는 '자립 형태소'는 단어로 볼 수 있어. 하지만 '는', '을'과 같이 의존 형태소이지만 자립할 수 있는 형태소에 붙어서 쉽게 분리될 수 있는 조사의 경우 예외적으로 단어로 인정해.
또한 단어와 형태소는 둘 다 의미를 지닌다는 점이 공통적이야. 그러나 형태소가 하나의 의미만을 갖는 것에 반해, 단어는 둘 이상의 형태소가 단어를 이룰 경우 복합적인 의미를 지닐 수 있다는 것에서 차이가 나.

● 정답과 해설 15쪽

1 다음 설명이 맞으면 ○, 틀리면 × 표시하시오.

(1) 하나 또는 그 이상의 형태소가 모여 단어를 이룬다. (   )

(2) 단어는 일정한 뜻을 가진 가장 작은 말의 단위이다. (   )

(3) 형태소는 자립성의 유무에 따라 자립 형태소와 의존 형태소로 구분된다. (   )

2 다음 문장에 들어갈 알맞은 말을 고르시오.

(1) '서울'과 같이 홀로 쓰일 수 있는 형태소는 (자립 , 의존) 형태소이다.

(2) '맑-', '-다'는 각각 홀로 쓰일 수 없으므로 (단어 , 형태소)가 될 수 없다.

(3) '풋사과'의 '풋-'은 '사과'에 붙어 그 뜻을 더하거나 제한하는 (어근 , 접사)(이)다.

● 정답과 해설 15쪽

1 〈보기〉의 문장을 형태소의 종류에 따라 분류하여 쓰시오.

보기
나는 오늘 일찍 자겠다.

(1) 자립 형태소: (   )   (2) 의존 형태소: (   )

(3) 실질 형태소: (   )   (4) 형식 형태소: (   )

2 〈보기〉의 문장을 단어와 형태소로 각각 나누어 쓰시오.

보기
동생이 라면을 먹는다.

(1) 단어: (   )

(2) 형태소: (   )

3 다음과 같이 분석할 수 있는 단어를 바르게 연결하시오.

(1) 어근＋어근 •　　　　　　　　　• ㉠ 달님

(2) 접사＋어근 •　　　　　　　　　• ㉡ 손등

(3) 어근＋접사 •　　　　　　　　　• ㉢ 햇과일

형태소와 단어의 특징 파악

01 형태소와 단어에 대한 설명으로 적절하지 않은 것은?

① 형태소는 일정한 뜻을 가진 가장 작은 말의 단위이다.

② 형태소는 더 작은 단위로 나누면 그 의미를 잃어버린다.

③ 뜻을 가지고 있으면서 홀로 쓰일 수 있는 형태소는 형식 형태소이다.

④ 단어는 하나의 형태소로 이루어진 것도 있고, 둘 이상의 형태소로 이루어진 것도 있다.

⑤ 단어는 자립할 수 있는 말이나 자립할 수 있는 말에 붙어서 쉽게 분리할 수 있는 말이다.

> **01** 형태소는 자립성의 유무와 실질적 의미의 유무에 따라 나눌 수 있어. 그리고 단어는 일반적으로 문장에서 홀로 쓰일 수 있는 말이지만 예외적인 경우도 있지! 형태소와 단어의 개념과 특징을 떠올리면서 문제를 풀어 보자.

형태소의 종류 구분

02 〈보기〉에 제시된 형태소의 분류가 바르지 않은 것은?

> **보기**
>
> 집 / 이 / 매우 / 크- / -다

① 집: 자립 형태소, 실질 형태소

② 이: 의존 형태소, 형식 형태소

③ 매우: 자립 형태소, 실질 형태소

④ 크-: 자립 형태소, 실질 형태소

⑤ -다: 의존 형태소, 형식 형태소

> **02** 형태소는 자립성이 있는지, 실질적인 의미가 있는지를 기준으로 나눌 수 있다고 배웠어! 〈보기〉에 제시된 형태소가 어떤 기준으로 나뉘는지 생각해 보면서 문제를 풀면 쉽게 해결할 수 있을 거야.

형태소와 단어의 개념 적용

03 〈보기〉에 대한 설명으로 적절하지 않은 것은?

> **보기**
>
> 하늘을 보니 기분이 좋았다.

① 6개의 단어로 이루어져 있다.

② '을'과 '이'는 단어에 해당한다.

③ 9개의 형태소로 이루어져 있다.

④ 의존 형태소가 자립 형태소에 비해 개수가 많다.

⑤ 실질 형태소가 형식 형태소에 비해 개수가 많다.

> **03** 먼저 〈보기〉의 문장을 단어로 나누어 보자. 그런 다음 단어를 다시 형태소로 나누어 보면 문제가 쉽게 풀릴 거야.

어근과 접사의 개념 적용

04 다음 중 어근과 접사가 결합하여 이루어진 단어가 아닌 것은?

① 먹이　　② 헛기침　　③ 풋사과

④ 사냥꾼　　⑤ 책가방

>  **04** 각 단어를 형태소로 나누어 보고 실질적인 의미를 나타내는 부분과 뜻을 더하거나 제한하는 부분으로 구분해 보자.

01 다음 중 형태소에 대한 설명으로 적절한 것은?
① 문장에서 띄어 쓰는 단위
② 의미를 가진 가장 작은 말의 단위
③ 하나의 덩어리로 소리 낼 수 있는 말의 단위
④ 말의 뜻을 구별해 주는 소리의 가장 작은 단위
⑤ 문장에서 자립하여 쓸 수 있는 가장 작은 단위

02 다음 단어를 형태소로 나누었을 때 적절하지 <u>않은</u> 것은?
① 뛰놀다: 뛰- + 놀- + -다
② 푸르다: 푸- + -르- + -다
③ 막았다: 막- + -았- + -다
④ 피었다: 피- + -었- + -다
⑤ 잡겠다: 잡- + -겠- + -다

03 〈보기〉의 ㉠~㉤을 형태소 단위로 분석할 때, 적절하지 <u>않은</u> 것은?

┌ 보기 ┐
㉠나는 ㉡드디어 ㉢어울리는 ㉣옷을 ㉤골랐다.
└────┘

① ㉠: 나 + 는
② ㉡: 드디어
③ ㉢: 어울리- + -는
④ ㉣: 옷 + 을
⑤ ㉤: 골- + -랐- + -다

04 밑줄 친 부분 중, 실질 형태소이면서 의존 형태소에 해당하는 것은?
① <u>강</u>물　　② 꽃<u>다</u>발　　③ 맛<u>있</u>다
④ 좋아한<u>다</u>　　⑤ 공부하<u>다</u>

05 〈보기〉에 대한 설명으로 적절한 것은?

┌ 보기 ┐
우리는 어제 재미있게 놀았다.
└────┘

① '우리'는 자립 형태소이면서 실질 형태소이다.
② '는'은 의존 형태소이면서 실질 형태소이다.
③ '어제'는 자립 형태소이면서 형식 형태소이다.
④ '놀-'은 의존 형태소이면서 형식 형태소이다.
⑤ '-았-'은 자립 형태소이면서 실질 형태소이다.

06 어근과 접사에 대한 설명으로 적절하지 <u>않은</u> 것은?
① 접사는 어근 없이는 단어를 이루지 못한다.
② 어근과 접사를 결합하여 단어를 형성할 수 있다.
③ 어근은 단어의 실질적인 의미를 나타내는 중심 부분이다.
④ 접두사는 어근의 앞에 붙고, 접미사는 어근의 뒤에 붙는다.
⑤ 접사는 어근에 붙어 그 뜻을 제한하므로 실질 형태소에 해당한다.

07 다음 단어를 어근과 접사로 분석한 내용으로 알맞지 <u>않은</u> 것은?
① 치솟다: 치-(접사) + 솟다(어근)
② 걸레질: 걸레(어근) + -질(접사)
③ 무사히: 무사(어근) + -히(접사)
④ 높다랗다: 높다(어근) + -랗다(접사)
⑤ 잠꾸러기: 잠(어근) + -꾸러기(접사)

단어의 형성 ②

◆ 단일어와 복합어

단일어❶	하나의 어근, 즉 하나의 실질 형태소로 이루어진 단어 예 하늘, 주머니
복합어❷	둘 이상의 어근이나 어근과 접사가 결합하여 이루어진 단어. 복합어는 다시 합성어와 파생어로 나눌 수 있음. 예 밤낮, 논밭, 검푸르다 / 날고기, 구경꾼, 웃기다

◆ 합성어

1 합성어의 개념: 접사 없이 둘 이상의 어근이 결합하여 만들어진 단어

2 의미 관계에 따른 합성어의 종류

대등 합성어	종속 합성어	융합 합성어❸
두 어근이 본래의 의미를 가지고 대등하게 결합하는 합성어	한쪽의 어근이 다른 한쪽의 어근을 꾸며 주는 합성어	어근과 어근이 결합할 때 각각의 어근이 가진 본래의 의미와 다른 새로운 의미를 나타내는 합성어
예 • 논밭: 논 + 밭 → 논과 밭 • 오가다: 오- + 가다 → 오고 가다	예 • 돌다리: 돌 + 다리 → 돌로 만든 다리 • 쇠사슬: 쇠 + 사슬 → 쇠로 만든 사슬	예 • 피땀: 피 + 땀 → 피와 땀이 날 정도의 노력, 정성 • 바늘방석: 바늘 + 방석 → 앉아 있기에 아주 불안스러운 자리

◆ 파생어

1 파생어의 개념: 어근과 접사❹가 결합하여 만들어진 단어

2 파생어의 종류

접두 파생어	어근 앞에 접두사가 붙어서 이루어진 단어로, 이때 접두사는 어근에 특정한 뜻을 더하거나 의미를 강조하는 역할을 함. 예 군침, 새까맣다, 햇과일, 덧신
접미 파생어	어근 뒤에 접미사가 붙어서 이루어진 단어로, 이때 접미사는 어근에 특정한 뜻을 더하거나 품사를 바꾸는 등의 역할을 함. 예 장난꾸러기, 덮개

◆ 새말

사회의 변화에 따라 새로 생겨난 개념이나 사물을 나타내기 위해 새로 만들어 사용하는 말

새말을 만드는 방법	• 외국어를 그대로 쓰거나 우리말로 다듬어서 쓰기 예 스마트폰, 전자·책 • 합성의 방법으로 만들기 예 금손(금 + 손), 둘레길(둘레 + 길) • 파생의 방법으로 만들기 예 배낭족(배낭 + -족), 질문쟁이(질문 + -쟁이) • 단어의 첫 글자를 결합하기 예 취존(취향 + 존중), 깜놀(깜짝 + 놀람) • 각 단어의 일부분을 따서 결합하기 예 짬짜면(짬뽕 + 짜장면), 펫티켓(펫 + 에티켓)

---

❶ 단일어
단일어는 하나의 어근, 즉 실질 형태소가 하나뿐인 단어이므로 더 이상 나눌 수 없다.

❷ 복합어가 형성될 때 어근의 형태가 변하는 경우
• 'ㄹ' 탈락: 바늘 + -질 → 바느질
• 'ㅅ' 첨가: 내 + 가 → 냇가
• 'ㄹ' → 'ㄷ': 이틀 + 날 → 이튿날
• 어미 추가: 뛰- + 나다 → 뛰어나다
• 첫 어근의 끝 모음 탈락: 가지 + 가지 → 갖가지

❸ 대등 합성어와 융합 합성어
'밤낮'이 '밤'과 '낮'을 아울러 이를 때는 대등 합성어이고, '늘, 항상'을 뜻할 때는 융합 합성어이다. '춘추(春秋)'도 마찬가지로 '봄'과 '가을'을 뜻하면 대등 합성어, '어른의 나이를 높여 이르는 말'을 뜻하면 융합 합성어이다.

❹ 접사의 의미

접두사	군-	쓸데없는 예 군말
	새-	매우 짙고 선명하게 예 새빨갛다
	햇-	당해에 난 예 햇감자
	덧-	겹쳐 신거나 입는 예 덧버선
접미사	-꾸러기	그것이 심하거나 많은 사람 예 잠꾸러기
	-개	그러한 행위를 하는 간단한 도구 예 지우개

궁금해

접미사가 품사를 바꾼다는 것이 무슨 뜻일까?

먼저 접미사가 어근에 특정한 의미를 더하는 경우를 살펴보자. 명사 '장난'에 접미사 '-꾸러기'가 더해져, '장난이 심한 아이. 또는 그런 사람.'이라는 뜻의 '장난꾸러기'가 되지! 이때 '장난꾸러기'는 명사로 품사가 바뀌지 않아.
이번에는 접미사가 어근의 품사를 바꾸는 경우를 볼까? 동사 '덮다'의 어근 '덮-'에 접미사 '-개'가 더해져서, '덮는 물건'이라는 뜻의 '덮개'가 돼. 즉 동사였던 단어가 접미사와 결합하면서 명사로 품사가 바뀐 것이지.

핵심만 바로 체크

1 다음 설명이 맞으면 ○, 틀리면 × 표시하시오.

(1) 단일어는 하나의 실질 형태소로 이루어진 단어이다. ( )

(2) 접미사와 달리 접두사는 어근의 품사를 바꾸기도 한다. ( )

(3) 합성어는 둘 이상의 어근이 결합하거나, 하나의 어근에 접사가 결합한 단어이다.

( )

2 빈칸에 들어갈 알맞은 단어를 쓰시오.

(1) □□□은/는 합성어와 파생어로 나눌 수 있다.

(2) 파생어는 □□의 앞이나 뒤에 접사가 붙어서 만들어진다.

(3) □□은/는 새롭게 생겨난 개념이나 사물을 나타내기 위해 만든 말이다.

예시로 바로 연습

1 다음 설명에 해당하는 단어를 〈보기〉에서 골라 쓰시오.

보기		
떡국	치솟다	고슴도치

(1) 어근이 하나뿐인 단어: ( )

(2) 어근과 접사가 결합하여 만들어진 단어: ( )

(3) 둘 이상의 어근이 결합하여 만들어진 단어: ( )

2 〈보기〉의 단어를 합성어의 의미 관계에 따라 분류하시오.

보기		
춘추(나이)	물걸레	오가다

(1) 대등 합성어: ( )

(2) 종속 합성어: ( )

(3) 융합 합성어: ( )

3 다음 설명에 해당하는 새말을 찾아 연결하시오.

(1) 파생의 방법으로 만든 새말 • • ㉠ 엄지족(엄지 + -족)

(2) 각 단어의 첫 글자를 결합한 새말 • • ㉡ 웃프다(웃기다 + 슬프다)

(3) 각 단어의 일부분을 따서 결합한 새말 • • ㉢ 열공(열심히 + 공부하다)

단일어, 합성어, 파생어의 구분

01 〈보기〉의 ㉠~㉢에 들어갈 말을 알맞게 짝 지은 것은?

> 보기
>
> '사과'와 '나무'처럼 각각 하나의 어근으로만 이루어진 단어를 (㉠)라고 한다. 그리고 '사과나무'처럼 둘 이상의 어근이 결합하거나, '햇사과'처럼 어근과 접사가 결합한 경우를 복합어라고 한다. 이 중에서 '사과나무'와 같은 단어를 (㉡), '햇사과'와 같은 단어를 (㉢)라고 한다.

	㉠	㉡	㉢
①	단일어	파생어	합성어
②	단일어	합성어	파생어
③	파생어	단일어	합성어
④	파생어	합성어	단일어
⑤	합성어	단일어	파생어

의미 관계에 따른 합성어의 구분

02 〈보기〉의 설명에 해당하지 <u>않는</u> 단어는?

> 보기
>
> 어근과 어근이 결합하여 새로운 단어를 만드는 과정에서 원래의 어근이 지니던 의미와는 다른, 새로운 의미가 만들어지기도 한다. 예를 들어 '강산'은 '강'과 '산'이 결합한 단어이지만, '한라산은 우리 강산의 자랑거리이다.'에서처럼 '나라의 영토', 즉 '국토'라는 새로운 의미를 지닌다.

① 연세: 나이　　　　　② 마소: 말과 소

③ 밤낮: 늘, 항상　　　④ 피땀: 노력, 정성

⑤ 가시방석: 불편한 자리

접사의 기능 파악

03 다음 파생어 중, 접사에 의해 품사가 바뀐 것은?

① 부채질　　　② 치뜨다　　　③ 더욱이

④ 조용히　　　⑤ 헛고생

새말 형성의 원리 파악

04 다음 중 새말이 만들어진 방법이 <u>다른</u> 하나는?

① 인강　　　② 심쿵　　　③ 라볶이

④ 소확행　　　⑤ 오운완

---

01 단어의 형성에 대한 설명으로 적절하지 **않은** 것은?

① 어근과 어근이 결합하여 합성어를 이룬다.
② 하나의 어근이 하나의 단어를 형성할 수 있다.
③ 접사 중 접두사는 어근의 품사를 바꾸는 기능을 한다.
④ 합성어를 만드는 과정에서 단어의 형태가 변화하기도 한다.
⑤ 어근과 어근이 결합할 때 본래의 어근이 지닌 의미와는 다른 의미가 만들어지기도 한다.

02 밑줄 친 단어 중, 파생어가 **아닌** 것은?

① 가을 하늘이 <u>새파랗다</u>.
② 화초를 <u>맨땅</u>에 심었다.
③ 사각형의 <u>넓이</u>를 구하시오.
④ 탁자 위에 <u>소설책</u>을 놓았다.
⑤ 철수는 또래에 비해 <u>어른스럽다</u>.

03 〈보기〉의 ㉠, ㉡에 들어갈 접사로 적절한 것은?

┤보기├
• (일부 명사 앞에 붙어) '쓸데없는'의 뜻을 더함.
예 (㉠)침
• (일부 명사 뒤에 붙어) '그것이 나타내는 속성을 많이 가진 사람'의 뜻을 더함.
예 겁(㉡)

	㉠	㉡
①	참–	–질
②	군–	–쟁이
③	맨–	–장이
④	한–	–꾸러기
⑤	개–	–스럽다

04 〈보기〉의 ㉠~㉣을 단어의 유형에 따라 분류할 때, 적절하지 **않은** 것은?

┤보기├
㉠마음껏 ㉡뛰놀다 ㉢부르면 ㉣빨리 ㉤들어오렴.

① ㉠: 파생어
② ㉡: 합성어
③ ㉢: 파생어
④ ㉣: 파생어
⑤ ㉤: 합성어

05 새말에 대한 설명으로 적절하지 **않은** 것은?

① '먹방'은 각 단어의 첫 글자를 결합한 말이다.
② '금손'은 두 어근을 결합하여 만든 합성어이다.
③ '누리꾼'은 어근과 접사를 결합하여 만든 파생어이다.
④ '전자책'은 외국에서 들어온 말을 우리말로 다듬은 단어이다.
⑤ '네티켓'은 두 개의 어근과 하나의 접사를 결합하여 만든 파생어이다.

06 〈어려워요〉 〈보기〉를 참고로 하여, 접미사가 품사를 바꾸는 경우를 **잘못** 설명한 것은?

┤보기├
단어를 형성할 때, 일반적으로 접두사는 어근의 품사를 바꿀 수 없지만, 접미사는 어근의 품사를 바꾸기도 한다. 어근의 품사를 바꾸는 접미사로는 '–이', '–(으)ㅁ', '–하다' 등이 있다.

① '먹이'의 접미사 '–이'는 어근 '먹–'의 품사를 동사에서 명사로 바꾸었다.
② '웃음'의 접미사 '–음'은 어근 '웃–'의 품사를 동사에서 명사로 바꾸었다.
③ '부채질'의 접미사 '–질'은 어근 '부채'의 품사를 명사에서 동사로 바꾸었다.
④ '영원히'의 접미사 '–히'는 어근 '영원'의 품사를 명사에서 부사로 바꾸었다.
⑤ '건강하다'의 접미사 '–하다'는 어근 '건강'의 품사를 명사에서 형용사로 바꾸었다.

어휘의 체계와 양상

◆ 어휘[1]의 체계

어휘는 어원(말의 뿌리)에 따라 고유어와 한자어, 외래어로 분류할 수 있다.

① 고유어

개념	우리말에 본디부터 있던 말이나 그것에 기초하여 새로 만들어진 말 ⓔ 눈, 땅, 마음, 하늘, 무지개 등
특징	• 우리 민족이 지닌 고유의 정서나 문화가 담겨 있음. • 일상생활에서 자주 쓰이다 보니 하나의 단어가 여러 가지 의미로 쓰이는 다의어가 많음. • 의성어나 의태어, 색채어가 발달함.

② 한자어

개념	한자를 바탕으로 만들어진 말 ⓔ 학교(學校), 책상(冊床) 등
특징	• 우리말 어휘에서 가장 큰 비중을 차지함. • 개념어나 추상어가 많고, 일반적으로 고유어에 비해 그 뜻이 분화된 경우가 많아 고유어를 보완[2]하는 역할을 함.

③ 외래어

개념	다른 나라에서 들어와 우리말처럼 쓰이는 말 ⓔ 버스, 햄버거 등
특징	• 외국과의 문화적 교류 과정에서 많이 들어옴. • 우리말 어휘를 풍부하게 해 주기도 하지만, 무분별하게 사용할 경우 우리말의 정체성을 해칠 수 있음.

◆ 어휘의 양상

사용 지역 또는 사회 계층에 따라 크게 지역 방언과 사회 방언으로 분류할 수 있다.

① 지역 방언(사투리)

개념	지역에 따라 다르게 쓰는 말 ⓔ '나무'를 지역에 따라 '남구', '낭', '낭구', '낭게' 등으로 부름.
특징	• 각 지역의 고유한 정서와 문화를 담고 있으며, 우리말의 어휘를 풍부하게 함. • 옛말의 자취가 남아 있어 국어의 역사를 연구하는 데 도움을 줌.

② 사회 방언

개념	세대, 분야, 매체[3]에 따라 다르게 쓰는 말
특징	• 같은 집단 내에서 의사소통의 효율성을 높이며, 구성원 간의 친밀감을 형성함. • 같은 집단에 속하지 않은 상대에게 사용하면 의사소통에 어려움이 생길 수 있음.

---

❶ 어휘의 개념

일정한 범위 안에서 쓰이는 단어의 집합이다.

❷ 고유어를 보완하는 한자어

고유어는 하나의 단어가 여러 뜻으로 쓰이는 경우가 많지만, 한자어는 고유어보다 뜻이 분화되어 있어서 고유어를 보완하는 역할을 한다. 각기 다른 문장에 쓰인 같은 고유어를 문맥에 맞게 여러 한자어로 바꾸어 쓸 수 있다. 예를 들어 고유어 '마음'은 문맥에 따라 한자어 '의향(意向), 호감(好感), 심정(心情)'으로 바꾸어 쓸 수 있다.

ⓔ • 여행을 갈 마음이 있니?
　→ 여행을 갈 의향(意向)이 있니?
• 나는 그에게 마음이 있어.
　→ 나는 그에게 호감(好感)이 있어.
• 솔직한 마음을 털어놓았다.
　→ 솔직한 심정(心情)을 털어놓았다.

궁금해

표준어는 지역 방언보다 우월할까?

표준어와 지역 방언은 상황에 따라 다르게 쓰이기 때문에 어떤 것이 우월하다고 말할 수 없어. 공식적인 상황에서 말을 할 때에는 다수의 사람들이 소통하기 편리한 표준어를 사용해야 하고, 개인적인 친밀감을 표현하거나 문학 작품 등에서 특정 분위기를 형성할 때에는 지역 방언을 사용하는 것이 효과적이야.

❸ 사회 방언의 유형

세대	• 청소년어: 청소년이 주로 사용함. 우리말과 영어를 섞어 만든 표현이나 단어를 줄여서 쓰는 표현이 많음. • 기성세대 언어: 나이가 든 어른들이 주로 사용함. 한자어나 예의를 갖춘 표현이 많음.
분야	전문어: 특정 분야에서 전문적인 개념을 표현하기 위해 쓰는 말로, 한자어나 외국어가 많음.
매체	인터넷 언어: 인터넷 상에서 쓰는 음성, 문자, 그림 문자 등이 있고, 매체 환경의 변화에 따라 새롭게 생긴 사물이나 개념을 표현하기 위해 만들어진 새말도 많음.

핵심만 바로 체크

1 다음 설명이 맞으면 ○, 틀리면 × 표시하시오.

(1) 우리말 어휘는 어원에 따라 지역 방언과 사회 방언으로 분류할 수 있다. (　　　)

(2) 외래어를 무분별하게 사용할 경우 우리말의 정체성을 해칠 수도 있다. (　　　)

(3) 사회 방언은 옛말의 자취가 남아 있어 국어의 역사를 연구하는 데 도움을 준다.

(　　　)

2 빈칸에 들어갈 알맞은 단어를 쓰시오.

(1) □□□은/는 하나의 단어가 여러 의미로 쓰이는 다의어가 많다.

(2) 다른 나라에서 들어와 우리말처럼 쓰이는 말을 □□□(이)라고 한다.

(3) 공식적인 상황에서 말을 할 때는 지역 방언보다 □□□을/를 사용하는 것이 바람직하다.

예시로 바로 연습

1 〈보기〉의 단어들을 고유어, 한자어, 외래어로 분류하시오.

보기
감기　　택시　　치마　　냉면　　아르바이트　　개나리

(1) 고유어: (　　　　　　　　　　　　　　　)

(2) 한자어: (　　　　　　　　　　　　　　　)

(3) 외래어: (　　　　　　　　　　　　　　　)

2 〈보기〉의 단어들을 지역 방언과 사회 방언으로 분류하시오.

보기
정구지(부추)　　스카(스터디 카페)　　버정(버스 정류장)　　오이소(오세요)

(1) 지역 방언: (　　　　　　　　　　　　　　　)

(2) 사회 방언: (　　　　　　　　　　　　　　　)

3 다음 단어에 해당하는 사회 방언의 유형을 바르게 연결하시오.

(1) 소싯적(젊었을 때)　　　　　　　　　　　　　　• ㉠ 분야

(2) 악플(악의적인 평가를 담아 쓴 댓글)　　　　　• ㉡ 세대

(3) 상기도 감염(감기를 뜻하는 의학 용어) •　　　　• ㉢ 매체

정답과 해설 19쪽

어휘의 체계 이해

01 우리말 어휘에 대한 설명으로 적절하지 <u>않은</u> 것은?

① 한자어는 한자를 바탕으로 만들어진 말이다.
② 고유어는 한자어에 비해 그 뜻이 분화된 경우가 많다.
③ 우리말의 어원에 따라 고유어, 한자어, 외래어로 나뉜다.
④ 외래어는 외국과의 문화적 교류 과정에서 많이 들어온다.
⑤ 고유어에는 우리 민족이 지닌 고유의 정서나 문화가 담겨 있다.

어휘의 유형 구별

02 〈보기〉의 ㉠~㉢에 해당하는 어휘의 유형을 바르게 분류한 것은?

── 보기 ──

㉠ 기차, 연세, 추억   ㉡ 가방, 첼로, 파스타   ㉢ 손, 꽃샘, 하늘

	㉠	㉡	㉢
①	고유어	한자어	외래어
②	고유어	외래어	한자어
③	한자어	고유어	외래어
④	한자어	외래어	고유어
⑤	외래어	고유어	한자어

지역 방언의 개념과 특징 파악

03 지역 방언에 대한 설명으로 적절하지 <u>않은</u> 것은?

① 해당 지역의 고유한 정서와 문화를 반영한다.
② 공식적인 상황에서 표준어보다 많이 사용된다.
③ 표준어와 지역 방언은 어떤 것이 우월하다고 할 수 없다.
④ 문학 작품 등에서 특정 분위기를 형성할 때 사용할 수 있다.
⑤ 옛말의 자취가 남아 있어 국어의 역사를 연구하는 데 도움을 준다.

사회 방언의 개념과 특징

04 〈보기〉의 밑줄 친 단어가 속하는 사회 방언에 대한 설명으로 적절한 것은?

── 보기 ──

지휘자: 이 부분은 아주 많이 <u>레가토</u>로 연주해야 하고, 중간중간에 나오는 <u>트리플렛</u>을 정확하게 연주해야 합니다.

① 한자어나 예의를 갖춘 표현을 많이 쓴다.
② 다수의 사람들이 일반적으로 쓰는 말이다.
③ 인터넷 상에서 쓰는 음성, 문자, 그림 문자 등이 있다.
④ 특정 분야에서 전문적인 개념을 표현하기 위해 쓰는 말이다.
⑤ 매체 환경의 변화에 따라 새롭게 생긴 사물이나 개념을 표현하는 말이다.

문제 해결 TIP

01 어휘는 일정한 범위 안에서 쓰이는 단어의 집합이야. 우리말 어휘는 어원에 따라 세 가지로 분류할 수 있었지? 어휘의 유형별로 어떤 특징이 있었는지를 떠올리며 문제를 풀어 보자.

02 고유어는 옛날부터 사용해 온 우리말이야. 한자어는 한자를 기반으로 만들어진 말이고, 외래어는 외국 문화와의 접촉을 통해 들어왔지만 우리말처럼 쓰이는 말이란 것을 잊지 말자.

03 '여우'를 지역에 따라 '여위, 여끼, 영우'와 같이 다르게 부르는 것처럼, 같은 언어라 하더라도 사용되는 지역에 따라 다르게 쓰는 말을 지역 방언이라고 해. 이 점을 고려하여 문제를 풀면 쉽게 해결될 거야.

04 사회 방언은 세대, 분야, 매체에 따라 다르게 쓰는 말이야. 〈보기〉의 밑줄 친 단어를 주로 어떤 집단에 속한 사람들이 쓸지 생각해 보고, 어떤 사회 방언에 해당하는지 판단해 보자.

실력 쌓기 11 DAY

01 〈보기〉를 통해 알 수 있는 고유어의 특징으로 적절한 것은?

┤ 보기 ├

　매끄러운 느낌이나 상태를 표현하는 말로는 '매끄럽다, 매끈매끈하다, 반들반들하다, 반드르르하다, 반질반질하다' 등이 있다.

① 여러 가지 의미로 쓰이는 다의어가 많다.
② 우리말 어휘에서 가장 큰 비중을 차지한다.
③ 모양이나 움직임을 나타내는 의태어가 발달했다.
④ 우리말로 쓰인 지 오래된 외래어는 고유어로 분류한다.
⑤ 무분별하게 사용하면 우리말의 정체성을 해칠 수 있다.

02 〈보기〉를 통해 알 수 있는 고유어와 한자어의 특징으로 적절하지 <u>않은</u> 것은?

┤ 보기 ├

• 오늘은 왠지 불길한 예감(豫感)이 든다.
• 그 책을 읽고 난 감상(感想)을 일기로 썼다.
• 그는 자신의 심정(心情)을 솔직하게 표현했다.
→ 문장에서 한자어 '예감, 감상, 심정'은 고유어 '느낌'으로 바꾸어 쓸 수 있음.

① 한자어는 개념어나 추상어가 많다.
② 고유어는 한자어보다 의미의 폭이 넓다.
③ 한자어는 고유어를 보완하는 역할을 한다.
④ 하나의 한자어에 여러 개의 고유어가 대응한다.
⑤ 한자어는 고유어에 비해서 분화된 의미를 지닌다.

03 어휘의 체계에 따라 단어를 바르게 분류한 것은?

	고유어	한자어	외래어
①	김, 지우개	색연필, 두유	볼펜, 초콜릿
②	김, 색연필	지우개, 두유	볼펜, 초콜릿
③	지우개, 두유	김, 초콜릿	색연필, 볼펜
④	색연필, 볼펜	지우개, 두유	김, 초콜릿
⑤	색연필, 두유	김, 지우개	볼펜, 초콜릿

04 다음 중 방언의 양상이 나머지와 <u>다른</u> 것은?

① '프사', '생파' 등은 주로 청소년이 사용한다.
② '평안', '염려' 등은 주로 기성세대가 사용한다.
③ '누룽지'는 지역에 따라 '깜밥', '강개' 등으로 불린다.
④ 환자의 심장 박동이 멈춘 상태를 '어레스트'라고 한다.
⑤ 영화 촬영 현장에서는 촬영을 시작할 때 '숏'이라고 한다.

05 〈보기〉의 ㉠에 해당하는 사회 방언의 유형으로 알맞은 것은?

┤ 보기 ├

　사회 관계망 서비스에서 유명해진 사람을 ㉠인플루언서라고 한다.

① 매체　　　② 성별　　　③ 분야
④ 지역　　　⑤ 세대

06 〈보기〉의 (가)와 (나)를 통해 알 수 있는 표준어와 지역 방언의 특징으로 적절하지 <u>않은</u> 것은?

┤ 보기 ├

(가)	〈방송 촬영 중〉 진행자: 오늘 발효 음식 전문가 ○○○ 선생님을 모셨습니다. 안녕하세요? 출연자: 안녕하세요? ○○○입니다. 첫 방송이라서 무척 긴장됩니다.
(나)	〈방송 촬영 후〉 출연자: 너무 떨어 가꼬 폐만 끼친 거 아인가 모르겠네예. 진행자: 어데예. 역수로 잘했심더. 같은 고향분이 잘해 주시니, 제가 다 뿌듯하네예.

① (가)의 표준어는 의사소통을 원활하게 해 준다.
② (나)의 지역 방언은 해당 지역의 사람에게 소속감과 친밀감을 준다.
③ (나)의 지역 방언은 표준어와 같은 우리말이지만 사용되는 지역에 따라 달라진 말이다.
④ (가)는 공식적 상황, (나)는 비공식적 상황임을 고려하여 적절한 어휘를 사용하여 말하였다.
⑤ (가)의 표준어와 (나)의 지역 방언은 대립적 관계이므로 되도록 표준어를 사용해야 한다.

단어의 의미 관계

✦ 유의 관계(유의어)❶

개념	말소리는 다르지만 의미가 거의 같거나 비슷한 단어들의 관계 예 속 – 안 / 쥐다 – 잡다 / 많다 – 넉넉하다 – 풍부하다 – 가득하다
특징	• 하나의 쌍으로 이루어지는 경우도 있지만, 두 개 이상의 단어가 무리를 이루기도 함. • 의미가 비슷하여 바꾸어 쓸 수 있지만, 미묘한 의미 차이가 있기 때문에 바꾸어 쓸 수 없는 경우도 있음.

✦ 반의 관계(반의어)

개념	의미가 서로 반대되거나 대립되는 단어들의 관계 예 소년 ↔ 소녀 / 밤 ↔ 낮 / 짧다 ↔ 길다
특징	• 단어 사이에 단 한 가지의 의미 요소만 다르고, 나머지 의미 요소는 공통적이어야 함.❷ → '벗다'라는 단어는 '옷을 벗다. / 안경을 벗다. / 신발을 벗다.'와 같이 쓰이므로 반의어도 '(옷을) 입다', '(안경을) 쓰다', '(신발을) 신다'와 같이 여러 개가 됨. • 하나의 단어에 여러 개의 단어가 대립하는 경우가 있음.

✦ 상하 관계(상의어, 하의어)

개념	한 단어가 의미상 다른 단어를 포함하거나 다른 단어에 포함되는 관계로, 이때 포함하는 단어를 상의어, 포함되는 단어를 하의어라 함. 예 과일＞배, 감, 딸기, 사과 / 직업＞경찰, 의사, 가수 　　상의어　　하의어　　　　상의어　　하의어
특징	• 상의어는 일반적이고 포괄적인 의미를 지님. • 하의어는 구체적이고 한정적인 의미를 지님.

✦ 동형이의 관계(동형이의어)

형태와 발음은 같지만 의미가 다른 단어 간의 관계

예

눈¹ 빛의 자극을 받아 물체를 볼 수 있는 감각 기관.	눈² 자·저울·온도계 따위에 표시하여 길이·양·도수 따위를 나타내는 금.

✦ 다의 관계(다의어)

하나의 단어가 둘 이상의 뜻을 지니는 관계로 한 단어의 여러 의미 중에서 가장 기본적이고 핵심적인 의미인 중심적 의미와, 중심적 의미로부터 파생 또는 연상되어 쓰이는 의미인 주변적 의미로 나뉨.

예

중심적 의미		주변적 의미
바다가 넓다. 면이나 바닥 따위의 면적이 크다.	넓다	• 통이 넓은 바지 　너비가 크다. • 마음이 넓다. 　마음 쓰는 것이 크고 너그럽다.

---

❶ **우리말에 유의어가 발달한 이유**
• 고유어와 한자어, 외래어가 섞여 쓰임. 예 아내–처–와이프
• 높임법이 발달함. 예 밥–진지
• 감각어, 색채어가 발달함. 예 까맣다–새까맣다–시꺼멓다
• 금기어에 대응하는 완곡어가 등장함. 예 천연두–마마

❷ **반의 관계의 의미 요소**
'소년'과 '소녀'는 '사람', '어린 나이' 등의 요소는 같고, '성별'이라는 의미 요소만 다르기 때문에 반의 관계에 해당한다. 그러나 '소년'과 '어머니'의 경우에는 '성별' 이외에도 '세대', '결혼 유무' 등의 의미 요소가 다르기 때문에 반의 관계가 성립하지 않는다.

궁금해

동형이의어와 다의어가 사전에 제시되는 방법은 무엇일까?

> 손¹ 「명사」
> 「1」 사람의 팔목 끝에 달린 부분. 손등, 손바닥, 손목으로 나뉘며 그 끝에 다섯 개의 손가락이 있어, 무엇을 만지거나 잡거나 한다.
> 「2」 손끝의 다섯 개로 갈라진 부분. 또는 그것 하나하나.
> ⋮
> 손² 「명사」
> 「1」 다른 곳에서 찾아온 사람.
> 「2」 여관이나 음식점 따위의 영업하는 장소에 찾아온 사람.
> ⋮

동형이의어는 사전에서 손¹, 손²과 같이 제시하는데, 각각의 단어는 별개의 단어야. 반면 다의어는 사전에서 표제어 아래에 「1」, 「2」, 「3」과 같이 표기하여 단어의 뜻을 제시하는데, 「1」이 중심적 의미에 해당하고, 나머지는 주변적 의미에 해당해.

핵심만 바로 체크

1 다음 설명이 맞으면 ○, 틀리면 × 표시하시오.

(1) 유의 관계에 있는 단어들은 완전히 똑같은 의미를 지닌다. ( )

(2) 반의 관계에 있는 단어들은 단어 사이에 두 가지 이상의 의미가 대립한다. ( )

(3) 상하 관계는 한 단어가 의미상 다른 쪽을 포함하거나 다른 쪽에 포함되는 관계이다. ( )

2 빈칸에 들어갈 알맞은 단어를 쓰시오.

(1) 상하 관계에서 의미상 다른 단어를 포함하는 단어는 □□□, 의미상 다른 단어에 포함되는 단어는 □□□(이)다.

(2) 동형이의어는 형태와 발음은 같지만 각각의 □□이/가 다른 단어들이다.

(3) □□□은/는 기본적이고 핵심적인 중심적 의미와, 그 의미로부터 파생 또는 연상된 주변적 의미로 나뉜다.

예시로 바로 연습

1 다음 단어들을 의미 관계에 맞게 바르게 연결하시오.

(1) 옷-한복 •   • ㉠ 유의 관계

(2) 잡다-놓다 •   • ㉡ 반의 관계

(3) 입다-쓰다 •   • ㉢ 상하 관계

2 〈보기〉에 제시된 단어들의 의미 관계를 각각 쓰시오.

─── 보기 ───

㉠ (자동차가) 가다 – (관심이) 가다
㉡ (동물의) 배 – (배나무의 열매) 배

(1) ㉠: ( ) 관계

(2) ㉡: ( ) 관계

3 〈보기〉는 동형이의어의 의미를 제시한 것이다. 빈칸에 공통적으로 들어갈 단어를 쓰시오.

─── 보기 ───

( )¹「명사」 사람이나 동물의 다리 맨 끝부분.
( )³「명사」 가늘고 긴 대를 줄로 엮거나, 줄 따위를 나란히 늘어뜨려 만든 물건.
( )⁹「의존 명사」 총알, 포탄, 화살 따위를 세는 단위.

( )

# DAY 12 기본 다지기

● 정답과 해설 20쪽

단어의 의미 관계 구분

01 두 단어의 의미 관계가 나머지와 다른 하나는?

① 열다–닫다 ② 걷다–뛰다 ③ 밝다–어둡다
④ 곱다–예쁘다 ⑤ 묻다–대답하다

> **01** 앞에서 배운 단어의 의미 관계 기억하지? 각 단어의 의미를 떠올리며 이 단어들이 어떤 관계에 속하는지 확인해 보자.

유의 관계와 반의 관계의 적용

02 〈보기〉의 밑줄 친 단어의 의미를 고려할 때, ㉠, ㉡에 들어갈 단어를 바르게 짝 지은 것은?

┌─────── 보기 ───────┐

나는 동생과 성격이 <u>비슷하다</u>.
→ 유의 관계: (㉠), 반의 관계: (㉡)

└──────────────────┘

	㉠	㉡
①	닮다	틀리다
②	같다	변하다
③	닮다	다르다
④	같다	틀리다
⑤	만나다	다르다

> **02** 〈보기〉에 제시된 단어와 의미가 비슷한 단어, 의미가 반대되는 단어가 무엇인지 잘 생각해 보자. 잘 떠오르지 않는다면 ①~⑤에 있는 단어들의 의미를 떠올리면서 〈보기〉의 문장에 하나씩 대입해 봐!

상하 관계의 적용

03 〈보기〉에 제시된 단어들을 포함할 수 있는 상의어로 가장 적절한 것은?

┌─────── 보기 ───────┐

연극   영화   음악   미술   문학

└──────────────────┘

① 관람 ② 극장 ③ 공연 ④ 현대 ⑤ 예술

> **03** 상하 관계는 한 단어가 다른 단어를 포함하거나 다른 단어에 포함되는 관계야. 그리고 상의어는 일반적이고 포괄적인 의미를 지녀. 제시된 하의어들의 의미를 모두 포함하는 상의어가 무엇인지 생각해 보자.

동형이의어와 다의어의 구분

04 〈보기〉에 제시된 단어들의 의미 관계에 대한 설명으로 적절한 것은?

┌─────── 보기 ───────┐

다리¹ 「명사」「1」 사람이나 동물의 몸통 아래 붙어 있는 신체의 부분. 서고 걷고 뛰는 일 따위를 맡아 한다.
다리² 「명사」「1」 물을 건너거나 또는 한편의 높은 곳에서 다른 편의 높은 곳으로 건너다닐 수 있도록 만든 시설물.
다리³ 「명사」 예전에, 여자들의 머리숱이 많아 보이라고 덧넣었던 딴머리

└──────────────────┘

① 다리¹과 다리²는 하나의 단어이다.
② 다리¹과 다리³은 의미의 연관성이 깊다.
③ 다리¹을 통해 다리²의 의미를 떠올릴 수 있다.
④ 다리²와 다리³은 발음과 형태는 같지만 의미가 다르다.
⑤ 다리¹은 중심적 의미이고, 다리², 다리³은 주변적 의미이다.

>  **04** 동형이의어와 다의어는 헷갈리기 쉬워. 문제가 잘 풀리지 않는다면 동형이의어와 다의어의 개념과, 동형이의어와 다의어가 사전에 제시되는 방법을 한 번 더 확인하고 오자.

실력 쌓기 **12** DAY

01 〈보기〉를 통해 알 수 있는 ㉠과 ㉡의 의미 관계에 대한 설명으로 적절한 것은?

> ┤보기├
> 유의 관계 ㉠작다 – ㉡적다
> 예 · 세인이는 손이 [작다(○) | 적다(×)]
> · 세인이는 말수가 [적다(×) | 작다(○)]

① ㉠, ㉡의 반의어는 동일하다.
② ㉠은 ㉡으로부터 파생된 의미이다.
③ ㉠과 ㉡ 사이에 한 가지 의미 요소만 다르다.
④ ㉠, ㉡은 '고유어–한자어'의 관계를 나타낸다.
⑤ ㉠, ㉡의 의미는 유사하지만 완전히 같지 않다.

02 다음 단어들 간 의미 관계에 대한 설명으로 적절한 것은?

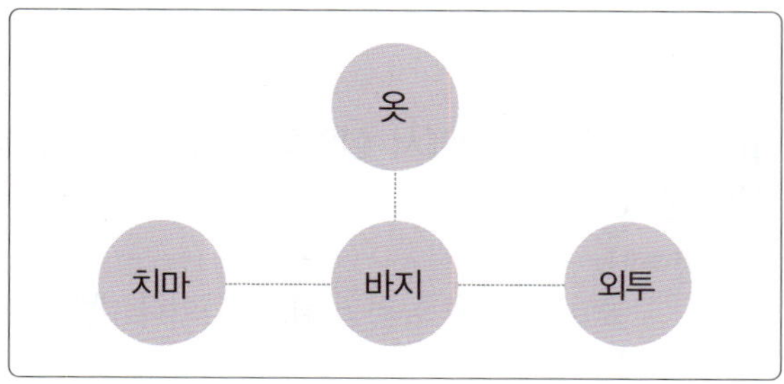

① '옷'은 '치마'의 하의어이다.
② '옷'은 포괄적인 의미를 가진다.
③ '옷'은 의미상 '바지'에 포함된다.
④ '치마'와 '바지'는 유의 관계이다.
⑤ '바지'와 '외투'는 반의 관계이다.

03 〈보기〉의 ㉠~㉢의 의미 관계를 알맞게 짝 지은 것은?

> ┤보기├
> ㉠ 위–아래
> ㉡ 학교–중학교
> ㉢ 오늘–금일(今日)

	㉠	㉡	㉢
①	상하 관계	반의 관계	유의 관계
②	반의 관계	유의 관계	상하 관계
③	상하 관계	유의 관계	반의 관계
④	반의 관계	상하 관계	유의 관계
⑤	유의 관계	상하 관계	반의 관계

04 다음 밑줄 친 단어의 반의어로 적절하지 않은 것은?

	문장	반의어
①	집에 오자마자 장갑을 벗었다.	끼다
②	열흘 후면 모든 책임을 벗는다.	면하다
③	실내에서는 신발을 벗어야 한다.	신다
④	일주일 만에 누명을 벗을 수 있었다.	쓰다
⑤	가방을 벗어 책상 위에 올려 두었다.	메다

05 단어의 의미 관계에 대한 설명으로 적절하지 않은 것은?

① 다의 관계: 사전에 각각 별개의 단어로 등재된다.
② 동형이의 관계: 단어 사이의 의미는 연관성이 없다.
③ 상하 관계: 상의어의 의미는 하의어가 지닌 의미를 포함한다.
④ 유의 관계: 유사한 의미를 지닌 둘 이상의 단어가 맺는 관계이다.
⑤ 반의 관계: 하나의 단어에 여러 개의 반의어가 대립하는 경우가 있다.

06 다음 중 밑줄 친 단어들의 의미 관계가 나머지와 다른 것은?

어려워요

① 밥을 한 공기 가득 담아 먹었다.
　 새벽에는 공기가 제법 쌀쌀하다.

② 벽난로에 넣은 장작이 훨훨 탔다.
　 땡볕에서 한참 놀고 나니 얼굴이 탔다.

③ 그는 배에 힘을 주고 연설을 시작했다.
　 이 건물의 기둥은 배가 불룩한 것이 특징이다.

④ 음식 준비에 손이 모자라 사람을 불렀다.
　 아이는 손을 흔들며 친구에게 인사를 했다.

⑤ 그는 매일 일기를 쓰고 잠에 드는 습관이 있다.
　 그는 직접 노래를 쓰고 부르는 작곡가 겸 가수이다.

01 〈보기〉의 ㈎를 바탕으로 ㈏를 분석한 내용으로 적절한 것은?

┤보기├
㈎ 단어를 공통된 성질에 따라 분류한 것을 '품사'라고 한다. 품사의 분류 기준으로는 ㉠ '형태', ㉡ '기능', ㉢ '의미'가 있다.
㈏ 유리는 우리 반에 첫째로 온 새 학생이다.

① ㉠에 따라 나누면 '유리', '이다'는 불변어이다.
② ㉡에 따라 나누면 '학생'은 수식언이다.
③ ㉡에 따라 나누면 '첫째'는 순서를 나타내는 수사이다.
④ ㉢에 따라 나누면 '유리'와 '우리'는 같은 품사이다.
⑤ ㉢에 따라 나누면 '새'는 체언을 수식하는 관형사이다.

02 〈보기〉의 밑줄 친 단어를 품사에 따라 분류하였을 때 적절한 것은?

┤보기├
㉠ 우리 둘이 힘을 합치자.
㉡ 아무도 손을 들지 않았다.
㉢ 갖고 싶은 선물이 있느냐?
㉣ 우리 집 막내는 대학생이다.
㉤ 자네에게 이 일을 부탁하겠네.

	명사	대명사	수사
①	㉠	㉡, ㉤	㉢, ㉣
②	㉡, ㉢	㉤	㉠, ㉣
③	㉡, ㉣	㉢, ㉤	㉠
④	㉢, ㉣	㉡, ㉤	㉠
⑤	㉢, ㉤	㉠, ㉡	㉣

03 〈보기〉의 ㉠, ㉡이 문장에서 어떤 역할을 하는지 쓰시오.

┤보기├
• 민수가 영호㉠를 잡았다.
• 민수가 영호㉡만 잡았다.

㉠: (　　　　　　　　　　　　　　　　)
㉡: (　　　　　　　　　　　　　　　　)

04 다음 중 〈보기〉와 같이 활용할 수 <u>없는</u> 용언은?

┤보기├

기본형		활용
앉다	→	• '-ㄴ-/-는-' → 앉는다. (○) • '-아라/-어라' → 앉아라. (○) • '-자' → 앉자. (○)

① 높다　　② 찾다　　③ 입다
④ 부르다　　⑤ 돌아오다

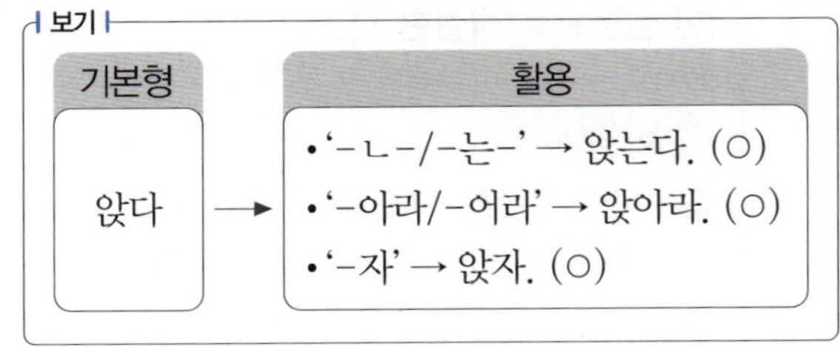

형용사는 동사와 달리 현재 시제를 나타내는 어미 '-ㄴ-/-는-'과 결합할 수 없다. 또한 명령형 어미 '-아라/-어라', 청유형 어미 '-자'와도 결합할 수 없다.

05 다음 중 〈보기〉에서 설명하는 품사가 사용되지 <u>않은</u> 것은?

┤보기├
놀람, 반가움 등의 느낌, 부름이나 대답을 나타내는 단어

① 네, 그렇습니다.
② 여보세요, 식당이죠?
③ 왜 숙제를 안 하니, 응?
④ 첫째, 밥을 잘 먹어야 해.
⑤ 이런, 시간이 벌써 이렇게 지났구나.

06 〈보기〉의 문장을 분석한 것으로 적절하지 <u>않은</u> 것은?

┤보기├
우아, 그의 팔은 나뭇가지처럼 가늘어!

① 조사는 '의, 은, 처럼'으로 3개이다.
② 체언은 '그, 팔, 나뭇가지'로 3개이다.
③ '가늘어'는 문장에서 쓰일 때 형태가 변한다.
④ '우아'는 감탄사로, 말하는 이의 느낌을 나타낸다.
⑤ 품사 중 수사, 관형사, 부사, 형용사가 쓰이지 않았다.

07 〈보기〉의 ㉠~㉧에 대한 설명으로 적절한 것은?

보기

큰 ㉠나라에서 온 거만한 사신이 궁궐을 구경했어. 사신은 왕비가 머무는 궁을 가리키며 물었지.
"저 집은 짓는 데 ㉡얼마나 걸렸소?"
"예, 일 년 걸렸습니다."
"쯧쯧, 일 년㉢이나 걸리다니."
나는 그의 태도가 ㉣무척 거슬렸지만 꾹 참았어.
이번에는 불가사리가 새겨진 크고 화려한 굴뚝을 가리키며 물었지.
"그러면 ㉤저것은 만드는 데 얼마나 걸렸소?"
"㉥예, 한 달 만에 완성했지요."
"허허, 우리나라에서는 ㉦열흘이면 되는데."
이번에는 사신이 연못가에 있는 아름다운 누각을 보고 물었지.
"이 누각은 만드는 데 얼마나 걸렸소?"
그의 말이 끝나자 나는 깜짝 놀라는 표정으로 말했어.
"이 누각이 언제부터 ㉧여기 있었지? 분명 어제는 없었는데."

① ㉠은 명사, ㉤은 관형사이다.
② ㉡, ㉢은 뒤에 오는 서술어를 꾸며 준다.
③ ㉣은 체언을 꾸며 주는 관형사이다.
④ ㉥은 부름, 대답, 놀람, 느낌 등을 나타내는 감탄사이다.
⑤ ㉦, ㉧은 수량이나 순서를 나타내는 수사이다.

08 〈보기〉의 ㉠~㉤을 형태소 단위로 분석하였을 때 적절하지 않은 것은?

보기

㉠동생은 ㉡거실에서 ㉢작은 ㉣복숭아를 ㉤먹는다.

① ㉠: 동생 + 은
② ㉡: 거실 + 에서
③ ㉢: 작- + 은
④ ㉣: 복숭아 + 를
⑤ ㉤: 먹는- + -다

09 〈보기〉에 대한 설명으로 적절하지 않은 것은?

보기

나는 김밥을 맛있게 먹었다.

① '나'는 자립 형태소이면서 실질 형태소이다.
② '는'은 의존 형태소이면서 형식 형태소이다.
③ '김밥'은 자립 형태소이면서 실질 형태소이다.
④ '먹-'은 의존 형태소이면서 실질 형태소이다.
⑤ '-다'는 의존 형태소이면서 형식 형태소이다.

도와줘

형태소는 일정한 뜻을 가진 가장 작은 말의 단위이며 하나 또는 그 이상의 형태소가 결합하여 단어가 된다.

10 〈보기〉의 ㉠~㉤ 중, 어근과 어근으로 이루어진 단어들끼리 바르게 묶은 것은?

- 마을 ㉠앞뒤로 맑은 개울이 흐른다.
- 앞선 그의 노력이 ㉡헛일이 되었다.
- 삼천리 ㉢강산에 해방의 날이 왔다.
- 겨울에는 ㉣군고구마를 먹어야 한다.
- 나는 점심을 먹는 대신에 ㉤풋잠을 잤다.

① ㉠, ㉡, ㉢
② ㉠, ㉢, ㉣
③ ㉡, ㉢, ㉤
④ ㉡, ㉣, ㉤
⑤ ㉢, ㉣, ㉤

11 다음 중 〈보기〉의 밑줄 친 내용에 해당하지 않는 것은?

보기

파생어가 형성될 때 접두사는 어근의 품사를 바꿀 수 없지만, 접미사는 어근의 품사를 바꾸기도 한다.

① 느낌
② 정답다
③ 지우개
④ 겁쟁이
⑤ 공부하다

도와줘

각 단어를 어근과 접미사로 나누어 보고 접미사가 결합하기 이전의 어근의 품사와, 접미사가 결합한 후 형성된 파생어의 품사가 무엇인지 생각해 본다.

12 〈보기〉에 제시된 의미에 해당하는 접사와 결합한 단어는?

┌ 보기 ┐
그것과 관련한 기술을 가진 사람
└────┘

① 꾀보   ② 멋쟁이   ③ 사냥꾼
④ 알부자   ⑤ 양복장이

13 〈보기〉의 ㉠~㉢에 해당하는 단어들끼리 바르게 짝 지어진 것은?

┌ 보기 ┐
  합성어는 의미 관계에 따라 다음과 같이 나눌 수 있다. 두 어근이 본래의 의미를 가지고 대등한 자격으로 연결되는 ㉠대등 합성어, 한쪽의 어근이 다른 한쪽의 어근을 수식하며 이루어지는 ㉡종속 합성어, 어근과 어근이 결합할 때 원래 각각의 어근이 가진 의미를 잃고 새로운 의미를 만들어 내는 ㉢융합 합성어이다.
└────┘

	㉠	㉡	㉢
①	검붉다	뛰어가다	강산
②	팔다리	뛰놀다	쌀밥
③	검붉다	국그릇	쌀밥
④	팔다리	강산	돌아가다
⑤	책가방	강바람	돌아가다

14 〈보기〉의 ㉠~㉣에 대한 설명으로 적절하지 <u>않은</u> 것은?

┌ 보기 ┐
㉠ 알뜰족   ㉡ 취존
㉢ 네티켓   ㉣ 마을버스
└────┘

① ㉠은 기존에 있던 말들을 이용해 만든 파생어이다.
② ㉡은 단어의 첫 글자를 결합하여 만든 단어이다.
③ ㉢은 각 단어의 일부분을 따서 결합해 만든 단어이다.
④ ㉣은 고유어, 외래어를 활용한 합성어이다.
⑤ ㉠~㉣과 같은 새말은 외래어를 그대로 사용해 만드는 것이 바람직하다.

15 복합어가 형성될 때, ㉠~㉤에 일어난 변화로 적절하지 <u>않은</u> 것은?

┌ 보기 ┐
㉠ 햇밤, 햇곡식   ㉡ 화살, 여닫이
㉢ 갖가지, 엊저녁   ㉣ 바느질, 아드님
㉤ 솟아오르다, 뛰어나다
└────┘

① ㉠: 어근과 접사가 결합할 때 'ㅅ'이 첨가된다.
② ㉡: 어근과 어근이 결합할 때 'ㄹ'이 탈락한다.
③ ㉢: 어근과 어근이 결합할 때 첫 어근의 끝모음이 탈락한다.
④ ㉣: 어근과 접사가 결합할 때 'ㄹ'이 탈락한다.
⑤ ㉤: 어근과 어근이 결합할 때 어미가 추가된다.

16 밑줄 친 고유어를 한자어로 바꾸었을 때 적절하지 <u>않은</u> 것은?

① 병을 <u>고치다</u>. → 치료(治療)하다.
② 낡은 구두를 <u>고치다</u>. → 수선(修繕)하다.
③ 지난 계획을 <u>고치자</u>. → 수리(修理)하다.
④ 글 내용을 <u>고쳐</u> 썼다. → 교정(校正)하다.
⑤ 악법을 반드시 <u>고치자</u>. → 개정(改正)하다.

17 〈보기〉의 ㉠~㉢에 해당하는 어휘의 특징으로 적절하지 <u>않은</u> 것은?

┌ 보기 ┐
㉠ 떡, 치마, 지우개
㉡ 냉면, 필통, 두유
㉢ 볼펜, 텔레비전, 디자이너
└────┘

① ㉠: 우리말에 본디부터 있던 말이나 그것에 기초하여 새로 만들어진 말이다.
② ㉠: 민족 고유의 정서나 문화를 잘 표현한다.
③ ㉡: 고유어에 비해 뜻이 구체적인 경우가 많다.
④ ㉡: 우리말 어휘에서 차지하는 비중이 낮은 편이다.
⑤ ㉢: 다른 나라에서 들어왔지만 우리말처럼 쓰인다.

18 〈보기〉의 ㉠~㉢에 대한 설명으로 적절하지 <u>않은</u> 것은?

┌ 보기 ┐
㉠ 바이오스, 로그 설정, 로그인 로더, 테마
㉡ 댁, 평안, 가없는, 고희연
㉢ 헐, 최오, 인플루언서, 악플

① ㉠은 일반인들이 이해하기 어려운 말들이다.
② ㉠은 특정 분야에서 전문적인 개념을 표현하려고 쓰는 말이다.
③ ㉡은 기성세대들이 주로 쓰는 말로 우리말과 영어를 섞어 만든 표현이 많다.
④ ㉢은 인터넷 상에서 쓰는 인터넷 언어이다.
⑤ ㉢은 매체 환경의 변화에 따라 새롭게 생겨난 말이다.

19 다음 문장의 의미를 고려했을 때, 괄호 안의 단어를 모두 사용할 수 있는 것은?

① 이 땅의 (가치 / 대가)는 높습니다.
② 차에 우산을 (놓고 / 두고) 내렸다.
③ 시험 문제를 (짚어 / 다잡아) 주었다.
④ 너와 나의 우정이 (두텁다 / 두툼하다).
⑤ 신호가 바뀌기 전에 차에 (솟자 / 오르자).

> **도와줘**
> 유의 관계의 단어들은 의미가 비슷하지만 가리키는 대상의 범위나 상황에 따라 미묘한 차이가 있다. 이때는 문맥을 살피거나 각각에 대응하는 반의어를 떠올려 보면 쉽게 구분할 수 있다.

20 〈보기〉의 설명에 해당하는 예로 적절하지 <u>않은</u> 것은?

┌ 보기 ┐
한쪽이 의미상 다른 쪽을 포함하거나 다른 쪽에 포함되는 의미 관계이다.

① 신체-손 ② 감정-기쁨
③ 과목-국어 ④ 요리하다-굽다
⑤ 작고(作故)-운명(殞命)

21 〈보기〉의 ㉠과 ㉡에 들어갈 내용으로 적절한 것은?

┌ 보기 ┐
다의어는 하나의 단어가 여러 의미로 사용되는 것을 말한다. 이때, 다의어는 반의어가 여럿이 될 수 있다. 예를 들어 '밀다'는 문맥에 따라 여러 가지 뜻을 가지기 때문에 반의어 역시 여럿이다.

단어	예문	반의어
밀다	㉠	끌다
	나무를 밀다.	㉡
	그가 회장이 되는 것을 밀다.	반대하다

	㉠	㉡
①	수레를 뒤에서 밀다.	심다
②	그는 수염을 밀었다.	심다
③	롤러로 운동장을 밀다.	당기다
④	목욕탕에서 때를 밀다.	당기다
⑤	밀가루 반죽을 얇게 밀어라.	가르다

22 〈보기〉에 대한 설명으로 적절하지 <u>않은</u> 것은?

┌ 보기 ┐
길다¹ 머리카락, 수염 따위가 자라다.
길다² 「1」 잇닿아 있는 물체의 두 끝이 서로 멀다.
　　　「2」 이어지는 시간상의 한 때에서 다른 때까지의 동안이 오래다.
　　　「3」 글이나 말 따위의 분량이 많다.
　　　「4」 소리, 한숨 따위가 오래 계속되다.

① '길다²'는 「1」이 중심적 의미이다.
② '길다²'의 「1」~「4」는 다의 관계이다.
③ '길다²'의 「1」~「4」는 표제어가 다르다.
④ '길다¹'과 '길다²'는 동형이의 관계이다.
⑤ '길다¹'과 '길다²'는 의미의 연관이 없다.

> **도와줘**
> 동형이의 관계는 형태와 발음은 같지만 의미가 서로 다른 단어이고, 다의어는 하나의 단어가 두 가지 이상의 의미를 지니는 단어이다.

Ⅲ 문장

DAY 13~21

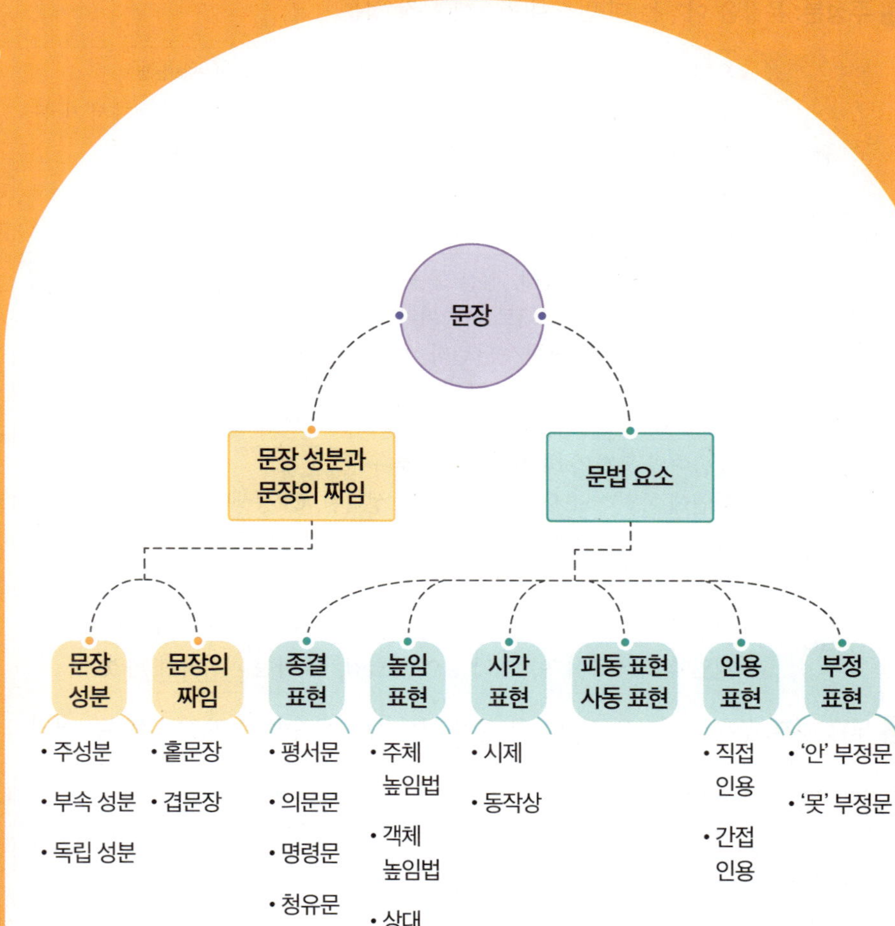
문장

문장 성분과
문장의 짜임

문법 요소

문장
성분

문장의
짜임

종결
표현

높임
표현

시간
표현

피동 표현
사동 표현

인용
표현

부정
표현

• 주성분

• 부속 성분

• 독립 성분

• 홑문장

• 겹문장

• 평서문

• 의문문

• 명령문

• 청유문

• 감탄문

• 주체
높임법

• 객체
높임법

• 상대
높임법

• 시제

• 동작상

• 직접
인용

• 간접
인용

• '안' 부정문

• '못' 부정문

문장 성분

◆ 문장 성분의 개념

문장 안에서 일정한 문법적 기능을 하는 각각의 부분

◆ 문장 성분의 종류

1 주성분: 문장을 이루는 데 반드시 필요한 문장 성분

주어	• 동작, 상태나 성질의 주체가 되는 성분 → '누가, 무엇이'에 해당하는 말 • 체언 또는 체언 기능을 하는 구나 절❶에 주격 조사 '이/가', '께서'가 붙어 성립됨. 예 민희가 춤을 춘다. / 선생님께서 영재를 부르셨다. • 주격 조사가 생략될 수도 있고, 보조사가 붙을 수도 있음. 예 너 반장이야? / 민희도 춤을 춘다.
서술어❷	• 주어의 동작이나 상태, 성질 등을 풀이하는 성분 → '어찌하다, 어떠하다, 무엇이다'에 해당하는 말 • 동사나 형용사가 그대로 서술어가 되거나 체언에 서술격 조사 '이다'가 붙어 성립됨. 예 연희가 달린다. / 연희가 예쁘다. / 연희는 사람이다. 　　　　　　　　　　　동사　　　　　　　　형용사　　　　　　체언+이다 • 본용언과 보조 용언은 하나의 서술어로 봄. 예 나는 빵을 먹고 싶다. 　　　　　　　　　　　　　　　　　　　　　　　　　　　본용언 보조 용언
목적어	• 서술어의 동작의 대상이 되는 성분 → '누구를', '무엇을'에 해당하는 말 • 체언에 목적격 조사 '을/를'이 붙어 성립됨. 예 동생이 친구를 만난다. • 목적격 조사가 생략될 수도 있고, 보조사가 붙을 수도 있음. 예 나 밥 줘. / 나는 아빠도 사랑해.
보어	• 서술어 '되다, 아니다'를 보충하는 성분 → 주어가 아닌 '누가, 무엇이'에 해당하는 말 • 체언에 보격 조사 '이/가'가 붙어 성립됨. 예 나는 과학자가 되었다.

2 부속 성분: 주로 주성분을 꾸며 주는 문장 성분으로, 문장에 꼭 필요한 성분은 아님.

관형어	• 문장에서 체언을 꾸며 주는 성분 → '어떤, 무슨'에 해당하는 말 • 관형사 단독으로 쓰이거나 체언에 관형격 조사 '의'가 붙어 성립됨. 예 영미가 새 신발을 샀다. / 영미가 영희의 신발을 샀다. • 관형사형 어미 '-는, -(으)ㄴ, -(으)ㄹ, -던' 등이 붙어 성립됨. 예 나는 선생님인 언니가 있다. / 나는 예쁜 옷을 좋아한다.
부사어❸	• 문장에서 용언, 관형어, 부사어, 문장 전체를 꾸며 주는 성분 → '어떻게, 언제' 등에 해당하는 말 • 부사 단독으로 쓰이거나 체언에 부사격 조사 '에, (으)로, 와' 등이 붙어 성립됨. 예 차가 아주 멋있다. / 차는 집에 있다. • 용언의 어간에 부사형 어미 '-게, -도록' 등이 붙어 성립됨. 예 그가 빠르게 말했다. / 밤이 새도록 토론을 계속했다. • '그리고, 그러나'와 같은 접속 부사도 부사어에 해당함. 예 나는 자리에서 일어났다. 그리고 창문을 열었다.

3 독립 성분: 다른 문장 성분과 직접적인 관련이 없는 문장 성분

독립어	• 문장에서 다른 성분들과 직접적인 관계를 맺지 않고 독립적으로 쓰이는 성분 • 감탄사 단독으로 쓰이거나 체언에 호격 조사 '아/야, (이)여, (이)시여' 등이 붙어 성립됨. 예 아, 정말 시원해. / 민영아, 어서 와. 　　　　　　　　　　　　　　　　　　　　　　　　체언+아

---

❶ **문장의 문법 단위**

구	둘 이상의 어절이 모여서 하나의 단어처럼 기능하는 말 예 저 꽃이 매우 아름답다. 　　명사구　　　형용사구
절	주어와 서술어를 갖추었지만 독립하여 쓰이지 못하고 다른 문장의 한 성분으로 쓰이는 단위 예 그가 범인임이 밝혀졌다. 　　명사절

❷ **서술어의 자릿수**

서술어 이외에 반드시 필요한 문장 성분의 수를 말한다.

• **한 자리 서술어**: 필수적 문장 성분이 한 개인 서술어로, 주어를 필요로 함.
 예 꽃이 피었다.
 　　주어

• **두 자리 서술어**: 필수적 문장 성분이 두 개인 서술어로, 주어 외에 목적어, 보어, 부사어 중 하나를 필요로 함.
 예 그는 영화를 보았다.
 　　주어　목적어

• **세 자리 서술어**: 필수적 문장 성분이 세 개인 서술어로, 주어, 목적어, 부사어를 필요로 함.
 예 그는 영수를 제자로 삼았다.
 　　주어　목적어　부사어

❸ **부사어의 종류**

부사어는 서술어가 꼭 필요로 하는 필수적 부사어와 문장에서 생략이 가능한 수의적 부사어로 나눌 수 있다.
 예 서율이는 아빠와 많이 닮았다.
 　　　　　　필수적　수의적
 　　　　　　부사어　부사어

관형어와 부사어는 어떻게 구별할까?

① 관형어는 부사어와 달리 혼자 쓰일 수 없어.
 예 헌(×) / 제발(○)

② 관형어는 부사어와 달리 반드시 체언 앞에 위치해야 해.
 예 ┌ 헌 구두 팔기(○)
 　　└ 구두 헌 팔기(×)
 　• ┌ 확실히 약효가 좋다.(○)
 　　└ 약효가 확실히 좋다.(○)

③ 관형어는 부사어와 달리 용언을 꾸밀 수 없어.
 예 ┌ 파란 예쁘다.(×)
 　　└ 파랗게 예쁘다.(○)

정답과 해설 24쪽

핵심만 바로 체크

1 다음 설명이 맞으면 ○, 틀리면 × 표시하시오.

(1) 문장을 이루는 데 반드시 필요한 문장 성분은 주성분이다. ( )

(2) 주어는 서술어 '되다, 아니다'를 보충하며, '누가, 무엇이'에 해당하는 말이다.
( )

(3) 관형어와 부사어는 주로 주성분을 꾸며 주는 문장 성분이며, 문장에서 생략이 가능하다. ( )

2 빈칸에 들어갈 알맞은 단어를 쓰시오.

(1) 동사와 형용사, '체언＋이다(서술격 조사)'는 문장에서 □□□(으)로 쓰인다.

(2) □□□은/는 서술어의 동작의 대상이 되는 성분으로, 문장에서 '누구를, 무엇을'에 해당한다.

(3) □□□은/는 문장에서 다른 성분들과 직접적인 관계를 맺지 않고 독립적으로 쓰인다.

정답과 해설 24쪽

예시로 바로 연습

1 〈보기〉의 문장을 분석하여 주성분, 부속 성분, 독립 성분으로 분류하시오.

보기
어머, 저 꽃이 활짝 피었네.

(1) 주성분: ( )
(2) 부속 성분: ( )
(3) 독립 성분: ( )

2 다음 문장에서 밑줄 친 부분의 문장 성분을 바르게 연결하시오.

(1) 자동차가 <u>빨리</u> 달린다. •　　　　　• ㉠ 목적어

(2) 나는 <u>도시의</u> 야경을 좋아한다. •　　　　• ㉡ 관형어

(3) 영수가 <u>아이스크림을</u> 맛있게 먹는다. •　　• ㉢ 부사어

3 〈보기〉를 참고하여, 제시된 문장의 문장 성분을 분석하시오.

보기
새가 날아간다.: 주어 ＋ 서술어

(1) 와, 정말 반갑다.: ( ) ＋ ( ) ＋ ( )

(2) 그녀가 반장이 되었다.: 주어 ＋ ( ) ＋ 서술어

(3) 누나가 옛 친구를 그리워한다.: 주어 ＋ ( ) ＋ ( ) ＋ 서술어

DAY 13 기본 다지기

● 정답과 해설 24쪽

문장 성분의 개념과 종류

01 다음 중 문장 성분에 대한 설명으로 적절한 것은?

① 문장 안에서의 역할에 따라 크게 9가지로 나눌 수 있다.

② 둘 이상의 어절이 모여서 하나의 단어처럼 기능하는 말이다.

③ 부속 성분은 주성분을 꾸며 주는 문장 성분으로, 대부분 생략할 수 있다.

④ 문장을 이루는 데 필수적인 성분에는 주어, 관형어, 부사어, 서술어가 있다.

⑤ 독립 성분은 다른 문장 성분과 직접적인 관련을 맺으며, 독립어가 이에 해당한다.

> **01** 문장 성분의 개념과 종류를 묻는 문제야. 문장 성분은 문장 안에서 일정한 문법적 기능을 하는 각각의 부분이라는 것을 잊지 않았지? 문장 성분의 기능을 떠올리며 문제를 풀어 보자!

주성분의 개념과 종류

02 다음 밑줄 친 말 중, 문장을 이루는 데 꼭 필요한 성분이 아닌 것은?

① <u>민호가</u> 노래를 잘한다.

② 말하는 것이 <u>보통이</u> 아니다.

③ <u>신이시여</u>, 우리에게 축복을 내리소서.

④ 그녀는 물건을 사기 전에 꼼꼼히 <u>따져 본다.</u>

⑤ 아버지께서 동길이에게 <u>자전거를</u> 사 주셨다.

> **02** 문장을 이루는 데 꼭 필요한 성분은 주성분, 꼭 필요하지 않은 성분은 부속 성분과 독립 성분이야. 밑줄 친 말을 생략해도 온전한 의미가 전달되는지, 전달되지 않는지를 바탕으로 문장 성분의 종류를 판단해 보자.

부속 성분의 종류

03 다음 중 관형어와 부사어가 모두 쓰인 것은?

① 국수가 정말 맛있다.

② 그 건물은 훌륭하다.

③ 모든 국민은 평등하다.

④ 그는 녹색의 셔츠를 입었다.

⑤ 우리는 그의 시를 매우 좋아한다.

> **03** 관형어와 부사어의 차이점을 떠올려 보자. 관형어는 체언 앞에 놓여서 뒤에 오는 체언을 꾸며 주는 역할을 하는 반면에, 부사어는 주로 용언을 꾸며 주고 문장 내에서 위치도 자유롭다는 특징이 있어.

독립 성분의 종류

04 〈보기〉의 ㉠~㉤ 중, 독립 성분에 해당하지 않는 것은?

보기

아빠: ㉠정윤아, 일어났니?

정윤: 네. 피곤해서 늦잠 잤어요. 아빠, 회사에 가세요?

아빠: ㉡응. 이따 보자.

정윤: ㉢아, 오늘은 집에 계실 줄 알았어요. ㉣후유, 안 가시면 안 돼요?

아빠: 미안. ㉤그래도 최대한 일찍 들어올게.

① ㉠　　② ㉡　　③ ㉢　　④ ㉣　　⑤ ㉤

> **04** 독립 성분에 해당하는 독립어는 문장에서 다른 성분들과 직접적인 관계를 맺지 않는 점 기억하지? 독립어는 감탄사 단독으로 쓰이거나, 체언에 호격 조사가 붙어 성립된다는 점을 기억하자!

01 〈보기〉를 참고할 때, 다음 중 서술어가 필수적으로 요구하는 문장 성분의 개수가 가장 적은 것은?

┤보기├
　문장의 구조는 서술어의 자릿수에 의해 결정된다. 서술어는 반드시 필요로 하는 문장 성분의 개수에 따라 한 자리 서술어, 두 자리 서술어, 세 자리 서술어로 나뉜다.

① 우정은 보석과 같다.
② 얼음이 물이 되었다.
③ 그는 운동장을 돌았다.
④ 개나리가 활짝 피었다.
⑤ 할머니께서 우리들에게 용돈을 주셨다.

02 다음 밑줄 친 부분 중, 목적어가 아닌 것은?
① 이걸 누구 줄까?
② 영철아, 밥 먹었니?
③ 내 동생은 축구도 잘한다.
④ 선생님께서 말씀을 하신다.
⑤ 최 상병은 전화를 기다렸다.

03 다음 밑줄 친 부분의 문장 성분으로 알맞은 것은?

• 그는 가수가 아니다.
• 번데기가 나비가 되었다.

① 주어　　② 보어　　③ 서술어
④ 관형어　　⑤ 부사어

04 다음 중 관형어가 쓰이지 않은 것은?
① 어떤 분이 찾아오셨다.
② 나는 어제 새 옷을 샀다.
③ 아직 시간이 많이 남았다.
④ 도시의 밤경치를 감상했다.
⑤ 스페인의 수도는 마드리드이다.

05 다음 중 〈보기〉에서 설명하는 문장 성분에 해당하지 않는 것은?

┤보기├
　문장에서 주로 용언, 관형어, 부사어, 문장 전체를 꾸며 주는 성분이다.

① '아주, 정말'과 같은 부사
② '새, 헌, 옛'과 같은 관형사
③ '그리고, 그러므로'와 같은 접속 부사
④ '아름답게, 닳도록'과 같은 용언의 활용형
⑤ 체언에 '에, 에서'와 같은 부사격 조사가 결합한 형태

06 어려워요 ㉠~㉢에 해당하는 문장 성분의 수를 모두 더한 값으로 알맞은 것은?

┤보기├
㉠ '새가 벌레를 잡아먹는다.'에 쓰인 주성분의 개수
㉡ '아니, 이게 누구야?'에 쓰인 독립 성분의 개수
㉢ '오랜만에 만족스러운 전시회를 봤다.'에 쓰인 부속 성분의 개수

① 5개　　② 6개　　③ 7개
④ 8개　　⑤ 9개

문장의 짜임 ①

문장의 종류

1 홑문장: 주어와 서술어의 관계가 한 번만 나타나는 문장 📝 인생은 짧다.

2 겹문장❶: 주어와 서술어의 관계가 두 번 이상 나타나는 문장

이어진문장	둘 이상의 홑문장이 대등하거나 종속적으로 이어지는 문장 📝 '산은 높다 + 강은 맑다' → 산은 높고, 강은 맑다.
안은문장	문장 속에서 하나의 성분처럼 쓰이는 홑문장을 포함하는 문장 📝 '나는 기다렸다 + 방학이 오다' → 나는 방학이 오기를 기다렸다.

이어진문장❷

1 대등하게 이어진문장

개념		앞 문장과 뒤 문장의 의미 관계가 '나열, 대조, 선택' 등과 같이 대등하게 연결된 문장
형식		대등적 연결 어미 '-고, -(으)며'(나열), '-(으)나, -지만'(대조), '-거나, -든지'(선택) 등에 의해 이어짐.
특징		• 앞 문장과 뒤 문장의 순서를 바꾸어도 대체로 의미가 변하지 않음. • 앞 문장과 뒤 문장의 서술어가 같으면 앞 문장의 서술어를 생략할 수 있음.
예	나열	지수는 물을 마시고, 나는 콜라를 마신다. → 연결 어미 '-고'에 의해 결합된 문장
	대조	몸집이 작지만, 힘은 세다. → 연결 어미 '-지만'에 의해 결합된 문장
	선택	비가 내리거나 눈이 오겠다. → 연결 어미 '-거나'에 의해 결합된 문장

2 종속적으로 이어진문장

개념		앞 문장과 뒤 문장의 의미 관계가 독립적이지 못하고 '원인, 조건, 의도, 배경, 양보' 등과 같이 종속적인 관계로 연결된 문장
형식		종속적 연결 어미❸ '-아서/-어서'(원인), '-(으)면'(조건), '-(으)려고'(의도), '-는데'(배경), '-(으)ㄹ지라도'(양보) 등에 의해 이어짐.
특징		앞 문장과 뒤 문장의 순서를 바꾸면 대체로 의미가 변함.
예	원인	지하철 역이 가까워서 등교가 편하다. → 연결 어미 '-어서'에 의해 결합된 문장
	조건	가을이 오면 단풍이 든다. → 연결 어미 '-면'에 의해 결합된 문장
	의도	나는 일찍 가려고 서둘러 나왔다. → 연결 어미 '-려고'에 의해 결합된 문장
	배경	밥을 먹는데, 손님이 왔다. → 연결 어미 '-는데'에 의해 결합된 문장
	양보	비가 올지라도, 여행을 가겠다. → 연결 어미 '-ㄹ지라도'에 의해 결합된 문장

---

❶ 문장의 확대
홑문장이 여러 개 모여 겹문장을 이루는 것이다.

궁금해

홑문장과 겹문장은 어떻게 구별할까?

'오빠와 내가 서로 닮았다.'와 같이 서술어가 두 대상을 필요로 하는 경우는 홑문장이고, '나는 영화를 보고 (나는) 밥을 먹었다.'와 같이 주어가 생략된 경우는 겹문장이야. 그러므로 홑문장과 겹문장을 구별하려면 주어보다 서술어가 두 개 이상인지를 살펴보는 것이 좋아.

❷ 이어진문장의 구분
대등하게 이어진문장은 앞 문장과 뒤 문장의 위치를 바꿔도 의미가 달라지지 않는 반면, 종속적으로 이어진문장은 앞 문장과 뒤 문장의 위치를 바꾸면 의미가 달라진다.
📝 • 산은 높고 강은 깊다 = 강은 깊고 산은 높다 → 대등하게 이어진문장
• 음악을 들으면 기분이 좋다 ≠ 기분이 좋으면 음악을 듣는다. → 종속적으로 이어진문장

❸ 종속적 연결 어미의 종류

의미 관계	연결 어미
동시	-(으)면서
전환	-다가
조건	-(으)면, -거든, -라면
원인(이유)	-아서/-어서, -(으)니, -(으)므로, -(으)니까
의도(목적)	-(으)려고, -고자
배경(상황)	-는데, -ㄹ진대
가정, 양보	-아도/-어도, -(으)ㄹ지라도

핵심만 바로 체크

1 다음 설명이 맞으면 ○, 틀리면 × 표시하시오.

(1) 겹문장은 주어와 서술어의 관계가 두 번 이상 나타난다. ( )

(2) 대등하게 이어진문장은 앞 문장과 뒤 문장의 위치를 바꾸면 의미가 달라진다.
( )

(3) 종속적으로 이어진문장은 두 홑문장이 '나열, 대조, 선택' 등의 의미 관계를 지닌다.
( )

2 빈칸에 들어갈 알맞은 단어를 쓰시오.

(1) 주어와 서술어의 관계가 한 번만 나타나는 문장을 ☐☐☐(이)라고 한다.
(2) 홑문장을 문장 속에서 하나의 성분처럼 포함하는 문장을 ☐☐☐☐(이)라고 한다.
(3) 이어진문장은 두 개의 홑문장이 어떤 의미 관계를 가지고 있는지에 따라 ☐☐☐
☐ 이어진문장과 ☐☐☐☐☐ 이어진문장으로 나눌 수 있다.

예시로 바로 연습

1 〈보기〉의 ㉠~㉣을 홑문장과 겹문장으로 분류하시오.

> **보기**
>
> ㉠ 봄이 오니 날씨가 좋다. ㉡ 아침이 오면 해가 뜬다.
> ㉢ 오늘 철수는 학교에 갔다. ㉣ 저 반지는 우정의 증표이다.

(1) 홑문장: ( )
(2) 겹문장: ( )

2 다음 문장의 종류를 바르게 연결하시오.

(1) 철수가 환히 웃는다.　　　　　•　　　　　• ㉠ 홑문장
(2) 살이 쪄서 생활이 불편하다.　•　　　　　• ㉡ 대등하게 이어진문장
(3) 나는 뛰었지만, 은정이는 걸었다. •　　　　• ㉢ 종속적으로 이어진문장

3 〈보기〉를 참고하여, 제시된 문장의 종류를 쓰시오.

> **보기**
>
> 비가 와서 길이 질다. → 종속적으로 이어진문장

(1) 잠을 자거나 책을 읽겠다. → ( ) 이어진문장
(2) 경기에 패배할지라도 끝까지 최선을 다하자. → ( ) 이어진문장
(3) 내가 청소를 끝냈는데, 동생이 바닥에 물을 쏟았다. → ( ) 이어진문장

홀문장과 겹문장의 구분

01 다음 중 홀문장과 겹문장을 구분하는 기준으로 가장 적절한 것은?

① 주어와 서술어의 관계가 몇 번 나타나는가?
② 서술어가 필요로 하는 문장 성분이 몇 개인가?
③ 앞 문장과 뒤 문장이 어떤 의미 관계로 이어지는가?
④ 문장을 이루는 데 꼭 필요한 문장 성분이 모두 있는가?
⑤ 앞 문장과 뒤 문장의 위치를 바꾸었을 때 의미가 달라지는가?

홀문장의 구분

02 다음 중 홀문장이 <u>아닌</u> 것은?

① 까치가 아침에 깍깍 짖는다.
② 그녀는 동갑내기와 결혼했다.
③ 이 문제를 토의 안건에 넣어라.
④ 배가 불러서 더 이상은 못 먹겠다.
⑤ 나는 학교 정문에서 그와 부딪쳤다.

대등하게 이어진문장의 구분

03 다음 중 대등하게 이어진문장이 <u>아닌</u> 것은?

① 강물이 맑으며 깊다.
② 그는 시간이 나면 책을 읽는다.
③ 집에 가든지 학교에 가든지 해라.
④ 내가 오늘 떠나지만 곧 돌아오겠다.
⑤ 하영이는 매우 총명하나 인정이 없다.

종속적으로 이어진문장의 구분

04 〈보기〉의 설명에 해당하는 문장으로 알맞은 것은?

> 보기
>
> 앞 문장과 뒤 문장의 의미 관계가 종속적인 관계에 있는 문장

① 길이 좋지 않으니 조심해라.
② 독수리가 날개를 활짝 펼쳤다.
③ 저 사람이 나를 자꾸 쳐다본다.
④ 저번에는 실패했지만, 이번에는 성공했다.
⑤ 영미가 오든지 미희가 오든지 우리는 상관없다.

문제 해결 TIP

01 홀문장과 겹문장의 가장 큰 차이점을 기억하지? 문장을 분석할 때 가장 기본이 되는 내용이니 기억이 나지 않는다면 꼭 다시 학습한 후에 문제를 풀어 보자.

02 홀문장은 주어와 서술어의 관계가 한 번만 나타나는 문장이야. 서술어는 동사, 형용사와 같은 용언이나, 체언에 서술격 조사 '이다'가 붙어 될 수 있어. 각 문장의 서술어가 몇 개인지 찾아보고, 이를 바탕으로 문장의 종류를 분석해 봐.

03 대등하게 이어진문장은 앞 문장과 뒤 문장이 '나열, 대조, 선택'과 같은 의미 관계를 지니고 있어. 그리고 앞 문장과 뒤 문장의 순서를 바꿔도 대체로 의미가 변하지 않아.

04 종속적으로 이어진문장은 주어와 서술어 관계가 두 번 이상 나타나. 그리고 종속적 연결 어미를 그대로 둔 상태에서 앞 문장과 뒤 문장의 순서를 바꾸면 자연스럽지 않고 의미도 달라지지. 이 점을 기억하며 문제를 풀어 보자!

01 다음 중 주어와 서술어의 관계가 한 번만 나타나는 것은?

① 그는 나를 쳐다보며 웃었다.
② 우리는 열심히 손을 흔들었다.
③ 벚꽃이 피어서 나들이를 갔다.
④ 내가 밥을 먹는데, 너가 나를 불렀다.
⑤ 그분을 만나거든 인사 말씀을 전해 주세요.

02 〈보기〉에 대한 설명으로 알맞은 것은?

┤보기├
㉠ 산은 산이고, 물은 물이로다.
㉡ 오늘 나는 선생님께 성적표를 받았다.
㉢ 안개가 자욱해서 앞이 보이지 않는다.

① ㉠은 주어와 서술어의 관계가 한 번만 나타난다.
② ㉡은 주어가 생략된 홑문장이다.
③ ㉢은 종속적으로 이어진문장이다.
④ ㉠, ㉡은 주어와 서술어의 관계가 두 번 나타나는 겹문장이다.
⑤ ㉡, ㉢의 서술어는 한 개이다.

03 다음 중 겹문장에 사용되는 연결 어미와 그 의미 관계가 바르게 연결되지 <u>않은</u> 것은?

	연결 어미	의미 관계
①	-는데	배경
②	-고, -(으)며	나열
③	-거나, -든지	선택
④	-(으)ㄹ지라도	대조
⑤	-(으)니, -(으)므로	원인

04 다음 중 〈보기〉에 제시된 이어진문장의 종류와 같은 것은?

┤보기├
이준이는 교실을 쓸고, 상윤이는 교실을 닦았다.

① 잠을 자다가 깼다.
② 너의 이야기를 듣고자 찾아왔다.
③ 남편은 자상하며 부인은 친절하다.
④ 양치를 제대로 안 하니까 이가 썩었다.
⑤ 아무리 갖고 싶을지라도 남의 것을 훔치면 안 된다.

05 〈보기〉에서 종속적으로 이어진문장을 모두 찾아 바르게 묶은 것은?

┤보기├
㉠ 눈이 내려서 길바닥이 미끄럽다.
㉡ 몸은 늙었지만 마음만큼은 젊다.
㉢ 어느 가을날 낙엽이 우수수 떨어졌다.
㉣ 그녀가 졸업식에 오면 나도 꼭 참석하겠다.
㉤ 영주와 덕수의 얼굴 생김새가 많이 비슷하다.

① ㉠, ㉡　　② ㉠, ㉣　　③ ㉡, ㉢
④ ㉡, ㉣　　⑤ ㉢, ㉤

06 다음 〈조건〉을 모두 만족하는 속담으로 알맞은 것은?

┤조건├
㉠ 홑문장과 홑문장이 연결된 겹문장일 것
㉡ 앞 문장과 뒤 문장의 의미 관계가 '조건'으로 이어진 것.

① 까마귀 날자 배 떨어진다.
② 윗물이 맑아야 아랫물이 맑다.
③ 빈대 잡으려고 초가삼간 태운다.
④ 오뉴월 손님은 호랑이보다 무섭다.
⑤ 고기는 씹어야 맛이고 말은 해야 맛이다.

문장의 짜임 ②

◆ 안긴문장과 안은문장 ❶

안긴문장	하나의 절이 다른 문장 안에서 문장 성분으로 쓰일 때, 그 절을 말함.
안은문장	안긴문장을 포함한 전체 문장을 말함.

◆ 안은문장

1 명사절을 가진 안은문장

개념	문장에서 명사처럼 쓰여 주어, 목적어, 부사어 등의 기능을 하는 명사절을 안고 있는 문장
형식	명사형 어미❷ '-(으)ㅁ, -기'가 붙어서 만들어짐.
예	• 주어 기능: 그 일을 하기가 어렵다. • 목적어 기능: 나는 시험이 끝났음을 알고 있다. • 부사어 기능: 지금은 간식을 먹기에 늦었다.

2 관형사절을 가진 안은문장

개념	문장에서 체언을 꾸미는 관형어의 기능을 하는 관형사절을 안고 있는 문장
형식	관형사형 어미 '-(으)ㄴ, -는, -(으)ㄹ, -던'이 붙어서 만들어짐.
예	이것은 그가 먹은 빵이다.

3 부사절을 가진 안은문장

개념	문장에서 서술어를 꾸미는 부사어의 기능을 하는 부사절을 안고 있는 문장
형식	'-아서/-어서, -이, -게, -도록' 등이 붙어서 만들어짐.
예	나는 날이 추워서 외투를 입었다.

4 서술절을 가진 안은문장

개념	문장에서 서술어의 기능을 하는 서술절을 안고 있는 문장
형식	어미나 조사 등의 절의 표지❸가 없고, '주어+주어+서술어'의 구조를 지님.
예	코끼리는 코가 길다. 　주어　　　주어　서술어

5 인용절을 가진 안은문장

개념	말하는 이의 생각이나 느낌, 다른 사람의 말이나 글을 인용한 인용절을 안고 있는 문장
형식	인용격 조사 '라고'(직접 인용), '고'(간접 인용) 등이 붙어서 만들어짐.
예	• 직접 인용: 엄마는 "어서 가자."라고 재촉했다. → 인용한 문장에 따옴표를 쓰고 인용격 조사 '라고'를 붙임. • 간접 인용: 엄마는 어서 가자고 재촉했다. → 인용한 문장에 따옴표를 쓰지 않고 인용격 조사 '고'를 붙임.

---

❶ **안은문장과 안긴문장의 예**
'나는 기다렸다.', '그가 오다.'와 같은 홑문장을 겹문장으로 만들면 '나는 그가 오기를 기다렸다.'와 같은 안은문장이 된다. 이때 '그가 오기를'을 안긴문장이라고 한다.

❷ **두 명사형 어미의 차이**
'-(으)ㅁ'은 사건이 완료된 경우에 주로 사용하는 반면, '-기'는 사건이 완료되지 않은 경우에 주로 사용한다.
예 • 나는 그가 옳았음을 깨달았다.
　• 그 책은 내가 읽기에 어렵다.

궁금해

관형사절을 가진 안은문장은 어떤 특징이 있을까?

　㉠ 이것은 그가 먹던 빵이다.
　㉡ 선생님은 동수가 지각한 사실을 모른다.

㉠의 안긴문장은 '그가 빵을 먹다.'에서 목적어 '빵을'이 생략되어 안은문장에 나타나고, ㉡의 안긴문장 '동수가 지각한'은 안은문장에서 '사실'의 내용이 돼. ㉠과 같이 관형사절의 꾸밈을 받는 체언(빵)이 관형사절의 문장 성분 중 하나인 경우, 동일한 문장 성분은 관형사절에서 생략돼. 반면에 ㉡과 같이 관형사절의 꾸밈을 받는 체언(사실)이 관형사절의 문장 성분이 아닌 경우, 관형사절에서 생략되지 않고 나타나.

❸ **서술절의 표지**
문장 속에 안기는 절은 그것을 나타내는 표지가 있다. 명사절은 '-(으)ㅁ, -기', 관형사절은 '-(으)ㄴ, -는 -(으)ㄹ, -던', 부사절은 '-아서/-어서, -이, -게, -도록', 인용절은 '라고, 고' 등의 표지가 붙어서 절을 표시한다. 그러나 서술절은 절을 표시하는 어미나 조사가 붙지 않는다.

1 다음 설명이 맞으면 ○, 틀리면 × 표시하시오.

(1) 안은문장은 한 문장이 하나 이상의 절을 문장 성분으로 포함하는 문장이다. (　　　)

(2) 명사절은 문장에서 명사처럼 쓰여 주어, 목적어, 부사어 등의 기능을 한다. (　　　)

(3) 관형사절은 '-아서/-어서, -이, -게, -도록' 등이 붙어서 만들어진다. (　　　)

2 다음 문장에 들어갈 알맞은 말을 고르시오.

(1) (서술절 / 명사절)은 어미나 조사와 같은 절의 표지가 없다.

(2) (관형사절 / 부사절)은 절 전체가 문장에서 서술어를 꾸미는 기능을 한다.

(3) 다른 사람의 말을 직접 인용할 때는 인용절에 인용격 조사 '(라고 / 고)'를 붙여야 한다.

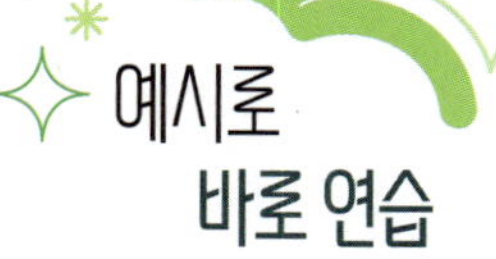

1 〈보기〉의 문장을 안은문장과 안긴문장으로 구분하시오.

> 보기
>
> 나는 빗물이 떨어지는 소리를 들었다.

(1) 안은문장: (　　　　　　　　　　　　　　　　　　)
(2) 안긴문장: (　　　　　　　　　　　　　　　　　　)

2 다음 문장에서 안긴문장을 찾아 밑줄을 그으시오.

(1) 은우는 얼굴이 잘생겼다.

(2) 고구마가 맛이 있게 익었다.

(3) 소희는 그가 옳았음을 깨달았다.

(4) 멀리서 피아노 치는 소리가 들린다.

(5) 동생은 그림책이 재미있다고 말했다.

3 다음 문장에서 안긴문장의 종류를 찾아 바르게 연결하시오.

(1) 비가 소리도 없이 내린다. •　　　　　　• ㉠ 명사절

(2) 지각을 하는 학생들이 없다. •　　　　　　• ㉡ 부사절

(3) 그는 그날이 오기를 기다렸다. •　　　　　• ㉢ 관형사절

기본 다지기

정답과 해설 27쪽

안은문장의 개념과 종류

01 다음 중 안긴문장에 대한 설명으로 적절하지 <u>않은</u> 것은?

① 관형사절은 체언을 꾸며 주는 기능을 한다.
② 서술절은 어미나 조사 등의 표지가 붙지 않는다.
③ 인용절은 인용격 조사 '라고, 고'가 붙어서 만들어진다.
④ 부사절은 '-(으)ㄴ, -는' 등의 어미가 붙어서 만들어진다.
⑤ 명사절은 '-(으)ㅁ, -기' 등의 어미가 붙어서 만들어진다.

안은문장의 구분

02 다음 중 명사절을 가진 안은문장을 바르게 제시한 사람은?

① 학우: 이 카페는 마당이 넓다.
② 덕화: 난을 키우기가 가장 어렵다.
③ 국영: 누나는 내가 감기에 걸린 사실을 몰랐다.
④ 부성: 나는 크리스마스를 목이 빠지게 기다렸다.
⑤ 청하: 소크라테스는 "너 자신을 알라."라고 말했다.

안은문장의 형식

03 다음 중 〈보기〉에서 설명하고 있는 안은문장에 해당하는 것은?

보기

> 절을 표시하는 어미나 조사가 붙지 않으며, '주어＋주어＋서술어'의 구조를 지님.

① 물이 얼음으로 변했다.
② 그녀는 마음씨가 참 따뜻하다.
③ 그가 출마하면 당선이 확실하다.
④ 나는 그 아이의 보호자가 아니다.
⑤ 사람들은 그가 배신자임을 깨달았다.

안긴문장의 역할

04 다음 밑줄 친 부분 중, 문장에서의 기능이 나머지와 <u>다른</u> 것은?

① 민수가 <u>말도 없이</u> 떠났다.
② <u>맑은</u> 공기를 들이마시니 기분이 좋다.
③ <u>영진이가 쓴</u> 책이 베스트셀러가 되었다.
④ 우리는 <u>그가 사건을 조작했다는</u> 증거를 확보했다.
⑤ 동준이는 <u>지원이가 학교를 옮긴</u> 사실을 알지 못했다.

01 안긴문장의 개념과 종류를 정확하게 알고 있는지를 묻는 문제야. 안긴문장의 기능과 안긴문장이 만들어지는 방식을 기억하면서 문제를 풀어 보자!

02 명사절은 명사형 어미 '-(으)ㅁ, -기'가 붙어서 문장에서 주어, 목적어, 부사어 등의 기능을 해. 문장에서 안긴문장을 찾아 명사형 어미가 결합되었는지 확인해 보면 쉽게 해결할 수 있겠지?

03 서술절은 '(전체) 주어＋주어＋서술어'의 구조에서 밑줄 친 부분이 전체 주어의 서술어 기능을 한다는 것을 배웠어. 이것을 참고하여 문제에 접근해 봐!

04 안긴문장의 유형을 구분하는 문제야. 안긴문장은 다른 문장 속에서 하나의 문장 성분처럼 쓰이는 절인 것을 기억하지? 밑줄 친 절이 문장에서 어떤 기능을 하고 있는지 파악하면서 문제를 풀면 쉽게 해결할 수 있을 거야.

---

01 다음 설명 중, 적절하지 <u>않은</u> 것은?

① 국어의 겹문장에는 안긴문장과 안은문장이 있다.
② '나는 사탕이 제일 맛있다.'는 서술절을 가진 안은문장이다.
③ '나는 날씨가 더워서 지쳤다.'는 부사절을 가진 안은문장이다.
④ '이것은 내가 읽던 책이다.'는 관형사절을 가진 안은문장이다.
⑤ 안긴문장은 다른 문장 속에 들어가 하나의 문장 성분처럼 쓰인다.

02 다음 중 〈보기〉에서 설명하고 있는 절을 안고 있는 안은문장에 해당하는 것은?

┤보기├
명사형 어미 '-(으)ㅁ, -기'가 붙어서 문장에서 주어, 목적어, 부사어 등의 기능을 한다.

① 그는 열심히 공부한다.
② 여기는 풍경이 아름답다.
③ 나는 그 내용이 사실임을 확인했다.
④ 공사는 사고 없이 잘 마무리되었다.
⑤ 아이들은 연우가 전학을 갔다는 소식을 들었다.

03 〈보기〉의 ㉠, ㉡에 들어갈 말로 알맞은 것끼리 짝 지어진 것은?

┤보기├
'장미꽃은 나의 예상과 달리 싱싱했다.'는 (㉠)을 가진 안은문장이고, '장미는 내가 좋아하는 꽃이다.'는 (㉡)을 가진 안은문장이다.

	㉠	㉡
①	명사절	인용절
②	서술절	명사절
③	부사절	인용절
④	부사절	관형사절
⑤	관형사절	서술절

04 다음 밑줄 친 부분 중, 〈보기〉의 ㉠과 같은 기능을 하는 것은?

┤보기├
우리 학교는 ㉠<u>운동장이 넓다.</u>

① 나는 <u>누나가 세 명이다.</u>
② 시간이 <u>물과 같이</u> 흐른다.
③ 이 책은 <u>내가 직접 쓴</u> 책이다.
④ <u>회사의 요구가 부당함을</u> 깨달았다.
⑤ 그는 <u>신발이 닳도록</u> 아이를 찾아다녔다.

05 다음 중 인용절을 가진 안은문장에 해당하는 것은?

① 러시아는 국토 면적이 가장 크다.
② 멀리서 노랫소리가 구성지게 들려왔다.
③ 그가 부른 노래는 90년대 인기곡이었다.
④ 선생님께서 내일은 수업이 없다고 하셨다.
⑤ 만도는 진수가 돌아오기만을 빌고 또 빌었다.

06 〈보기〉의 ㉠~㉤에 대한 설명으로 알맞지 <u>않은</u> 것은?

┤보기├
㉠ 우리 형은 키가 크다.
㉡ 그녀가 돌아오기는 쉽지 않았다.
㉢ 친척 동생이 맛있는 빵을 가져왔다.
㉣ 위기는 예고도 없이 우리를 찾아왔다.
㉤ 할아버지께서 "빨리 가자."라고 말씀하셨다.

① ㉠: '키가 크다.'라는 서술절을 가진 안은문장이다.
② ㉡: 명사절이 문장에서 목적어의 기능을 한다.
③ ㉢: 관형사형 어미 '-는'이 붙어 형성된 관형사절을 가진 안은문장이다.
④ ㉣: '예고도 없이'는 '찾아왔다'를 꾸미는 부사어의 기능을 한다.
⑤ ㉤: 인용격 조사 '라고'가 붙은 직접 인용절을 가진 안은문장이다.

문법 요소 ①

✦ 종결 표현의 개념과 특징

1 종결 표현의 개념: 문장의 종결 어미를 사용하여 말하는 이가 듣는 이에게 자신의 생각이나 느낌을 표현하는 방식

2 종결 표현의 특징

① 서술어의 종결 어미에 의해 종결 표현이 결정되며, 종결 표현에 따라 문장 전체의 의미가 좌우됨.

② 상황에 따라 종결 표현의 형식과 기능❶이 일치하지 않는 경우가 있음.

✦ 종결 표현에 따른 문장의 유형

1 평서문

개념	말하는 이가 듣는 이에게 특별히 요구하는 바 없이, 하고 싶은 말이나 생각을 단순하게 전달하는 문장
평서형 종결 어미	'-다, -아요/-어요, -지, -네' 등 예 배가 고프다. / 고파요. / 고프지. / 고프네.

2 의문문❷

개념	대개 말하는 이가 듣는 이에게 질문하는 문장
의문형 종결 어미	'-냐, -느냐, -는가, -(으)ㅂ니까, -(으)ㄹ까' 등 예 화단에 꽃이 피었느냐? / 피었는가? / 피었습니까? / 필까?

3 명령문

개념	말하는 이가 듣는 이에게 어떤 행동을 하도록 요구하는 문장으로, 주어는 항상 듣는 이가 되므로 주어를 생략하고 표현하는 것이 일반적임.
명령형 종결 어미	'-아라/-어라, -게, -ㅂ시오' 등 예 자리에 앉아라. / 앉게. / 앉으십시오.

4 청유문❸

개념	말하는 이가 듣는 이에게 어떤 행동을 함께하도록 요청하는 문장으로, 주어는 말하는 이와 듣는 이가 함께 포함되어야 함.
청유형 종결 어미	'-자, -세, -(으)ㅂ시다, -(으)시지요' 등 예 같이 나가자. / 나가세. / 나갑시다. / 나가시지요.

5 감탄문

개념	말하는 이가 듣는 이를 별로 의식하지 않거나 거의 독백하는 상태에서 자신의 느낌을 표현하는 문장
감탄형 종결 어미	'-(는)구나, -군, -(는)구먼, -(는)구려' 등 예 오랜만에 비가 오는구나! / 오는군! / 오는구먼! / 오는구려!

---

❶ 종결 표현의 형식과 기능

종결 표현의 형식과 기능이 반드시 일치하는 것은 아니다. 예를 들어 '빨리 안 갈래?'는 형식상 의문문이지만 명령의 기능을 수행한다. 한편 '교실로 갈까?'는 형식상 의문문이지만 청유의 기능을 수행한다.

❷ 의문문의 종류

설명 의문문	의문사(누구, 언제, 무엇 등)를 사용하여 설명을 요구하는 의문문 예 집에는 언제 가요?
판정 의문문	의문사 없이 긍정이나 부정의 대답을 요구하는 의문문 예 내일 학교 가니?
수사 의문문	대답을 요구하지 않고 서술이나 명령, 감탄의 효과를 가지는 의문문 예 가족 여행을 가면 얼마나 재미있을까?

❸ 청유문의 특수 용법

• 말하는 이만의 행동을 요청함.
예 (사람이 많은 열차 등에서) 저 좀 내립시다.
• 듣는 이만의 행동을 요청함.
예 (차례를 지키지 않는 사람들을 향해) 차례를 지킵시다.

궁금해

명령문과 청유문에 사용되는 서술어의 제약은 무엇일까?

명령문과 청유문은 어떤 행동을 요구하거나 요청하는 문장이야. 따라서 서술어로 동사만 올 수 있고 형용사는 올 수 없어.
예 • ┌ 어서 교실로 가라. (○)
　　　　　　명령
　　└ 어서 교실로 가자. (○)
　　　　　　청유
　• ┌ 즐거우십시오. (×)
　　└ 즐겁게 지내십시오. (○)
　• ┌ 즐거웁시다. (×)
　　└ 즐겁게 지냅시다. (○)

핵심만 바로 체크

1 다음 설명이 맞으면 ○, 틀리면 ✕ 표시하시오.

(1) 국어의 문장 유형에는 평서문, 의문문, 명령문, 청유문, 감탄문이 있다. (　　　)

(2) 의문문은 말하는 이가 듣는 이에게 어떤 행동을 하도록 요구하는 문장이다.

(　　　)

(3) 감탄문은 말하는 이가 듣는 이를 별로 의식하지 않고 자신의 느낌을 표현하는 문장이다. (　　　)

2 빈칸에 들어갈 알맞은 단어를 쓰시오.

(1) ☐☐ ☐☐은/는 종결 어미를 사용하여 말하는 이가 듣는 이에게 자신의 생각, 느낌을 나타내는 방식이다.

(2) ☐☐☐에는 '-다, -아요/-어요, -네' 등의 종결 어미가 사용된다.

(3) 말하는 이가 듣는 이에게 어떤 행동을 함께하도록 요청하는 문장은 ☐☐☐(이)다.

예시로 바로 연습

1 다음 종결 어미가 표현하는 문장의 유형을 쓰시오.

(1) -다, -지, -네 (　　　　　　　)

(2) -자, -세, -ㅂ시다 (　　　　　　　)

(3) -아라, -게, -ㅂ시오 (　　　　　　　)

2 〈보기〉의 문장에 사용된 종결 어미를 밝히고, 종결 표현에 따른 문장의 유형을 쓰시오.

보기
경치가 참 아름답군!

(1) 종결 어미: (　　　　　　　)

(2) 문장의 유형: (　　　　　　　)

3 다음을 종결 표현에 따른 문장의 유형에 따라 바르게 연결하시오.

(1) 고기를 잡자. • 　　 • ㉠ 평서문

(2) 고기를 잡느냐? • 　　 • ㉡ 의문문

(3) 고기를 잡아라. • 　　 • ㉢ 명령문

(4) 고기를 잡는다. • 　　 • ㉣ 청유문

(5) 고기를 잡는구나. • 　　 • ㉤ 감탄문

종결 표현의 개념과 특징

01 문장의 종결 표현에 대한 설명으로 알맞지 <u>않은</u> 것은?

① 문장의 유형에 따라 서술어에 제약이 생기기도 한다.

② 종결 표현에 의해 말하는 이의 의도가 드러날 수 있다.

③ 대화 상황에 따라 종결 표현의 형식과 문장의 기능이 다를 수 있다.

④ 종결 어미는 문장의 유형을 결정하지만, 문장의 의미에 영향을 주지는 않는다.

⑤ 문장의 유형은 종결 표현에 따라 평서문, 의문문, 명령문, 청유문, 감탄문으로 나뉜다.

종결 표현에 따른 문장의 유형

02 〈보기〉에 대해 설명한 내용으로 적절한 것은?

> 보기
>
> 이번 주 토요일에 함께 영화관에 갑시다.

① 말하는 이가 듣는 이에게 질문하는 문장이다.

② 말하는 이가 듣는 이에게 어떤 행동을 함께하도록 요청하는 문장이다.

③ 말하는 이가 듣는 이에게 어떤 행동을 하도록 강하게 요구하는 문장이다.

④ 말하는 이가 듣는 이를 크게 의식하지 않고 자신의 느낌을 표현하는 문장이다.

⑤ 말하는 이가 듣는 이에게 특별히 요구하는 바 없이 하고 싶은 말을 진술하는 문장이다.

종결 어미의 종류

03 다음 중 종결 어미의 성격이 나머지와 <u>다른</u> 하나는?

① -냐   ② -(으)니   ③ -구려

④ -는가   ⑤ -(으)ㅂ니까

명령문과 청유문의 제약

04 다음 중 명령문이나 청유문으로 바꾸어 쓸 수 있는 문장은?

① 하늘이 푸르다.

② 다시 만나서 기쁘다.

③ 주희는 마음씨가 아름답다.

④ 음악을 들으며 하루의 피로를 씻는다.

⑤ 예주는 큰일을 맡길 만큼 믿음직하다.

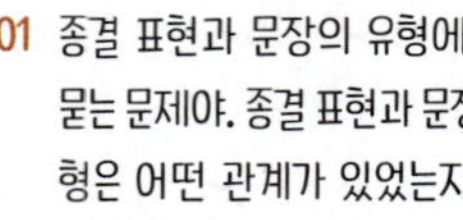

문제 해결 TIP

01 종결 표현과 문장의 유형에 대해 묻는 문제야. 종결 표현과 문장의 유형은 어떤 관계가 있었는지 생각하며 문제를 풀어 보자.

02 종결 표현에 따른 문장의 유형으로는 다섯 가지가 있었지! 각 문장의 유형과 그 개념을 떠올려 보자.

03 제시된 종결 어미가 평서문, 의문문, 명령문, 청유문, 감탄문 중에 어떤 문장을 만드는지 떠올려 보자.

04 명령문이나 청유문은 서술어로 올 수 있는 품사에 제약이 있다는 거 기억하지? 각 문장의 서술어에 명령형 어미와 청유형 어미를 결합할 때 자연스러운지 판단해 보자.

실력 쌓기 16 DAY

01 다음 중 듣는 이의 대답을 요구하지 않는 의문문에 해당하는 것은?

① 이 책은 누구 건가요?
② 준서야, 너 왜 늦었어?
③ 밖에 비가 오는데 우산 가져왔어?
④ 오늘 청소를 안 한 사람이 은수니?
⑤ 공부에만 집중할 수 있으면 얼마나 좋을까?

02 〈보기〉의 ㉠, ㉡에 대한 설명으로 알맞은 것은?

┤보기├
㉠ 책은 마음의 양식이다.
㉡ 한 달에 한 권씩 책을 읽자.

① ㉠은 주어가 항상 듣는 이이다.
② ㉠은 말하는 이가 요구하는 바가 명확하다.
③ ㉡은 말하는 이가 듣는 이를 의식하지 않는다.
④ ㉡은 주어에 말하는 이와 듣는 이가 함께 포함된다.
⑤ ㉡은 말하는 이의 의도를 듣는 이에게 직접적으로 전달하지 않는다.

03 〈보기〉의 설명에 해당하는 문장의 유형을 바르게 제시한 것은?

┤보기├
말하는 이가 듣는 이에게 요구하는 바가 없는 종결 표현이 쓰인다.

① 평서문, 청유문　　② 평서문, 명령문
③ 평서문, 감탄문　　④ 명령문, 감탄문
⑤ 의문문, 청유문

04 문장의 유형과 종결 어미가 바르게 짝 지어진 것은?

① 평서문: -다, -네, -(으)ㅂ니다
② 의문문: -군, -(는)구려, -(는)구먼
③ 청유문: -게, -(으)오, -ㅂ시오
④ 명령문: -세, -(으)ㅂ시다, -(으)시지요
⑤ 감탄문: -냐, -(으)오, -(으)ㅂ니까

05 〈보기〉의 ㉠~㉤ 중, 종결 표현의 형식과 기능이 다른 것은?

┤보기├
어머니: ㉠정진아, 이제 좀 일어나라.
정진: ㉡엄마, 조금만 더 자면 안 될까요?
어머니: ㉢어디가 아프니? ㉣그럼 엄마랑 병원에 가자.
정진: 아픈 건 아니고 그냥 쉬고 싶어요.
어머니: 지각하겠어! ㉤너 얼른 준비 안 할래?
정진: 네.

① ㉠　　② ㉡　　③ ㉢　　④ ㉣　　⑤ ㉤

06 (어려워요) 〈보기〉의 설명에 해당하는 문장으로 알맞은 것은?

┤보기├
항상 듣는 이가 주어이기 때문에, 주어를 문장에서 생략하는 것이 자연스러운 문장

① 여기 여기 붙어라.
② 엄마, 이거 만져도 돼요?
③ 그는 이제 군인이 아니구나!
④ 우리 주말에 영화 보러 가자.
⑤ 헌혈, 가장 아름다운 충전입니다.

문법 요소 ②

✦ 높임 표현의 개념

말하는 이가 어떤 대상이나 상대에 대하여 그의 높고 낮은 정도에 따라 언어적으로 구별하여 표현하는 방식이나 체계

✦ 높임 표현의 유형

① 주체❶ 높임법❷

개념	문장의 주어(서술의 주체)를 높이는 방법으로, 문장의 주어가 말하는 이보다 나이나 사회적 지위 등이 높을 때 사용함.
실현 방법	• 서술어에 주체 높임 선어말 어미 '-(으)시-'를 붙임. （예） 할머니께서 도착하시다. • 주격 조사 '이/가' 대신 '께서'를 사용함. （예） 할아버지께서 오셨다. • 주어 명사에 '-님'을 덧붙임. （예） 선생님(선생 + -님) • 특수 어휘인 '계시다, 잡수시다, 주무시다, 편찮으시다' 등을 사용함. （예） 선생님께서 교무실에 계신다.

② 객체 높임법

개념	문장의 목적어나 부사어가 지시하는 대상(서술의 객체)을 높이는 방법
실현 방법	• 특수 어휘인 '모시다, 드리다, 여쭈다, 뵈다' 등을 사용함. （예） 나는 부모님을 모시고 산다. • 부사격 조사 '에게' 대신 '께'를 사용하기도 함. （예） 나는 엄마께 선물을 드렸다.

③ 상대 높임법❸

개념			말하는 이가 듣는 이를 높이거나 낮추어 말하는 방법
실현 방법	___	___	• 높임의 정도에 따라 종결 표현을 다르게 사용함으로써 실현되며, 크게 격식체와 비격식체로 나뉨. • 격식체는 격식을 차려야 하는 상황에서 사용하는 표현으로 듣는 이와의 심리적 거리감을 나타냄. 비격식체는 격식을 덜 차리는 상황에서 사용하는 표현으로 듣는 이와의 심리적 친밀감을 나타냄.

실현 방법		체계		예
	격식체	하십시오체	아주 높임	어서 가십시오.
		하오체	예사 높임	어서 가시오.
		하게체	예사 낮춤	어서 가게.
		해라체	아주 낮춤	어서 가라.
	비격식체	해요체	두루 높임	어서 가요.
		해체	두루 낮춤	어서 가.

---

❶ 주체와 객체

주체	문장 안에서 서술어의 동작이나 상태를 나타내는 대상
객체	문장 안에서 서술어의 동작이 미치는 대상

❷ 주체 높임법의 종류

직접 높임	주체를 직접 높이는 것 （예） 할아버지께서 웃으신다.
간접 높임	• 주체와 밀접한 관련이 있는 대상(신체 부분, 성품, 심리, 소유물 등)을 높임으로써 주체를 간접적으로 높이는 것 （예） 왕께서는 귀가 밝으시다. • 직접 높임에 사용되는 특수 어휘를 사용하지 않음. （예）┌ 할머니께서 땅이 계시다. (×) └ 할머니께서 땅이 있으시다. (○)

❸ 상대 높임법

주체 높임법과 객체 높임법은 주체나 객체가 현장에 없어도 쓰이지만, 상대 높임법은 원칙적으로 듣는 이가 현장에 있어야 쓸 수 있다.

궁금해

우리가 평소에 자주 쓰는 잘못된 높임 표현에는 어떤 것이 있을까?

먼저, 간접 높임의 서술어에 '편찮다, 잡수시다' 등의 특수 어휘를 사용하는 경우야.

┌ 선생님께서 발이 편찮으시다. (×)
└ 선생님께서 발이 아프시다. (○)

간접 높임에서는 직접 높임에 사용되는 특수 어휘를 사용하지 않으므로, '아프시다'를 써야 해. 그리고 높일 필요가 없는 무정물을 높이는 경우야.

┌ 고객님, 상품이 방금 출고되셨습니다. (×)
└ 고객님, 상품이 방금 출고되었습니다. (○)

'상품'과 같은 무정물은 높임의 대상이 아니므로 '출고되었습니다'라고 써야 해.

핵심만 바로 체크

1 다음 설명이 맞으면 ○, 틀리면 × 표시하시오.

(1) 주체 높임법은 종결 표현으로 실현된다. ( )

(2) 객체 높임법은 '드리다, 여쭈다'와 같은 특수 어휘에 의해 실현된다. ( )

(3) 말하는 이가 듣는 이를 높이거나 낮추어 말하는 방법을 상대 높임법이라고 한다.
( )

2 빈칸에 들어갈 알맞은 단어를 쓰시오.

(1) □□ 표현은 말하는 이가 대상의 높고 낮은 정도에 따라 언어적으로 구별하여 표현하는 방식이다.

(2) 주체 높임법은 주격 조사 '이/가' 대신 '□□', 객체 높임법은 조사 '에게' 대신 '□'을/를 사용하여 실현된다.

(3) 상대 높임법에서 높임의 정도에 따라 격식체는 '하십시오체, 하오체, 하게체, 해라체'로, 비격식체는 '□□체'와 '해체'로 나뉜다.

예시로 바로 연습

1 다음 문장에 쓰인 높임 표현의 유형을 바르게 연결하시오.

(1) 여러분, 어서 오세요. •　　　　　　• ㉠ 주체 높임법

(2) 선생님께서 휴직을 하셨다. •　　　　• ㉡ 객체 높임법

(3) 아버지께 감사 편지를 썼다. •　　　　• ㉢ 상대 높임법

2 〈보기〉의 문장에서 높임의 대상과 높임 표현의 유형을 쓰시오.

보기
연호가 할아버지께 세배를 드렸다.

(1) 높임의 대상: (　　　　　　　　)

(2) 높임 표현의 유형: (　　　　　　　)

3 빈칸에 들어갈 상대 높임법의 체계를 쓰시오.

체계		예
격식체	하십시오체	할머니, 여기 앉으십시오.
	(1) (　　　　)	영수야, 여기 앉아라.
비격식체	(2) (　　　　)	오빠, 여기 앉아요.
	(3) (　　　　)	민희야, 여기 앉아.

● 정답과 해설 31쪽

높임 표현의 유형 구분

01 ㉠, ㉡에 들어갈 알맞은 말을 바르게 나열한 것은?

> 높임 표현은 높임의 대상이 누구인지에 따라 나눌 수 있는데, 이 중 (㉠) 높임법은 문장의 목적어나 부사어가 지시하는 대상을, (㉡) 높임법은 문장의 주어에 해당하는 대상을 각각 높이는 방법이다.

① 주체, 객체 ② 객체, 상대 ③ 상대, 주체
④ 객체, 주체 ⑤ 상대, 객체

01 우리말의 높임 표현은 말하는 이가 높이거나 낮추는 대상이 누구인지에 따라 세 가지 유형으로 나뉜다는 것을 떠올리며 문제를 풀어 보자!

주체 높임법의 적용

02 다음 중 주체 높임법이 사용된 것은?

① 용준아, 집에 가자.
② 아버지, 저도 거기에 있었습니다.
③ 지민이가 할머니께 사랑한다고 했다.
④ 그는 할아버지를 아뢰고 집을 나섰다.
⑤ 큰어머니는 음식을 준비하느라 바쁘시다.

02 주체 높임법은 문장의 주어, 즉 서술의 주체를 높이는 방법이야. 각 문장에서 높이고 있는 대상이 누구인지를 먼저 찾아보고, 높임을 실현하기 위해 어떤 방법이 사용되었는지를 판단해 보자.

객체 높임법의 적용

03 〈보기〉의 방법을 통해 객체 높임법이 실현된 것은?

> ─── 보기 ───
> 대상을 높이는 특수 어휘를 사용함.

① 그분을 뵈러 학교에 갔다.
② 내가 너에게 선물을 주었다.
③ 할머니께서는 걱정이 있으시다.
④ 지금 아버지는 방에서 주무신다.
⑤ 그는 선생님께 안부 전화를 했다.

03 객체 높임법은 문장의 목적어나 부사어가 지시하는 대상을 높이는 방법이었지? 객체 높임법이 실현된 문장을 먼저 찾은 후에 부사격 조사를 통해 객체를 높이고 있는지, 특수 어휘를 통해 객체를 높이고 있는지 판단해 보면 쉽게 풀 수 있을 거야!

상대 높임법의 적용

04 다음 문장에서 높이는 대상이 듣는 이에 해당하는 것은?

① 어서 오십시오.
② 아버지께 꾸중을 들었다.
③ 선생님께서 교실에 오셨다.
④ 할아버지께서는 귀가 밝으시다.
⑤ 민경이는 시부모님을 모시고 산다.

04 높임 표현의 유형을 구분할 수 있는지를 묻는 문제야. 말하는 이가 듣는 이에 따라 말을 높이거나 낮추는 높임 표현은 상대 높임법이라는 것을 바탕으로 문제를 풀어 보자!

실력 쌓기 **17** DAY

01 〈보기〉를 참고할 때, 다음 중 주체를 높이는 방법이 나머지와 <u>다른</u> 것은?

┤보기├

　주체 높임법은 문장의 주어를 높이는 방법으로, '직접 높임'과 '간접 높임'이 있다. 직접 높임은 주체를 직접 높이는 방법이며, '간접 높임'은 신체 부분, 성품, 심리, 소유물 등 주체와 밀접한 관련이 있는 대상을 높여 주체를 간접적으로 높이는 방법이다.

① 아버지는 발이 크시다.
② 어머니는 주방에 계시다.
③ 이모부는 차가 있으시다.
④ 교수님은 성품이 좋으시다.
⑤ 선생님은 따님이 있으시다.

02 〈보기〉의 밑줄 친 부분에 해당하는 예로 적절한 것은?

┤보기├

　상대 높임법은 격식을 차려야 하는 상황에서 듣는 이와의 심리적인 거리감을 나타내는 격식체와 격식을 덜 차리는 상황에서 듣는 이와의 심리적인 친밀감을 나타내는 <u>비격식체</u>로 나눌 수 있다.

① 자네, 여기 앉게.
② 준비를 서두르시오.
③ 할머니, 진지 잡수세요.
④ 애들아, 조용히 좀 해라.
⑤ 장인어른, 몸은 좀 괜찮으십니까?

03 〈보기〉에 대한 설명으로 적절하지 <u>않은</u> 것은?

┤보기├

　부장님, 교장 선생님 오늘 출장 가셨나요?

① 객체 높임법이 쓰였다.
② 비격식체를 사용해 듣는 이를 높였다.
③ '교장 선생님'은 말하는 이보다 상위자이다.
④ 선어말 어미 '-시-'를 사용해 주어를 높였다.
⑤ '높임'의 뜻을 더하는 접사를 사용해 '부장'을 높였다.

04 다음 중 높임 표현에 대한 설명으로 알맞은 것을 바르게 묶은 것은?

㉠ 주체 높임법은 조사 '이/가' 대신 '께'를 사용해 대상을 높인다.
㉡ 상대 높임법은 문장의 목적어가 지시하는 대상을 높이는 방법이다.
㉢ '하게체' 같은 격식체는 듣는 이와의 심리적인 거리감을 나타내기도 한다.
㉣ 서술어에 높임 선어말 어미 '-(으)시-'를 결합하여 객체를 높일 수 있다.
㉤ 주체 높임법과 객체 높임법은 높임의 뜻을 지닌 특수 어휘를 통해서 실현되기도 한다.

① ㉠, ㉢　　　　② ㉡, ㉣
③ ㉢, ㉤　　　　④ ㉠, ㉢, ㉤
⑤ ㉠, ㉢, ㉣

05 다음 중 높임 표현의 사용이 바르지 <u>않은</u> 것은?

① 할머니께서 낮잠을 주무신다.
② 어멈아, 진화 좀 데리고 가거라.
③ 외삼촌, 오늘부터 약주 잡수지 마세요.
④ 아버지, 큰아버지께서 방금 도착하셨습니다.
⑤ 지환아, 선생님께서 1층 교무실로 빨리 오시래.

06 〈보기〉에 실현된 높임 표현의 요소를 바르게 짝 지은 것은?

┤보기├

　아빠, 엄마는 할머니에게 여쭈어 보셨어요.

	주체 높임법	객체 높임법	상대 높임법
①	조사	특수 어휘	선어말 어미
②	없음.	없음.	선어말 어미
③	특수 어휘	선어말 어미	없음.
④	선어말 어미	없음.	종결 어미
⑤	선어말 어미	특수 어휘	종결 어미

DAY 18 문법 요소 ③

◆ 시제[1]

어떤 동작이나 상태가 과거에 일어난 일인지, 현재 일어나고 있는 일인지, 앞으로 일어날 일인지를 언어적으로 표현하는 문법 요소

① 과거 시제

개념	동작이나 상태가 일어나는 시점(사건시)이 말하는 이가 말하는 시점(발화시)보다 앞선 시제
실현 방법	• 선어말 어미 '-았-/-었-/-였-', '-았었-/-었었-', '-더-'를 붙임. 　⟶ 과거에 있었던 상황이면서 현재와 다르거나 단절된 상황을 나타냄. 　예 나는 책을 읽었다. / 그는 모델이었었다. / 동생이 집에서 공부하더라. 　⟶ 과거에 경험한 일을 나타냄. • 관형사형 어미[2] '-(으)ㄴ, -던'을 붙임. 　예 내가 본 영화. / 그녀의 곱던 손.　⟶ 회상을 나타냄. • 시간 부사어 '어제, 아까, 옛날' 등이 함께 쓰임. 　예 어제가 내 생일이었다.

② 현재 시제

개념	동작이나 상태가 일어나는 시점(사건시)이 말하는 이가 말하는 시점(발화시)과 일치하는 시제
실현 방법	• 선어말 어미 '-는-/-ㄴ-'을 동사 어간에 붙임.　⟶ 형용사와 서술격 조사는 선어말 어미 없이 현재 시제가 표현됨. 　예 아기가 옷을 입는다. • 관형사형 어미 '-는, -(으)ㄴ'을 붙임. 　예 운동을 하는 아이들이 많다. / 착한 아들. • 시간 부사어 '지금, 오늘, 현재' 등이 함께 쓰임. 예 지금 나간다.

③ 미래 시제

개념	동작이나 상태가 일어나는 시점(사건시)이 말하는 이가 말하는 시점(발화시)보다 나중인 시제
실현 방법	• 선어말 어미 '-겠-[3], -(으)리-'를 붙임. 　예 신랑이 입장하겠습니다. / 목표한 바를 반드시 이루리라. • 관형사형 어미 '-(으)ㄹ'을 동사 어간에 붙임. 예 곧 출발할 버스. • 시간 부사어 '내일, 모레, 훗날, 장차' 등이 함께 쓰임. 예 내일 다시 오겠다.

◆ 동작상

시간의 흐름 속에서 그 동작이 진행되고 있는지, 완결된 것인지 등 동작이 일어나는 모습을 표현하는 문법 요소

진행상	• 동작이 계속되고 있음을 나타냄. • 보조 용언 '-고 있다, -아/-어 가다', 연결 어미 '-(으)면서', '-는 중이다' 등을 통해 실현됨. 예 지금 가고 있다. / 그는 배를 타면서 웃었다.
완료상	• 동작이 이미 끝났음을 나타냄. • 보조 용언 '-아/-어 있다, -아/-어 버리다', 연결 어미 '-고서' 등을 통해 실현됨. 예 놀이터에 가 있다. / 밥을 다 먹어 버렸다.

---

❶ 발화시와 사건시의 관계에 따른 시제 구분

과거 시제	사건시 → 발화시
현재 시제	사건시 = 발화시
미래 시제	발화시 → 사건시

❷ 관형사형 어미를 통한 시제 실현 방법

	동사	형용사, 서술격 조사
과거 시제	'-던' 예 먹던 '-(으)ㄴ' 예 먹은	'-던' 예 예쁘던, 학생이던
현재 시제	'-는' 예 먹는	'-(으)ㄴ' 예 예쁜, 학생인
미래 시제	'-(으)ㄹ' 예 먹을	'-(으)ㄹ' 예 예쁠, 학생일

형용사나 서술격 조사에 '-(으)ㄹ'이 붙을 경우에는 추측의 의미를 띤다.
예 • 저건 맛있을 사과야.
　• 저분이 회장일 거야.

❸ 선어말 어미 '-겠-'의 쓰임

선어말 어미 '-겠-'은 미래 시제를 나타내는 것 외에 추측, 의지, 가능성 등의 의미를 나타내기도 한다.
• 추측(추정)의 의미
　예 내일은 비가 많이 오겠다.
• 의지(의도)의 의미
　예 나는 과학자가 되겠다.
• 가능성(능력)의 의미
　예 그 일은 나도 할 수 있겠다.

궁금해

시제와 동작상은 어떻게 다를까?

시제는 사건시와 발화시의 선후 관계를 나타내는 것이라면, 동작상은 동작 자체의 시간적 속성을 표현하는 거야. 따라서 동작상은 시제와 구별하여 생각해야 해.
예를 들어 '전화를 하면서 걸어갔다.'는 과거 시제이지만, 전화를 하는 동작은 계속 진행 중이기 때문에 진행상으로 볼 수 있어.

정답과 해설 32쪽

1 다음 설명이 맞으면 ○, 틀리면 × 표시하시오.

(1) 동작이나 상태가 일어나는 시점을 발화시라고 한다. (　　　)

(2) 과거 시제는 선어말 어미 '-았-/-었-' 등을 붙여 표현한다. (　　　)

(3) 시간의 흐름 속에서 동작이 진행되고 있는지, 완결되었는지 등 동작이 일어나는 모습을 표현하는 것을 동작상이라고 한다. (　　　)

2 빈칸에 들어갈 알맞은 단어를 쓰시오.

(1) ☐☐ 시제는 사건시와 발화시가 일치하는 시제이다.

(2) 동사 어간에 관형사형 어미 '-(으)ㄹ'을 붙여 ☐☐ 시제를 표현할 수 있다.

(3) 발화시를 기준으로 동작이 이미 완결되었음을 나타내는 동작상은 ☐☐☐이다.

정답과 해설 32쪽

1 〈보기〉에서 시제를 나타내는 선어말 어미를 찾아 쓰고, 시제의 종류를 쓰시오.

> ├─ 보기 ┤
>
> 아버지께서 기분이 좋으시더라.

(1) 시제를 나타내는 선어말 어미: (　　　　　　　)

(2) 시제의 종류: (　　　　　　　)

2 다음 문장에서 시제를 나타내는 요소에 모두 밑줄을 그으시오.

(1) 이 일은 내일 하겠습니다.

(2) 나는 어제 그 책을 다 읽었다.

(3) 학생들이 지금 식당에서 밥을 먹는다.

3 〈보기〉와 같이 각 문장의 동작상을 진행상과 완료상으로 구분하여 쓰시오.

> ├─ 보기 ┤
>
> 밥을 다 먹어 버렸다. (완료상)

(1) 기차를 타고서 떠났다. (　　　　　　　)

(2) 그는 미소를 지으면서 말했다. (　　　　　　　)

(3) 학교 옆 공터에 건물을 짓고 있다. (　　　　　　　)

과거 시제의 실현 방법

01 다음 밑줄 친 부분 중, 과거 시제와 관련이 <u>없는</u> 것은?

① 네가 <u>심은</u> 꽃이 피었다.
② 창수가 <u>먹던</u> 과자를 버렸다.
③ 그는 올림픽에서 금메달을 <u>땄다</u>.
④ <u>옛날에</u> 그는 매우 성실한 사람이었다.
⑤ 나는 언니가 <u>추천하는</u> 음식으로 주문했다.

현재 시제의 개념과 실현 방법

02 〈보기〉의 ㉠~㉤ 중, 현재 시제에 대한 설명으로 적절하지 <u>않은</u> 것은?

┌──────────── 보기 ────────────┐

㉠현재 시제는 사건시와 발화시가 일치하는 시제이다. ㉡다른 시제와 마찬가지로 시간 부사어를 쓸 수 있고, ㉢동사와 형용사에 선어말 어미 '-는-/-ㄴ-'이 붙어 실현된다. 또한 ㉣동사에는 관형사형 어미 '-는'이, ㉤형용사나 서술격 조사에는 관형사형 어미 '-(으)ㄴ'이 붙어 실현된다.

└────────────────────────────┘

① ㉠ ② ㉡ ③ ㉢ ④ ㉣ ⑤ ㉤

미래 시제의 실현

03 다음 중 〈보기〉의 밑줄 친 부분에 나타난 시제가 쓰인 것은?

┌──────────── 보기 ────────────┐

<u>숨바꼭질할</u> 사람은 여기 붙어라.

└────────────────────────────┘

① 그는 유명한 가수이다.
② 곧 그리로 가겠습니다.
③ 도서관에 학생들이 많더라.
④ 나는 시험공부를 열심히 하였다.
⑤ 어린아이가 하는 행동이 참 기특하다.

동작상의 실현

04 다음 중 발화시에 동작이 이미 완결되었음이 나타내는 것은?

① 옷이 다 말라 간다.
② 나는 책을 보면서 쉰다.
③ 태현이가 운동장을 뛰고 있다.
④ 우리는 학급 회의를 하는 중이다.
⑤ 교실 바닥에 지폐 한 장이 떨어져 있다.

문제 해결 **TIP**

01 시제는 선어말 어미, 관형사형 어미, 시간 부사어를 통해 나타낼 수 있어. 각 문장에 어떤 어미와 부사어가 사용되었는지 살펴보자.

02 현재 시제의 개념과 실현 방법을 정확히 이해하고 있는지를 묻는 문제야. 현재 시제를 실현할 수 있는 선어말 어미, 관형사형 어미, 시간 부사어를 떠올려 보자. 이때 동사는 형용사, 서술격 조사와 성격이 다르다는 점에 주의해야 해!

03 용언 어간에 관형사형 어미 '-(으)ㄹ'이 붙어 실현되는 시제가 무엇인지 기억해? ①~⑤의 서술어에 어떤 선어말 어미와 어떤 관형사형 어미가 결합했는지 판단하며 시제를 구분해 보자.

04 동작상은 말하는 시점, 즉 발화시를 기준으로 동작이 진행되고 있음을 나타내는 진행상과 동작이 끝났음을 나타내는 완료상으로 나뉘어. 이를 떠올리며 문제를 풀어 보자.

01 시간 표현에 대한 ㉠~㉤의 설명 중, 적절하지 않은 것은?

> 시간을 표현하는 방법에는 시제와 동작상이 있다. ㉠시제는 동작이나 사건이 일어나는 시점(사건시)을 기준으로 말하는 이가 말하는 시점(발화시)이 언제인지에 따라 과거, 현재, 미래로 구분된다. ㉡동작상은 발화시를 기준으로 동작이 계속되고 있는지, 끝났는지를 표현한 문법 요소로, ㉢진행상과 완료상으로 나뉜다. ㉣우리말의 동작상은 '-고 있다'처럼 보조 용언이나, ㉤'-(으)면서' 등의 연결 어미를 통해 실현된다.

① ㉠ ② ㉡ ③ ㉢ ④ ㉣ ⑤ ㉤

02 다음 중 사건시가 발화시보다 앞선 시제가 나타나지 않는 것은?

① 내가 좋아하던 책이 사라졌다.
② 보검이가 어제 병원에 가더라.
③ 나는 우리 아버지가 자랑스럽다.
④ 예전에 이 강에 물고기가 많았었다.
⑤ 그녀는 베토벤의 교향곡을 즐겨 들었다.

03 〈보기〉의 시제와 동일하지 않은 것은?

> **보기**
>
> 동욱이가 주방에서 생선을 자른다.

① 그는 양심적이다.
② 하늘이 매우 아름답다.
③ 태훈이가 식탁을 닦는다.
④ 지연이가 노래를 부른다.
⑤ 그 책을 읽은 사람이 많았다.

04 〈보기〉는 선어말 어미 '-겠-'에 대한 설명이다. ㉠~㉢에 제시된 '-겠-'의 의미를 바르게 제시한 것은?

> **보기**
>
> 선어말 어미 '-겠-'은 미래의 의미 이외에 추측, 의지, 가능성의 의미를 나타내는 경우도 있다.
> ㉠ 그 일은 내가 맡겠다.
> ㉡ 그 짐이 어제쯤 도착했겠다.
> ㉢ 이걸 너 혼자 할 수 있겠니?

	㉠	㉡	㉢
①	추측	의지	가능성
②	의지	추측	가능성
③	추측	가능성	의지
④	의지	가능성	추측
⑤	가능성	의지	추측

05 밑줄 친 부분이 나타내는 동작상이 나머지와 다른 하나는?

① 윤제가 교실에 앉아 있다.
② 승훈이가 집으로 가 버렸다.
③ 텔레비전 전원이 이미 켜져 있다.
④ 승주가 음악을 들으면서 춤을 춘다.
⑤ 백호가 종소리를 듣고서 화장실로 뛰어갔다.

06 〈보기〉의 ㉠~㉤의 시제에 대한 설명으로 적절하지 않은 것은?

(어려워요)

> **보기**
>
> ㉠어제 휴일은 잘 보내셨습니까? ㉡오늘의 날씨를 말씀드리겠습니다. 저는 지금 한강 공원에 나와 있는데요. ㉢이곳에서는 자전거를 타는 시민들을 많이 볼 수 있습니다. 어제 ㉣미세 먼지로 가득했던 우리나라는 현재 북서풍의 영향으로 맑고 깨끗합니다. 하지만 ㉤내일부터는 비가 내릴 것으로 예상되오니, 외출하실 때 우산을 챙기시는 것이 좋겠습니다.

① ㉠: 선어말 어미 '-었-'을 사용한 과거 시제이다.
② ㉡: 시간 부사어 '오늘'을 사용한 현재 시제이다.
③ ㉢: 관형사형 어미 '-는'을 사용한 현재 시제이다.
④ ㉣: 관형사형 어미 '-던'을 사용한 과거 시제이다.
⑤ ㉤: 관형사형 어미 '-(으)ㄹ'을 사용한 미래 시제이다.

문법 요소 ④

✦ 피동 표현

1 능동 표현과 피동 표현

능동 표현(능동문)	피동 표현❶(피동문)
주어가 동작이나 행위를 스스로 하는 것을 나타내는 표현 예 경찰이 도둑을 잡았다.	주어가 다른 대상에 의해 동작이나 행위를 당하게 되는 것을 나타내는 표현 예 도둑이 경찰에게 잡혔다.

2 피동 표현의 실현 방법

① 동사 어근에 피동 접미사 '-이-, -히-, -리-, -기-'를 붙임. 예 길이 막히다.
② 일부 명사에 피동 접미사 '-되다, -받다, -당하다'를 붙임. 예 도시가 형성되다.
③ 동사 어간에 '-아/-어지다'를 붙임. 예 전기가 끊어지다.

3 능동문을 피동문으로 바꿀 때의 변화

능동문의 주어는 피동문의 부사어가 되고, 능동문의 목적어는 피동문의 주어가 된다. 서술어는 피동사로 바뀐다.

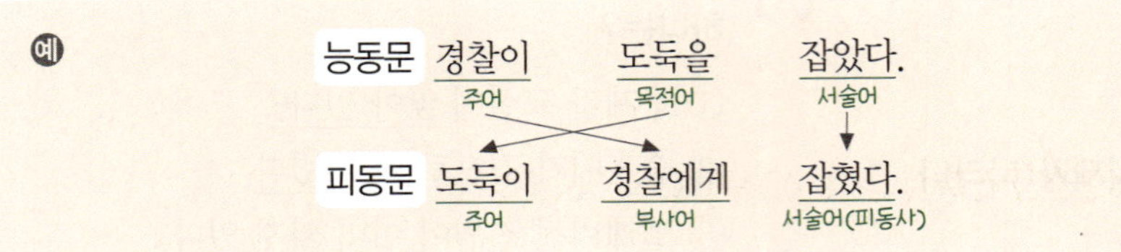

✦ 사동 표현

1 주동 표현과 사동 표현

주동 표현(주동문)	사동 표현(사동문)
주어가 동작이나 행위를 직접 하는 것을 나타내는 표현 예 아이가 밥을 먹는다.	주어가 다른 대상에게 동작이나 행위를 시키는 것을 나타내는 표현 예 엄마가 아이에게 밥을 먹인다.

2 사동 표현의 실현 방법❷

① 동사나 형용사 어근에 사동 접미사 '-이-, -히-, -리-, -기-, -우-, -구-, -추-'를 붙임. 예 남을 속이다. / 기술을 익히다.
② 일부 명사에 사동 접미사 '-시키다'를 붙임. 예 학생들을 교육시키다.
③ 동사나 형용사 어간에 '-게 하다'를 붙임. 예 아이가 밥을 먹게 하다.

3 주동문을 사동문으로 바꿀 때의 변화

주동문의 주어는 사동문에서 부사어나 목적어가 되고, 주동문의 목적어는 그대로 사동문의 목적어로, 새로운 주어는 사동문의 주어가 된다. 서술어는 사동사로 바뀐다.

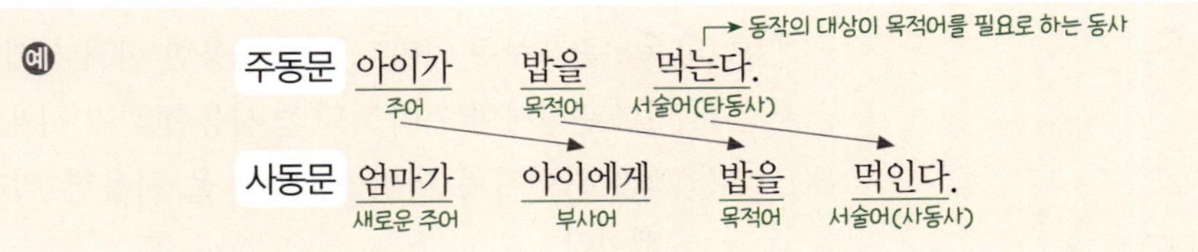

---

❶ **피동 표현을 사용하는 이유**
• 동작의 대상을 강조하고 싶을 때
• 동작의 주체를 밝힐 필요가 없거나 밝힐 수 없을 때
• 객관성을 높여 표현하려고 할 때
• 책임을 회피하고자 할 때

궁금해

어법에 어긋나는 피동 표현에는 어떤 것이 있을까?

피동 접미사에 다시 '-어지다'가 결합한 피동 표현을 '이중 피동'이라고 하는데, 이는 잘못된 표현이야. 예를 들어, '잊혀지다'는 능동사 '잊다'에 피동 접미사 '-히-'가 결합한 뒤 다시 '-어지다'를 불필요하게 중복한 경우야. 이외에도 '믿겨지다, 끊겨지다, 쓰여지다' 등도 이중 피동이 사용된 잘못된 표현이야.

❷ **직접 사동과 간접 사동**
직접 사동은 행위를 시키는 사람이 행위에 참여하는 것이고, 간접 사동은 행위에 참여하지 않고 말 등을 통해 행위를 시키는 것이다.
• 사동 접미사가 붙은 사동은 대체로 직접 사동의 의미를 지니나, 간접 사동의 의미를 지니기도 함.
  예 엄마가 딸에게 옷을 입혔다.
  → 딸에게 직접 입혀 줌.(직접 사동)
  → 딸이 입도록 시킴.(간접 사동)
• '-게 하다'가 붙은 사동은 간접 사동의 의미만을 지님.
  예 누나가 동생에게 우유를 먹게 한다.
  → 먹도록 시킴.(간접 사동)

궁금해

서술어가 자동사나 형용사인 주동문을 사동문으로 바꿀 때 어떤 변화가 있을까?

주동문의 서술어가 자동사나 형용사일 경우, 주동문의 주어는 사동문에서 목적어가 되고, 새로운 주어는 사동문의 주어가 된다. 서술어는 사동사로 바뀐다.

| 주동문 얼음이 녹는다. |
| 주어   서술어(자동사) |
| 사동문 엄마가 얼음을 녹인다. |
| 새로운 주어 목적어 서술어(사동사) |

핵심만 바로 체크

1 다음 설명이 맞으면 ◯, 틀리면 ✕ 표시하시오.

(1) 주어가 동작이나 행위를 당하게 되는 것을 피동이라고 한다. (　　)

(2) 피동사는 동사 어근에 피동 접미사 '−이−, −히−, −리−, −기−'를 붙여 만든다.
(　　)

(3) '나는 형에게 놀림당했다.'와 같이 일부 명사에 접미사 '−당하다'를 붙여 사동 표현을 만들 수 있다. (　　)

2 빈칸에 들어갈 알맞은 단어를 쓰시오.

(1) 능동문을 피동문으로 바꿀 때, 능동문의 주어는 피동문의 □□□(으)로, 능동문의 목적어는 피동문의 □□(으)로 변한다.

(2) □□은/는 주어가 동작이나 행위를 직접 하는 것이고, □□은/는 주어가 다른 대상에게 동작이나 행위를 하도록 시키는 것이다.

(3) 주동문을 사동문으로 바꿀 때, 주동문의 주어는 사동문에서 □□□(이)나 □□□(으)로 바뀐다.

예시로 바로 연습

1 다음 문장을 능동문과 피동문으로 구분하여 쓰시오.

(1) 동생이 음료수를 쏟았다. (　　　　　　)

(2) 새로운 말이 만들어졌다. (　　　　　　)

(3) 학생들은 문제를 풀었다. (　　　　　　)

(4) 희철이가 옆 사람에게 밀렸다. (　　　　　　)

2 다음 문장을 주동문과 사동문으로 구분하여 쓰시오.

(1) 삼촌이 활짝 웃는다. (　　　　　　)

(2) 형이 동생을 울게 했다. (　　　　　　)

(3) 큰 도로에 차가 정지했다. (　　　　　　)

(4) 동호가 나에게 책을 읽힌다. (　　　　　　)

3 다음 문장을 각각 피동문과 사동문으로 바꾸어 쓰시오.

(1) 내가 물고기를 잡았다. → **피동문** (　　　　　　) 나에게 (　　　　　).

(2) 언니가 아기를 안았다. → **사동문** 오빠가 (　　　　　　) 아기를 (　　　　　).

기본 다지기

정답과 해설 34쪽

피동 표현과 사동 표현의 개념과 특징

01 피동 표현과 사동 표현에 대한 설명으로 알맞지 <u>않은</u> 것은?

① 사동 표현은 일부 명사에 '-시키다'를 붙여 만들 수 있다.
② 피동 표현은 동작의 주체를 밝힐 필요가 없거나 밝힐 수 없을 때 사용한다.
③ 동작이나 행위를 제 힘으로 하느냐, 당하느냐에 따라 능동과 피동으로 나뉜다.
④ 동작이나 행위를 주어가 직접 하느냐, 남에게 시키느냐에 따라 주동과 사동으로 나뉜다.
⑤ 동사 어간에 '-게 하다'를 붙이거나 일부 명사 뒤에 '-되다'를 붙여 피동 표현을 만들 수 있다.

> **01** 피동 표현과 사동 표현의 개념 및 특징을 잘 알고 있는지 확인하는 문제야. 앞에서 배운 개념을 정리해 보고, 이러한 표현을 사용하는 이유를 떠올려 보자.

피동 표현의 실현 방법

02 〈보기〉의 문장을 피동 표현으로 바르게 바꾼 것은?

┤ 보기 ├

지수가 물을 쏟았다.

① 물을 지수에게 쏟았다.
② 물을 지수가 쏟게 했다.
③ 물이 지수한테 쏟아졌다.
④ 물이 지수에 의해 쏟아졌다.
⑤ 나는 지수에게 물을 쏟았다.

> **02** 능동문을 피동문으로 바꿀 때, 피동 표현이 어떻게 실현되는지 묻는 문제야. 피동 표현은 동사 어근이나 일부 명사에 피동 접미사가 붙어 실현되기도 하고, 동사 어간에 '-아/-어지다'가 붙어 실현되기도 한다는 것을 기억하며 문제를 풀어 보자.

주동 표현과 사동 표현의 특징

03 〈보기〉의 ㉠, ㉡에 대한 설명으로 알맞지 <u>않은</u> 것은?

┤ 보기 ├

㉠ 동생이 운동화를 신는다.
㉡ 언니가 동생에게 운동화를 신긴다.

① ㉠의 주어가 ㉡에서는 부사어로 바뀐다.
② ㉠의 목적어는 ㉡에서도 그대로 유지된다.
③ ㉡에서는 ㉠에 없던 새로운 주어가 생긴다.
④ ㉠의 타동사 서술어가 ㉡에서는 사동사 서술어로 바뀐다.
⑤ ㉡은 언니가 동생에게 직접 운동화를 신겼다는 직접 사동의 의미만을 지닌다.

> **03** 주동문을 사동문으로 바꿀 때의 변화를 잘 이해하고 있는지 묻는 문제야. 〈보기〉의 제시된 문장에서 문장 성분이 어떻게 바뀌는지 살펴보고 의미 차이를 생각해 보자.

피동 표현과 사동 표현의 구분

04 다음 밑줄 친 표현을 피동 표현과 사동 표현으로 구분할 때, 나머지와 <u>다른</u> 것은?

① 학생들이 책상 속을 <u>비웠다</u>.
② 누나가 실내 온도를 <u>낮췄다</u>.
③ 우리 동네에 아파트가 <u>지어졌다</u>.
④ 국어 선생님은 아이들을 <u>집합시켰다</u>.
⑤ 선생님께서 도현이를 교실 밖으로 <u>나가게 하셨다</u>.

> 
> **04** 각 문장에서 주어가 동작이나 행위를 당하는지, 다른 대상에게 동작이나 행위를 시키는지 의미를 구분해 봐. 그리고 문장에서 그 의미가 어떻게 실현되는지 방법을 파악해 봐.

실력 쌓기

01 다음 밑줄 친 표현 중, 피동 표현이 <u>아닌</u> 것은?

① 옷고름이 <u>풀어졌다</u>.
② 노루가 호랑이에게 <u>먹혔다</u>.
③ 대화가 자주 <u>끊겨</u> 서먹서먹하다.
④ 역 주변에 새로운 쇼핑가가 <u>형성되었다</u>.
⑤ 우리 따뜻한 차나 마시면서 몸 좀 <u>녹이고</u> 가세.

02 〈보기〉와 같은 심리가 담긴 표현으로 알맞은 것은?

> **보기**
> 행동의 주체를 감추어 책임을 회피하고 싶음.

① 할머니는 나를 일찍 깨우셔.
② 선생님, 제가 화분을 깼어요.
③ 은지야, 네가 빌려준 옷이 찢어졌어.
④ 차 안 공기가 탁해서 창문을 내렸다.
⑤ 사장님이 짜장면 가격을 슬그머니 올렸네.

03 다음 밑줄 친 표현 중, 피동 표현이 바르게 사용된 것은?

① 소식이 <u>끊겨진</u> 지 오래되었다.
② 시상식에서 내 이름이 <u>불리웠다</u>.
③ 요즘 농사에 기계가 많이 <u>쓰여진다</u>.
④ 이번 대표팀은 우수한 선수들로 <u>짜여졌다</u>.
⑤ 그 사건은 사람들의 기억 속에서 점점 <u>잊혀</u> 갔다.

04 다음 중 사동 표현이 쓰인 것을 모두 골라 묶은 것은?

> ㉠ 나는 동생을 운동시켰다.
> ㉡ 재성이는 친구를 감쪽같이 속였다.
> ㉢ 반장에게 중요한 임무를 맡게 했다.
> ㉣ 섬과 육지 사이에 다리가 건설되었다.

① ㉠, ㉢　　　　② ㉡, ㉢
③ ㉠, ㉡, ㉢　　　④ ㉡, ㉢, ㉣
⑤ ㉠, ㉡, ㉢, ㉣

05 주동 표현을 사동 표현으로 바르게 바꾼 것은?

① 커튼을 걷었다. → 커튼이 걷혔다.
② 소가 물을 먹는다. → 할머니가 소에게 물을 먹인다.
③ 개울에 다리가 놓였다. → 개울에 다리를 놓았다.
④ 옥수수를 바구니에 담았다. → 옥수수가 바구니에 담겼다.
⑤ 아빠가 편지를 개봉했다. → 편지가 아빠에 의해 개봉됐다.

06 다음 밑줄 친 표현을 사동 표현으로 만들기 위해 필요한 문법 요소로 알맞지 <u>않은</u> 것은?

① 양이 <u>줄다</u>. → -이-
② 국물이 <u>졸다</u>. → -리-
③ 주변이 <u>밝다</u>. → -히-
④ 축구공을 <u>차다</u>. → -게 하다
⑤ 동생이 <u>입학했다</u>. → -시키다

07 어려워요 다음 ㉠~㉢을 탐구한 결과로 알맞지 <u>않은</u> 것은?

	주동문	사동문
㉠	담이 높다.	인부들이 담을 높이다.
㉡	자동차가 정지했다.	경찰이 자동차를 정지시켰다.
㉢	아이가 옷을 입는다.	엄마가 아이에게 옷을 입게 한다.

① ㉠의 사동문에서 사동 접미사 대신 '-게 하다'를 활용할 수 있다.
② ㉠과 ㉡은 모두 주동문의 주어가 사동문의 목적어로 바뀐 경우이다.
③ ㉠~㉢은 모두 주동문이 사동문이 될 때, 사동문에 새로운 주어가 생겼다.
④ ㉠~㉢은 모두 주동문이 사동문이 될 때, 서술어의 자릿수가 한 자리에서 두 자리로 늘어난다.
⑤ ㉢의 사동문에서 '-게 하다' 대신 사동 접미사를 활용할 경우 직접 사동과 간접 사동의 의미를 모두 지닌다.

문법 요소 ⑤

◆ 인용 표현[1]

다른 사람의 말이나 글을 직접 또는 간접으로 자신의 말이나 글 속에 끌어 쓰는 표현

1 직접 인용

개념	다른 사람의 말이나 글을 원래의 형식과 내용은 그대로 유지한 채 인용하는 표현
특징	• 해당 인용절에 큰따옴표를 넣어 표시하고, 인용절 다음에 조사 '라고'를 씀. • 간접 인용보다 직접 전하는 듯한 생생한 느낌을 줄 수 있음. 예 갈릴레오는 "지구는 돈다."라고 중얼거렸다.

2 간접 인용

개념	다른 사람의 말이나 글을 내용만 끌어다 쓰고 형식은 유지하지 않은 채 인용하는 표현
특징	• 따옴표 없이 해당 인용절 다음에 조사 '고'를 씀. • 직접 인용보다 매끄럽고 간결한 느낌을 줄 수 있음. 예 갈릴레오는 지구는 돈다고 중얼거렸다.

◆ 부정 표현

문장이나 문장의 어떤 성분에 대해 부정의 뜻을 나타내는 표현

1 길이에 따른 분류

짧은 부정문	부정 부사 '안(아니)', '못'을 사용하여 실현함. 예 비가 안 온다. / 미역국을 못 먹는다.
긴 부정문	• 부정 용언 '않다(아니하다)', '못하다'를 사용하여 실현함. 예 비가 오지 않는다. / 미역국을 먹지 못한다. • 명령문은 '-지 마/마라', 청유문은 '-지 말자'를 사용함. 예 • 명령문의 부정: 위험한 곳에 가지 마라. 　• 청유문의 부정: 위험한 곳에 가지 말자.

2 의미에 따른 분류

'안' 부정문	'안', '-지 않다'를 사용하는 부정문으로, 단순(상태) 부정[2] 또는 주체의 의지에 의한 부정을 표현함. 예 • 단순(상태) 부정: 눈이 안 온다. / 눈이 오지 않는다. 　• 의지 부정: 약속 장소에 안 갔다. / 약속 장소에 가지 않았다.
'못' 부정문	'못', '-지 못하다'를 사용하는 부정문으로, 주체의 능력 부족 또는 상황에 의한 부정을 표현함. 예 • 능력 부정: 일찍 못 일어났다. / 일찍 일어나지 못했다. 　• 상황에 의한 부정: 아파서 못 잤다. / 아파서 자지 못했다.

---

❶ 직접 인용과 간접 인용의 차이

• 지시 대명사가 말하는 이 중심으로 바뀜.
　예 그는 "여기 가 봤어."라고 말했다.
　→ 그는 거기 가 봤다고 말했다.
• 시간을 나타내는 표현이 바뀜.
　예 그가 어제 "민호는 내일 와."라고 말했다. → 그가 어제 민호는 오늘 온다고 말했다.
• 높임의 등급이 바뀜.
　예 그가 "어서 갑시다."라고 말했다. → 그가 어서 가자고 말했다.
• 인용절의 감탄사가 생략되고 종결 어미가 바뀜.
　예 그는 "우아, 꽃이 정말 예쁘구나."라고 말했다. → 그는 꽃이 정말 예쁘다고 말했다.

❷ 단순(상태) 부정

능력 부정이나 의지 부정은 동사 중에서도 의지적으로 할 수 있는 동작 동사에만 적용된다. 형용사나 체언에 서술격 조사 '이다'가 붙은 경우, 능력이나 의지라는 표현 자체를 쓸 수 없다. 그래서 '꽃이 예쁘지 않다.'와 같이 부정 표현을 쓸 경우, 이를 '단순(상태) 부정'이라고 한다. 이때 형용사는 '안', '-지 않다'를, 체언에 서술격 조사 '이다'가 붙은 경우에는 '~이/가 아니다'를 사용한다.
　예 • 꽃이 안 예쁘다. / 예쁘지 않다.
　　• 나는 학생이 아니다.

부정 표현의 의미가 중의적이라고?

현우가 버스를 안 탔다.

① 부정 대상이 '현우'인 경우: 버스를 탄 것은 현우가 아니었다.
② 부정 대상이 '버스'인 경우: 현우가 탄 것은 버스가 아니었다.
③ 부정 대상이 '타다'라는 행위인 경우: 현우가 버스를 탄 것이 아니라 걸었다.

↓

해결 방법

부정의 대상이 되는 부분에 보조사를 사용함.

↓

적용

① 현우는 버스를 타지 않았다.
② 현우가 버스는 타지 않았다.
③ 현우가 버스를 타지는 않았다.

핵심만 바로 체크

1 다음 설명이 맞으면 ○, 틀리면 × 표시하시오.

(1) 간접 인용은 직접 말을 전하는 듯한 생생한 느낌을 준다. (   )

(2) 부정 표현은 의미에 따라 '안' 부정문과 '못' 부정문으로 분류할 수 있다. (   )

(3) '안' 부정문은 단순(상태) 부정과 주체의 의지 부정을 모두 표현할 수 있다. (   )

2 다음 문장에 들어갈 알맞은 말을 고르시오.

(1) 직접 인용은 인용절 다음에 인용격 조사 '(라고 / 고)'를 쓴다.

(2) (짧은 / 긴) 부정문은 부정 부사 '안'이나 '못'을 사용하여 실현한다.

(3) '(안 / 못)' 부정문은 주체의 능력 부족 또는 상황에 의한 부정을 표현한다.

예시로 바로 연습

1 다음 문장이 직접 인용문이면 '직접', 간접 인용문이면 '간접'이라고 쓰시오.

(1) 나는 배가 고프다고 중얼거렸다. (   )

(2) 영수가 나에게 "학교에 가자."라고 말했다. (   )

(3) 그는 아버지께 자기도 가야 하냐고 물었다. (   )

(4) 의사는 환자에게 "거기 앉으세요."라고 말했다. (   )

2 다음 부정 표현의 종류를 바르게 연결하시오.

(1) 새벽에 게임을 하지 마라. •

(2) 오늘은 비가 오지 않았다. •

(3) 나는 몸이 아파서 학교에 못 갔다. •

• ㉠ 긴 부정문
• ㉡ 짧은 부정문

3 다음 문장에 들어갈 알맞은 부정 부사를 고르시오.

(1) 코를 드르렁대는 소리에 잠을 (안 , 못) 잤다.

(2) 친구와 축구를 하려고 점심을 (안 , 못) 먹었다.

(3) 나는 수학 문제가 너무 어려워서 (안 , 못) 풀었다.

문제 해결 TIP

01 〈보기〉에 대한 설명으로 적절한 것은?

> 보기
>
> 해영이는 "가슴이 터질 것 같아."라고 소리쳤다.

① 매끄럽고 간결한 느낌을 준다.
② 간접 인용 표현을 사용한 문장이다.
③ 인용절에 부사형 어미 '라고'를 사용하고 있다.
④ 큰따옴표를 넣어 말하는 이의 생각을 인용하고 있다.
⑤ 내용과 형식을 유지한 채 다른 사람의 말을 인용하고 있다.

01 인용 표현 중, 직접 인용의 특징을 확인하는 문제야. 직접 인용과 간접 인용의 차이를 떠올리며 문제를 풀어 보자.

02 다음과 같이 직접 인용 표현을 간접 인용 표현으로 바꿀 때, 빈칸에 들어갈 말로 가장 적절한 것은?

> • 그녀는 "경치가 참 아름답구나!"라고 되뇌었다.
>   → 그녀는 경치가 참 (   ) 되뇌었다.

① 아름답다고　　　　② 아름답느냐
③ 아름다워라　　　　④ 아름답냐며
⑤ 아름답네 하고

02 직접 인용 표현이 간접 인용 표현으로 바뀔 때의 변화를 정확히 이해하고 있어야 해. 직접 인용 표현이 간접 인용 표현으로 바뀔 때 종결 어미도 바뀐다는 점을 유의해 풀어 보자.

03 다음 중 짧은 부정문에 해당하는 것은?

① 벌레를 잡지 못했다.
② 수학여행에 가지 않았다.
③ 수업 시간에 잠을 자지 마라.
④ 점심시간에 무단 외출을 하지 말자.
⑤ 이제 다시는 그 사람을 못 만날 것 같다.

03 부정 표현은 길이에 따라 짧은 부정문과 긴 부정문으로, 의미에 따라 '안' 부정문과 '못' 부정문으로 나눌 수 있어. 각 문장에 사용된 부정 표현을 찾아 밑줄을 그어 보면서 부정 표현의 종류를 구분해 보자.

04 다음 문장에 대한 설명으로 알맞지 <u>않은</u> 것은?

> 별안간 사고가 나서 집에 못 갔다.

① '못'을 사용한 짧은 부정문이다.
② 상황에 의한 부정을 표현하고 있다.
③ '안' 부정문으로 바꾸면 의미가 달라진다.
④ '별안간 사고가 나서 집에 가지 못했다.'와 의미가 동일하다.
⑤ 이 문장에 사용된 문장 부사는 명령문의 부정 표현에도 사용된다.

04 제시된 문장이 어떤 부정문인지 파악할 수 있지? 이 부정문이 어떤 부정 표현에 의해 실현되는지, 어떤 특징이 있는지 생각해 보고, 다른 부정문과 비교해 보자.

01 〈보기〉의 ㉠, ㉡에 대한 설명으로 알맞은 것은?

| 보기 |
㉠ 진화는 거기가 자기 집이라고 말했다.
㉡ 진화는 "여기가 우리 집이야."라고 말했다.

① ㉠은 직접 인용문, ㉡은 간접 인용문이다.
② ㉡은 ㉠에 비해 매끄럽고 간결한 느낌이다.
③ ㉡은 직접 말하는 듯한 생생한 느낌을 준다.
④ ㉠과 ㉡은 서로 다른 의미를 담은 문장이다.
⑤ ㉠은 다른 사람의 말의 형식을 그대로 가져온 문장이다.

02 〈보기〉를 간접 인용 표현으로 바꿀 때, 적절하지 <u>않은</u> 것은?

| 보기 |
호주에 간 윤호는 "저는 이곳이 좋습니다."라고 말했다.

① 큰따옴표를 삭제한다.
② 인칭 대명사인 '저'는 '자기'로 바꾼다.
③ 종결 어미 '-습니다'는 '-다'로 바꾼다.
④ 지시 대명사인 '이곳'은 '저곳'으로 바꾼다.
⑤ 직접 인용을 나타내는 조사 '라고'는 '고'로 바꾼다.

03 직접 인용 표현을 간접 인용 표현으로 바꾼 것 중, 적절하지 <u>않은</u> 것은?

① 나는 동생에게 "어서 가자."라고 말했다.
  → 나는 동생에게 어서 가자고 말했다.
② 그는 "오, 차가 아주 근사하네."라고 말했다.
  → 그는 차가 아주 근사하다고 말했다.
③ 어제 지수는 "내일 눈이 오니?"라고 물었다.
  → 어제 지수는 내일 눈이 오느냐고 물었다.
④ 반장은 "자습 시간에 조용히 해라."라고 말했다.
  → 반장은 자습 시간에 조용히 하라고 말했다.
⑤ 그녀는 "그 사람은 돌아오지 않아."라고 말했다.
  → 그녀는 그 사람은 돌아오지 않는다고 말했다.

04 〈보기〉의 설명에 해당하는 문장으로 알맞은 것은?

| 보기 |
단순 부정 또는 주체의 의지에 의한 부정을 표현함.

① 내일은 눈이 오지 않는다.
② 비생산적인 논쟁은 그만두자.
③ 아침에 일찍 일어나지 못했다.
④ 내일은 오늘처럼 늦게 오지 마라.
⑤ 교통사고가 나서 출근하지 못했다.

05 〈보기〉의 ㉠~㉢에 대한 설명으로 알맞지 <u>않은</u> 것은?

| 보기 |
㉠ 시험공부를 안 했다.
㉡ 시험공부를 못 했다.
㉢ 시험공부를 하지 말자.

① ㉠은 주체의 의지로 행동을 하지 않은 것이다.
② ㉠을 긴 부정문으로 고치면 '시험공부를 할 수 없었다.'이다.
③ ㉡은 주체의 능력이 부족할 때 사용할 수 있다.
④ ㉡은 외부 상황에 의한 부정을 표현할 때 쓸 수 있다.
⑤ ㉢은 '-지 말자'를 사용하여 청유문을 부정 표현으로 만든 것이다.

06 다음 중 부정 표현의 쓰임이 바르지 <u>않은</u> 것은?

① 쓰레기를 함부로 버리지 마.
② 나는 군것질을 안 좋아한다.
③ 민지는 오늘 청소 당번이 아니다.
④ 새로 산 자동차가 튼튼하지 못하다.
⑤ 길이 어긋나서 민호와 광태는 안 만났다.

어려워요

07 다음 문장을 짧은 부정문의 형태로 바꿀 때 자연스럽지 <u>않은</u> 것은?

① 그는 똑똑하지 못하다.
② 나는 공원에 가지 않았다.
③ 친구는 어제 약속 장소에 나가지 않았다.
④ 짐이 너무 무거워서 너는 들지 못할 거야.
⑤ 동생은 오늘 하루 종일 아무 것도 먹지 않았다.

DAY 21 담화

◆ 담화[1]의 개념과 구성 요소

개념	말하는 이(글쓴이)와 듣는 이(읽는 이)를 포함하여 구체적인 맥락 속에서 이루어지는 발화(문장). 또는 둘 이상의 발화(문장)가 연속되어 이루어지는 말의 단위를 말함.
구성 요소	• 말하는 이: 전달하고자 하는 내용을 표현하는 사람 • 듣는 이: 말하는 이가 표현한 내용을 수용하는 사람 • 발화: 의사소통 상황에서 전달하고자 하는 내용으로, 말하는 이의 생각이 음성을 통해 문장 단위로 표현된 것 • 맥락: 담화가 이루어지는 시간적·공간적 상황 및 사회·문화적 배경 원활한 의사소통을 위해 고려해야 할 요소로, 담화의 구체적인 의미를 결정함.

◆ 담화의 상황 맥락[2]

담화가 이루어지는 구체적인 상황으로 말하는 이와 듣는 이, 시간과 공간, 의도와 목적을 구성 요소로 함.

말하는 이와 듣는 이	말하는 이와 듣는 이의 관계, 화제에 대한 배경지식이나 관심 정도, 심리적 태도 등에 따라 담화의 의미가 다르게 전달됨. 예 "어디가 불편하신가요?" • 옷 가게 점원이 손님에게: 옷이 잘 맞는지를 물어봄. • 치과 의사가 환자에게: 아픈 곳이 있는지를 물어봄.
시간과 공간	언제, 어디에서 말하느냐에 따라 담화의 의미가 다르게 전달됨. 예 "손님, 열 시입니다." • 아침 열 시에 박물관에서: 박물관을 열 시간이 되었다는 것을 알려 줌. • 밤 열 시에 카페에서: 카페를 닫을 시간이 되었다는 것을 알려 줌.
의도와 목적	말하는 이의 의도와 목적에 따라 담화의 의미가 다양하게 해석됨. 예 "재미있어?" • 영화를 보고 있는 동생에게: 영화의 내용이 재미있는지를 물어봄. • 넘어진 나를 보고 웃는 동생에게: 자신을 걱정하지 않는 동생에게 서운함을 드러냄.

◆ 담화의 사회·문화적 맥락

담화가 이루어지는 사회·문화적 배경으로, 지역, 세대, 문화 등의 차이가 있음.

지역	같은 언어 안에서도 지역적인 차이에 의해 말이 달라지기도 함. → 지역 방언 예 '와서 보고 가세요.'를 제주도에서는 '왕 방 갑서.'라고 표현함.
세대	세대에 따라 사용하는 언어가 달라지기도 함. 예 • 젊은 세대: '열공, 스카'와 같은 줄임말이나 온라인상의 용어를 즐겨 사용함. • 기성세대: '무탈하다, 댁' 등 한자어나 예의를 갖춘 표현을 사용함.
문화	문화권에 따라 그 나라만의 관습적인 언어 표현을 사용하기도 함. 예 우리나라 문화에서 뜨거운 음식을 먹으면서 "시원하다."라고 하는 것을 다른 나라 문화에서는 이해하기 어려움.

---

❶ 담화의 기능

정보 제공	대상에 관한 정보나 지식을 전달함. 예 뉴스, 보고서
호소	상대의 마음을 움직여 무엇인가를 하도록 유도함. 예 광고, 연설문
약속	일정한 행위를 수행하겠다고 다짐함. 예 서약, 계약서
사교	상대와의 관계를 원활히 하려 함. 예 자기소개, 편지
선언	어떤 새로운 사태를 불러일으킴. 예 개회사, 판결문

❷ 상황 맥락을 고려한 표현

담화의 상황 맥락에 따라 지시 표현과 높임 표현이 결정된다.

지시 표현	사람이나 사물, 사건을 지시하는 표현으로, 말하는 이와 듣는 이의 거리에 따라 달리 사용함. 예 여기, 거기, 저기, 이것, 그것, 저것 등
높임 표현	담화에 등장하는 인물의 나이나 지위, 친소 관계에 따라 높임 표현이 결정됨.

궁금해

담화에서 맥락을 고려해야 하는 이유는 뭘까?

담화가 언제, 어디에서 이루어지느냐에 따라 같은 말이어도 담화의 의미가 다르게 해석되거나, 담화의 표현이 달라지기도 해. 따라서 맥락을 고려하지 않을 경우 오해가 생기거나 담화의 의미를 제대로 이해하지 못할 수 있어. 그러므로 담화 상황에서는 상황 맥락과 사회·문화적 맥락을 반드시 고려해야 해.

핵심만 바로 체크

1 다음 설명이 맞으면 ○, 틀리면 × 표시하시오.

(1) 담화의 구성 요소에는 말하는 이, 듣는 이, 발화, 맥락이 있다. (   )

(2) 같은 말이라도 구체적인 맥락에 따라 다른 의미로 해석될 수 있다. (   )

(3) 담화가 이루어지는 시간적·공간적 상황을 담화의 사회·문화적 맥락이라고 한다.

(   )

2 다음 문장에 들어갈 알맞은 말을 고르시오.

(1) (발화 / 맥락)은/는 의사소통 상황에서 전달하고자 하는 내용이다.

(2) 구체적인 맥락 속에서 이루어지는 발화를 (담화 / 음성)(이)라고 한다.

(3) 사회·문화적 맥락은 담화가 이루어지는 사회·문화적 배경으로, 지역, (세대 / 의도), 문화 등의 차이가 있다.

예시로 바로 연습

1 다음 담화의 의미 차이에 영향을 미치는 상황 맥락의 구성 요소를 쓰시오.

(1)
> "5분 전이야."
> • 버스 출발 전 편의점 안: "버스가 곧 출발할 거야."
> • 공연 시작 전: "공연이 곧 시작될 거야."

(   )

(2)
> "어떻게 왔니?"
> • 보건 선생님이 배가 아픈 학생에게: "어디가 아프니?"
> • 약속 장소에서 만난 친구에게: "무엇을 타고 왔니?"

(   )

2 〈보기〉의 상황 맥락을 고려하여 학생의 대답을 적절하게 고치시오.

---- 보기 ----

선생님: (지각한 학생에게) 지금 몇 시야?
학생: 지금은 10시입니다.

3 다음 담화 상황에서 고려하지 못한 사회·문화적 맥락의 요소를 찾아 연결하시오.

(1) 한국인: 차린 것은 없지만 많이 드세요.
  외국인: 차려 주신 음식 많은데요?   • ㉠ 세대

(2) 손자: 할머니, 친구 생파 가게 용돈 좀 주세요.
  할머니: 생파? 생파가 뭐니?   • ㉡ 문화

(3) 지수: 오늘 저녁으로 정구지 지짐 어때?
  동호: 정구지 지짐이 뭐야?   • ㉢ 지역

담화의 개념과 특성

01 담화에 대한 설명으로 알맞지 <u>않은</u> 것은?

① 담화는 말하는 이, 듣는 이, 발화, 맥락으로 구성된다.
② 담화는 말하는 이의 생각이 음성을 통해 문장 단위로 표현된 것이다.
③ 말하는 이와 듣는 이, 시간과 공간, 의도와 목적은 상황 맥락에 속한다.
④ 원활한 의사소통을 위해서는 지역, 세대, 문화 등의 차이를 고려해야 한다.
⑤ 맥락은 담화가 이루어지는 상황과 사회·문화적 배경으로 담화의 구체적인 의미를 결정한다.

01 담화의 개념과 구성 요소에 대해 묻는 문제야. 담화를 구성하는 요소와 각 요소들의 기능을 고려하며 문제를 풀어 보자.

상황 맥락의 적용

02 〈보기〉에 나타난 담화의 구성 요소에 대한 이해로 적절하지 <u>않은</u> 것은?

> 보기
>
> 신발 가게 직원: (손님의 신발을 가리키며) 어떠세요?
> 손님: 음, 조금 큰 것 같아요.

① 말하는 이와 듣는 이는 '신발 가게 직원'과 '손님'이다.
② '손님'의 발화는 신어 본 신발에 대한 긍정적인 의미를 담고 있다.
③ '신발 가게 직원'의 발화는 "신발이 마음에 드세요?"라는 의미이다.
④ '손님'이 신발을 신어 본 후 직원과 대화를 나누는 상황이 이 담화의 맥락이다.
⑤ '손님'은 '신발 가게 직원'의 발화에 담긴 의도를 정확히 파악하여 반응하고 있다.

02 말하는 이와 듣는 이, 발화, 맥락 등 담화의 구성 요소를 고려하여 제시된 담화의 의미를 해석하고 문제를 풀어 보자.

상황 맥락의 적용

03 (가)와 (나)에서 밑줄 친 말의 의미 차이가 생겨난 이유로 적절한 것은?

(가)	(나)
(등굣길, 교문 앞에서) 인국: 우리 지각인가? 은지: <u>3분 남았어.</u>	(점심시간, 교실에서) 인국: 매점 갈래? 은지: <u>3분 남았어.</u>

① 말하는 이와 듣는 이가 달라서
② 화제에 대한 배경지식이 달라서
③ 말하는 이와 듣는 이의 성별이 달라서
④ 담화가 이루어지는 시간과 공간이 달라서
⑤ 담화가 이루어지는 사회·문화적 배경이 달라서

03 같은 말이라도 누가 누구에게, 언제 어디에서, 어떤 의도와 목적으로 말하느냐에 따라 그 의미가 다르게 해석되는 거 기억하지? 이를 바탕으로 (가)와 (나)에서 담화의 의미가 다르게 해석되는 이유를 생각해 보자.

사회·문화적 맥락의 적용

04 〈보기〉에서 담화가 원활하게 이루어지지 않은 데 영향을 미친 요소로 알맞은 것은?

> 보기
>
> 경주 가이드: 퍼뜩 오이소.
> 서울 손님: 네? 뭐라고요?

① 지역　　② 세대　　③ 성별　　④ 문화　　⑤ 역사

04 담화의 맥락을 고려하지 않고 의사소통에 참여하면 대화가 원활하게 이루어지지 않아. 〈보기〉의 담화에 영향을 미친 사회·문화적 맥락의 요소가 무엇인지 파악해 보자.

실력 쌓기 **DAY**

01 〈보기〉에서 담화에 대한 설명으로 적절한 것을 모두 골라 묶은 것은?

│보기│
㉠ 사회·문화적 맥락은 담화의 의미를 해석하는 데 필수 요소는 아니다.
㉡ 담화는 말하는 이, 듣는 이, 발화, 맥락 등이 종합적으로 작용한다.
㉢ 상황 맥락은 의사소통이 이루어지는 시간적·공간적 배경을 말한다.
㉣ 발화에는 의사소통 상황에서 상대에게 전달하려는 내용이 담겨 있다.
㉤ 말하는 이가 전달하려는 의미와 듣는 이가 실제로 받아들인 의미가 다를 수 있다.

① ㉠, ㉡
② ㉠, ㉡, ㉤
③ ㉡, ㉢, ㉣
④ ㉠, ㉡, ㉢, ㉣
⑤ ㉡, ㉢, ㉣, ㉤

02 다음 담화의 상황 맥락을 고려할 때, ㉠에 들어갈 말로 가장 알맞은 것은?

(수업 시간에 교실에서 떠드는 학생에게)
선생님: 얘야, 여기가 운동장이니?
학생: _____________㉠

① 아니요.
② 교실입니다.
③ 조용히 하겠습니다.
④ 저도 잘 모르겠는데요.
⑤ 그것을 왜 저에게 물어 보세요?

03 〈보기〉에서 대화가 원활하게 이루어지지 못한 까닭으로 적절한 것은?

│보기│
할머니: 우리 똥강아지가 왔구나.
손자: 왜 사람한테 강아지라고 하세요?

① 할머니와 손자의 세대가 다르다.
② 할머니가 한자어를 사용하여 말했다.
③ 할머니가 말을 지나치게 줄여서 말했다.
④ 할머니와 손자가 공유하는 문화가 다르다.
⑤ 할머니가 손자와의 관계를 고려하지 않았다.

04 〈보기〉의 ㉠, ㉡에 대한 설명으로 알맞지 <u>않은</u> 것은?

│보기│
㉠ (해수욕장에서 사람들에게) "양심을 지킵시다."
㉡ (시험 감독관이 수험생들에게) "양심을 지킵시다."

① ㉠은 '쓰레기를 버리지 말라'는 의미로 해석된다.
② ㉡은 '부정행위를 하지 말라'는 의미로 해석된다.
③ ㉠과 ㉡은 지역에 따라 담화 해석에 오해가 생길 수 있다.
④ ㉠과 ㉡을 이해하기 위해서는 시간과 공간을 고려해야 한다.
⑤ ㉠과 ㉡을 이해하기 위해서는 말하는 이와 듣는 이의 관계를 고려해야 한다.

05 〈보기〉에 제시된 담화의 기능으로 적절한 것은?

│보기│
비상 중학교 학생 여러분, 이제는 실천해야 할 때입니다. 하나 된 힘으로 차별 없는 학교를 만들어 봅시다.

① 호소
② 약속
③ 사교
④ 선언
⑤ 정보 제공

06 (어려워요) 〈보기〉에 대한 이해로 적절한 것은?

│보기│
(가)
(오랜만에 간 고향에서)
동네 어르신: 자네 자당은 별고 없으신가?
진호: (얼굴을 붉히며) 네?

(나)
(게임을 하며 침대에 누워 있는 아들을 보고)
엄마: 기특하다! 기특해.
아들: (어리둥절하며) 네?

① (가)에서 '진호'는 동네 어르신의 말을 알아들었지만 대답을 회피하고 있다.
② (가)는 같은 말이라도 시간과 장소에 따라 담화의 의미가 달라질 수 있음을 보여 준다.
③ (나)에서 '엄마'는 의도와 반대되는 발화를 통해 아들의 잘못을 꾸짖고 있다.
④ (나)에서 '아들'은 세대 차이로 인해 엄마의 발화 의도를 이해하지 못하고 있다.
⑤ (가)와 (나)를 통해 같은 말이라도 사회·문화적 맥락에 따라 다른 의미로 해석될 수 있음을 알 수 있다.

01 〈보기〉의 문장에 대한 설명으로 적절하지 <u>않은</u> 것은?

> ┤보기├
> ㉠ 새가 구슬피 <u>운다</u>.
> ㉡ 일이 엉망진창이 <u>되다</u>.
> ㉢ 현지가 학생회의 회장이 <u>되었다</u>.
> ㉣ 승주는 저녁에 잡채를 <u>만들었다</u>.

① ㉠의 '운다'는 한 자리 서술어이다.
② ㉡의 '되다'는 보어를 필요로 하는 두 자리 서술어이다.
③ ㉢의 '학생회의'는 서술어가 필수적으로 요구하는 문장 성분이 아니다.
④ ㉡, ㉢에서 서술어 '되다'는 반드시 필요한 문장 성분의 수가 다르다.
⑤ ㉢, ㉣과 같이 서술어의 자릿수는 같지만 필요로 하는 문장 성분의 종류가 다를 수 있다.

> **도와줘**
> '바퀴가 돌다.'의 '돌다'는 한 자리 서술어이지만, '달이 지구 주위를 돌다.'의 '돌다'는 두 자리 서술어이다. 이처럼 서술어의 형태가 같아도 문장에 따라 서술어의 자릿수가 달라질 수 있다. 또한 서술어의 자릿수가 다르더라도 주어는 필수적으로 요구한다.

02 〈보기〉를 참고할 때, 밑줄 친 말 중 필수적 부사어에 해당하는 것은?

> ┤보기├
> 부사어는 다른 문장 성분을 수식하는 부속 성분이기 때문에 생략할 수 있지만, 서술어가 반드시 필요로 하여 생략할 수 없는 부사어도 있다. 이를 필수적 부사어라고 한다.

① 나는 <u>친구와</u> 싸웠다.
② <u>다행히</u> 다친 학생은 없었다.
③ 그는 해외여행을 <u>자주</u> 다닌다.
④ <u>그래도</u> 희망이 없는 것은 아니다.
⑤ 선생님, 지구가 <u>정말로</u> 둥글까요?

03 〈보기〉에 대한 설명으로 적절한 것은?

> ┤보기├
> ㉠고전은 ㉡인류가 도달한 ㉢지적 탐구의 ㉣결과물이다.

① ㉠은 다른 문장 성분을 꾸며 주는 기능을 한다.
② ㉡은 안긴문장으로, 관형어의 기능을 한다.
③ ㉠과 ㉣은 다른 문장 성분과 관련 없이 독립적으로 쓸 수 있다.
④ ㉡과 ㉢은 서로 다른 문장 성분으로, 문장에서의 기능 또한 다르다.
⑤ ㉡과 ㉢은 절이 문장 성분으로 실현되었다는 점에서 ㉠, ㉣와 차이가 있다.

> **도와줘**
> 문장 성분은 어절, 구, 절로 실현될 수 있다. 그중에서도 절은 주어와 서술어를 갖추고 있다. 〈보기〉의 문장에서 주어와 서술어의 관계가 몇 번 나타나는지 확인한 후, 문장에서 하는 역할에 따라 ㉠~㉣의 문장 성분을 판단해 보도록 한다.

04 다음 중 문장 성분에 관한 분석이 <u>잘못된</u> 것은?

① 철수는 현관문을 살짝 열었다.
　→ 주성분이 3개인 문장이다.
② 민서야, 너 그 책은 어디서 샀니?
　→ 부속 성분이 2개인 문장이다.
③ 그는 결국 선생님이 되었다.
　→ 목적어가 나타나지 않는 문장이다.
④ 화단에 장미꽃이 활짝 피었다.
　→ 2개의 부사어가 사용된 문장이다.
⑤ 나는 고등학생이 아니라 중학생이다.
　→ 1개의 부속 성분이 사용된 문장이다.

05 다음 중 문장의 확대 과정이 적절하지 <u>않은</u> 것은?

① 안은문장: '나는 그와 만났다.' + '기억이 없다.'
→ 나는 그와 만난 기억이 없다.

② 이어진문장: '바람이 불었다.' + '치마가 휘날렸다.' → 바람이 불어서 치마가 휘날렸다.

③ 이어진문장: '그는 실력도 없다.' + '그는 자랑만 한다' → 그는 실력도 없이 자랑만 한다.

④ 안은문장: '아무도 모른다.' + '그는 유학을 떠났다.' → 그는 아무도 모르게 유학을 떠났다.

⑤ 안은문장: '우리는 알고 있다.' + '내일이 휴업일이다.' → 우리는 내일이 휴업일임을 알고 있다.

06 〈보기〉에서 설명하는 내용의 예로 적절한 것은?

| 보기 |

표면적으로는 이어진문장으로 보이지만, '너와 내가 만나다.'와 같이 서술어가 두 대상을 필요로 하는 홑문장인 경우가 있다. 이와 같은 문장은 이어진문장과 달리, 둘 이상의 홑문장으로 분리할 수 없기 때문에 문장의 확대가 이루어진 문장으로 볼 수 없다.

① 민아는 국어와 역사를 좋아한다.
② 천장이 무너져 사람들이 많이 다쳤다.
③ 아버지는 병원과 우체국에 다녀오셨다.
④ 은서와 동현이는 교실에서 책을 읽는다.
⑤ 선생님과 나는 오늘 처음으로 대면하였다.

07 다음 중 문장을 두 홑문장으로 나누었을 때, 홑문장 간의 의미 관계가 독립적인 것은?

① 폭설이 내려서 나갈 수가 없다.
② 내가 자고 있는데 전화가 왔다.
③ 너무 슬프면 눈물이 나지 않는다.
④ 이 강은 폭이 좁으나 수심이 깊다.
⑤ 당신이 곁에 없을지라도 잊지 않을 겁니다.

08 다음의 사전 정보를 참고할 때, '나열'의 의미 관계로 이어진 것은?

-고
「1」 (('이다'의 어간, 용언의 어간 또는 어미 '-으리-', '-더-'를 제외한 다른 어미 뒤에 붙어)) 두 가지 이상의 사실을 대등하게 벌여 놓는 연결 어미.
「2」 ((동사 어간이나 어미 '-으시-' 뒤에 붙어)) 앞 뒤 절의 두 사실 간에 계기적인 관계가 있음을 나타내는 연결 어미.
「3」 ((동사 어간이나 어미 '-으시-' 뒤에 붙어)) 앞 절의 동작이 이루어진 그대로 지속되는 가운데 뒤 절의 동작이 일어남을 나타내는 연결 어미.

① 친구가 내 손을 잡고 이야기했다.
② 형은 상한 음식을 먹고 탈이 났다.
③ 언니는 새 신발을 신고 학교에 갔다.
④ 그는 여행을 다녀오고 사람이 달라졌다.
⑤ 우리나라는 여름에는 덥고 겨울에는 춥다.

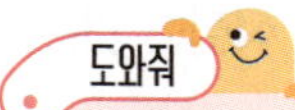

'나열, 대조, 선택' 등의 의미 관계를 맺는 대등하게 이어진문장은 앞 문장과 뒤 문장의 순서를 바꾸어도 의미가 달라지지 않는다.

09 〈보기〉에 대한 설명으로 적절하지 <u>않은</u> 것은?

| 보기 |

㉮ 봄이 오면 꽃이 핀다.
㉯ 비가 내리거나 눈이 오겠다.
㉰ 아빠와 아들이 서로 닮았다.
㉱ 환경이 식물이 자라기에 적합하다.

① ㉮는 앞뒤 문장의 순서를 바꾸면 의미가 변한다.
② ㉮는 조건을 의미하는 연결 어미 '-면'을 사용한, 종속적으로 이어진문장이다.
③ ㉯는 선택을 의미하는 연결 어미 '-거나'를 사용한, 대등하게 이어진문장이다.
④ ㉰는 서술어 '닮았다'가 두 대상을 필요로 하는 경우로, 홑문장에 해당한다.
⑤ ㉱는 문장에서 서술어를 꾸미는 부사어의 기능을 하는, 부사절을 가진 안은문장이다.

10 〈보기〉의 ㉠~㉣에 대한 설명으로 적절하지 <u>않은</u> 것은?

> **보기**
> ㉠ 경호가 부자임이 분명하다.
> ㉡ 오늘은 등산하기에 참 좋은 날씨다.
> ㉢ 아이들은 눈이 오기를 몹시 기다렸다.
> ㉣ 수지는 시험에 합격했음을 뒤늦게 알았다.

① ㉠의 안긴문장은 주어의 기능을 한다.
② ㉡의 안긴문장은 관형어의 기능을 한다.
③ ㉢의 안긴문장은 목적어의 기능을 한다.
④ ㉣의 안긴문장은 목적어의 기능을 한다.
⑤ ㉠~㉣은 모두 명사절을 가진 안은문장이다.

11 〈보기〉의 ㉠~㉣에 대한 설명으로 적절한 것은?

> **보기**
> ㉠ 나는 진우의 활발한 성격을 닮고 싶다.
> ㉡ 내가 태어난 공주는 충청남도에 있다.
> ㉢ 동생이 산 과자를 내가 다 먹어 버렸다.
> ㉣ 친구가 다쳤다는 사실에 충격을 받았다.

① ㉠은 부사절을 가진 안은문장이다.
② ㉡은 부사절을 가진 안은문장으로, 주어가 생략되었다.
③ ㉢은 관형사절을 가진 안은문장으로, 생략된 문장 성분이 없다.
④ ㉣은 관형사절을 가진 안은문장으로, 안긴문장을 생략하면 문장이 성립하지 않는다.
⑤ ㉠과 ㉢은 생략된 문장 성분이 같다.

도와줘!

관형사절은 다음과 같이 구분할 수 있고, 이에 따라 문장 성분의 생략 여부도 달라진다.

관계 관형사절	관형사절의 꾸밈을 받는 체언이 관형사절의 한 성분이 되는 경우로, 관형사절에 동일한 문장 성분이 생략되어 나타남. 예 은주는 <u>푸른</u> 하늘을 바라봤다. → 관형사절 '푸른'에서 주어가 '하늘이'가 생략됨.
동격 관형사절	관형사절이 꾸밈을 받는 체언과 동일한 의미를 가진 경우로, 관형사절에 생략되는 문장 성분이 없음. 예 그가 변호사가 되었다는 소문이 났다. → 관형사절의 내용과 '소문'이 같은 의미임.

12 ㉠~㉢에 들어갈 의문문의 종류를 순서대로 쓰시오.

> ㉠ ☐☐ 의문문: 내일도 학교에 가십니까?
> ㉡ ☐☐ 의문문: 오늘 저녁은 무엇을 먹을까?
> ㉢ ☐☐ 의문문: 그만 방황하고 공부 좀 하지 그러니?

㉠: (   )
㉡: (   )
㉢: (   )

13 〈보기〉의 문장을 탐구한 내용으로 적절하지 <u>않은</u> 것은?

> **보기**
> ㉮ 채소를 함께 먹어라.
> ㉯ 그거참, 조용히 합시다.
> ㉰ 저, 영수증 좀 주시겠어요?

① ㉮의 주어는 듣는 이겠군.
② ㉯는 듣는 이에게만 행동을 요청하는 경우이군.
③ ㉰는 종결 표현의 형식과 기능이 일치하지 않는군.
④ ㉮, ㉯와 달리 ㉰는 듣는 이에게 대답이나 행동을 요구하지 않는군.
⑤ ㉮는 명령문, ㉯는 청유문, ㉰는 의문문에 해당하는군.

14 다음 〈조건〉에 따라 종속적으로 이어진문장을 완성하시오.

> **조건**
> • '운동을 하다.', '건강이 호전되다.'의 두 문장을 순서대로 결합할 것.
> • '-(으)면, -는데, -(으)려고, -아서/-어서, -(으)ㄹ지라도' 중 '조건'의 의미 관계를 지닌 연결 어미를 활용할 것.
> • 듣는 이를 아주 높이는 격식체를 사용해 의문형 종결 어미로 끝맺을 것.

15 다음 중 높임 표현의 예가 바르지 <u>않은</u> 것은?

① 상대 높임: 어르신, 이리 앉으십시오.
② 주체 높임: 회장님께서 도착하셨습니다.
③ 주체 높임: 이분은 자동차가 없으십니다.
④ 객체 높임: 큰아버지께서는 댁에 계신다.
⑤ 객체 높임: 그 일은 어머니께 여쭈어 보아라.

16 다음 예문에 쓰인 높임 표현의 종류를 바르게 표시한 것은?

	예문	주체	객체
①	할아버지 오신다.	×	×
②	형님께 여쭤봐라.	×	×
③	동생은 방에 있어.	○	○
④	선생님은 안에 계십니까?	×	○
⑤	형이 할머니를 모시고 병원에 갔어요.	×	○

17 관형사형 어미를 통한 시제의 실현 방법을 다음과 같이 정리할 때, ㉠~㉤ 중 적절하지 <u>않은</u> 것은?

구분	동사	형용사, 서술격 조사
과거 시제	'-던'	㉡ '-던'
	㉠ '-(으)ㄴ'	
현재 시제	㉢ '-는'	㉣ '-(으)ㅁ'
미래 시제	㉤ '-(으)ㄹ'	

① ㉠   ② ㉡   ③ ㉢
④ ㉣   ⑤ ㉤

18 다음 중 사건시가 발화시에 앞서는 문장을 모두 고른 것은?

┤보기├
㉠ 나는 방금 고기를 먹었다.
㉡ 비가 오다니 소풍은 다 갔네.
㉢ 시장 골목이 사람들로 붐빈다.
㉣ 아이들이 운동장에서 축구를 하더라.
㉤ 나는 내일 아침 비행기로 미국에 간다.

① ㉠, ㉢   ② ㉠, ㉣   ③ ㉡, ㉤
④ ㉠, ㉡, ㉣   ⑤ ㉡, ㉢, ㉤

도와줘

선어말 어미 '-았-/-었-'의 의미
① 이야기하는 시점에서 볼 때 사건이 이미 일어났음을 나타내는 어미.
　예 그는 집에 갔다.
② 이야기하는 시점에서 볼 때 완료되어 현재까지 지속되거나 현재에도 영향을 미치는 상황을 나타내는 어미.
　예 참 많이도 샀네.
③ 이야기하는 시점에서 볼 때 미래의 사건이나 일을 이미 정하여진 사실인 양 말할 때 쓰는 어미.
　예 방 안을 어지럽혀 놓았으니 넌 아버지께 혼났다.

19 〈보기〉의 ㉠~㉤에 대해 설명한 내용으로 적절하지 <u>않은</u> 것은?

┤보기├
　안녕하세요? 제 이름은 미카엘이고 폴란드에서 ㉠옵니다. 한국에 와서 새로운 경험을 ㉡하고 있어요. 이곳의 문화와 음식이 정말 ㉢흥미롭습니다. ㉣새로운 사람을 만나고 함께 시간을 보내고 싶어요. 앞으로 한국의 문화와 언어를 열심히 ㉤배웠습니다.

① ㉠: 문맥상 과거 시제 선어말 어미 '-았-'을 붙여 '왔습니다'로 고쳐야 한다.
② ㉡: 보조 용언 '-고 있다'가 붙어 동작이 계속되고 있음을 나타내고 있다.
③ ㉢: 형용사인 서술어로 선어말 어미 없이 현재 시제가 표현되었다.
④ ㉣: 형용사 어간에 관형사형 어미 '-(으)ㄴ'이 붙어 현재 시제가 표현되었다.
⑤ ㉤: '앞으로'와 호응하도록 '가능성'의 의미를 더하는 '-겠-'을 붙여 '배우겠습니다'로 고쳐야 한다.

20 〈보기〉의 문장을 피동문과 사동문으로 바르게 분류한 것은?

┤보기├
ⓐ 건물 사이로 공원이 보였다.
ⓑ 그는 나에게 사진첩을 보였다.
ⓒ 엄마가 아이에게 연필을 잡혔다.
ⓓ 도망친 개가 청년들에게 잡혔다.

	피동문	사동문
①	ⓐ, ⓑ	ⓒ, ⓓ
②	ⓐ, ⓒ	ⓑ, ⓓ
③	ⓐ, ⓓ	ⓑ, ⓒ
④	ⓑ, ⓒ	ⓐ, ⓓ
⑤	ⓑ, ⓓ	ⓐ, ⓒ

도와줘

'보이다, 잡히다'와 같이 형태가 동일한 피동사와 사동사가 있다. 피동사는 일반적으로 목적어를 필요로 하지 않지만, 사동사는 목적어를 필요로 한다. 따라서 피동문과 사동문은 목적어의 유무로 쉽게 구분할 수 있다.

21 다음 〈조건〉에 따라 〈보기〉의 문장을 바꾸어 쓰시오.

┤조건├
㉮ 주동사 어근에 사동 접미사를 결합하여 '형이'를 주어로 하는 사동문으로 바꿀 것.
㉯ 주동사 어간에 '-게 하다'를 결합하여 '형이'를 주어로 하는 사동문으로 바꿀 것.
㉰ 능동사 어근에 피동 접미사를 붙여 피동문으로 바꿀 것.

┤보기├
㉮ 동생이 운다.
㉯ 동생이 책을 읽었다.
㉰ 세찬 바람이 나뭇가지를 꺾었다.

㉮: (   )
㉯: (   )
㉰: (   )

22 〈보기〉의 문장에 대한 설명으로 적절한 것은?

┤보기├
ㄱ. 내일부터 날씨가 풀린다.
ㄴ. 온 마을이 함박눈에 덮였다.
ㄷ. 긴 회의 끝에 합의가 이루어졌다.
ㄹ. 나는 친구에게 책 내용을 이해시켰다.
ㅁ. 물고기 세 마리가 두 친구에게 잡혔다.

① ㄱ: 능동 표현이 사용된 문장이다.
② ㄴ: 능동문으로 바꾸기 어려운 피동문에 해당한다.
③ ㄷ: '-어지다'를 사용해 피동을 표현한 문장이다.
④ ㄹ: 문법에 맞지 않는 이중 피동이 사용되어 고쳐야 하는 문장이다.
⑤ ㅁ: 대응되는 능동문과 달리 둘 이상의 의미로 해석되는 중의적 표현이다.

23 ㉠~㉤에 해당하는 예문으로 적절하지 않은 것은?

┤보기├
주어가 직접 동작이나 행위를 하는 것을 나타낸 문장을 ㉠주동문이라 하고, 주어가 남에게 동작을 하도록 시키는 것을 나타낸 문장을 사동문이라 한다. 사동문은 ㉡주동사 어근에 사동 접미사를 붙여 실현하거나 ㉢주동사 어간에 '-게 하다'를 붙여 실현할 수 있다. 사동문을 형성하는 과정에서 일부 동사는 ㉣사동 접미사가 연속된 '-이우-'가 붙어 사동사가 되기도 하고, 사동 접미사가 결합할 수 없어 ㉤주동사 어간에 '-게 하다'를 붙인 사동만 가능한 경우도 있다.

① ㉠: 딸이 밥을 먹었다.
② ㉡: 아이에게 옷을 입혔다.
③ ㉢: 동생을 학원에 가게 했다.
④ ㉣: 이모가 아기를 간신히 재웠다.
⑤ ㉤: 하늘 위 조명탄이 사방을 밝게 했다.

24 직접 인용 표현을 간접 인용 표현으로 바꾼 문장 중, 적절하지 <u>않은</u> 것은?

① 민수는 "학교에 가자."라고 말했다. → 민수는 학교에 가자고 말했다.

② 수지는 어제 "내일 떠나고 싶다."라고 했다. → 수지는 어제 오늘 떠나고 싶다고 했다.

③ 민수는 "여기가 내가 사는 곳이야."라고 말했다. → 민수는 거기가 자기가 사는 곳이라고 말했다.

④ 여행을 간 그녀는 "난 이곳이 좋아."라고 말했다. → 여행을 간 그녀는 자기는 이곳이 좋다고 했다.

⑤ 직원이 나에게 "제가 올 때까지 기다려 주세요."라고 말했다. → 직원은 나에게 자기가 올 때까지 기다리라고 말했다.

25 ㉠~㉤에 대한 설명으로 적절하지 <u>않은</u> 것은?

┤보기├

㉠ 그 책을 읽지 말자.
㉡ 손님이 다는 오지 못했다.
㉢ 그의 말은 정확하지 않다.
㉣ 그는 사건의 내막을 모르지 않는다.
㉤ 형편이 넉넉하지 못해서 물품이 늘 부족하다.

① ㉠과 같이 청유문의 부정은 '–지 말자'를 사용한다.

② ㉡과 같은 부정 표현은 두 가지 이상의 의미로 해석된다.

③ ㉢은 짧은 부정문으로 바꿀 경우 어색하게 느껴질 수 있다.

④ ㉣과 같이 서술어가 '모르다'인 경우, 길이가 긴 '안' 부정문만 사용할 수 있다.

⑤ ㉤과 같이 서술어가 형용사인 경우, 길이가 짧은 '못' 부정문은 사용할 수 없다.

26 다음 〈조건〉에 따라 부정 표현을 작성한 결과로 적절한 것은?

┤조건├

㉠ '깊다'를 활용하여 단순 부정의 긴 부정문을 만들 것.
㉡ '자다'를 활용하여 긴 부정문 형태의 명령문을 만들 것.
㉢ '가다'를 활용하여 의지 부정의 짧은 부정문을 만들 것.
㉣ '일어나다'를 활용하여 능력 부정의 긴 부정문을 만들 것.
㉤ '나가다'를 활용하여 상황 부정의 짧은 부정문을 만들 것.

① ㉠: 강물이 안 깊다.

② ㉡: 지금은 자지 말자.

③ ㉢: 무서워서 병원에 못 갔다.

④ ㉣: 아침 일찍 일어나지 않았다.

⑤ ㉤: 다리를 다쳐서 밖에 못 나갔다.

27 〈보기〉에 대한 설명으로 적절하지 <u>않은</u> 것은?

┤보기├

(가)	진영: (추위하면서) 창문이 열려 있네? 민준: 그렇구나.
(나)	성호: 이모님, 여기 반찬 좀 더 주세요. 잭슨: 저분이 성호 이모야?
(다)	제주도 가이드: 도르멍 옵서. 서울 손님: 뭐라구요?

① (가)의 상황에서는 상대의 의도와 목적을 파악하며 의사소통해야 한다.

② (가)에서 상황 맥락이 달라지더라도 듣는 이의 대답과 반응은 변함이 없다.

③ (나)는 말하는 이와 듣는 이가 다르게 살아온 문화적 차이 때문에 비롯된 오해이다.

④ (다)는 같은 나라의 언어 사용자이더라도 지역적인 차이에 따라 말이 달라진다는 점을 드러낸다.

⑤ (나), (다)와 같은 상황에서는 사회·문화적 맥락을 고려하며 대화하는 태도가 필요하다.

IV

국어의 규범

DAY 22~24

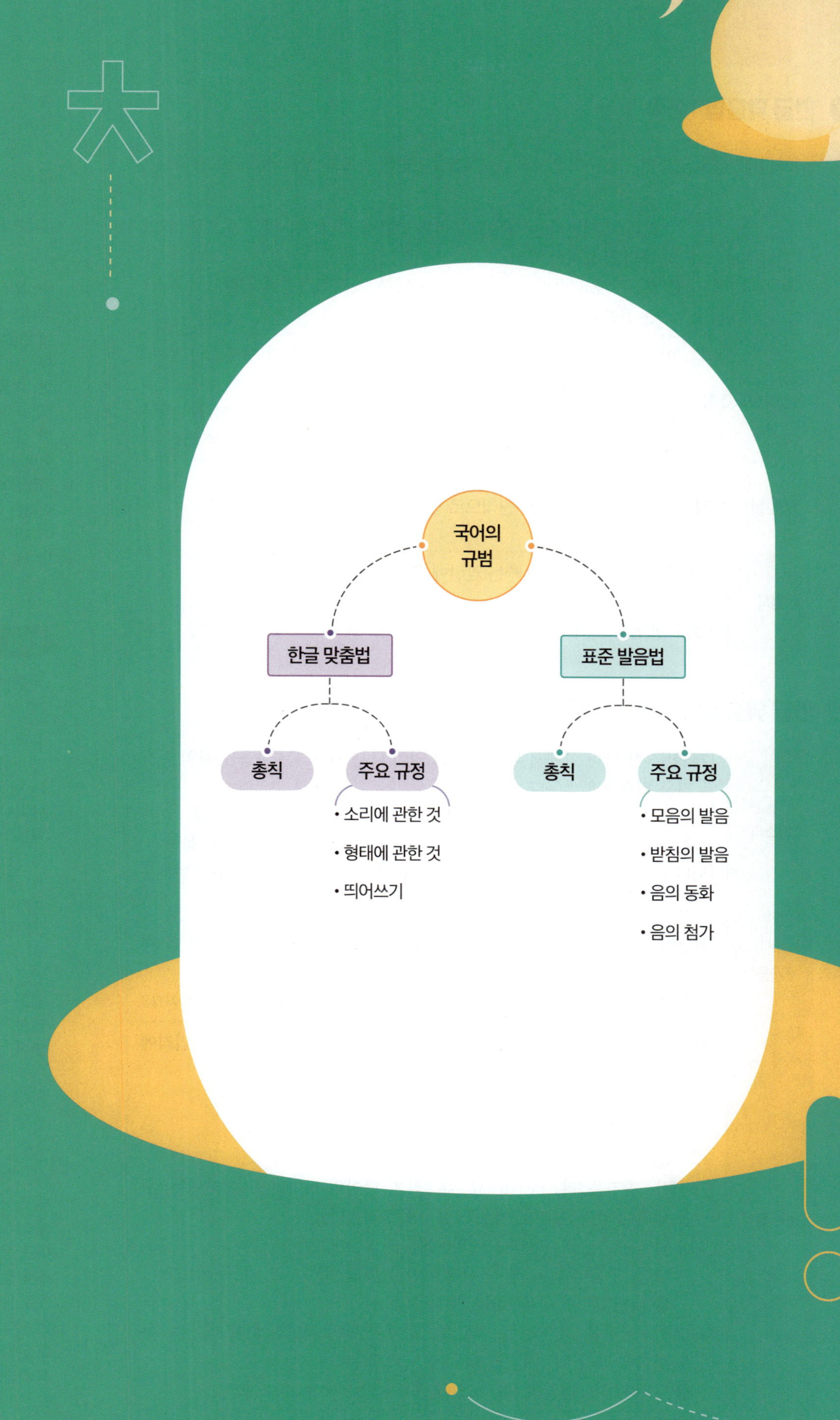
국어의 규범
한글 맞춤법
표준 발음법
총칙
주요 규정
• 소리에 관한 것
• 형태에 관한 것
• 띄어쓰기
총칙
주요 규정
• 모음의 발음
• 받침의 발음
• 음의 동화
• 음의 첨가

한글 맞춤법 ①

◆ 한글 맞춤법❶ 총칙

[제1항] 한글 맞춤법은 표준어를 소리대로 적되, 어법에 맞도록 함을 원칙으로 한다.

표준어를 소리대로 적음	'소리대로' 적는다는 것은 표준어를 발음에 따라 적는다는 뜻으로, 표기의 편의를 고려한 것임. 예 [나무]라고 소리 나는 표준어는 '나무'로 적고, [달리다]라고 소리 나는 표준어는 '달리다'로 적음.
어법에 맞도록 함	'어법에 맞도록 한다'는 것은 뜻을 파악하기 쉽도록 각 형태소의 본 모양을 밝혀 적는다는 것임. 예 [꼬치], [꼰만], [꼳꽈] → 소리대로 적으면 뜻을 파악하기 어렵기 때문에 '꽃'이라는 형태소의 본 모양을 밝혀서 '꽃이, 꽃만, 꽃과'로 적음.

[제2항] 문장의 각 단어는 띄어 씀을 원칙으로 한다.

원칙	• 단어별로 띄어 쓰되 조사❷는 앞말에 붙여 씀. • 의존 명사는 띄어 씀. • 보조 용언은 띄어 쓰는 것을 원칙으로 하나, 붙여 쓰는 것도 허용함.

◆ 한글 맞춤법의 주요 규정 ①: 소리에 관한 것

된소리	[제5항] 한 단어 안에서 뚜렷한 까닭 없이 나는 된소리는 다음 음절의 첫소리를 된소리로 적는다. 1. 두 모음 사이에서 나는 된소리 예 기쁘다, 거꾸로, 소쩍새, 어깨 2. 'ㄴ, ㄹ, ㅁ, ㅇ' 받침 뒤에서 나는 된소리 예 잔뜩, 훨씬, 움찔, 몽땅 [제13항] 한 단어 안에서 같은 음절이나 비슷한 음절이 겹쳐 나는 부분은 같은 글자로 적는다. 예 씩씩, 똑딱똑딱, 쌉쌀하다
구개음화	[제6항] 'ㄷ, ㅌ' 받침 뒤에 종속적 관계❸를 가진 '-이(-)'나 '-히-'가 올 적에는 그 'ㄷ, ㅌ'이 'ㅈ, ㅊ'으로 소리 나더라도 'ㄷ, ㅌ'으로 적는다. 예 맏이[마지], 끝이[끄치], 걷히다[거치다]  구개음화가 일어나도 표기에 반영하지 않음.
두음 법칙	[제10항] 한자음 '녀, 뇨, 뉴, 니'가 단어 첫머리에 올 적에는, 두음 법칙에 따라 '여, 요, 유, 이'로 적는다. 예 여자(女子), 요소(尿素), 유대(紐帶) → 한자 본음은 '녀자, 뇨소, 뉴대'임. 다만, 다음과 같은 의존 명사에서는 '냐, 녀' 음을 인정한다. 예 냥(兩), 년(年) [제11항] 한자음 '랴, 려, 례, 료, 류, 리'가 단어의 첫머리에 올 적에는, 두음 법칙에 따라 '야, 여, 예, 요, 유, 이'로 적는다. 예 양심(良心), 역사(歷史), 예의(禮儀) → 한자 본음은 '량심, 력사, 례의'임. 다만, 모음이나 'ㄴ' 받침 뒤에 이어지는 '렬, 률'은 '열, 율'로 적는다. 예 나열(羅列), 규율(規律), 백분율(百分率) [제12항] 한자음 '라, 래, 로, 뢰, 루, 르'가 단어의 첫머리에 올 적에는, 두음 법칙에 따라 '나, 내, 노, 뇌, 누, 느'로 적는다. 예 낙원(樂園), 내일(來日), 노인(老人) → 한자 본음은 '락원, 래일, 로인'임.

❶ **한글 맞춤법**
국어의 규범에는 한글 맞춤법, 표준어 규정, 외래어 표기법, 국어의 로마자 표기법이 있다. 그중 한글 맞춤법은 한글로써 우리말을 표기하는 규칙의 전반을 의미한다.

❷ **조사의 단어 인정 여부**
조사는 홀로 쓰이지 못하고 체언 뒤에 연결되어 실현된다는 점에서 일반적인 단어와는 차이가 있다. 그렇지만 '밥을'을 '밥'과 '을'로 분리해도 '밥'은 여전히 홀로 쓸 수 있다. 이러한 점은 동사나 형용사에서 어간과 어미를 분리하면 어간과 어미가 모두 자립성을 잃는 것과는 다른 점이다. 이러한 이유로 홀로 쓰일 수 있는 말에 붙어 쉽게 분리될 수 있는 조사도 단어로 인정한다.

궁금해

'뚜렷한 까닭 없이 나는 된소리'는 무엇일까?

한글 맞춤법 제5항에서 말하는 '뚜렷한 까닭 없이 나는 된소리'는 발음에 있어서 된소리되기의 규칙이 적용되는 조건이 아닐 때를 의미해. 즉 두 모음 사이에서 나는 된소리나 'ㄴ, ㄹ, ㅁ, ㅇ' 받침 뒤에서 나는 된소리가 여기에 해당하지. 그런데 '국수[국쑤]', '법석[법썩]'과 같이 'ㄱ, ㅂ' 받침 뒤에서 나는 된소리는 같은 음절이나 비슷한 음절이 겹쳐 나는 경우가 아니면 된소리로 적지 않는다고 규정하고 있어. 왜냐하면 이 경우 된소리가 나는 원인을 음운 변동 현상(된소리되기)으로 일관되게 설명할 수 있기 때문이야.

❸ **종속적 관계**
종속적 관계란 실질 형태소인 체언, 어근, 용언 어간 등에 형식 형태소인 조사, 접미사, 어미 등이 결합하는 관계를 말한다. 형식 형태소는 실질적인 의미가 없으며, 실질 형태소에 붙어 문법적인 기능을 한다. 따라서 형식 형태소는 실질 형태소에 종속되는 요소인 것이다.

핵심만 바로 체크

1 다음 설명이 맞으면 ○, 틀리면 × 표시를 하시오.

(1) 한글 맞춤법은 한글로 우리말을 표기하는 규칙이다. (　　　)

(2) 조사는 단어이므로 한글 맞춤법 총칙의 제2항에 따라 띄어 쓴다. (　　　)

(3) 한 단어 안에서 뚜렷한 까닭 없이 나는 된소리는 다음 음절의 첫소리를 된소리로 적는다. (　　　)

2 빈칸에 들어갈 알맞은 단어를 쓰시오.

(1) 한글 맞춤법은 표준어를 □□대로 적되, □□에 맞도록 함을 원칙으로 한다.

(2) 한자음 '녀, 뇨, 뉴, 니'가 단어 첫머리에 올 적에는, 두음 법칙에 따라 '□, □, □, □'(으)로 적는다.

(3) 'ㄷ, ㅌ' 받침 뒤에 종속적 관계를 가진 '-□(-)'나 '-□-'가 올 적에는 그 'ㄷ, ㅌ'이 'ㅈ, ㅊ'으로 소리 나더라도 'ㄷ, ㅌ'으로 적는다.

예시로 바로 연습

1 빈칸에 들어갈 알맞은 말을 쓰시오.

> 한글 맞춤법에서 '표준어를 소리대로 적는다.'라는 규정에 따라, [언니]로 발음되는 표준어는 '(　　　　)'(으)로 적고, '어법에 맞도록 함을 원칙으로 한다.'라는 규정에 따라 [꼳빧]으로 발음되는 표준어는 '(　　　　)'(으)로 적는다.

2 다음 단어에서 나는 된소리의 유형을 〈보기〉에서 찾아 알맞은 기호를 쓰시오.

———— 보기 ————
ㄱ 두 모음 사이에서 나는 된소리
ㄴ 'ㄴ, ㄹ, ㅁ, ㅇ' 받침 뒤에서 나는 된소리

(1) 가끔: (　　　　　　　)

(2) 어깨: (　　　　　　　)

(3) 엉뚱하다: (　　　　　　　)

3 두음 법칙이 적용되는 환경에 맞는 예를 바르게 연결하시오.

(1) 한자음 '녀, 뇨, 뉴, 니'가 단어의　　　　·
　　첫머리에 올 때　　　　　　　　　　　　　　　　·ㄱ 노인, 노동

(2) 한자음 '랴, 려, 례, 료, 류, 리'가　　·
　　단어의 첫머리에 올 때　　　　　　　　　　　　·ㄴ 예의, 유행

(3) 한자음 '라, 래, 로, 뢰, 루, 르'가　　·
　　단어의 첫머리에 올 때　　　　　　　　　　　　·ㄷ 유대, 여자

기본 다지기

정답과 해설 41쪽

문제 해결 **TIP**

한글 맞춤법 총칙의 적용

01 〈보기〉의 ㉠, ㉡에 따른 표기의 예로 적절한 것은?

┤ 보기 ├

표준어를 ㉠소리대로 적되, ㉡어법에 맞도록 함을 원칙으로 한다.

	㉠	㉡
①	마음	늪에
②	같이	하늘
③	국물	진심
④	찾아서	밭만
⑤	따라가다	기쁘다

01 제시된 예를 소리 내서 읽어 보자! 소리 나는 대로 표기한 것인지, 소리와 다르게 형태소의 본 모양을 밝혀서 표기한 것인지 생각해 보면 답을 찾을 수 있을 거야!

된소리 표기의 적용

02 다음 단어 중, 〈보기〉의 규정에 해당하는 단어가 **아닌** 것은?

┤ 보기 ├

[제5항] 한 단어 안에서 뚜렷한 까닭 없이 나는 된소리는 다음 음절의 첫소리를 된소리로 적는다.

1. 두 모음 사이에서 나는 된소리

| 소쩍새 | 기쁘다 | 깨끗하다 | 어떠하다 | 해쓱하다 | 가끔 |

2. 'ㄴ, ㄹ, ㅁ, ㅇ' 받침 뒤에서 나는 된소리

| 산뜻하다 | 잔뜩 | 살짝 | 훨씬 | 담뿍 | 움찔 | 몽땅 |

① 으뜸   ② 땅콩   ③ 오빠
④ 아끼다   ⑤ 절뚝거리다

02 음절이란 한 번에 소리 낼 수 있는 말소리의 단위야. 음절의 의미를 생각하면서 문제를 풀어 보자!

구개음화의 발음과 표기 파악

03 다음 단어의 발음과 표기가 알맞게 연결되지 **않은** 것은?

① [가치] → 같이   ② [구지] → 굳이
③ [마지] → 마지   ④ [무치다] → 묻히다
⑤ [다치다] → 닫히다

03 한글 맞춤법 규정 중 구개음화와 관련된 것을 묻는 문제야. 한글 맞춤법 제6항의 내용을 떠올려 봐!

두음 법칙의 표기

04 다음 중 두음 법칙을 적용하여 표기한 것이 **아닌** 것은?

① 연도   ② 날짜   ③ 양질
④ 낙관   ⑤ 역량

04 두음 법칙과 관련된 한글 맞춤법 제10항, 제11항, 제12항을 정확히 알고 있는지 묻는 문제야. 두음 법칙이 적용되는 단어들의 공통점을 떠올려 봐!

01 〈보기〉의 한글 맞춤법 규정에 대한 이해로 적절하지 <u>않은</u> 것은?

> **보기**
> [제1항] 표준어를 ㉠소리대로 적되, ㉡어법에 맞도록 함을 원칙으로 한다.

① 표준어가 한글 맞춤법의 대상임을 밝히고 있다.
② ㉠에 따라 표기한 표준어는 소리와 표기가 같다.
③ ㉡에 따른 표기로는 '잦은, 잦게, 잦기만' 등을 들 수 있다.
④ ㉡은 뜻을 파악하기 쉽게 형태소의 본 모양을 밝혀 적는다는 뜻이다.
⑤ ㉡에 따라 하나의 뜻을 나타내는 말이라도 상황에 따라 다르게 표기한다.

02 〈보기 1〉을 참고할 때, 〈보기 2〉에서 띄어쓰기를 해야 할 부분을 모두 고른 것은?

> **보기1**
> [제2항] 문장의 각 단어는 띄어 씀을 원칙으로 한다.

> **보기2**
> 이것은 너㉠와㉡나㉢에게㉣도㉤기회㉥이다.

① ㉠, ㉥
② ㉡, ㉤
③ ㉡, ㉤, ㉥
④ ㉡, ㉣, ㉤
⑤ ㉡, ㉣, ㉤, ㉥

03 다음 밑줄 친 부분의 표기가 올바른 것은?

① <u>씩식</u> 숨을 몰아쉰다.
② 습기가 차서 <u>눅눅하다</u>.
③ 사랑이 <u>담북</u> 담긴 편지
④ 펑 하는 소리에 <u>움찔</u> 놀랐다.
⑤ 한숨 자고 나니 몸이 <u>산듯하다</u>.

04 〈보기〉를 참고할 때, 다음 밑줄 친 부분의 표기와 발음이 적절하지 <u>않은</u> 것은?

> **보기**
> [제6항] 'ㄷ, ㅌ' 받침 뒤에 종속적 관계를 가진 '-이(-)'나 '-히-'가 올 적에는 그 'ㄷ, ㅌ'이 'ㅈ, ㅊ'으로 소리 나더라도 'ㄷ, ㅌ'으로 적는다.

① <u>솥이</u> 뜨겁다. -[소치]
② 테이프를 <u>붙이다</u>. -[부치다]
③ <u>미닫이</u>로 바꿨다. -[미:다지]
④ 콘크리트를 <u>굳히다</u>. -[구치다]
⑤ 우리 반은 복도 맨 <u>끄치다</u>. -[끄치다]

05 다음 중 두음 법칙이 적용된 표기로 적절한 것은?

① 운률　　② 소녀　　③ 년세
④ 요소　　⑤ 실패률

06 〈어려워요〉 〈보기〉의 규정에 따라 올바르게 표기한 예로 적절한 것은?

> **보기**
> [제10항] 한자음 '녀, 뇨, 뉴, 니'가 단어 첫머리에 올 적에는, 두음 법칙에 따라 '여, 요, 유, 이'로 적는다.
> 　　다만, 다음과 같은 의존 명사에서는 '냐, 녀' 음을 인정한다.
> [제11항] 한자음 '랴, 려, 례, 료, 류, 리'가 단어의 첫머리에 올 적에는, 두음 법칙에 따라 '야, 여, 예, 요, 유, 이'로 적는다.
> 　　다만, 모음이나 'ㄴ' 받침 뒤에 이어지는 '렬, 률'은 '열, 율'로 적는다.
> [제12항] 한자음 '라, 래, 로, 뢰, 루, 르'가 단어의 첫머리에 올 적에는, 두음 법칙에 따라 '나, 내, 노, 뇌, 누, 느'로 적는다.

	[제10항]	[제11항]	[제12항]
①	익명	내일	용궁
②	익명	용궁	내일
③	누각	요리	늠름
④	몇 연	요리	늠름
⑤	몇 연	용궁	내일

한글 맞춤법 ②

◆ 한글 맞춤법의 주요 규정 ②: 형태에 관한 것

체언과 조사	[제14항] 체언은 조사와 구별하여 적는다. 예 소니(×) → 손이(○)
어간과 어미	[제15항]❶ 용언의 어간과 어미는 구별하여 적는다. 예 머거(×) → 먹어(○)
접미사가 붙어서 된 말	[제19항] 어간에 '-이'나 '-음/-ㅁ'이 붙어서 명사로 된 것과 '-이'나 '-히'가 붙어서 부사로 된 것은 그 어간의 원형을 밝히어 적는다. 예 길이, 걸음, 같이, 밝히 　　　명사로 된 것　　부사로 된 것 [제25항] '-하다'가 붙는 어근에 '-히'나 '-이'가 붙어서 부사가 되거나, 부사에 '-이'가 붙어서 뜻을 더하는 경우에는 그 어근이나 부사의 원형을 밝히어 적는다. 1. '-하다'가 붙는 어근에 '-히'나 '-이'가 붙는 경우 예 급히, 꾸준히, 깨끗이 2. 부사에 '-이'가 붙어서 역시 부사가 되는 경우 예 곰곰이, 오뚝이, 일찍이
합성어 및 접두사가 붙은 말	[제30항] 사이시옷은 다음과 같은 경우에 받치어 적는다. 1. 순우리말로 된 합성어, 또는 순우리말과 한자어로 된 합성어로서 앞말이 모음으로 끝난 경우 (1) 뒷말의 첫소리가 된소리로 나는 것 예 나룻배, 냇가, 귓병, 찻잔 (2) 뒷말의 첫소리 'ㄴ, ㅁ' 앞에서 'ㄴ' 소리가 덧나는 것 예 아랫니, 뒷마루 (3) 뒷말의 첫소리 모음 앞에서 'ㄴㄴ' 소리가 덧나는 것 예 깻잎, 훗일 2. 두 음절로 된 다음 한자어 → 한자어에서는 사이시옷을 붙이지 않는 것을 원칙으로 하나, 다음 6개 단어만은 예외적으로 사이시옷을 받치어 적음. 예 곳간(庫間), 셋방(貰房), 숫자(數字), 찻간(車間), 툇간(退間), 횟수(回數)
준말	[제35항] 모음 'ㅗ, ㅜ'로 끝난 어간에 '-아/-어, -았-/-었-'이 어울려 'ㅘ/ㅝ, 왔/웠'으로 될 적에는 준 대로 적는다. 예 쏘아-쏴, 두어-둬, 보았다-봤다, 주었다-줬다 [붙임 2] 'ㅚ' 뒤에 '-어, -었-'이 어울려 'ㅙ, ㅛㅆ'으로 될 적에도 준 대로 적는다. 예 쇠어-쐐, 쐬어-쐐, 되었다-됐다, 뵈었다-뵀다

◆ 한글 맞춤법의 주요 규정 ③: 띄어쓰기 ❷

붙여 쓰는 경우	[제41항] 조사는 그 앞말에 붙여 쓴다. 예 꽃마저, 거기도, 웃고만
띄어 쓰는 경우	[제42항] 의존 명사는 띄어 쓴다. 예 아는 것이 힘이다. / 나도 할 수 있다. / 먹을 만큼 먹어라. [제43항] 단위를 나타내는 명사는 띄어 쓴다. 예 소 한 마리가 있다. [제45항] 두 말을 이어 주거나 열거할 적에 쓰이는 말들은 띄어 쓴다. 예 청군 대 백군 / 국장 겸 과장 / 열 내지 스물 / 책상, 걸상 등이 있다.
붙여 쓰거나 띄어 쓸 수 있는 경우	[제47항]❸ 보조 용언은 띄어 씀을 원칙으로 하되, 경우에 따라 붙여 씀도 허용한다. 예 〈원칙〉 불이 꺼져 간다. / 〈허용〉 불이 꺼져간다.

---

❶ 제15항 붙임 1

두 개의 용언이 어울려 한 개의 용언이 될 적에, 앞말의 본뜻이 유지되고 있는 것은 그 원형을 밝히어 적고, 그 본뜻에서 멀어진 것은 밝히어 적지 아니한다.
(1) 앞말의 본뜻이 유지되고 있는 것
예 느러지다(×) → 늘어지다(○)
'늘다'의 의미가 살아 있어 '늘-'을 밝혀 적음.
(2) 본뜻에서 멀어진 것
예 쓸어지다(×) → 쓰러지다(○)
'쓸다'의 의미가 사라졌으므로 '쓸-'을 밝혀 적지 않음.

궁금해

'이리로 오시오.'로 적는 게 맞을까? '이리로 오시요.'로 적는 게 맞을까?

> [제15항] 용언의 어간과 어미는 구별하여 적는다.
> [붙임 2] 종결형에서 사용되는 어미 '-오'는 '요'로 소리 나는 경우가 있더라도 그 원형을 밝혀 '오'로 적는다.

제15항 붙임 2에 따르면, '이리로 오시오.'로 적는 게 맞아. '오시오.'의 어미 '-오'가 '요'로 소리 나더라도 종결형에서 어미로 사용될 때는 원형을 밝혀 '오'로 적어야 하기 때문이지.

❷ 제46항과 제48항
• [제46항] 단음절로 된 단어가 연이어 나타날 적에는 붙여 쓸 수 있다.
예 〈원칙〉 이 말 저 말 / 〈허용〉 이말 저말
• [제48항] 성과 이름, 성과 호 등은 붙여 쓰고, 이에 덧붙는 호칭어, 관직명 등은 띄어 쓴다.
예 서화담('화담'은 서경덕의 호), 채영신 씨, 최치원 선생

❸ 제47항의 예외
다음과 같은 경우, 그 뒤에 오는 보조 용언은 띄어 쓴다.
• 앞말에 조사가 붙는 경우
예 잘도 놀아만 나는구나!
• 앞말이 합성 용언인 경우
예 네가 덤벼들어 보아라.
• 중간에 조사가 들어갈 경우
예 그가 올 듯도 하다.

핵심만 바로 체크

1 다음 문장이 맞으면 ○, 틀리면 × 표시하시오.

(1) 체언과 조사는 구별하여 적는다. ( )

(2) 의존 명사는 그 앞말에 붙여 쓰고, 조사는 띄어 쓴다. ( )

(3) 보조 용언은 띄어 씀을 원칙으로 하되, 경우에 따라 붙여 씀도 허용한다. ( )

2 빈칸에 들어갈 알맞은 단어를 쓰시오.

(1) '그루'와 같이 단위를 나타내는 명사는 □□ 쓴다.

(2) 형용사 '길다'에 '-이'가 붙어서 명사가 된 것은 □□(으)로 적어야 한다.

(3) '쇠다'의 어간에 '-어'가 어울려 '□'이/가 될 적에는 준 대로 적어야 한다.

예시로 바로 연습

1 〈보기〉의 단어들을 사이시옷이 들어가는 환경에 따라 분류하시오.

보기

훗날　　바닷가　　햇볕　　베갯잇

(1) 뒷말의 첫소리가 된소리로 나는 것: ( )

(2) 뒷말의 첫소리 'ㄴ' 앞에서 'ㄴ' 소리가 덧나는 것: ( )

(3) 뒷말의 첫소리 모음 앞에서 'ㄴㄴ' 소리가 덧나는 것: ( )

2 다음 문장에 들어갈 알맞은 표기를 고르시오.

(1) (귀병 , 귓병)이 생겼나 보다.

(2) 나무가 (쓰러지다 , 쓸어지다).

(3) 오랜만에 선생님을 (뵈서 , 봬서) 기뻤다.

3 다음 문장을 바르게 띄어 쓰시오.

(1) 나도 할수 있다. → ( ).

(2) 주사 한대를 맞았다. → ( ).

(3) 너 마저 가 버리는구나. → ( ).

정답과 해설 43쪽

체언과 조사의 표기

01 〈보기〉를 통해 알 수 있는 한글 맞춤법 표기에 대한 설명으로 적절한 것은?

> 보기
>
> 산을　　　숲에　　　행복은

① 두음 법칙에 따라 적는다.
② 표준어를 소리대로 적는다.
③ 체언과 조사는 구별하여 적는다.
④ 용언의 어간과 어미는 구별하여 적는다.
⑤ 문장의 각 단어는 띄어 씀을 원칙으로 한다.

01 한글 맞춤법 중 형태에 관한 것을 묻는 문제야. 체언과 조사, 어간과 어미, 접미사가 붙어서 된 말, 합성어 및 접두사가 붙은 경우, 준말과 관련한 한글 맞춤법 규정에 대해 배운 거 기억하지? 이를 바탕으로 〈보기〉에 제시된 말의 공통점을 찾아보자.

접미사가 붙어서 된 말의 표기

02 〈보기〉에서 ㉠의 예시에 해당하지 <u>않는</u> 것은?

> 보기
>
> [제19항]　어간에 '-이'나 '-음/-ㅁ'이 붙어서 명사로 된 것과 ㉠'-이'나 '-히'가 붙어서 부사로 된 것은 그 어간의 원형을 밝히어 적는다.

① 굳이　　　　　② 밝히　　　　　③ 먹이
④ 실없이　　　　⑤ 짓궂이

02 접미사가 붙어서 된 말의 표기에 관한 문제야. 각 단어들의 어간에 접미사가 붙어 어떤 품사가 되었는지 분석해 보자.

사이시옷의 표기

03 다음 중 한자어의 표기가 알맞지 <u>않은</u> 것은?

① 곳간(庫間)　　　② 댓가(代價)　　　③ 셋방(貰房)
④ 찻간(車間)　　　⑤ 툇간(退間)

03 두 음절로 된 한자어 중, 사이시옷을 받치어 적는 것은 6개뿐이야. 이 6개의 한자어에 속하지 않는 한자어가 무엇인지 떠올리면서 문제를 풀어 보자.

띄어쓰기의 적용

04 다음 중 띄어쓰기가 바르지 <u>않은</u> 문장은?

① 그 일은 할 만하다.
② 꽃보다 예쁜 우리 아가.
③ 지금 옷 한 벌 사러 갈까?
④ 내일은 자고 싶은만큼 자거라.
⑤ 이 환자를 잘 치료할 수 있으리라 믿는다.

04 앞에서 한글 맞춤법 중 띄어쓰기와 관련된 규정에 대해 배운 거 기억하지? ①~⑤에서 붙여 쓰는 경우, 띄어 쓰는 경우, 붙여 쓰거나 띄어 쓸 수 있는 경우에 해당하는 말이 무엇인지 찾은 후에 띄어쓰기를 확인해 보자.

01 〈보기〉에서 ㉠이 아닌 ㉡과 같이 표기하는 이유로 가장 알맞은 것은?

┤보기├
- ㉠: 입다, 입고, 이버, 이브니
- ㉡: 입다, 입고, 입어, 입으니

① 체언은 조사와 구별하여 적는다.
② 용언의 어간과 어미는 구별하여 적는다.
③ 어간의 뒤에 접미사가 올 경우 붙여 적는다.
④ 문장의 각 단어는 띄어 씀을 원칙으로 한다.
⑤ 어간에 붙는 어미에 따라 어간의 형태가 달라진다.

02 〈보기〉를 참고할 때, 한글 맞춤법에 맞게 표기되지 <u>않은</u> 것은?

┤보기├

[제15항] 용언의 어간과 어미는 구별하여 적는다.
[붙임 1] 두 개의 용언이 어울려 한 개의 용언이 될 적에, 앞말의 본뜻이 유지되고 있는 것은 그 원형을 밝히어 적고, 그 본뜻에서 멀어진 것은 밝히어 적지 아니한다.

① 흩어지다　　② 사라지다
③ 늘어나다　　④ 들어나다
⑤ 엎어지다

03 다음 중 사이시옷을 표기하지 <u>않는</u> 것은?

① 코 + 병　　② 비 + 물　　③ 회 + 수
④ 인사 + 말　　⑤ 나무 + 가지

04 다음 밑줄 친 부분 중, 한글 맞춤법에 맞지 <u>않는</u> 것은?

① 내일 함께 선생님을 <u>뵈요</u>.
② 일이 깔끔하게 마무리 <u>됐다</u>.
③ 그는 같은 말을 버릇처럼 늘 <u>되뇄다</u>.
④ 그녀는 긴 팔을 너울대며 춤을 <u>췄다</u>.
⑤ 겨울이 되자 어머니께서 맛있는 팥죽을 <u>쒔다</u>.

05 다음 문장과 관련된 띄어쓰기의 규정으로 적절한 것은?

내 힘으로 막아낸다.

① 의존 명사는 띄어 쓴다.
② 단위를 나타내는 명사는 띄어 쓴다.
③ 두 말을 이어 주는 말들은 띄어 쓴다.
④ 경우에 따라 보조 용언은 붙여 씀도 허용한다.
⑤ 앞말에 조사가 붙는 경우, 뒤에 오는 보조 용언은 띄어 쓴다.

06 ㉠~㉤ 중, 띄어쓰기가 <u>잘못된</u> 것은?

이번 생일에 그와 ㉠요리하기, 산책하기, 춤추기 등을 계획하였다. 그러나 당일에 ㉡그에게서 전화 ㉢한통이 없기에 ㉣아무 것도 못했고 내 마음도 ㉤식어 버렸다.

① ㉠　　② ㉡　　③ ㉢　　④ ㉣　　⑤ ㉤

07 사이시옷을 받치어 적는 환경 중 일부를 다음과 같이 정리할 때, ㉠~㉢에 해당하는 예로 적절한 것은?

〈순우리말로 된 합성어로서 앞말이 모음으로 끝난 경우〉
㉠ 뒷말의 첫소리가 된소리로 나는 것
㉡ 뒷말의 첫소리 'ㄴ, ㅁ' 앞에서 'ㄴ' 소리가 덧나는 것
㉢ 뒷말의 첫소리 모음 앞에서 'ㄴㄴ' 소리가 덧나는 것

	㉠	㉡	㉢
①	귓밥	냇물	나뭇잎
②	맷돌	잇몸	멧나물
③	나룻배	깻잎	잇몸
④	나뭇잎	멧나물	귓밥
⑤	아랫마을	냇물	텃마당

표준 발음법

✦ 표준 발음법 총칙

[제1항] 표준 발음법은 표준어❶의 실제 발음을 따르되, 국어의 전통성과 합리성❷을 고려하여 정함을 원칙으로 한다.

✦ 표준 발음법의 주요 규정

모음	[제5항] 'ㅑ, ㅒ, ㅕ, ㅖ, ㅘ, ㅙ, ㅛ, ㅝ, ㅞ, ㅠ, ㅢ'는 이중 모음으로 발음한다. 다만 1. 용언의 활용형에 나타나는 '져, 쪄, 쳐'는 [저, 쩌, 처]로 발음한다. 예 가지어 → 가져[가저], 찌어 → 쪄[쩌], 다치어 → 다쳐[다처] 다만 2. '예, 례' 이외의 'ㅖ'는 [ㅔ]로도 발음한다. 예 시계[시계/시게] 다만 3. 자음을 첫소리로 가지고 있는 음절의 'ㅢ'는 [ㅣ]로 발음한다. 예 무늬[무니] → 단어의 첫음절에 오는 '의'는 이중 모음으로 발음함. 예 의사[의사] 다만 4. 단어의 첫음절 이외의 '의'는 [ㅣ]로, 조사 '의'는 [ㅔ]로 발음함도 허용한다. 예 주의[주의/주이], 우리의[우리의/우리에]
받침의 발음	[제10항] 겹받침 'ㄳ', 'ㄵ', 'ㄼ, ㄽ, ㄾ', 'ㅄ'은 어말 또는 자음 앞에서 각각 [ㄱ, ㄴ, ㄹ, ㅂ]으로 발음한다. 예 넋[넉], 앉다[안따], 여덟[여덜], 값[갑] [제11항] 겹받침 'ㄺ, ㄻ, ㄿ'은 어말 또는 자음 앞에서 각각 [ㄱ, ㅁ, ㅂ]으로 발음한다. 예 닭[닥], 삶[삼:], 읊고[읍꼬] [제14항] 겹받침이 모음으로 시작된 조사나 어미, 접미사와 결합되는 경우에는, 뒤엣것만을 뒤 음절 첫소리로 옮겨 발음한다. (이 경우, 'ㅅ'은 된소리로 발음함.) 예 앉아[안자], 닭을[달글] / 넋이[넉씨], 없어[업:써]
음의 동화	[제17항]❸ 받침 'ㄷ, ㅌ(ㄾ)'이 조사나 접미사의 모음 'ㅣ'와 결합되는 경우에는, [ㅈ, ㅊ]으로 바꾸어서 뒤 음절 첫소리로 옮겨 발음한다. 예 땀받이[땀바지] [제18항] 받침 'ㄱ(ㄲ, ㅋ, ㄳ, ㄺ), ㄷ(ㅅ, ㅆ, ㅈ, ㅊ, ㅌ, ㅎ), ㅂ(ㅍ, ㄼ, ㄿ, ㅄ)'은 'ㄴ, ㅁ' 앞에서 [ㅇ, ㄴ, ㅁ]으로 발음한다. 예 먹는[멍는], 국물[궁물], 닫는[단는], 옷맵시[온맵씨], 잡는[잠는] [제20항] 'ㄴ'은 'ㄹ'의 앞이나 뒤에서 [ㄹ]로 발음한다. 예 난로[날:로], 칼날[칼랄]
음의 첨가	[제29항] 합성어 및 파생어에서, 앞 단어나 접두사의 끝이 자음이고 뒤 단어나 접미사의 첫음절이 '이, 야, 여, 요, 유'인 경우에는, 'ㄴ' 음을 첨가하여 [니, 냐, 녀, 뇨, 뉴]로 발음한다. 예 막-일[망닐], 내복-약[내:봉냑], 한-여름[한녀름], 담-요[담:뇨], 식용-유[시굥뉴] [제30항] 사이시옷이 붙는 단어는 다음과 같이 발음한다. 1. 'ㄱ, ㄷ, ㅂ, ㅅ, ㅈ'으로 시작하는 단어 앞에 사이시옷이 올 때는 이들 자음만을 된소리로 발음하는 것을 원칙으로 하되, 사이시옷을 [ㄷ]으로 발음하는 것도 허용한다. 예 냇가[내:까/낻:까], 콧등[코뜽/콛뜽], 깃발[기빨/긷빨], 햇살[해쌀/핻쌀], 고갯짓[고개찓/고갣찓] 2. 사이시옷 뒤에 'ㄴ, ㅁ'이 결합되는 경우에는 [ㄴ]으로 발음한다. 예 콧날[콛날 → 콘날], 뱃머리[밷머리 → 밴머리] 3. 사이시옷 뒤에 '이' 음이 결합되는 경우에는 [ㄴㄴ]으로 발음한다. 예 깻잎[깯닙 → 깬닙], 나뭇잎[나묻닙 → 나문닙]

---

❶ 표준어 사정 원칙 총칙

[제1항] 표준어는 <u>교양 있는 사</u> (사회적 기준) 람들이 두루 쓰는 <u>현대 서울말</u> (시대적·지역적 기준)로 정함을 원칙으로 한다.

표준어 규정은 공식적인 국어 생활에서 사용되는 표준어와 표준 발음을 정리해 놓은 규정이다. 이는 지역 방언과 사회 방언에서 나타나는 여러 형태나 발음 중에서 표준형을 제시한 것이다.

❷ 국어의 전통성과 합리성

전통성을 고려한다는 것은 이전부터 내려오던 발음상의 관습을 감안한다는 것이다. 예를 들어 현재는 'ㅐ'와 'ㅔ'의 발음을 구별하지 못하는 경우가 많지만, 오랜 기간 별개의 단모음으로 인정했으므로 이 전통을 감안해 두 모음을 다르게 발음하도록 규정하는 것이다. 한편 합리성은 '닭이'를 [다기]로 발음하는 것도 표준 발음으로 인정할지를 결정하는 요소이다. [다기]와 같은 현실 발음은 합리성이 떨어지므로 표준 발음으로 인정하지 않는다.

궁금해

겹받침 'ㄼ' 발음에 예외가 있을까?

겹받침 'ㄼ'은 원칙적으로 'ㅂ'을 탈락시켜 [ㄹ]로 발음해야 해. 하지만 '밟-'은 자음 앞에서 '밟다[밥:따], 밟지[밥:찌]'와 같이 [밥]으로 발음해. '넓-'이 포함된 복합어 중 '넓죽하다, 넓둥글다, 넓적하다' 등에서도 [넙]으로 발음해.

궁금해

겹받침 'ㄺ' 발음에 예외가 있을까?

겹받침 'ㄺ'은 원칙적으로 'ㄹ'을 탈락시켜 [ㄱ]으로 발음해야 해. 하지만 'ㄺ'으로 끝나는 어간 뒤에 '-고, -거나, -거든' 등과 같이 'ㄱ'으로 시작하는 어미가 결합하는 경우에는 '묽고[물꼬], 얽거나[얼꺼나], 맑거든[말꺼든]'처럼 'ㄹ'을 [ㄹ]로 발음해.

❸ 제17항의 붙임

'ㄷ' 뒤에 접미사 '히'가 결합되어 '티'를 이루는 것은 [치]로 발음한다.
예 굳히다[구치다], 닫히다[다치다]

핵심만 바로 체크

1 다음 설명이 맞으면 ○, 틀리면 × 표시하시오.

(1) 'ㅑ, ㅒ, ㅕ, ㅖ, ㅘ, ㅙ, ㅛ, ㅝ, ㅞ, ㅠ, ㅢ'는 단모음으로 발음한다.　　　(　　　)

(2) 용언의 활용형에 나타나는 '져, 쪄, 쳐'는 [저, 쩌, 처]로 발음한다.　　　(　　　)

(3) '깻잎'과 같이 사이시옷 뒤에 '이' 음이 결합되는 경우에는 [ㄴ]으로 발음한다.

　　　　　　　　　　　　　　　　　　　　　　　　　　　　　　　　　(　　　)

2 빈칸에 들어갈 알맞은 단어를 쓰시오.

(1) 겹받침 'ㄳ'은 어말 또는 자음 앞에서 [☐](으)로 발음한다.

(2) '무늬'처럼 자음을 첫소리로 가지고 있는 음절의 'ㅢ'는 [☐](으)로 발음한다.

(3) 단어의 첫음절 이외의 '의'는 [☐](으)로, 조사 '의'는 [☐](으)로 발음함도 허용한다.

예시로 바로 연습

1 다음 단어의 표준 발음으로 알맞은 것을 고르시오.

(1) 천리 → [철리 , 천니]

(2) 핥다 → [할따 , 한따]

(3) 가을걷이 → [가을거디 , 가을거지]

2 다음 겹받침의 발음으로 알맞은 것을 찾아 바르게 연결하시오.

(1) 흙　•

(2) 값　•　　　　　　　　　• ㉠ [ㄱ]

(3) 앉고 •　　　　　　　　　• ㉡ [ㄴ]

(4) 넓다 •　　　　　　　　　• ㉢ [ㄹ]

(5) 맑다 •　　　　　　　　　• ㉣ [ㅂ]

(6) 없다 •

3 다음 단어를 발음할 때 적용되는 규정을 〈보기〉에서 고르고, 해당 규정에 따른 단어의 올바른 발음을 쓰시오.

┌─────────── 보기 ───────────┐

• ㉠: 겹받침이 모음으로 시작된 조사나 어미, 접미사가 결합되는 경우에는, 뒤엣것만을 뒤 음절 첫소리로 옮겨 발음한다.

• ㉡: 합성어 및 파생어에서, 앞 단어나 접두사의 끝이 자음이고 뒤 단어나 접미사의 첫음절이 '이, 야, 여, 요, 유'인 경우에는, 'ㄴ' 음을 첨가하여 [니, 냐, 녀, 뇨, 뉴]로 발음한다.

└──────────────────────────┘

(1) 맨입: (　　　,[　　　])　　　　(2) 젊어: (　　　,[　　　])

(3) 읊어: (　　　,[　　　])　　　　(4) 콩엿: (　　　,[　　　])

기본 다지기

정답과 해설 44쪽

표준 발음법 총칙의 이해

01 다음 표준 발음법 총칙에서 ㉠과 ㉡에 들어갈 말을 바르게 묶은 것은?

보기

[제1항] 표준 발음법은 표준어의 실제 발음을 따르되, 국어의 (㉠)과 (㉡)을 고려하여 정함을 원칙으로 한다.

	㉠	㉡
①	전통성	지역성
②	전통성	합리성
③	창조성	지역성
④	창조성	합리성
⑤	정확성	양면성

01 표준 발음법 총칙 제1항에 대한 문제야. 표준 발음법은 무엇을 기준으로 정하는지, 또 실제로 어떤 발음을 표준 발음으로 정하고 허용하는지도 연관 지어 생각해 볼 수 있을 거야.

이중 모음의 발음 적용

02 다음 밑줄 친 부분 중, 표준 발음법에 따른 표준 발음이 아닌 것은?

① 교무실[교:무실]도 북적거렸다.
② 나는 공을 세게 던져[던저] 보았다.
③ 우리 반이 우승하기를 희망[희망]한다.
④ 수업과 연계[연게]된 동아리에 가입했다.
⑤ 너와 나의[나에] 소원이 이루어질 것이다.

02 이중 모음의 발음과 관련된 표준 발음법 규정에 어떤 것이 있었는지 떠올려 보자. 예외로 허용하는 경우가 있다는 것을 기억하면서 문제를 풀면 쉽게 해결할 수 있을 거야.

받침의 발음 적용

03 다음 밑줄 친 부분 중, 발음이 적절하지 않은 것은?

① 닭을[다글] 잡으러 뛰어다녔다.
② 그는 젊어서[절머서] 체력이 좋다.
③ 이 옷은 얇아서[얄바서] 시원하다.
④ 내가 만든 그릇은 넓적하다[넙쩌카다].
⑤ 다리를 다친 고양이가 가엾어[가:엽써] 보인다.

03 겹받침과 관련된 표준 발음 규정을 떠올려 보자. 겹받침이 어말 또는 자음 앞에서 어떻게 발음되는지, 모음으로 시작된 조사나 어미, 접미사와 결합되는 경우에 어떻게 발음되는지를 생각하며 문제를 풀어 봐.

음의 첨가 적용

04 다음 밑줄 친 단어 중, 'ㄴ' 음이 첨가되지 않는 것은?

① 한여름 날씨
② 포근한 솜이불
③ 이 차는 영업용이다.
④ 노란 꽃잎이 날린다.
⑤ 넓은 광야가 눈앞에 펼쳐졌다.

04 표준 발음법의 규정 중 제29항을 참고하여 밑줄 친 단어를 발음할 때 'ㄴ' 음이 첨가되는 경우인지를 확인해 봐.

01 〈보기〉에 대해 이해한 내용으로 적절하지 <u>않은</u> 것은?

┤보기├

[제1항] ㉠표준 발음법은 ㉡표준어의 실제 발음을 따르되, 국어의 ㉢전통성과 ㉣합리성을 고려하여 정함을 원칙으로 한다.

① ㉠은 ㉡을 한글로 올바르게 적는 방법이다.
② ㉡은 교양 있는 사람들이 두루 쓰는 현대 서울말의 발음이다.
③ '맛있다'의 발음으로 [마싣따]를 인정한 것은 ㉣을 고려한 것이다.
④ ㉡이라도 ㉢과 ㉣에 위배된다면 표준 발음으로 인정하지 않는다.
⑤ ㉡~㉣을 고려하여 원칙적으로 표준 발음을 정하되, 일부는 복수 표준 발음을 허용하기도 한다.

02 다음 밑줄 친 부분 중, 이중 모음으로 발음하는 것은?

① <u>쩌</u>
② 다<u>져</u>
③ 잊<u>혀</u>
④ 가<u>져</u>
⑤ 쓰<u>여</u>

03 받침의 발음에 대한 설명으로 알맞은 것은?

① '훑고'는 [훈꼬]로 발음한다.
② '여덟이다'는 [여덥비다]로 발음한다.
③ '읽다'는 [익따]로 발음하나, '읽고'는 [일꼬]로 발음한다.
④ '삶', '늙다'는 발음할 때 겹받침 중 뒤의 자음은 발음하지 않는다.
⑤ '넋', '넓다'는 발음할 때 겹받침 중 앞의 자음은 발음하지 않는다.

04 다음 중 제시된 발음이 표준 발음법에 부합하지 <u>않</u>는 것은?

① 지혜[지혜]
② 깃발[기빨]
③ 땀받이[땀바지]
④ 백분율[백뿐뉼]
⑤ 할는지[할른지]

05 〈보기〉의 규정을 참고할 때, 다음 중 올바른 발음이 아닌 것은?

┤보기├

[제30항] 사이시옷이 붙는 단어는 다음과 같이 발음한다.
1. 'ㄱ, ㄷ, ㅂ, ㅅ, ㅈ'으로 시작하는 단어 앞에 사이시옷이 올 때는 이들 자음만을 된소리로 발음하는 것을 원칙으로 하되, 사이시옷을 [ㄷ]으로 발음하는 것도 허용한다.
2. 사이시옷 뒤에 'ㄴ, ㅁ'이 결합되는 경우에는 [ㄴ]으로 발음한다.
3. 사이시옷 뒤에 '이' 음이 결합되는 경우에는 [ㄴㄴ]으로 발음한다.

① 콧날[콘날]
② 아랫니[아랜니]
③ 깻잎[깬닙]
④ 콧등[코뜽/콛뜽]
⑤ 베갯잇[배개닏]

06 〈보기〉를 고려할 때 이중 모음 'ㅢ' 발음에 대한 설명으로 적절하지 <u>않은</u> 것은?

┤보기├

• 'ㅢ'는 이중 모음으로 발음한다.
• 자음을 첫소리로 가지고 있는 음절의 'ㅢ'는 [ㅣ]로 발음한다.
• 단어의 첫음절 이외의 '의'는 [ㅣ]로, 조사 '의'는 [ㅔ]로 발음함도 허용한다.

① '의의'는 [의:의/의:이]로 발음할 수 있지만, [이:의/이:이]로 발음할 수는 없다.
② '늴리리'에서 'ㅢ'는 자음을 첫소리로 가지고 있으므로 '늴리리'는 [닐리리]로 발음해야 한다.
③ '협의'에서 '의'는 [ㅢ]나 [ㅣ]로 발음할 수 있으므로 '협의'는 [혀븨/혀비] 둘 다 올바른 발음이다.
④ '의사'의 'ㅢ'는 자음을 첫소리로 가지고 있지 않은 단어의 첫음절이므로 '의사'는 [의사]로 발음해야 한다.
⑤ '강의의'에서 두 번째 음절의 '의'는 [ㅣ]로, 세 번째 음절의 '의'는 [ㅔ]로 발음할 수 있으므로 [강:의의/강:이에]로만 발음할 수 있다.

01 ㉠과 ㉡에 들어갈 규정과 관련된 설명으로 적절하지 <u>않은</u> 것은?

> (　㉠　)은 우리말을 한글로 적을 때 지켜야 할 규칙과 기준을 정하여 놓은 것이고, (　㉡　)은 우리말 발음의 표준을 정해 놓은 규정이다.

① ㉠은 표준어를 소리대로 적되, 어법에 맞도록 함을 원칙으로 한다.

② ㉠에 따라 '같으니'처럼 용언의 어간과 어미는 구별하여 적어야 한다.

③ ㉠에 따라 한 단어 안에서 뚜렷한 까닭 없이 나는 된소리는 '싹뚝'처럼 다음 음절의 첫소리를 된소리로 적는다.

④ ㉡은 표준어의 실제 발음을 따르되, 국어의 전통성과 합리성을 고려하여 정함을 원칙으로 한다.

⑤ ㉡에 따라 용언의 활용형에 나타나는 '져, 쪄, 쳐'는 [저, 쩌, 처]로 발음하므로 '다쳐'는 [다처]로 발음한다.

02 다음 조항에 해당하는 예가 바르게 짝 지어진 것은?

> [제10항] 한자음 '녀, 뇨, 뉴, 니'가 단어 첫머리에 올 적에는, 두음 법칙에 따라 '여, 요, 유, 이'로 적는다.
> [제11항] 한자음 '랴, 려, 레, 료, 류, 리'가 단어의 첫머리에 올 적에는, 두음 법칙에 따라 '야, 여, 예, 요, 유, 이'로 적는다.
> [제12항] 한자음 '라, 래, 로, 뢰, 루, 르'가 단어의 첫머리에 올 적에는, 두음 법칙에 따라 '나, 내, 노, 뇌, 누, 느'로 적는다.

	[제10항]	[제11항]	[제12항]
①	이발(理髮)	양심(良心)	내년(來年)
②	연간(年間)	유행(流行)	누각(樓閣)
③	여자(女子)	이발(理髮)	왕래(往來)
④	예절(禮節)	개량(改良)	낙원(樂園)
⑤	연세(年歲)	이치(理致)	쾌락(快樂)

> **도와줘**
> 두음 법칙은 어떤 소리가 한자어의 첫머리에서 발음되는 것을 꺼려 다른 소리로 바꾸어 발음하는 현상이다. 단어의 첫머리가 아닌 경우에는 두음 법칙이 적용되지 않으므로 본음대로 적어야 한다.

03 〈보기〉에서 맞춤법이 틀린 부분을 모두 찾아 바르게 고쳐 쓰시오.

> ┤보기├
> ㉠ 걱정이 살아지다.
> ㉡ 즐거운 삼을 살다.
> ㉢ 엄격한 규율을 지키다.
> ㉣ 나는 그의 보호자가 아니오.
> ㉤ 그가 텃세를 부리는 회수가 늘었다.

(　　　　　　　　　　　　　　　　　　　　　　)

> **도와줘**
> 어간에 '-이'나 '-(으)ㅁ'이 붙어서 명사로 된 것은 그 어간의 원형을 밝혀 적어야 한다. 그리고 사이시옷을 받치어 적는 두 음절의 한자어는 '곳간(庫間), 셋방(貰房), 숫자(數字), 찻간(車間), 툇간(退間), 횟수(回數)' 6개뿐이다.

04 〈보기〉의 ㉠~㉤을 한글 맞춤법 규정에 따라 고쳐 쓰려는 계획으로 적절하지 <u>않은</u> 것은?

> ┤보기├
> ㉠<u>후일</u>을 계획하기 위하여 필요한 ㉡<u>쇠부치가</u> ㉢<u>무친</u> 장소가 어디인지 ㉣<u>곰곰이</u> 생각하느라 ㉤<u>거름</u>이 느려졌다.

① ㉠은 사이시옷을 받치어 '훗일'이라고 쓴다.

② ㉡은 구개음화가 나타난 소리로, 표기는 '쇠붙이'로 해야 한다.

③ ㉢은 '묻히다'에서 나온 말로 [무치다]로 발음되어도 '묻힌'으로 써야 한다.

④ ㉣은 부사에 '-히'가 붙어서 다시 부사로 된 말이기에 부사의 원형을 밝히어 '곰곰히'로 표기한다.

⑤ ㉤은 어간에 '-음'이 붙어서 명사로 된 말이기에 어간의 원형을 밝히어 '걸음'으로 표기한다.

05 다음 문장을 바르게 띄어 쓰시오.

> 우리가다섯내지여섯그루의나무를심을수있을까?

06 〈보기 1〉을 바탕으로 〈보기 2〉의 ㉠~㉤을 분석한 내용으로 적절하지 <u>않은</u> 것은?

┤보기1├

[제2항] 문장의 각 단어는 띄어 씀을 원칙으로 한다.

┤보기2├

• ㉠: 어디까지나 / 꽃처럼
• ㉡: 성실 및 경험 / 축구, 야구 등을 좋아한다.
• ㉢: 물이 쏟아져 버렸다. / 일이 될법하다.
• ㉣: 그가 떠난 지 오래다. / 집이 큰지 작은지 모른다.
• ㉤: 연필 한 자루 / 2025년 10월 25일

① ㉠: 조사는 그 앞말에 붙여 쓴다.
② ㉡: 두 말을 이어 주거나 열거할 적에 쓰이는 말은 띄어 쓴다.
③ ㉢: 보조 용언은 띄어 씀이 원칙이나, 경우에 따라 붙여 씀도 허용한다.
④ ㉣: 의존 명사는 띄어 쓰는 것이 원칙이나, 경우에 따라 붙여 씀도 허용한다.
⑤ ㉤: 단위를 나타내는 명사는 띄어 쓰는 것이 원칙이나 숫자와 어울려 쓸 때는 붙여 쓸 수 있다.

07 다음 중 표준 발음에 대한 설명으로 올바른 것은?

① '씌어'는 [씌어]로 발음한다.
② '개폐'는 [개폐], [개폐] 모두를 허용한다.
③ '주의'는 [주의]가 원칙이고, [주이]는 허용하지 않는다.
④ '그곳의'는 [그곳의]가 원칙이고, [그곳에]는 허용하지 않는다.
⑤ '의사를 밝히다'에서 '의사'는 [의사], [이사] 모두 발음이 가능하다.

08 〈보기〉의 조항을 적용한 예로 적절하지 <u>않은</u> 것은?

┤보기├

[제10항] 겹받침 'ㄳ', 'ㄵ', 'ㄼ, ㄽ, ㄾ', 'ㅄ'은 어말 또는 자음 앞에서 각각 [ㄱ, ㄴ, ㄹ, ㅂ]으로 발음한다.
　다만, ㉠'밟-'은 자음 앞에서 [밥]으로 발음하고, ㉡'넓-'은 다음과 같은 경우에 [넙]으로 발음한다.
[제11항] 겹받침 'ㄺ, ㄻ, ㄿ'은 어말 또는 자음 앞에서 각각 [ㄱ, ㅁ, ㅂ]으로 발음한다.
　다만, ㉢용언의 어간 말음 'ㄺ'은 'ㄱ' 앞에서 [ㄹ]로 발음한다.

① 제10항에 따라 '외곬'은 [외골]로 발음한다.
② ㉠에 따라 '밟지'는 [밥:찌]로 발음한다.
③ ㉡의 예로 '넓죽하다[넙쭈카다]'가 있다.
④ 제11항에 따라 '붉다[북따], 굶다[굼:따], 읊고[읍꼬]로 발음한다.
⑤ ㉢에 따라 '밝다'는 [발따]로, '밝고'는 [발꼬]로 발음한다.

09 다음 밑줄 친 부분 중, 발음이 적절하지 <u>않은</u> 것은?

① 이것은 네 <u>몫이야[목씨야]</u>.
② 아직 점심을 <u>먹는[멍는]</u> 중이야.
③ 안개가 <u>걷히며[거치며]</u> 앞이 보였다.
④ 이제 곧 여름이니 <u>솜이불[소미불]</u>은 넣어야겠어.
⑤ 아이들이 <u>줄넘기[줄럼끼]</u>를 하면서 노래를 부른다.

10 다음 단어의 올바른 발음을 쓰시오.

• 홑이불[　㉠　]　　　• 하늬바람[　㉡　]

㉠: (　　　　　　　　　)
㉡: (　　　　　　　　　)

V

한글

DAY 25

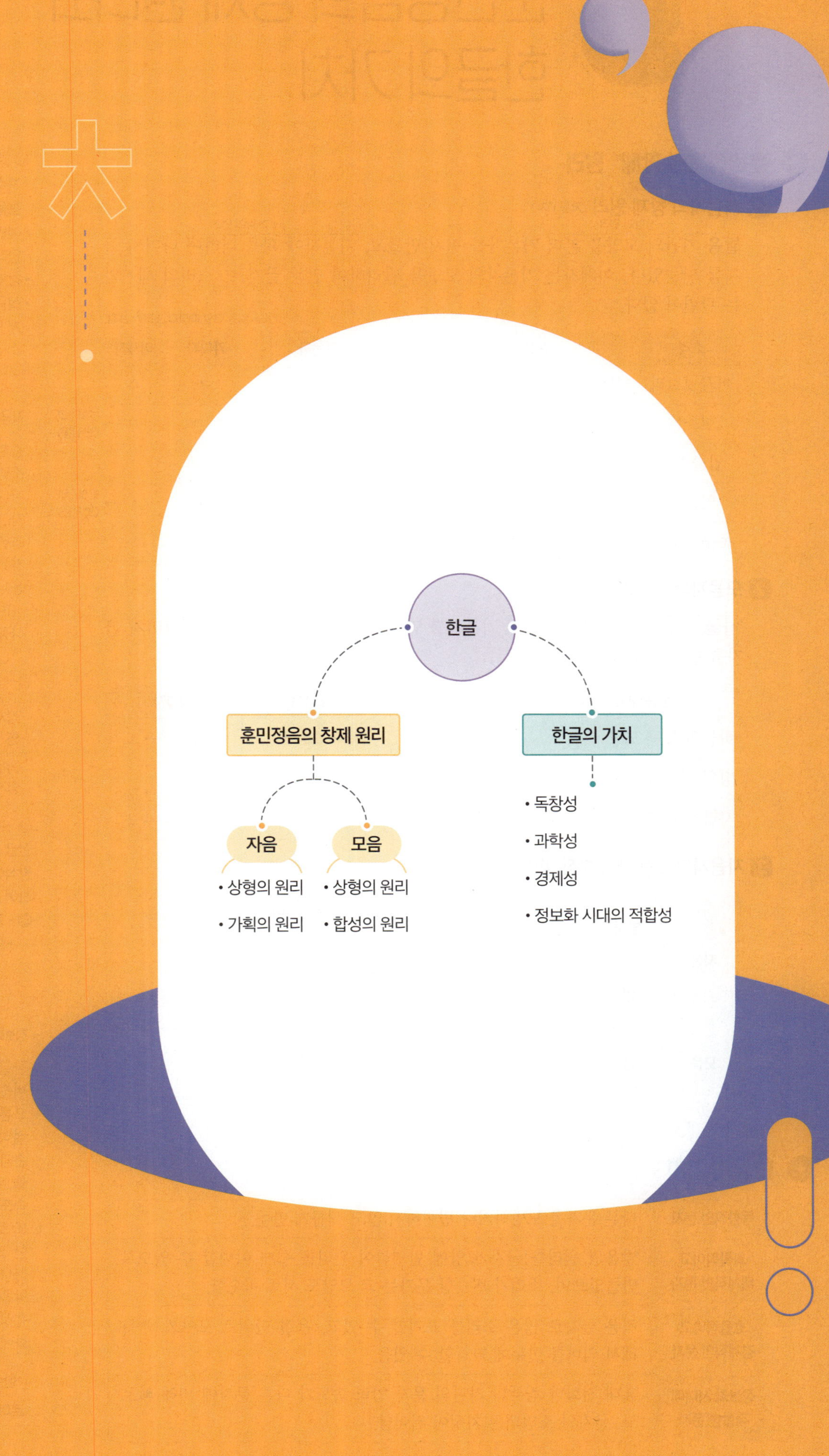

한글
훈민정음의 창제 원리
한글의 가치
자음
모음
• 상형의 원리
• 가획의 원리
• 상형의 원리
• 합성의 원리
• 독창성
• 과학성
• 경제성
• 정보화 시대의 적합성

훈민정음의 창제 원리와 한글의 가치

◆ 훈민정음의 창제[1] 원리

1 자음자의 창제 원리 (자음 17자)

발음 기관의 모양을 본떠 기본자를 먼저 만들고, 기본자에 획을 더하여 나머지 글자를 만들었다. 이체자는 기본자의 모양을 달리하여 만든 글자로, 소리의 세기와는 관련이 없다.

┌ 상형의 원리   ┌ 가획의 원리

→ 획을 더할 때마다 소리가 세짐.

소리	본뜬 모양	기본자	가획자	이체자
어금닛소리	혀뿌리가 목구멍을 닫는 모양	ㄱ	ㅋ	ㆁ
혓소리	혀가 윗잇몸에 붙는 모양	ㄴ	ㄷ ㅌ	ㄹ → 반혓소리 (반설음)
입술소리	입의 모양	ㅁ	ㅂ ㅍ	
잇소리	이의 모양	ㅅ	ㅈ ㅊ	ㅿ → 반잇소리 (반치음)
목구멍소리	목구멍의 모양	ㅇ	ㆆ ㅎ	

상형 → 가획 →

2 모음자의 창제 원리 (모음 11자)

┌ 상형의 원리   ┌ 합성의 원리

'하늘, 땅, 사람'의 모양을 본떠 기본자를 만들고, 기본자를 서로 합하여 나머지 글자를 만들었다.

본뜬 모양	기본자	초출자	재출자
하늘의 둥근 모양	ㆍ	ㆍ + ㅡ → ㅗ	ㅗ + ㆍ → ㅛ
땅의 평평한 모양	ㅡ	ㅣ + ㆍ → ㅏ	ㅏ + ㆍ → ㅑ
사람이 서 있는 모양	ㅣ	ㅡ + ㆍ → ㅜ	ㅜ + ㆍ → ㅠ
		ㆍ + ㅣ → ㅓ	ㅓ + ㆍ → ㅕ

상형 → 합성 →

3 자음자와 모음자의 확장 방법

자음	병서[2]	자음자 둘 이상을 옆으로 나란히 쓰는 방법 예 ㄲ, ㄸ, ㅃ, ㅆ, ㅉ, ㅳ, ㅄ, ㅥ
	연서	자음자 둘을 위아래로 잇대어 쓰는 방법 예 ㅱ, ㅸ, ㆄ, ㅹ
모음	합용	모음자끼리 글자를 더하여 쓰는 방법 예 ㅘ, ㅝ, ㅢ, ㅚ, ㅒ, ㅟ, ㅛ, ㅖ, ㅠ, ㅞ, ㅙ, ㅞ

◆ 한글의 가치

독창적인 문자	다른 문자를 모방하거나 변형하지 않고 새롭게 만듦.
과학적이고 체계적인 문자	발음의 원리를 글자 모양에 반영하여 원리를 쉽게 이해할 수 있도록 만들었으며, 소리가 비슷한 문자는 그 모양도 서로 비슷함.
효율적이고 경제적인 문자	적은 글자로 많은 소리를 표기할 수 있고, 음절 단위로 모아쓰기[3]를 해서 의미를 한눈에 파악할 수 있음.
정보화 시대에 적합한 문자	휴대 전화나 컴퓨터 자판의 문자 입력 속도가 다른 문자에 비해 빠르고, 문자와 소리의 일치성이 뛰어남.

---

❶ 훈민정음의 창제 정신
- 자주 정신: 우리말이 중국 말과 다름을 인식함.
- 애민 정신: 문자를 모르는 백성들을 안타깝게 여김.
- 창조 정신: 새롭게 문자를 창조함.
- 실용 정신: 모든 사람들이 글자를 쉽게 익혀 편하게 하고자 함.

지금은 사라진 자모는 어떤 것이 있을까?

훈민정음(백성을 가르치는 바른 소리)이 창제된 당시에는 자음 17자(기본자 5개, 가획자 9개, 이체자 3개), 모음 11자(기본자 3개, 초출자 4개, 재출자 4개)로 총 28자가 있었어. 그중에서 ㆁ(옛이응), ㆆ(여린히읗), ㅿ(반치음), ㆍ(아래아) 이 네 글자는 지금은 사용하지 않는 자모에 해당돼.

❷ 병서의 종류

각자 병서	같은 자음자를 나란히 쓰는 방법 예 ㄲ, ㄸ, ㅃ, ㅆ, ㅉ
합용 병서	다른 자음자를 나란히 쓰는 방법 예 ㅺ, ㄺ, ㄽ, ㅄ 등

❸ 모아쓰기

한글 자모를 가로세로로 묶어서 쓰는 방식이다. 한글은 소리 낼 때를 고려하여 음절 단위로 모아쓴다.
예 · 풀어쓰기 방식: ㅅㅏㄹㅏㅇㅎㅐ
· 모아쓰기 방식: 사랑해

정보화 시대에 한글은 어떤 장점이 있을까?

한글은 자음자와 모음자의 수가 비슷하여 컴퓨터 자판의 왼쪽과 오른쪽에 자음자와 모음자를 적절히 배치할 수 있어. 그래서 왼손과 오른손을 번갈아 가며 글자를 입력할 수 있기 때문에 타자 속도가 로마자보다 훨씬 빠르지. 또 로마자는 하나의 모음이 다양한 소리로 발음되지만, 한글은 하나의 모음이 한 가지 소리로 발음되기 때문에 기계 번역이나 음성 인식 컴퓨터 등 한글 정보화에 유리하다는 장점도 있지.

한글	사과[사과] / 휴가[휴가]
로마자	air[에어] / car[카]

핵심만 바로 체크

1 다음 설명이 맞으면 ○, 틀리면 × 표시하시오.

(1) 자음 중 'ㄹ'은 기본자의 모양을 달리하여 만든 글자이다. ( )

(2) 한글에서 비슷한 소리를 내는 문자는 그 모양도 비슷하다. ( )

(3) 모음은 상형의 원리와 가획의 원리, 합성의 원리로 만들어졌다. ( )

2 다음 문장에 들어갈 알맞은 말을 고르시오.

(1) 자음과 모음의 기본자는 모두 (상형 / 합성)의 원리로 만들어졌다.

(2) 자음의 가획자는 획이 더해질 때마다 소리가 (세지는 / 약해지는) 특징이 있다.

(3) 한글은 의미를 파악하기 쉽도록 음절 단위로 (풀어쓰기 / 모아쓰기)를 하고 있다.

예시로 바로 연습

1 다음 자음자와 자음자의 창제 원리를 바르게 연결하시오.

(1) ㄹ, ㆁ, ㅿ   •   • ㉠ 기본자

(2) ㅋ, ㅌ, ㅍ, ㅊ, ㅎ •   • ㉡ 가획자

(3) ㄱ, ㄴ, ㅁ, ㅅ, ㅇ •   • ㉢ 이체자

2 다음 설명에 해당하는 모음자를 쓰시오.

(1) 하늘의 둥근 모양을 본떠 만듦. ( )

(2) 땅의 평평한 모양을 본떠 만듦. ( )

(3) 사람이 서 있는 모양을 본떠 만듦. ( )

3 〈보기〉의 모음자를 각각의 분류에 맞게 나누어 쓰시오.

> **보기**
>
> ㅗ, ·, ㅛ, ㅡ, ㅏ, ㅜ, ㅓ, ㅑ, ㅣ, ㅠ, ㅕ

(1) 기본자: ( )

(2) 초출자: ( )

(3) 재출자: ( )

기본 다지기

정답과 해설 48쪽

자음자의 창제 원리

01 〈보기〉의 ㉠, ㉡에 들어갈 말로 알맞은 것은?

보기

　훈민정음의 자음자 중 기본자는 'ㄱ, ㄴ, ㅁ, ㅅ, ㅇ'으로, (㉠)의 원리에 따라 만들었다. (㉠)은 어떤 모양을 본떴다는 의미인데, (㉡)의 모양을 본떠 자음의 기본자를 만든 것이다.

	㉠	㉡		㉠	㉡
①	상형	발음 기관	②	가획	발음 기관
③	합성	발음 기관	④	상형	하늘, 땅, 사람
⑤	가획	하늘, 땅, 사람			

01 훈민정음의 자음자 중, 기본자의 창제 원리를 묻는 문제야. 기본자인 'ㄱ, ㄴ, ㅁ, ㅅ, ㅇ'은 어떤 원리로 만들어진 글자인지 떠올리며 문제를 풀어 보자!

자음자의 창제 원리

02 다음 중 〈보기〉의 설명에 대한 예로 알맞지 <u>않은</u> 것은?

보기

기본자에 획을 더해 가며 새로운 글자를 만들었다.

① ㄱ → ㅋ
② ㄴ → ㄷ → ㅌ
③ ㅁ → ㅂ → ㅍ
④ ㅅ → ㅈ → ㅊ
⑤ ㅇ → ㆁ → ㅎ

02 자음의 기본자 'ㄱ, ㄴ, ㅁ, ㅅ, ㅇ'에 획을 하나씩 더해 보자. 비슷한 모양의 자음들을 떠올리되, 가획의 원리로 창제되지 않은 이체자와 헷갈리지 않도록 주의해야 해.

모음자의 창제 원리

03 모음자의 창제 원리에 대한 설명으로 적절하지 <u>않은</u> 것은?

① 기본자 'ㆍ, ㅡ, ㅣ'는 상형의 원리로 만들었다.
② 'ㅗ, ㅏ, ㅜ, ㅓ'는 'ㆍ'를 'ㅡ'와 'ㅣ'에 결합하여 만든 글자이다.
③ 'ㅛ, ㅑ, ㅠ, ㅕ'는 초출자에 다시 'ㆍ'를 결합하여 만든 글자이다.
④ 초출자의 창제 원리는 기본자를 결합하여 만든 합성의 원리이다.
⑤ 재출자의 창제 원리는 기본자에 획을 더하여 만든 가획의 원리이다.

03 모음자는 기본자, 초출자, 재출자로 구분할 수 있어. 우선 기본자가 무엇이고 어떤 원리로 만들어졌는지를 떠올려 보자. 그런 다음 이를 바탕으로 초출자, 재출자를 창제한 원리를 정리해 보자.

한글의 가치

04 ㉠과 ㉡의 표기 방식을 비교할 때, ㉡의 방식이 가진 장점으로 가장 적절한 것은?

보기

㉠ ㅅㅗㄹㅣㄹㅡㄹ ㄷㅡㄷㄷㅏ.　　　　㉡ 소리를 듣다.

① 모아쓰기를 해서 글자를 쉽게 읽을 수 있다.
② 자판을 사용할 때 빠르게 입력하기 쉬운 문자이다.
③ 발음의 원리를 글자 모양에 반영해 원리를 이해하기 쉽다.
④ 적은 수의 자음과 모음을 조합해 많은 글자를 만들 수 있다.
⑤ 기본자를 확장하여 가획자와 이체자를 만든 과학적인 문자이다.

04 〈보기〉를 통해 알 수 있는 한글의 가치를 파악하는 문제야. ㉠과 비교했을 때 ㉡에 어떤 장점이 있는지를 생각해 보면 문제를 쉽게 풀 수 있을 거야.

01 다음 중 훈민정음에 대한 설명으로 알맞지 <u>않은</u> 것은?

① 한글은 상형의 원리로 자음과 모음의 기본자를 만들었다.

② 모음의 재출자는 초출자와 초출자를 합용하여 만들었다.

③ 'ㄲ, ㄸ, ㅃ'은 각자 병서이고, 'ㄳ, ㄺ, ㄽ'은 합용 병서이다.

④ 한글은 다른 문자를 모방하거나 변형하지 않고 독창적으로 만든 문자이다.

⑤ 자음 17자, 모음 11자 가운데 오늘날 쓰이지 않는 문자는 'ㆁ, ㆆ, ㅿ, ㆍ'이다.

02 〈보기〉를 참고할 때, 자음자의 창제 원리에 대한 설명으로 알맞지 <u>않은</u> 것은?

| 보기 |

기본자	가획자	이체자
ㄴ	ㄷ → ㅌ	ㄹ

① 'ㄷ'은 'ㄴ'보다 소리가 세게 나는 글자이다.

② 'ㄹ'은 기본자의 모양을 달리하여 만든 글자이다.

③ 이체자 'ㄹ'은 기본자 'ㄴ' 소리의 세기와는 관련이 없다.

④ 'ㄴ'은 혀뿌리가 목구멍을 닫는 모양을 본떠 만든 글자이다.

⑤ 'ㄷ'은 'ㄴ'에서 한 획을 더하고, 'ㅌ'은 두 획을 더해서 만든 글자이다.

03 〈보기〉에 대한 설명으로 알맞지 <u>않은</u> 것은?

| 보기 |

ㆁ　　ㄹ　　ㅿ

① 이체자로 분류되는 자음들이다.

② 각각 옛이응, 반설음, 반치음으로 불린다.

③ 가획의 원리가 적용되지 않는 글자들이다.

④ 현대 국어에서는 사용하지 않는 글자들이다.

⑤ 기본자의 모양을 변형하여 만든 글자들이다.

04 다음 중 〈보기〉의 ㉠과 ㉡에 해당하는 모음이 모두 쓰인 단어로 알맞은 것은?

| 보기 |

　모음은 기본자를 바탕으로 합성의 원리에 따라 각각 ㉠초출자와 ㉡재출자를 만들었다.

① 예의　　　② 축구　　　③ 하늘

④ 신문　　　⑤ 양말

05 〈보기〉의 ㉠~㉢에 대한 설명으로 알맞지 <u>않은</u> 것은?

| 보기 |

㉠ ㄲ, ㄸ, ㅃ, ㅆ, ㅉ

㉡ ㅘ, ㅝ, ㅢ, ㅚ, ㅒ

㉢ ㅱ, ㅸ, ㆄ, ㅃ

① ㉠은 자음자 둘 이상을 옆으로 나란히 쓰는 방법이다.

② ㉡은 재출자에 가획을 하여 쓰는 방법이다.

③ ㉢은 자음자 둘을 위아래로 잇대어 쓰는 방법이다.

④ ㉠과 달리 ㉢은 오늘날 쓰이지 않는 표기 방법이다.

⑤ ㉠은 병서의 원리, ㉡은 합용의 원리, ㉢은 연서의 원리로 쓰였다.

06 (어려워요) 〈보기〉를 통해 알 수 있는 사실이 <u>아닌</u> 것은?

| 보기 |

▲ 천지인 자판

① 가획의 원리로 초출자와 재출자를 표기한다.

② 모음의 기본자를 바탕으로 다른 모음을 만든다.

③ 'ㅈ' 버튼을 한 번 더 누르면 'ㅊ'이 되는 것은 가획의 원리가 적용된 것이다.

④ 'ㄱ'과 'ㅋ'이 같은 버튼에 배치된 것은 두 자음의 발음 기관이 같기 때문이다.

⑤ 'ㅡ' 버튼을 누른 후 'ㅣ' 버튼을 누르면 'ㅢ'가 입력되는데, 이는 합용의 방법이 적용된 것이다.

01 ㉠~㉢에 들어갈 자음으로 알맞은 것끼리 묶은 것은?

본뜬 모양	기본자	가획자	이체자
혀뿌리가 목구멍을 닫는 모양		㉠	
혀가 윗잇몸에 붙는 모양	㉡		
입의 모양			
이의 모양		㉢	㉣
목구멍의 모양			

	㉠	㉡	㉢	㉣
①	ㅋ	ㄴ	ㅂ, ㅍ	ㅿ
②	ㅋ	ㄴ	ㅈ, ㅊ	ㅿ
③	ㄷ, ㅌ	ㄱ	ㅅ, ㅈ	ㄹ
④	ㄷ, ㅌ	ㄱ	ㅈ, ㅊ	ㄹ
⑤	ㅂ, ㅍ	ㅁ	ㅈ, ㅊ	ㄹ

02 〈보기〉의 ㉠, ㉡에 제시된 글자의 창제 원리에 대한 설명으로 알맞은 것은?

> ┤보기├
> ㉠ ㅌ, ㅍ, ㅎ   ㉡ ㅛ, ㅑ, ㅠ, ㅕ

① ㉠과 ㉡은 모두 가획의 원리로 만들었다.
② ㉠과 ㉡은 모두 합성의 원리로 만들었다.
③ ㉠은 합성의 원리, ㉡은 가획의 원리로 만들었다.
④ ㉠은 가획의 원리, ㉡은 합성의 원리로 만들었다.
⑤ ㉠은 상형의 원리, ㉡은 가획의 원리로 만들었다.

03 다음 〈조건〉에 맞는 글자를 모두 쓰시오.

> ┤조건├
> 첫소리는 'ㅁ'에 한 획을 더했으며, 가운뎃소리는 초출자이며, 끝소리는 이체자 중 현재까지 남아 있는 자음이다.

(   )

04 〈보기〉의 ㉠~㉢을 탐구한 내용으로 적절하지 않은 것은?

> ┤보기├
> ㉠ 단어를 쓸 때 'ㅎㅐㅇㅂㅗㄱ'이라고 쓰는 대신 '행복'이라고 쓴다.
> ㉡ 한글은 자음자와 모음자의 수가 비슷하여 컴퓨터 자판에서 왼쪽과 오른쪽에 자음자와 모음자를 적절하게 배치할 수 있다.
> ㉢ 'ㅗ'와 'ㅏ', 'ㅜ'와 'ㅓ'를 더하여 'ㅘ, ㅝ'를 만들고, 'ㆍ, ㅡ, ㅗ, ㅏ, ㅜ, ㅓ'에 'ㅣ'를 더하여 'ㅓ, ㅢ, ㅚ, ㅐ, ㅟ, ㅔ'를 만들었다.

① ㉠은 한글이 음절 단위로 글자를 모아쓴다는 점을 보여 준다.
② ㉠은 한글이 한눈에 의미를 파악하기 쉽다는 특징을 보여 준다.
③ ㉡은 한글의 입력 속도가 빨라 정보 처리에 유용함을 보여 준다.
④ ㉡은 한글이 상형의 원리로 만들어진 과학적인 글자임을 보여 준다.
⑤ ㉢은 한글이 적은 글자 수로 많은 글자를 만들어 낼 수 있음을 보여 준다.

05 다음은 〈보기〉를 바탕으로 나눈 대화이다. ㉠~㉤ 중, 적절하지 않은 것은?

> ┤보기├

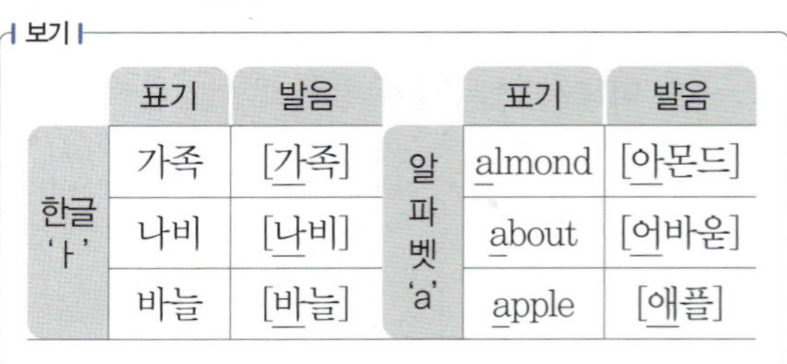

	표기	발음		표기	발음
한글 'ㅏ'	가족	[가족]	알파벳 'a'	almond	[아몬드]
	나비	[나비]		about	[어바운]
	바늘	[바늘]		apple	[애플]

> 재인: ㉠한글은 하나의 모음이 하나의 소리로 발음되는데, ㉡알파벳은 하나의 모음이 다양한 소리로 발음되네. 그럼 ㉢한글은 배우기 쉽고 소리를 내기도 쉽겠구나.
> 수빈: ㉣한글은 정보화 시대에 적합한 문자이기도 해. 다만 ㉤음성 인식에 있어서 모음의 표기와 소리가 일치하지 않는 문제가 있지.

① ㉠   ② ㉡   ③ ㉢   ④ ㉣   ⑤ ㉤

기출로
끝내기

I 음운

정답과 해설 50쪽

01 국어의 음운에 대한 설명으로 적절하지 <u>않은</u> 것은?

① '장군'과 '임금'의 음운 개수는 같다.
② 국어에는 19개의 자음과 21개의 모음이 있다.
③ 음운이란 말의 뜻을 구별해 주는 소리의 가장 작은 단위이다.
④ '우유'는 입안의 공기가 방해를 받지 않고 발음되는 단어이다.
⑤ '밤'과 '발'의 의미가 구별되는 것은 끝소리 자음의 차이 때문이다.

02 다음 중 자음의 소리 나는 위치와 소리 내는 방법을 바르게 제시한 것은?

	자음	소리 나는 위치	소리 내는 방법
①	ㅁ	입술소리	유음
②	ㅆ	잇몸소리	마찰음
③	ㅋ	목청소리	파열음
④	ㅎ	센입천장소리	마찰음
⑤	ㅅ	여린입천장소리	파열음

03 국어의 단모음에 대한 설명으로 적절하지 <u>않은</u> 것은?

① 'ㅣ, ㅡ'는 고모음이다.
② 'ㅣ, ㅔ, ㅐ'는 전설 모음이다.
③ 'ㅓ, ㅜ, ㅗ'는 후설 모음이다.
④ 'ㅐ, ㅏ'는 전설 모음이면서 저모음이다.
⑤ 'ㅓ, ㅗ'는 후설 모음이면서 중모음이다.

| 학업성취도평가 |

04 〈보기〉와 같이 단모음을 분류하였을 때, ㉠에 해당하는 것은?

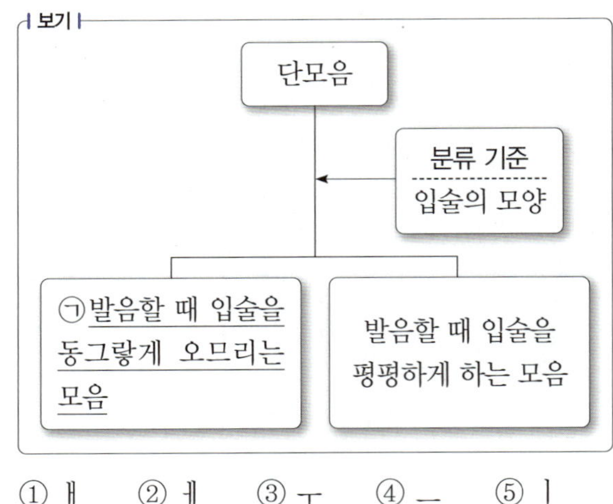

① ㅐ   ② ㅔ   ③ ㅜ   ④ ㅡ   ⑤ ㅣ

05 이중 모음에 대한 설명으로 적절하지 <u>않은</u> 것은?

① 국어에는 11개의 이중 모음이 있다.
② 반모음과 단모음이 결합하여 이루어진다.
③ 'ㅑ, ㅕ, ㅛ, ㅠ'는 이중 모음으로 분류된다.
④ 발음할 때 입술 모양이나 혀의 위치가 달라진다.
⑤ 'ㅘ'는 단모음 'ㅗ' 뒤에 반모음 'ㅣ[j]'가 결합한 이중 모음이다.

06 다음 중 제시된 〈조건〉을 모두 충족하는 것은?

조건
• 첫소리: 혀의 뒷부분과 입천장 뒤쪽의 부드러운 부분 사이에서 남.
• 가운뎃소리: 발음할 때 입술 모양이나 혀의 위치가 처음과 달라짐.
• 끝소리: 공기를 코로 내보내면서 남.

① 갱   ② 쾅   ③ 잘   ④ 약   ⑤ 뱀

07 다음 설명에 따른 단어의 발음으로 적절하지 <u>않은</u> 것은?

우리말의 자음 중에서 음절의 끝소리로 발음될 수 있는 자음은 7개이다. 그 밖의 자음은 7개의 자음 중 하나로 바뀌어 발음된다.

① 밭[받]   ② 잎[입]   ③ 꽃[꼳]
④ 키읔[키윽]   ⑤ 히읗[히읃]

08 다음 중 〈보기〉의 밑줄 친 단어에서 일어나는 음운 현상이 나타나지 <u>않는</u> 것은?

> **보기**
>
> 나는 어제 숙모를 만났다.

① 적성에 맞는 일을 하다.
② 고운 흙만 따로 모아서 줘.
③ 봄이 되자 꽃망울이 돋아났다.
④ 너는 모름지기 학업에 힘써야 한다.
⑤ 이곳은 포근한 분위기가 있는 곳이다.

[서술형]

09 〈보기〉의 ㉠에 들어갈 알맞은 내용을 3어절로 쓰시오.

> **보기**
>
> 학생: '각막'이 [강막]으로 발음되는데, 이때 소리 나는 위치나 소리 내는 방법 중 무엇이 바뀐 것인가요?
> 선생님: 아래는 국어의 자음을 소리 나는 위치와 소리 내는 방법에 따라 분류한 자음 체계표의 일부입니다. 이 표를 보면서 답을 찾아봅시다.
>
> | 소리 내는 방법 \ 소리 나는 위치 | 입술 소리 | 잇몸 소리 | 여린 입천장 소리 |
> |---|---|---|---|
> | 파열음 | ㅂ | ㄷ | ㄱ |
> | 비음 | ㅁ | ㄴ | ㅇ |
>
> '각막[강막]'의 'ㄱ'은 'ㅁ' 앞에서 [ㅇ]으로 발음되었지요. 이와 비슷한 예로는 '잡는[잠는]', '닫는[단는]'이 있어요. 이 과정에서 무엇이 달라졌나요?
> 학생: 세 경우 모두 두 자음이 만나서 발음될 때, (㉠)이/가 변했어요.

㉠: (   )

[서술형]

10 다음 선생님의 질문에 대한 알맞은 답을 쓰시오.

> 선생님: 지난 시간에 된소리되기에 대해서 배웠었죠? 오늘은 된소리와 관련된 새로운 예시를 가지고 왔습니다. 다음 자료를 봅시다.
>
> > 자료 1: 쌀을 담고[담:꼬] 보리를 버렸다.
> > 자료 2: 빨리 <u>먹을 것을[머글꺼슬]</u> 줘.
>
> 위 자료에서 밑줄 친 부분은 모두 된소리되기가 발생하였습니다. 어떤 환경에서 발생한 것일까요?

(1) 자료 1: ______________________

____

(2) 자료 2: ______________________

____

11 ㉠과 ㉡에 들어갈 예로 알맞은 것은?

개념	예
'ㄹ'을 제외한 자음 뒤에서 'ㄹ'이 비음 [ㄴ]으로 발음되는 현상	㉠
비음 'ㄴ'이 유음 'ㄹ'의 앞이나 뒤에서 [ㄹ]로 발음되는 현상	㉡

	㉠	㉡
①	권리[궐리]	생략[생냑]
②	논리[놀리]	공리[공니]
③	동료[동뇨]	난리[날:리]
④	먹물[멍물]	천리[철리]
⑤	심리[심니]	강령[강녕]

| 학업성취도평가 |

12 〈보기〉의 ㉠에 들어갈 말로 적절한 것은?

> **보기**
>
> 학생 1: '해돋이'는 왜 [해도디]가 아니라 [해도지]로 발음해야 해?
> 학생 2: 앞말의 끝소리 'ㄷ, ㅌ'이 모음 'ㅣ'나 반모음 'ㅣ[j]'로 시작하는 조사나 접사와 만나는 경우에는 [ㅈ, ㅊ]으로 바뀌어 소리 나기 때문이야. 그 예로는 '(㉠)'가 있어.

① 잔디   ② 잡티   ③ 달맞이
④ 잊히다   ⑤ 붙이다

13 다음 음운 변동 현상의 예로 적절한 것은?

> 두 음운이 합쳐져서 하나의 음운으로 줄어드는 현상

① 실내[실래] ② 같다[갇따]
③ 많다[만:타] ④ 등받이[등바지]
⑤ 받는다[반는다]

서술형

14 〈보기〉에 나타나는 음운 변동 현상과 그 결과를 쓰시오.

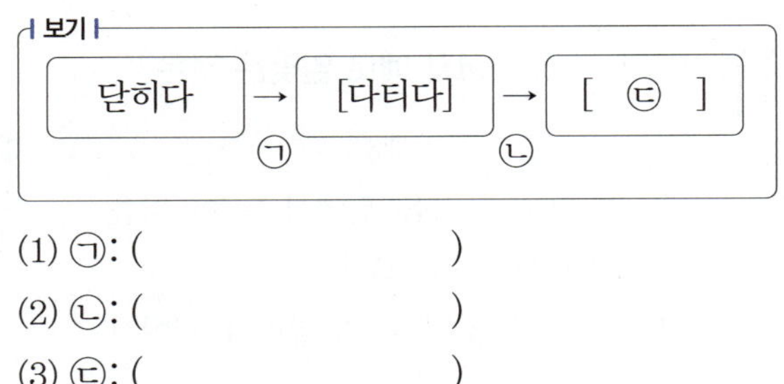

(1) ㉠: (   )
(2) ㉡: (   )
(3) ㉢: (   )

15 다음 ㉠~㉢의 음운 변동에 대한 설명으로 적절한 것은?

> • ㉠: 깃 → [긷], 앞 → [압], 부엌 → [부억]
> • ㉡: 국밥 → [국빱], 집다 → [집따]
> • ㉢: 낳지 → [나치], 맏형 → [마텽]

① ㉠은 음운의 개수를 바꾼다.
② ㉡은 음운의 첨가, ㉢은 음운의 축약에 속한다.
③ ㉠과 ㉡은 음절의 첫소리에 놓인 자음을 바꾼다.
④ ㉡의 현상은 순우리말 단어 안에서만 발생한다.
⑤ ㉠과 ㉢의 현상이 모두 일어난 예로 '산뜻하다[산뜨타다]'를 들 수 있다.

16 〈보기〉를 참고할 때, 표기에 따른 발음이 적절하지 <u>않은</u> 것은?

> 보기
>
> 자음군 단순화에 따라 음절의 끝에 겹받침이 올 경우, 두 자음 중 하나가 탈락하고 하나만 발음된다.

① 넋[넉] ② 앎[암:]
③ 밟다[발따] ④ 낡고[날꼬]
⑤ 없다[업:따]

서술형

17 〈보기〉의 밑줄 친 부분을 통해 알 수 있는 'ㄹ' 탈락의 조건을 쓰시오.

> 보기
>
> • 너와 함께 <u>노는</u> 것이 제일 좋다.
> • 자연과 더불어 <u>사는</u> 것이 필요하다.
> • 선생님께서는 문제를 해결할 방법을 <u>아신다.</u>

____

____

18 다음 중 〈보기〉에 제시된 음운 변동 현상이 일어나지 <u>않는</u> 것은?

> 보기
>
> 'ㅎ'이 끝소리인 어간이 모음으로 시작하는 어미나 접미사와 결합할 때 'ㅎ'이 탈락한다.

① 닭이 계란을 낳았다.
② 휴일이 많아서 기쁘다.
③ 연필심이 많이 닳았다.
④ 내 생각은 그렇지 않다.
⑤ 동생이 벽에 구멍을 뚫었다.

19 〈보기〉의 ㉠~㉤에 대한 설명으로 적절한 것은?

㉠ 불을 꺼 줄까?
㉡ 선생님의 부름에 멈춰 섰다.
㉢ 허리 치수가 커서 수선해야 한다.
㉣ 할머니께서 어제 김치를 담가 주셨어.
㉤ 안에서 문을 잠가서 집에 들어가지 못한다.

① ㉠: '꺼'는 어간의 'ㅜ'가 어미 '-어' 앞에서 탈락한 것이다.
② ㉡: '섰다'는 어간의 'ㅡ'가 선어말 어미 '-었-' 앞에서 탈락한 것이다.
③ ㉢: '커서'는 어간의 'ㅏ'가 어미 '-어서' 앞에서 탈락한 것이다.
④ ㉣: '담가'는 어간의 'ㅜ'가 어미 '-아' 앞에서 탈락한 것이다.
⑤ ㉤: '잠가서'는 어간의 'ㅡ'가 어미 '-아서' 앞에서 탈락한 것이다.

20 ㉠에서 발생하는 음운 변동 현상의 예로 적절하지 않은 것은?

'잘'과 '입다'를 각각 따로 발음할 때와는 달리, 두 단어를 한 번에 발음하는 경우에 나타나는 음운 변동 현상이 있다. 즉 '잘 입다'는 [잘립따]로 발음되는데, 이는 다음과 같은 음운 변동의 과정을 거친 결과라고 할 수 있다.

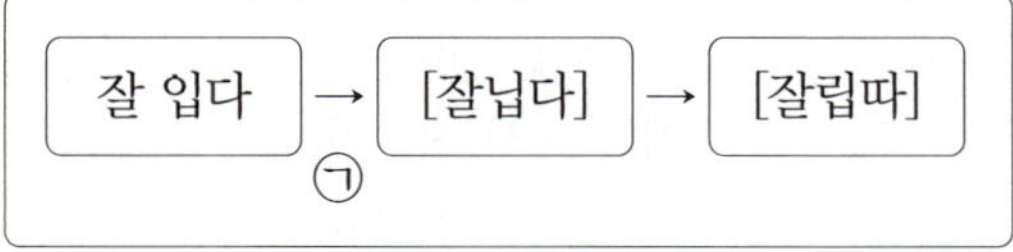

① 한 일[한닐]
② 먼 옛날[먼ː녠날]
③ 좋은 약[조ː은냑]
④ 기쁜 얘기[기쁜내기]
⑤ 책 넣는다[챙넌는다]

21 〈보기 1〉의 밑줄 친 부분에 해당하는 것을 〈보기 2〉의 ㉠~㉣ 중에서 모두 고른 것은?

단모음으로 끝나는 어간과 단모음으로 시작하는 어미가 결합하면 모음의 변동이 자주 일어난다. 모음 변동의 결과 두 개의 단모음 중 하나가 탈락하기도 하고, 단모음 사이에 반모음이 첨가되기도 한다.

㉠ 기- + -어 → [기여]
㉡ 이- + -오 → [이요]
㉢ 자- + -아서 → [자서]
㉣ 뛰- + -어 → [뛰여]

① ㉠, ㉡   ② ㉡, ㉢
③ ㉡, ㉣   ④ ㉠, ㉡, ㉣
⑤ ㉡, ㉢, ㉣

22 〈보기〉를 바탕으로 음운의 변동을 바르게 이해한 것은?

음운의 변동은 크게 네 가지로 나눌 수 있다. 한 음운이 다른 음운으로 바뀌는 ㉠교체, 원래 있던 음운이 없어지는 ㉡탈락, 새로운 음운이 덧붙는 ㉢첨가, 두 음운이 합쳐져 하나의 음운으로 줄어드는 ㉣축약이 그것이다.

① '단풍잎[단풍닙]'에서는 ㉢의 음운 변동이 두 번 일어난다.
② '멋지다[먿찌다]'에서는 ㉠의 음운 변동이 두 번 일어난다.
③ '밟히다[발피다]'에서는 ㉡과 ㉣의 음운 변동이 일어난다.
④ '직행열차[지캥녈차]'에서는 ㉡과 ㉣의 음운 변동이 일어난다.
⑤ '서른여섯[서른녀섣]'에서는 ㉠과 ㉣의 음운 변동이 일어난다.

Ⅱ 단어

정답과 해설 52쪽

01 품사의 분류와 관련하여 학생들이 이해한 내용 중, 적절하지 <u>않은</u> 것은?

① 은정: 품사는 형태에 따라 불변어와 가변어로 나뉘어.
② 승민: 품사를 기능에 따라 분류할 때 관형사와 부사는 같은 부류로 묶을 수 있어.
③ 지훈: 문장에서 서술어로 쓰이는 용언은 그 의미를 기준으로 동사와 형용사로 나뉘어.
④ 혜리: 용언은 문장에서 쓰일 때 어간에 다양한 어미가 결합하기 때문에 가변어에 속해.
⑤ 연주: 기능에 따라 단어를 분류했을 때의 조사와 감탄사는 문장 안에서 관계언의 기능을 해.

02 밑줄 친 단어들의 특징으로 적절하지 <u>않은</u> 것은?

> 첫째, 우리는 하루에 몇 시간 동안 잠을 자야 할까?

① 문장에서 주로 부사의 수식을 받는다.
② 홀로 쓰이거나 조사와 결합하여 쓰인다.
③ 문장에서 주체가 되는 역할을 하는 말이다.
④ 의미에 따라 명사, 대명사, 수사로 분류된다.
⑤ 문장에서 사용할 때 그 형태가 변하지 않는다.

03 〈보기〉의 밑줄 친 단어들을 동사와 형용사로 바르게 구분한 것은?

┤ 보기 ├
· 예쁜 바다가 햇살에 빛나고 있었다.
· 달콤한 밤 양갱을 하루 종일 먹었다.
· 빨리 뛰는 그의 옆으로 하얀 자동차가 지나갔다.

	동사	형용사
①	빛나고, 먹었다	예쁜, 달콤한, 하얀, 뛰는
②	예쁜, 달콤한, 하얀	빛나고, 먹었다, 뛰는
③	먹었다, 뛰는, 하얀	예쁜, 빛나고, 달콤한
④	빛나고, 먹었다, 뛰는	예쁜, 달콤한, 하얀
⑤	예쁜, 달콤한, 뛰는, 하얀	빛나고, 먹었다

04 ㉠, ㉡에 대한 설명으로 적절하지 <u>않은</u> 것은?

> · 아이가 노래를 ㉠부르다.
> · 아이의 얼굴이 ㉡하얗다.

① ㉠은 움직임이 '아이'에만 관련되는 자동사이다.
② ㉠은 주어 '아이'의 움직임이나 작용을 나타내는 말이다.
③ ㉡은 사람 또는 사물의 성질이나 상태를 나타내는 형용사이다.
④ ㉠과 ㉡은 각 문장의 주어를 서술하는 기능을 한다.
⑤ ㉠과 ㉡은 문장에서 사용될 때 형태가 변하는 가변어이다.

05 밑줄 친 부분 중, 〈보기〉에서 설명한 품사와 같은 것은?

┤ 보기 ├
· 형태가 변하지 않는다.
· 주로 용언을 꾸며 주는 역할을 한다.

① 새 가방이 예쁘다.
② 따뜻한 바람이 분다.
③ 아이들이 놀고 있다.
④ 형이 모자를 쓰고 달린다.
⑤ 그는 오자마자 바로 떠났다.

06 밑줄 친 부분 중, ㉠에 해당하는 예로 적절하지 <u>않은</u> 것은?

> 국어의 조사에는 결합하는 앞말과 다른 말의 문법적인 관계를 표시하는 격 조사와, 특별한 뜻을 더해 주는 ㉠보조사가 있다.

① 아빠는 낮에만 책을 읽는다.
② 아내가 딸에게 용돈을 주었다.
③ 아기가 오늘은 이유식을 먹었다.
④ 요즘은 학교에서 춤도 배울 수 있다.
⑤ 그가 자신의 감상문을 책으로까지 만들었다.

07

〈보기〉의 ㉮∼㉰를 통해 알 수 있는 감탄사의 특징이 무엇인지 각각 쓰시오.

┌ 보기 ┐

㉮ ┌ 네, 그렇게 해요. (○)
　　└ 그렇게, 네, 해요. (○)

㉯ ┌ 여보, 이 책 좀 봐 보세요. (○)
　　└ 여보가, 이 책 좀 봐 보세요. (×)

㉰ ┌ 아! 너무 늦게 전화했군요. (○)
　　└ 너무 늦게 전화했군요. (○)

(1) ㉮: ________________________________

(2) ㉯: ________________________________

(3) ㉰: ________________________________

08

다음 문장 중, 수식언, 관계언, 독립언이 모두 포함된 것은?

① 그래, 참 잘됐다.
② 벌써 하루가 갔다.
③ 새 옷을 선물 받았어.
④ 두 사람밖에 안 왔어?
⑤ 아, 갑자기 소나기가 마구 쏟아지네.

09

㉠∼㉤의 품사로 적절하지 않은 것은?

㉠우리 ㉡둘이 ㉢힘을 합치면 ㉣못 할 일 ㉤은 없을 거야.

① ㉠: 대명사　　　② ㉡: 수사
③ ㉢: 명사　　　④ ㉣: 관형사
⑤ ㉤: 조사

10

다음 설명 중, 적절하지 않은 것은?

① '설레다'를 명사형으로 만들면 '설렘'이 된다.
② '것'과 같은 의존 명사는 앞의 단어와 띄어 써야 한다.
③ '넘어서'는 '먹어서'처럼 용언의 어간을 밝혀 적은 것이다.
④ '냉수'처럼 '랭(冷)'이 단어의 첫머리에 오면 '냉'으로 적는다.
⑤ '아버지로서'의 '로서'는 수단이나 도구를 나타내는 의미로 쓰인다.

11

다음 문장에 사용된 의존 형태소를 모두 찾아 바르게 묶은 것은?

아이는 맨발로 잔디밭에서 뛰어놀았다.

① 아이, 잔디, 밭
② 아이, 발, 잔디, 밭, 뛰-, 놀-
③ 는, 로, 에서, -어, -았-, -다
④ 아이, 는, 맨발, 로, 잔디밭, 에서, 뛰어놀았다
⑤ 는, 맨-, 로, 에서, 뛰-, -어, 놀-, -았-, -다

12

다음 문장에 대한 설명으로 적절하지 않은 것은?

꽃밭에 예쁜 장미가 피었다.

① 모두 6개의 단어로 이루어진 문장이다.
② 자립 형태소이면서 실질 형태소인 것은 3개이다.
③ '꽃밭'과 '장미'는 각각 한 개의 형태소로 이루어져 있다.
④ '피었다'의 형태소를 분석하면 '피-＋-었-＋-다'이다.
⑤ 실질적인 의미 없이 문법적 기능을 하는 형태소는 모두 5개이다.

13 〈보기〉를 바탕으로 단어의 짜임을 이해한다고 할 때, ㉠~㉢에 들어갈 말로 적절한 것은?

┤ 보기 ├

원리 이해	두 개 이상의 형태소가 결합하여 형성된 단어를 복합어라 한다. 복합어는 어근과 어근이 결합하여 이루어진 합성어, 어근과 접사가 결합하여 이루어진 파생어로 나뉜다. • 접사: 어근에 붙어서 뜻을 제한하거나 덧붙이는 부분 • 어근: 뜻을 나타내는 중심 부분	

↓

	밤하늘	군소리
형태소 분석	'밤' + '하늘'	'군-' + '소리'

↓ ↓

어근과 접사 판단	'밤하늘'은 밤의 하늘을 의미한다.	'군소리'는 하지 않아도 좋을 쓸데없는 말을 의미한다.
	'밤' → 어근 '하늘' → 어근	'군-' → (㉠) '소리' → 어근

↓ ↓

복합어의 종류	합성어	㉡

↓ ↓

다른 예	감나무	㉢

	㉠	㉡	㉢
①	어근	합성어	밤안개
②	어근	파생어	햇과일
③	접사	합성어	지우개
④	접사	파생어	풋고추
⑤	접사	파생어	돌다리

14 다음 카드에서 색칠된 부분의 공통점으로 적절한 것은?

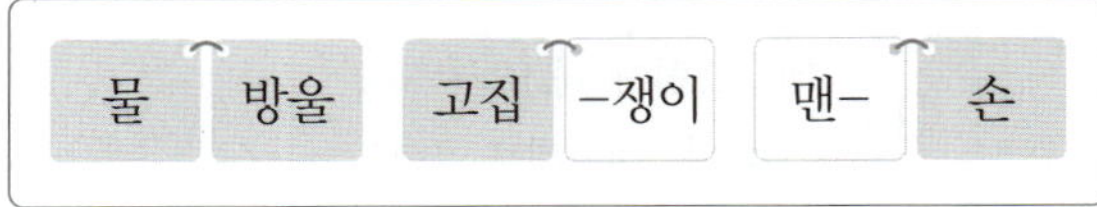

① 실질적인 의미를 지닌 중심 부분이다.
② 다른 말과의 문법적 관계를 나타낸다.
③ 특정한 의미나 기능을 더하는 역할을 한다.
④ 문장에서 홀로 쓰일 수 없는 의존 형태소이다.
⑤ 단어를 형성할 때 반드시 필요한 요소는 아니다.

15 〈보기〉에 대한 설명으로 적절하지 <u>않은</u> 것은?

┤ 보기 ├

㉠ 높이, 깊이, 길이, 넓이
㉡ 잡히다, 안기다, 떨리다
㉢ 조용히, 고요히, 나란히
㉣ 드높다, 헛웃음, 새빨갛다

① ㉠은 접사가 단어의 품사를 바꾼 경우에 해당한다.
② ㉡은 어근 뒤에 접미사가 결합하여 만들어진 단어이다.
③ ㉢에 쓰인 접사는 단어의 품사를 바꾸지 않는 경우에 해당한다.
④ ㉣은 어근 앞에 접두사가 결합하여 만들어진 단어이다.
⑤ ㉣에 쓰인 접사는 어근에 특정한 뜻을 더하는 역할을 한다.

16 〈보기〉를 참고할 때, 문맥상 바꾸어 쓸 수 있는 고유어와 한자어의 짝이 적절하지 <u>않은</u> 것은?

┤보기├

우리말 어휘는 말의 뿌리에 따라 고유어, 한자어, 외래어로 분류할 수 있다. 그중 한자어는 고유어보다 분화된 뜻을 가지고 있어서 하나의 고유어에 여러 개의 한자어가 대응하는 경우가 있다.

① 이 차는 전기로만 간다. → 작동(作動)한다
② 콩나물 무침이 맛이 갔어. → 변모(變貌)됐어
③ 다른 회사로 간 선배를 만났다. → 이직(移職)한
④ 작심삼일이라고 며칠이나 가겠니? → 유지(維持)되겠니
⑤ 아버지는 아침에 서울로 가셨다. → 이동(移動)하셨다

17 〈보기〉의 ㉠과 ㉡에 해당하는 예로 적절하지 <u>않은</u> 것은?

┤보기├

한 언어 안에서, 사용 지역 또는 사회 계층에 따라 달라진 말의 체계를 방언이라고 한다. 방언은 크게 ㉠지역 방언과 ㉡사회 방언으로 분류할 수 있다.
지역 방언은 지역에 따라 다르게 쓰는 말로, 해당 지역의 고유한 정서와 문화를 담고 있으며, 우리말의 다양성을 보여 주는 소중한 언어 자료이다.
사회 방언은 세대, 분야, 매체 등 사회적 요인에 따라 다르게 쓰는 말로, 같은 집단에 속한 사람들끼리 의사소통의 효율성을 높이고, 구성원 간의 소속감과 친밀감을 형성한다.

① ㉠: 표준어 '문어'는 제주도에서 '뭉게'라고 부른다.
② ㉠: '잠자리'는 지역에 따라 '나마리, 남자리' 등으로 부른다.
③ ㉠: 청소년 사이에서는 '순삭, 문상'과 같은 표현을 사용한다.
④ ㉡: 심마니들은 '호랑이'를 '산주인'이라고 부른다.
⑤ ㉡: 의료인들은 '디스펩시아, 어레스트' 등의 어휘를 사용한다.

18 〈보기〉의 ㉠〜㉢에 들어갈 알맞은 말을 쓰시오.

┤보기├

(가)	영수: 왔어? 밖은 많이 춥지? 지영: 바람이 많이 불긴 해. 집 안으로 들어오니 한결 따뜻하다.
(나)	영수: 오늘도 자전거 타고 왔어? 지영: 응. 바람을 많이 맞아서 좀 춥다. 우리 코코아 한 잔 타서 먹을까?

(가)에서 영수가 사용한 '밖'과 지영이 사용한 '안'은 '(㉠) 관계'에 있다.
(나)에서 영수와 지영은 모두 '타다'라는 단어를 사용하고 있다. 영수가 사용한 '타다'는 '탈것에 올라서 이동하는' 것을 의미하고, 지영이 사용한 '타다'는 '다량의 액체에 소량의 가루 따위를 넣어 섞는' 것을 의미한다. 그러므로 두 단어는 (㉡)은/는 같지만, (㉢)은/는 다르다는 것을 알 수 있다.

㉠: (   )
㉡: (   )
㉢: (   )

19 밑줄 친 단어가 ㉠으로 사용된 것은?

다의어는 사전에는 하나의 단어로 실리지만 두 가지 이상의 뜻을 가진 단어를 말한다. 한 단어의 여러 의미 중에서 기본적이고 핵심적인 의미를 ㉠중심적 의미라고 하고, 중심적 의미로부터 파생 또는 연상되어 쓰이는 의미를 주변적 의미라고 한다.

① 언니는 보는 <u>눈</u>이 정확하다.
② 동생이 나에게 <u>눈</u>을 흘겼다.
③ 사람들의 <u>눈</u>이 무서운 줄 알아라.
④ <u>눈</u>이 나빠져 안경을 쓰게 되었다.
⑤ 엄마가 나를 의심하는 <u>눈</u>으로 보았다.

III 문장

정답과 해설 53쪽

01 다음을 참고할 때, 주성분으로만 이루어진 문장은?

> 문장에서 필수적인 역할을 하는 성분을 주성분이라 하고, 주성분을 꾸며 주는 성분을 부속 성분이라 한다.

① 날씨가 무척 춥다.
② 사슴이 빨리 뛴다.
③ 작은 새가 높이 난다.
④ 나는 요리사가 되었다.
⑤ 그는 천천히 집에 간다.

서술형

02 〈보기〉의 밑줄 친 부분을 참고하여 다음 문장을 바르게 고쳐 쓰시오.

> ┤보기├
> 정확한 문장을 구성하기 위해서는 문장을 형성하는 규칙인 문법을 잘 지켜야 한다. <u>주어, 목적어, 필수적 부사어 등 서술어가 필요로 하는 문장 성분이 빠져 있는 경우</u> 어법에 맞지 않는 문장이 된다.

> 우리는 상대의 인격을 존중해야 하고 나와 동등하게 소중하다는 생각을 지녀야 한다.

____

____

| 학업성취도평가 |

03 〈보기〉의 질문에 대한 답으로 알맞은 것은?

> ┤보기├
> 질문: 문장 성분에는 주성분과 부속 성분이 있어요. 주성분은 문장을 이루는 데 꼭 필요한 성분을 말합니다. 다음 문장의 ㉠~㉤ 중 주성분은 무엇일까요?
>
> > ㉠그 ㉡나무가 ㉢창문 ㉣밖으로 ㉤얼핏 보였다.

① ㉠   ② ㉡   ③ ㉢   ④ ㉣   ⑤ ㉤

| 학업성취도평가 |

04 〈보기〉의 ㉠~㉤ 중, ⓐ에 해당하는 것은?

> ┤보기├
> ㉠막내가 ㉡중학생이 ㉢되자, ㉣삼촌도 ㉤무척이나 즐거워하셨다.

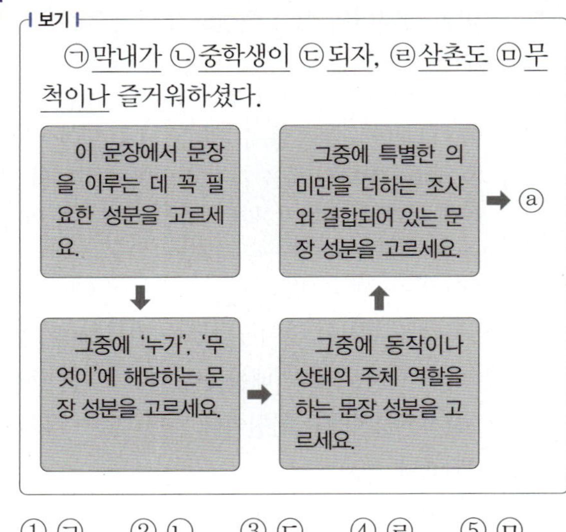

① ㉠   ② ㉡   ③ ㉢   ④ ㉣   ⑤ ㉤

05 〈보기 1〉의 ㉠에 해당하는 문장을 〈보기 2〉에서 고른 것은?

> ┤보기1├
> 서술어는 그 성격에 따라 서술어 이외에 필요로 하는 문장 성분의 개수가 다른데, 이를 서술어의 자릿수라고 한다. 주어 하나만 필요로 하면 한 자리 서술어, 주어 외에 목적어나 부사어 또는 보어 중 하나를 더 필요로 하면 두 자리 서술어, 주어와 목적어 외에 부사어를 필요로 하면 ㉠세 자리 서술어라고 한다.

> ┤보기2├
> ㄱ. 그녀는 책을 가방에 넣었다.
> ㄴ. 그녀는 어제 아주 푹 잘 잤다.
> ㄷ. 그녀는 나에게 선물을 주었다.
> ㄹ. 그녀는 유능한 선생님이 되었다.
> ㅁ. 그녀는 열심히 학생들을 가르쳤다.

① ㄱ, ㄴ   ② ㄱ, ㄷ   ③ ㄴ, ㅁ
④ ㄷ, ㄹ   ⑤ ㄷ, ㅁ

06 밑줄 친 단어 중, 〈보기〉에서 설명한 문장 성분이 아닌 것은?

┤보기├
관형어: 체언 앞에서 체언의 뜻을 꾸미는 구실을 하는 문장 성분

① 어젯밤에 꽤 많은 비가 내렸다.
② 대청소를 하며 헌 옷을 내다 버렸다.
③ 온 가족이 함께 즐거운 시간을 보냈다.
④ 너의 모든 소망이 이루어지기를 바란다.
⑤ 수연이는 소중한 추억이 깃든 일기장을 찾았다.

07 다음 중 〈보기〉의 ㉠의 예에 해당하는 것은?

┤보기├
부사어는 다른 말을 꾸며 주는 부속 성분이므로 문장을 구성하는 데에 꼭 필요하지는 않다. 그러나 어떤 서술어는 부사어를 반드시 필요로 하는데, 이러한 부사어를 ㉠'필수적 부사어'라고 한다.

① 나는 아빠와 연극을 보았다.
② 우리는 학교에서 선생님을 만났다.
③ 그들은 막대기로 땅을 치고 있었다.
④ 나는 오전에 그 집을 방문했습니다.
⑤ 선생님께서 한나에게 선행상을 주셨다.

서술형

08 〈보기〉의 밑줄 친 문장 성분의 특징을 쓰시오.

┤보기├
유리야, 어서 들어와.

____

09 다음 중 홑문장에 해당하는 것은?

① 나는 아침에 운동을 했다.
② 눈이 내리고, 바람이 분다.
③ 가지 많은 나무에 바람 잘 날 없다.
④ 지리산을 등산하려고 일찍 일어났다.
⑤ 우리 팀이 승리하기를 간절히 기원했다.

10 ㉠에 해당하는 문장으로 적절한 것은?

겹문장은 주어와 서술어의 관계가 두 번 이상 나타나는 문장이다. 겹문장은 ㉠둘 이상의 홑문장을 나란히 이어 만든 문장인 이어진문장과, 어떤 문장이 문장 성분으로 '절'을 포함하고 있는 문장인 안은문장으로 나누어진다.

① 형은 빨리 달린다.
② 봄이 오면 꽃이 핀다.
③ 비가 소리도 없이 내린다.
④ 언니는 그가 오기를 기다렸다.
⑤ 친구는 머리가 아프다고 말했다.

11 〈보기〉의 문장을 두 개의 문장으로 분리한 것으로 적절한 것은?

┤보기├
혐오스러워 보이지만 지렁이는 음식물 쓰레기를 줄이는 일등 공신이다.

① 지렁이는 혐오스러워 보인다. 그래서 지렁이는 음식물 쓰레기를 줄이는 일등 공신이다.
② 지렁이는 혐오스러워 보인다. 그렇지만 지렁이는 음식물 쓰레기를 줄이는 일등 공신이다.
③ 지렁이는 혐오스러워 보인다. 왜냐하면 지렁이는 음식물 쓰레기를 줄이는 일등 공신이다.
④ 음식물 쓰레기는 혐오스러워 보인다. 그래야만 지렁이는 음식물 쓰레기를 줄이는 일등 공신이다.
⑤ 음식물 쓰레기는 혐오스러워 보인다. 하지만 지렁이는 음식물 쓰레기를 줄이는 일등 공신이다.

| 학업성취도평가 |

12 〈보기〉의 ㉠을 참고하여 ㉡을 알맞게 바꾼 것은?

┤보기├

　안은문장은 그 속에 다른 문장을 절의 형식으로 안고 있는 것을 말하고, 안긴문장은 안겨 있는 절을 말한다. 안긴문장은 문장 속의 역할에 따라 명사절, 서술절, 관형사절, 부사절, 인용절로 구분할 수 있다. 그중 부사절은 안긴문장이 부사어와 같이 주로 용언을 꾸미는 역할을 한다. 부사절은 부사 형성 접사 '-이'가 붙어서 되는 경우가 있다.

㉠	아이는 예쁘다. / 꽃과 같다. → 아이는 꽃과 같이 예쁘다.
㉡	그들이 돌아왔다. / 소리가 없다. → _______________

① 그들이 소리 없이 돌아왔다.
② 소리가 없는 그들이 돌아왔다.
③ 그들이 돌아왔고 소리가 없었다.
④ 소리가 없어서 그들이 돌아왔다.
⑤ 소리가 없으며 그들이 돌아왔다.

13 〈보기〉의 ㉠에 해당하는 예가 <u>아닌</u> 것은?

┤보기├

　㉠하나의 문장이 다른 문장에 안길 때, 원래 있던 문장 성분이 생략되는 경우가 있다. 예를 들어 '친구들과 영화를 보다.'라는 문장이 '영화는 재미있었다.'라는 문장에 안길 때, 안긴문장은 목적어 '영화를'이 생략된다.

① 엄마가 <u>게임을 하는</u> 나를 불렀다.
② 이것은 <u>그녀가 아끼던</u> 피아노이다.
③ 그가 <u>지하철에 탄</u> 나에게 말을 걸었다.
④ <u>이 그림을 그린</u> 화가의 전시회에 갔다.
⑤ 그는 <u>수희가 현기와 결혼한</u> 사실을 모르고 있었다.

14 ㉠〜㉢에 대한 설명으로 적절하지 <u>않은</u> 것은?

㉠ 도훈이는 마음씨가 착하다.
㉡ 그는 내가 가장 의지하는 친구이다.
㉢ 나는 아버지께서 먼저 식사하시기를 기다렸다.

① ㉠은 '주어 + 주어 + 서술어'의 구조이다.
② ㉠에서 안긴문장은 서술어의 기능을 한다.
③ ㉡에서 안긴문장은 주어인 '그'를 수식한다.
④ ㉢은 명사절을 가진 안은문장이다.
⑤ ㉢의 안은문장은 '주어 + 목적어 + 서술어'의 구조이다.

15 문장의 종류와 그 예문이 바르게 제시되지 <u>않은</u> 것은?

	문장의 종류	예문
①	부사절을 가진 안은문장	그는 말도 없이 사라졌다.
②	서술절을 가진 안은문장	동생은 나보다 키가 크다.
③	관형사절을 가진 안은문장	진수는 배가 터지도록 음식을 먹었다.
④	명사절을 가진 안은문장	나는 네가 항상 행복하기를 바란다.
⑤	인용절을 가진 안은문장	가희는 자신이 가장 빨리 왔다고 주장했다.

(서술형)

16 ㉠, ㉡의 문장 유형에 공통적으로 적용되는 서술어의 제약을 쓰시오.

㉠ 명령문: 지금 당장 떠나라.
㉡ 청유문: 이번에는 운동장에서 만나자.

____

____

17 ㉠~㉤에 대한 설명으로 적절하지 <u>않은</u> 것은?

> ㉠ 아이가 잠을 잔다.
> ㉡ 달빛이 참 밝구나.
> ㉢ 이 꽃의 이름은 무엇입니까?
> ㉣ 날씨가 추우니 옷을 두껍게 입어라.
> ㉤ 비가 내리기 전에 서둘러 집에 갑시다.

① ㉠은 듣는 이에게 요구하는 바 없이 단순하게 진술하는 문장이다.
② ㉡은 말하는 이가 자신의 느낌을 표현하며 듣는 이에게 되묻는 문장이다.
③ ㉢은 말하는 이가 듣는 이에게 질문하며 그 대답을 요구하는 문장이다.
④ ㉣은 말하는 이가 듣는 이에게 어떤 행동을 하도록 요구하는 문장이다.
⑤ ㉤은 말하는 이가 듣는 이에게 함께 행동할 것을 요청하는 문장이다.

18 다음 중 ㉠의 예로 적절하지 <u>않은</u> 것은?

> ㉠문장의 종결 표현에서 형식과 기능이 반드시 일치하는 것은 아니다. 예를 들어 '교실로 갈까?'의 경우 실제로는 교실로 가자는 청유 혹은 교실로 가라는 명령의 의도를 담고 있더라도 의문형 종결 어미를 사용했기 때문에 의문문에 해당한다.

① 저 좀 내리면 안 될까요?
② 어떤 책을 재미있게 읽었니?
③ 너도 한 입 먹어 보는 게 어때?
④ 잠 좀 자게 좀 조용히 해 줄래?
⑤ 저, 창문 좀 열어 주시겠습니까?

19 밑줄 친 부분을 바르게 고치고, 문장에 사용된 높임 표현의 대상을 쓰시오.

> 어제 동생은 이웃집 아주머니께 선물을 <u>주었다</u>.

(1) 높임 표현의 대상: (   )
(2) 고친 표현: (   )

20 〈보기 1〉에 실현된 주체 높임 표현의 요소를 〈보기 2〉에서 모두 고른 것은?

> ┤보기1├
> 할아버지, 사장님께서는 제 이야기가 재미있다고 하셨습니다.

> ┤보기2├
> ㉠ 접사   ㉡ 조사   ㉢ 특수 어휘
> ㉣ 종결 어미   ㉤ 선어말 어미

① ㉠, ㉡
② ㉡, ㉢
③ ㉠, ㉢, ㉣
④ ㉠, ㉡, ㉤
⑤ ㉡, ㉣, ㉤

21 밑줄 친 부분이 〈보기〉에서 설명하는 시제 표현에 해당하는 것은?

> ┤보기├
> 어떤 사건이나 사실이 일어난 시점이 말하는 이가 말하는 시점보다 앞선다.

① 아기가 참 잘도 <u>잔다</u>.
② 이 일은 저희가 <u>하겠습니다</u>.
③ 내일부터 다이어트를 <u>할 거야</u>.
④ 할머니께서 <u>지금</u> 안경을 찾으신다.
⑤ 나는 네가 지난주에 <u>했던</u> 말을 기억해.

22 〈보기〉의 시제와 동작상이 알맞게 제시된 것은?

> ┤보기├
> 나는 사과를 먹으면서 영화를 봤다.

	시제	동작상
①	과거 시제	진행상
②	과거 시제	완료상
③	현재 시제	진행상
④	현재 시제	완료상
⑤	미래 시제	진행상

23 〈보기〉를 참고할 때, 다음 중 피동 표현을 바르게 사용한 것은?

┤보기├
(가) 피동 표현: 주어가 다른 힘에 의해 어떤 행동을 당한 것을 나타내는 표현
(나) 능동 표현을 피동 표현으로 바꾸는 방법
　㉠ '-이-, -히-, -리-, -기-'를 붙여서 만드는 방법
　㉡ '-아/-어지다'를 붙여서 만드는 방법
　㉢ '-되다'와 같은 단어를 다른 단어와 결합하여 만드는 방법
(다) 유의할 점: (나)의 ㉠, ㉡, ㉢을 겹쳐 사용하는 이중 피동은 우리말 문법에 맞지 않음.

① 생각의 실마리가 잡혀지지 않는다.
② 올해는 첫눈이 늦을 것으로 보여진다.
③ 내가 합격했다는 사실이 믿겨지지 않는다.
④ 손바닥에 쓰인 글씨가 잘 지워지지 않는다.
⑤ 누구나 행복을 누릴 자격이 있다고 생각되어진다.

24 다음 설명에 해당하는 문장으로 적절한 것은?

'엄마가 아이에게 간식을 먹인다.'와 같이 주어가 다른 대상에게 동작이나 행위를 시키는 것을 나타내는 표현을 사동 표현이라 한다.

① 전선이 바람에 끊겼다.
② 세상이 눈에 다 덮였다.
③ 동생이 언니에게 업혔다.
④ 토끼가 사냥개에게 물렸다.
⑤ 선생님이 학생에게 책을 읽혔다.

서술형
25 〈보기〉의 ㉠과 ㉡에 들어갈 내용을 쓰시오.

┤보기├
직접 인용과 간접 인용은 서로 바꾸어 쓰는 경우가 있다. 이때 시간 표현, 지시 표현, 인칭 대명사, 높임 표현, 인용절 속의 어미, 인용격 조사 등이 달라질 수 있다. 예를 들어 직접 인용인 [어제 용호가 "내일 보자."라고 말했다.]를 간접 인용으로 바꾸면 (　㉠　)와/과 (　㉡　)이/가 변한다.

㉠: (　　　　　　　　　)
㉡: (　　　　　　　　　)

26 〈보기〉의 문장 중, 주체의 의지에 의한 부정 표현이 나타난 문장을 묶은 것은?

┤보기├
㉠ 나는 주말에 안 가기로 했어.
㉡ 내 동생은 신문을 잘 읽지 못한다.
㉢ 나는 할머니 댁에 가고 싶지 않았다.
㉣ 바닥이 높아져서 강물이 잘 흐르지 못한다.

① ㉠, ㉡　　　　　　② ㉠, ㉢
③ ㉡, ㉢　　　　　　④ ㉡, ㉣
⑤ ㉢, ㉣

서술형
27 〈보기〉를 참고할 때, 전달 의도를 고려하여 ㉠을 바르게 고쳐 쓰시오.

┤보기├
부정 표현에서 부정의 대상이 되는 부분에 보조사를 사용하여 중의성을 해소하기도 한다.

중의적 문장	㉠관객들이 다 도착하지 않았다.
전달 의도	관객 중 일부가 도착하지 않음.

28 다음 대화에 대한 설명으로 적절하지 <u>않은</u> 것은?

(가)	(아이를 집에 두고 외출하며) 어머니: 엄마 걱정하지 않게 잘 봐라. ········ ㉠ 아이: 네, 걱정하지 마세요. ··················· ㉡
(나)	(시험장에 들어가는 아이에게) 어머니: 엄마 걱정하지 않게 잘 봐라. ········ ㉢ 아이: 네, 걱정하지 마세요. ··················· ㉣

① ㉠: 집을 잘 지키라는 의미이다.
② ㉡: 어머니의 말을 잘 이해했다는 의미이다.
③ ㉢: 실수하지 말고 시험을 잘 보라는 의미이다.
④ ㉣: 어머니의 의도를 잘 파악하지 못한 것이다.
⑤ ㉠~㉣: 같은 말이라도 상황에 따라 의미가 달라짐을 보여 준다.

01 〈보기〉의 ㉠~㉤에 들어갈 예로 적절한 것은?

> **보기**
>
> 〈한글 맞춤법〉
>
> [제1항] 한글 맞춤법은 표준어를 ⓐ소리대로 적되, ⓑ어법에 맞도록 함을 원칙으로 한다.
>
> | 구분 | 합성어 | 파생어 |
> |---|---|---|
> | ⓐ만 충족한 경우 | ㉠ | ㉡ |
> | ⓑ만 충족한 경우 | ㉢ | ㉣ |
> | ⓐ와 ⓑ 모두 충족한 경우 | 줄자(줄+자) | ㉤ |

① ㉠: 낮잠(낮+잠), 얼음(얼-+-음)
② ㉡: 이파리(잎+-아리), 눈물(눈+물)
③ ㉢: 반팔(반-+팔), 헛웃음(헛-+웃음)
④ ㉣: 풋콩(풋-+콩), 울음(울-+-음)
⑤ ㉤: 손발(손+발), 꽃나무(꽃+나무)

02 〈보기〉를 참고할 때, 밑줄 친 단어의 표기가 적절하지 않은 것은?

> **보기**
>
> 모음이나 'ㄴ' 받침 뒤에 이어지는 '렬, 률'은 '열, 율'로 적는다.

① 이 제품은 할인율이 낮다.
② 올해는 경쟁율이 높지 않다.
③ 그 선수는 패스 성공률이 높다.
④ 지지부진하던 협상이 결국 결렬되었다.
⑤ 입력한 순서대로 기록이 나열되어 있다.

03 밑줄 친 부분 중, 한글 맞춤법에 맞게 쓰인 것은?

① 책상 밑을 샅샅이 훑어보았다.
② 오랜만에 가족들과 명절을 쇘다.
③ 우리는 잔칫집에서 음식을 잔득 먹었다.
④ 너는 공책 정리를 참 깨끗이 잘하는구나.
⑤ 나는 모퉁이를 도라가다 예쁜 꽃을 보았다.

04 〈보기〉에 제시된 표준 발음법을 적용한 예로 적절하지 않은 것은?

> **보기**
>
> [제17항] 받침 'ㄷ, ㅌ(ㄾ)'이 조사나 접미사의 모음 'ㅣ'와 결합되는 경우에는, [ㅈ, ㅊ]으로 바꾸어서 뒤 음절 첫소리로 옮겨 발음한다.
>
> [붙임] 'ㄷ' 뒤에 접미사 '히'가 결합되어 '티'를 이루는 것은 [치]로 발음한다.

① '겉이 하얗다.'의 '겉이'는 [거치]로 발음한다.
② '집에 같이 가다.'의 '같이'는 [가치]로 발음한다.
③ '벽보를 붙이다.'의 '붙이다'는 [부치다]로 발음한다.
④ '달려오는 자전거에 받히다.'의 '받히다'는 [바치다]로 발음한다.
⑤ '밭이랑에 씨앗을 심었다.'의 '밭이랑'은 [바치랑]으로 발음한다.

05 다음 중 밑줄 친 부분의 띄어쓰기가 올바른 것은?

① 밖을 보니 비가 올 듯도하다.
② 그의 소식마저 끊기고 말았다.
③ 급식은 먹을만큼 가져가야 한다.
④ 기분 전환을 위해 꽃 한송이를 샀다.
⑤ 지갑의 주인인 김성현씨를 찾아다녔다.

(서술형) | 학업성취도평가 |

06 〈보기 1〉을 참고하여 〈보기 2〉의 ㉠과 ㉡에 들어갈 표준 발음을 쓰시오.

> **보기1**
>
> 〈표준 발음법〉
>
> [제5항] 'ㅑ, ㅒ, ㅕ, ㅖ, ㅘ, ㅙ, ㅛ, ㅝ, ㅞ, ㅠ, ㅢ'는 이중 모음으로 발음한다.
>
> 다만 3. 자음을 첫소리로 가지고 있는 음절의 'ㅢ'는 [ㅣ]로 발음한다.

> **보기2**
>
> (1) 그는 의자에[㉠] 앉았다.
> (2) 그는 분위기를 띄우려고[㉡] 노력했다.

㉠: (　　　　　　　　)
㉡: (　　　　　　　　)

Ⅴ 한글

정답과 해설 56쪽 →

01 다음 '발음 기관 단면도'를 참고할 때, 한글 자음 기본자의 창제 원리에 대한 설명으로 적절하지 <u>않은</u> 것은?

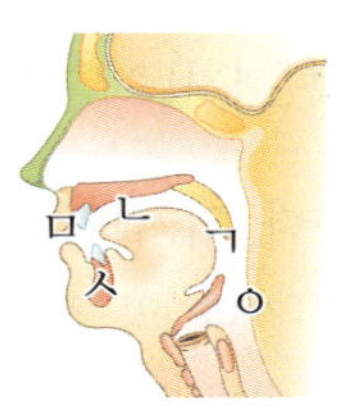

▲ 발음 기관 단면도

① ㄱ: 혀뿌리가 목구멍을 닫는 모양을 본떠 만들었다.
② ㄴ: 혀가 윗잇몸에 붙는 모양을 본떠 만들었다.
③ ㅁ: 발음할 때의 입 모양을 본떠 만들었다.
④ ㅅ: 이의 모양을 본떠 만들었다.
⑤ ㅇ: 발음할 때 입을 벌리는 모양을 본떠 만들었다.

02 〈보기〉를 통해 알 수 있는 자음자의 창제 원리로 적절하지 <u>않은</u> 것은?

소리	본뜬 모양	기본자	가획자	이체자
혓소리	혀가 윗잇몸에 붙는 모양	ㄴ	ㄷ, ㅌ	ㄹ

① 기본자에 획을 더해 가획자를 만들었다.
② 발음 기관의 모양을 본떠 기본자를 만들었다.
③ 이체자는 기본자의 모양을 달리하여 만들었다.
④ 가획자와 이체자는 결합의 원리에 따라 만들었다.
⑤ 기본자와 가획자는 동일한 위치에서 소리가 난다.

03 〈보기〉의 ㉠에 해당하는 모음으로만 이루어진 단어로 적절한 것은?

> 훈민정음의 모음은 합성의 원리에 따라 만들어졌다. 기본자인 'ㅣ'와 'ㅡ'에 'ㆍ'를 한 번 합하여 만든 글자를 ㉠초출자라고 하며, 초출자에 'ㆍ'를 한 번 더 합하여 만든 글자를 재출자라고 한다.

① 아침 ② 저녁 ③ 수고
④ 직후 ⑤ 대기

서술형

04 〈보기〉의 ㉠을 통해 알 수 있는 훈민정음의 창제 정신 두 가지를 쓰시오.

> 나·랏:말ᄊᆞ·미中듕國·귁·에달·아文문字·ᄍᆞ·와·로서르ᄉᆞᄆᆞᆺ·디아·니ᄒᆞᆯ·ᄊᆡ·이런전·ᄎᆞ·로어·린百·ᄇᆡᆨ姓·셩·이니르·고·져·홇·배이·셔·도ᄆᆞ·ᄎᆞᆷ:내제·ᄠᅳ·들시·러펴·디:몯홇·노·미하·니·라㉠·내·이·를爲·윙·ᄒᆞ·야:어엿·비너·겨·새·로·스·믈여·듧字ᄍᆞ·를밍·ᄀᆞ노·니:사ᄅᆞᆷ:마·다:히·ᅇᅧ:수·ᄫᅵ니·겨·날·로·ᄡᅮ·메便뼌安한·킈ᄒᆞ·고·져홇ᄯᆞᄅᆞ·미니·라

[현대어 풀이]
  우리나라 말이 중국과 달라 한자와는 서로 통하지 아니한다. 이런 까닭으로 어리석은 백성이 말하고자 하는 바가 있어도 마침내 제 뜻을 능히 펴지 못하는 사람이 많다. ㉠내가 이를 가엾게 여겨 새로 스물여덟 글자를 만드니, 모든 사람들로 하여금 쉽게 익혀서 날마다 쓰는 데 편하게 하고자 할 따름이다.

(   ), (   )

05 한글의 우수성에 대한 설명으로 적절하지 <u>않은</u> 것은?

① 적은 수의 글자로 수많은 단어를 표현할 수 있는 효율적인 문자이다.
② 다른 문자를 모방하거나 변형하지 않고 새롭게 만든 독창적인 문자이다.
③ 비슷한 소리를 내는 문자는 그 모양도 비슷하게 만든 체계적인 문자이다.
④ 음운 단위로 풀어쓰기 때문에 의미를 정확하게 파악할 수 있는 문자이다.
⑤ 휴대 전화나 컴퓨터 자판의 문자 입력 속도가 빨라 정보화 시대에 적합한 문자이다.

정답과 해설

visang

문법편

중학
국어

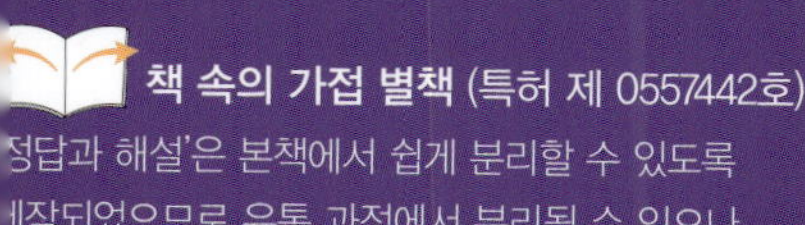

정답과 해설'은 본책에서 쉽게 분리할 수 있도록
제작되었으므로 유통 과정에서 분리될 수 있으나
파본이 아닌 정상제품입니다.

pionada
visang
피어나다를 하면서 아이가 공부의 필요를 인식하고 플랜도 바꿔가며 실천하는 모습을 보게 되어 만족합니다. 제가 직장 맘이라 정보가 부족했는데, 코치님을 통해 아이에 맞춘 피드백과 정보를 듣고 있어서 큰 도움이 됩니다.

– 조○관 회원 학부모님

공부 습관에도 진단과 처방이 필수입니다

초4부터 중등까지는 공부 습관이 피어날 최적의 시기입니다.

공부 마음을 망치는 공부를 하고 있나요?
성공 습관을 무시한 공부를 하고 있나요?
더 이상 이제 그만!

지금은 피어나다와 함께 사춘기 공부 그릇을 키워야 할 때입니다.

강점코칭 무료체험

바로 지금,
마음 성장 기반 학습 코칭 서비스, 피어나다®로
공부 생명력을 피어나게 해보세요.

상담
문의 1833-3124

www.pionada.com

공부 생명력이
pionada

일주일 단 1시간으로 심리 상담부터 학습 코칭까지 한번에!

상위권 공부 전략 체화 시스템
공부 마인드 정착 및
자기주도적 공부 습관 완성

공부력 향상 심리 솔루션
마음·공부·성공 습관 형성을 통한
마음 근력 강화 프로그램

온택트 모둠 코칭
주 1회 모둠 코칭 수업 및
상담과 특강 제공

공인된 진단 검사
서울대 교수진 감수 학습 콘텐츠와
한국심리학회 인증 진단 검사

정답과 해설

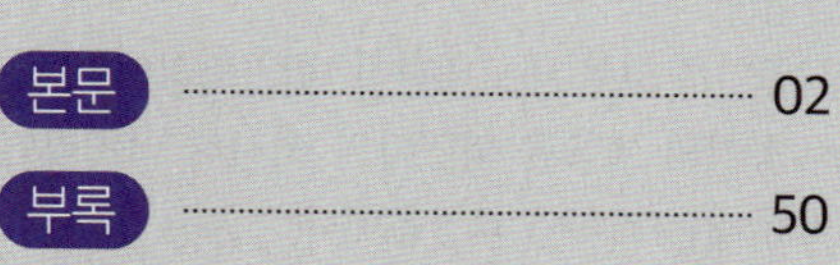

I 음운

 **음운 체계 ❶**

본문 013~015쪽

핵심만 바로 체크

1 (1) × (2) ○ (3) ○　　**2** (1) 세기 (2) 센입천장 (3) 비음, 유음

1 (1) 음운은 말의 뜻을 구별해 주는 소리의 가장 작은 단위이다. 발음할 때 한 번에 낼 수 있는 소리의 단위는 음절이다.
(2) '물'과 '불'처럼 자음 하나가 달라지거나, '물'과 '말'처럼 모음 하나가 달라져도 말의 뜻이 달라진다.
(3) 자음은 발음할 때 공기의 흐름이 목, 입, 혀 등 발음 기관의 방해를 받아 나는 소리이다.

2 (1) 자음은 소리의 세기에 따라 예사소리, 된소리, 거센소리로 분류된다.
(2) 'ㅈ, ㅉ, ㅊ'은 혓바닥과 입천장 앞쪽의 단단한 부분 사이에서 나는 센입천장소리이다.
(3) 코로 공기를 내보내면서 내는 소리는 비음이고, 혀끝을 윗잇몸에 가볍게 대었다가 떼거나 혀끝을 윗잇몸에 댄 채 공기를 그 양옆으로 흘려보내면서 내는 소리는 유음이다.

예시로 바로 연습

1 (1) [노래] → ㄴ, ㅗ, ㄹ, ㅐ, 4개 (2) [마음] → ㅁ, ㅏ, ㅡ, ㅁ, 4개
2 모범　　**3** (1) ㉢ (2) ㉠ (3) ㉣ (4) ㉡

1 (1) '노래[노래]'는 'ㄴ, ㅗ, ㄹ, ㅐ'로, 4개의 음운이 사용되었다.
(2) '마음[마음]'은 'ㅁ, ㅏ, ㅡ, ㅁ'으로, 4개의 음운이 사용되었다. 이때 소리마디의 첫소리에 오는 'ㅇ'은 소릿값이 없으므로 '음'의 'ㅇ'은 세지 않는다.

2 두 입술이 닿았다가 떨어지며 나는 자음은 입술소리로, 'ㅁ, ㅂ, ㅃ, ㅍ'이 있으며, 입술소리만 쓰인 단어는 '모범'이다. '국어'의 'ㄱ'은 여린입천장소리, '문법'의 'ㄴ'과 '바람'의 'ㄹ'은 잇몸소리, '하늘'의 'ㅎ'은 목청소리이다.

3 (1) 'ㄷ, ㅂ, ㅍ'은 공기의 흐름을 막았다가 터뜨리며 내는 소리인 파열음이다.
(2) 'ㄴ, ㅇ'은 공기를 코로 내보내면서 내는 소리인 비음이다.
(3) 'ㅈ, ㅊ'은 공기의 흐름을 막았다가 서서히 터뜨리면서 마찰을 일으켜 내는 소리인 파찰음이다.
(4) 'ㅅ, ㅎ'은 공기가 흐르는 통로를 좁혀 마찰을 일으키며 내는 소리인 마찰음이다.

기본 다지기

01 ④　　**02** ②　　**03** ③　　**04** ①

01 음운은 말의 뜻을 구별해 주는 소리의 가장 작은 단위로, 우리말의 음운은 크게 자음과 모음으로 나뉜다. ④의 '행복[행ː복]'에 사용된 음운은 'ㅎ, ㅐ, ㅇ, ㅂ, ㅗ, ㄱ'으로, 음운의 개수는 6개이다.

02 자음은 목, 입, 혀 등의 발음 기관에 의해 공기의 흐름이 막히거나 통로가 좁아져서 방해를 받아 만들어지는 소리로, 소리 나는 위치나 소리 내는 방법, 소리의 세기 등에 따라 분류할 수 있다. 소리마디의 첫소리에 오는 'ㅇ'은 소릿값이 없다.

03 윗잇몸과 혀끝이 닿아서 나는 소리는 잇몸소리로, 'ㄴ, ㄷ, ㄸ, ㄹ, ㅅ, ㅆ, ㅌ'이 이에 속한다. ③의 'ㅂ'은 두 입술에서 나는 소리인 입술소리이다.

04 소리 나는 위치에 따르면 'ㄱ, ㄲ, ㅇ, ㅋ'은 여린입천장소리이다.

실력 쌓기

01 ②　　**02** ④　　**03** ⑤　　**04** ④　　**05** ④　　**06** ①

01 '숭어'의 '어'에서 소리마디의 첫소리 'ㅇ'은 소리값이 없으므로 음운에 속하지 않는다. 따라서 '숭어[숭어]'는 'ㅅ, ㅜ, ㅇ, ㅓ'로 음운을 분석할 수 있다.
오답풀이 ❶ '공'과 '강'의 첫소리는 'ㄱ', 받침은 'ㅇ'으로 동일하다. 따라서 모음 'ㅗ'와 'ㅏ'로 '공'과 '강'이 구별된다.
❸ '담'을 '봄'의 뜻과 구별해 주는 음운은 'ㄷ', 'ㅏ'로 두 개이다.
❹ 자음과 모음은 소리마디의 경계가 뚜렷하게 나누어지는 분절 음운에 속한다.
❺ '말(言)[말ː]'과 '말(馬)[말]'처럼 자음과 모음이 같아도 소리의 길이에 따라 뜻이 달라질 수 있다.

02 '날씨'에 사용된 자음 'ㄴ, ㄹ, ㅆ'은 모두 잇몸소리로, 혀끝이 윗잇몸에 닿아서 나는 소리이다.
오답풀이 ❶ 'ㄱ'은 여린입천장소리, 'ㅁ, ㅂ'은 입술소리이다.
❷ 'ㅅ'은 잇몸소리, 'ㅇ'은 여린입천장소리, 'ㅊ'은 센입천장소리이다.
❸ 'ㅎ'은 목청소리, 'ㅇ'은 여린입천장소리이다.
❺ 'ㅁ'은 입술소리, 'ㅎ'은 목청소리, 'ㅇ'은 여린입천장소리이다.

03 '목청 사이에서 나는 소리'는 목청소리 'ㅎ'이다. 혀끝을 윗잇몸에 대었다가 떼거나, 혀끝을 윗잇몸에 댄 채 혀의 양옆으로 공기를 흘려보내면서 내는 소리는 '유음'으로 'ㄹ'이 이에 해당된다. 따라서 'ㅎ'과 'ㄹ'이 모두 포함된 단어는 '하루'이다.

04 예사소리는 성대를 긴장시키지도 않고 많은 양의 공기를 내보내지도 않는 평범한 소리인 반면, 된소리는 성대를 긴장시켰다가 풀면서 순간적으로 적은 양의 공기를 내보내는 소리이다.

따라서 '잘랑'의 예사소리 'ㅈ'을 발음할 때보다 '짤랑'의 된소리 'ㅉ'을 발음할 때 성대가 긴장된다.

05 우리말은 'ㅂ, ㅃ, ㅍ'처럼 소리의 세기에 따라 예사소리, 된소리, 거센소리로 나뉜다. 따라서 〈보기〉에서 외국인이 'ㅂ, ㅃ, ㅍ' 소리를 구분하기 어려워하는 것은 소리의 세기에 따른 자음의 차이를 구분하지 못하기 때문임을 알 수 있다.

06 〈보기〉에 쓰인 자음 중 'ㄸ, ㄱ, ㄷ, ㅋ, ㅂ'은 파열음이며, 'ㄴ, ㅁ'은 비음이다.

DAY 2 음운 체계 ❷

핵심만 바로 체크

1 (1) × (2) ○ (3) ×　　**2** (1) 저모음 (2) 앞쪽 (3) 원순 모음

1 (1) 국어의 모음 중 단모음은 'ㅏ, ㅐ, ㅓ, ㅔ, ㅗ, ㅚ, ㅜ, ㅟ, ㅡ, ㅣ'로 10개, 이중 모음은 'ㅑ, ㅒ, ㅕ, ㅖ, ㅘ, ㅙ, ㅛ, ㅝ, ㅞ, ㅠ, ㅢ'로 11개이다.
(2) 단모음과 달리, 이중 모음은 발음할 때 입술 모양이나 혀의 위치가 처음과 달라진다.
(3) 발음할 때 입술을 둥글게 오므려 내는 것은 원순 모음, 그렇지 않은 것은 평순 모음이다. 전설 모음은 입천장의 중간점을 기준으로 혀의 최고점이 앞쪽에 있을 때에 발음되는 모음을, 후설 모음은 혀의 최고점이 뒤쪽에 있을 때의 모음을 말한다.

2 (1) 입이 크게 열려서 혀의 위치가 낮은 모음은 저모음이다.
(2) 입천장의 중간점을 기준으로 혀의 최고점이 입안의 앞쪽에 있는 모음은 전설 모음이다.
(3) 발음할 때 입술을 둥글게 오므려 소리 내는 모음은 원순 모음으로, 'ㅗ, ㅚ, ㅜ, ㅟ'가 있다.

예시로 바로 연습

1 (1) ㅡ, ㅔ, ㅗ, ㅏ (2) ㅙ, ㅠ, ㅖ, ㅢ, ㅘ　　**2** (1) ㉢ (2) ㉡ (3) ㉠
3 (1) ㅔ, ㅣ, ㅒ (2) ㅗ, ㅡ, ㅓ, ㅏ

1 (1) 〈보기〉의 모음 중 'ㅡ, ㅔ, ㅗ, ㅏ'는 발음하는 도중에 입술이나 혀가 고정되어 움직이지 않는 단모음이다.
(2) 〈보기〉의 모음 중 'ㅙ, ㅠ, ㅖ, ㅢ, ㅘ'는 혀가 일정한 자리에서 시작하여 다른 자리로 옮겨 가면서 발음되는 이중 모음이다.

2 (1) 전설 모음이면서 혀의 위치가 낮은 모음은 ㉢의 'ㅐ'이다.
(2) 후설 모음이면서 평순 모음이고, 혀의 위치가 높은 고모음은 ㉡의 'ㅡ'이다.

---

(3) 후설 모음이면서 입술을 둥글게 오므리는 원순 모음이고, 혀의 높이가 중간인 중모음은 ㉠의 'ㅗ'이다.

03 (1) 〈보기〉의 문장에 사용된 모음 중 'ㅔ, ㅣ, ㅐ'는 입천장의 중간점을 기준으로 혀의 최고점이 앞쪽에 있을 때에 발음되는 전설 모음이다.
(2) 〈보기〉의 문장에 사용된 모음 중 'ㅗ, ㅡ, ㅓ, ㅏ'는 혀의 최고점이 뒤쪽에 있을 때 발음되는 후설 모음이다.

기본 다지기

01 ⑤　　**02** ⑤　　**03** ①　　**04** ③

01 발음할 때 공기의 흐름이 방해를 받고 나오는 소리는 자음, 방해를 받지 않고 나오는 소리는 모음이다.

오답풀이 ❶ 자음의 분류 기준에 대한 설명이다.
❷ 모음은 자음 없이 단독으로 소리 낼 수 있다.
❸ 국어의 모음은 단모음이 10개, 이중 모음이 11개로 총 21개이다.
❹ 자음과 모음 모두 음운으로, 말의 뜻을 구별해 준다.

02 〈보기〉는 입술 모양이나 혀의 위치 변화 여부에 따라 단모음과 이중 모음으로 분류한 것이다.

03 〈보기〉는 원순 모음에 대한 설명이며 이 중 원순모음은 'ㅗ'이다. ②, ③, ④, ⑤에서 'ㅔ, ㅓ, ㅡ, ㅣ'는 평순 모음이다.

04 'ㅚ'는 전설 모음이자, 원순 모음, 중모음에 해당하는 모음이다.

실력 쌓기

01 ③　　**02** ④　　**03** ②　　**04** ①　　**05** ⑤　　**06** ②
07 ①　　**08** ③

01 'ㅟ'와 'ㅚ'는 전설 모음으로 혀의 최고점의 위치는 같다. 그러나 'ㅟ'는 고모음, 'ㅚ'는 '중모음'으로 혀의 높이가 다르다.

오답풀이 ❶ 모음 'ㅏ'와 'ㅗ'의 차이로 단어의 뜻이 달라진다.
❷ 'ㅓ'는 입술 모양이 평평한 평순 모음, 'ㅗ'는 입술 모양이 둥글어지는 원순 모음이다.

02 발음할 때 입술 모양이나 혀의 위치가 변하지 않는 모음을 단모음이라고 한다. 우리말의 단모음에는 'ㅏ, ㅐ, ㅓ, ㅔ, ㅗ, ㅚ, ㅜ, ㅟ, ㅡ, ㅣ'가 있다. ④에 쓰인 'ㅐ'와 'ㅟ'는 단모음에 해당한다.

오답풀이 ❶ 'ㅖ', ❷ 'ㅑ', ❸ 'ㅢ', ❺ 'ㅕ'는 이중 모음이다.

03 〈보기〉에 제시된 모음들은 모두 발음할 때 혀의 최고점의 위치가 입안의 앞쪽에 있는 전설 모음이다.

오답풀이 ❶ 단모음은 발음할 때, 혀의 높이에 따라 고모음, 중모음, 저모음으로 구분할 수 있으며, 'ㅣ, ㅟ'는 고모음, 'ㅔ, ㅚ'는 중모음, 'ㅐ'는 저모음에 해당한다.

④, ⑤ 단모음은 발음할 때, 입술 모양에 따라 원순 모음과 평순 모음으로 구분할 수 있으며, 'ㅟ, ㅚ'는 원순 모음, 'ㅣ, ㅔ, ㅐ'는 평순 모음에 해당한다.

04 〈보기〉는 후설 모음이자 평순 모음에 대한 설명이다. 후설 모음은 'ㅏ, ㅓ, ㅗ, ㅜ, ㅡ'이고, 평순 모음은 'ㅏ, ㅐ, ㅓ, ㅔ, ㅡ, ㅣ'이다. 따라서 〈보기〉에 해당하는 모음은 'ㅏ, ㅓ, ㅡ'이다.

05 혀의 높이가 높은 모음은 고모음으로, 'ㅜ, ㅟ, ㅡ, ㅣ'가 있다. 그리고 혀의 높이가 낮은 모음은 저모음으로, 'ㅏ'와 'ㅐ'가 있다. ⑤는 고모음인 'ㅣ'와 저모음인 'ㅐ'가 바르게 짝 지어져 있다.

> **오답풀이** ❶ 'ㅏ'는 저모음, 'ㅔ'는 중모음이다.
> ❷ 'ㅓ'는 중모음, 'ㅟ'는 고모음이다.
> ❸ 'ㅗ'는 중모음, 'ㅜ'는 고모음이다.
> ❹ 'ㅚ'는 중모음, 'ㅟ'는 고모음이다.

06 저모음인 'ㅏ, ㅐ'는 제시된 문장에 쓰이지 않았다.

> **오답풀이** ❶ 중모음은 'ㅗ, ㅓ'가 쓰였다.
> ❸ 이중 모음은 'ㅕ'가 쓰였다.
> ❹ 전설 모음은 'ㅣ, ㅟ'가 쓰였다.
> ❺ 평순 모음은 'ㅡ, ㅓ, ㅣ'가 쓰였다.

07 고모음은 'ㅜ, ㅟ, ㅡ, ㅣ'이고, 전설 모음은 'ㅐ, ㅔ, ㅚ, ㅟ, ㅣ'이다. 따라서 〈조건〉을 모두 충족하는 모음은 'ㅟ, ㅣ'이고 해당 모음이 사용된 단어는 ①의 '지위'이다.

> **오답풀이** ❷ '사서'에서 'ㅏ'는 저모음이자 후설 모음, 'ㅓ'는 중모음이자 후설 모음에 해당한다.
> ❸ '외모'에서 'ㅚ'는 중모음이자 전설 모음, 'ㅗ'는 중모음이자 후설 모음에 해당한다.
> ❹ '의심'에서 'ㅢ'는 이중 모음, 'ㅣ'는 고모음이자 전설 모음에 해당한다.
> ❺ '귀향'에서 'ㅟ'는 고모음이자 전설 모음, 'ㅑ'는 이중 모음에 해당한다.

08 〈보기〉는 '지호'가 'ㅗ'를 'ㅓ'로 잘못 발음하여 오해가 생긴 상황이다. '지호'에게 'ㅗ'는 'ㅓ'와 달리 입술을 둥글게 오므려 발음해야 한다고 조언할 수 있다.

> **오답풀이** ❶, ❷ 'ㅗ, ㅓ'는 모두 중모음이다.
> ❹ 'ㅗ, ㅓ'는 모두 단모음이다.
> ❺ 'ㅗ, ㅓ'는 모두 후설 모음이다.

> **지식 더하기**
>
> **발음 실수를 자주 저지르는 모음**
> • 'ㅐ'와 'ㅔ': 'ㅐ'는 저모음, 'ㅔ'는 중모음이므로 'ㅔ'보다 'ㅐ'를 발음할 때 입을 더 벌리고 혀의 높이를 낮춰 발음한다.
> • 'ㅓ'와 'ㅗ': 'ㅓ'는 평순 모음이고 'ㅗ'는 원순 모음이므로 'ㅓ'는 입술을 둥글게 오므리지 않고 발음하고 'ㅗ'는 입술을 둥글게 오므려 발음한다.
> • 'ㅢ'와 'ㅡ': 'ㅢ'는 이중 모음이므로 입술 모양이나 혀의 위치를 처음과 나중이 서로 달라지게 하여 [ㅡ]에서 [ㅣ]가 되도록 발음해야 한다.

DAY **3** 음운의 변동 ❶

본문 021~023쪽

핵심만 바로 체크

1 (1) ○ (2) × (3) ×   **2** (1) 변동 (2) ㄷ, 끝소리 (3) 된소리되기

1 (1) 음절의 끝소리란 한 음절의 마지막에 오는 음운을 말한다.
(2) 음절의 끝소리 규칙에 따라 음절의 끝소리는 'ㄱ, ㄴ, ㄷ, ㄹ, ㅁ, ㅂ, ㅇ'의 7개 자음만 발음된다.
(3) 'ㄱ, ㄷ, ㅂ'으로 소리 나는 받침 뒤에 오는 'ㄱ, ㄷ, ㅂ, ㅅ, ㅈ'은 된소리되기에 의해 'ㄲ, ㄸ, ㅃ, ㅆ, ㅉ'으로 발음된다.

2 (1) 음운이 일정한 환경에 따라 다르게 발음되는 현상을 음운의 변동이라고 한다. 음운의 변동에는 교체, 축약, 탈락, 첨가가 있다.
(2) 음절의 끝소리 규칙에 따라 'ㅌ'은 음절의 끝에서 [ㄷ]으로 소리 난다.
(3) '국밥[국빱], 신다[신ː따], 갈증[갈쯩]'은 공통적으로 된소리되기가 나타난다.

예시로 바로 연습

1 (1) ㄱ, ㄲ, ㅋ (2) ㄷ, ㄸ, ㅅ, ㅆ, ㅈ, ㅊ, ㅌ (3) ㅂ, ㅍ   **2** (1) ⓒ (2) ⓛ (3) ㉠   **3** (1) 잡찌 (2) 꼳꼬 (3) 갈꼳 (4) 물찔

1 (1) 음절의 끝소리 규칙에 따라 'ㄱ, ㄲ, ㅋ'은 [ㄱ]으로 발음된다.
(2) 음절의 끝소리 규칙에 따라 'ㄷ, ㄸ, ㅅ, ㅆ, ㅈ, ㅊ, ㅌ'은 [ㄷ]으로 발음된다.
(3) 음절의 끝소리 규칙에 따라 'ㅂ, ㅍ'은 [ㅂ]으로 발음된다.

2 (1) 밖[박] – 부엌[부억], 'ㄲ'과 'ㅋ'은 모두 [ㄱ]으로 발음된다.
(2) 앞[압] – 삽[삽], 'ㅍ'과 'ㅂ'은 모두 [ㅂ]으로 발음된다.
(3) 잣[잗] – 낮[낟], 'ㅅ'과 'ㅈ'은 모두 [ㄷ]으로 발음된다.

3 (1) 잡지[잡찌], 받침 'ㅂ' 뒤에 'ㅈ'이 올 때 'ㅈ'이 [ㅉ]으로 발음된다.
(2) 꽃고[꼳고 → 꼳꼬], '꽃'이 음절의 끝소리 규칙에 따라 [꼳]이 되므로 받침 'ㄷ' 뒤에 온 'ㄱ'이 [ㄲ]으로 발음된다.
(3) 갈 곳[갈꼳], 관형사형 어미 '-(으)ㄹ' 뒤에 'ㄱ'이 올 때 'ㄱ'이 [ㄲ]으로 발음된다.
(4) 물질[물찔], 한자어에서의 받침 'ㄹ' 뒤에 'ㅈ'이 올 때 'ㅈ'이 [ㅉ]으로 발음된다.

01 ④　　02 ⑤　　03 ④　　04 ③

01 '낫, 낱, 낫, 낯'은 모두 [낟]으로 발음되나, '낚'은 [낙]으로 발음된다.

02 'ㅎ'은 음절의 끝에서 [ㄷ]으로 발음되므로 '히읗'은 [히읃]으로 발음된다.

03 〈보기〉는 받침 'ㄱ, ㄷ, ㅂ' 뒤에 'ㄱ, ㄷ, ㅂ, ㅅ, ㅈ'이 올 때의 된소리되기에 대한 설명이다. '숟가락[숟까락]'은 받침 'ㄷ' 뒤에 'ㄱ'이 오므로, 뒤에 오는 'ㄱ'이 [ㄲ]으로 발음된다.

> **오답풀이** ❶ '각운[가군]'으로 발음하며 음운의 변동이 나타나지 않는다.
> ❷ '나무꾼[나무꾼]'으로 발음하며 음운의 변동이 나타나지 않는다.
> ❸ '말살[말쌀]'은 한자어에서의 받침 'ㄹ' 뒤에 온 'ㅅ'이 [ㅆ]으로 발음된 예로, 〈보기〉와 관련이 없다.
> ❺ '돌잔치[돌잔치]'로 발음하며 음운의 변동이 나타나지 않는다.

04 ③의 '담장[담장]'은 된소리되기가 나타나지 않는다.

> **오답풀이** ❶은 [밥쌍], ❷는 [깍따], ❹는 [곱쎔], ❺는 [갈쯩]으로 발음하며 된소리되기가 나타난다.

01 ③　　02 ③　　03 ④　　04 ③　　05 ④　　06 ②
07 ⑤　　08 ④

01 '동산[동산], 반찬[반찬]'처럼 끝소리 받침과 뒤 음절의 첫소리 자음이 만나도 소리가 변하지 않는 경우도 있다.

02 '낯'의 받침 'ㅊ'은 음절의 끝에서 [ㄷ]으로 소리 나므로 '낯가림'은 [낟가림]으로 발음되는데, 다시 'ㄷ'과 'ㄱ'이 만나 [ㄲ]으로 소리 나므로 [낟까림]으로 발음된다.

> **오답풀이** ❶ '샀대[삳다 → 삳따]'는 'ㅆ'이 음절의 끝에서 [ㄷ]으로 발음된 후, 다시 'ㄷ'과 'ㄷ'이 만나 된소리되기가 나타난다.
> ❷ '잎사귀[입사귀 → 입싸귀]'는 'ㅍ'이 음절의 끝에서 [ㅂ]으로 발음된 후, 다시 'ㅂ'과 'ㅅ'이 만나 된소리되기가 나타난다.
> ❹ '못이[모시]'는 'ㅅ'이 모음으로 시작하는 형식 형태소 '이'를 만나 음절의 끝소리 규칙이 아닌, 연음 현상이 나타난다. 따라서 끝소리 'ㅅ'이 뒷말의 첫소리로 옮겨 가서 [모시]로 발음된다.
> ❺ '덮개[덥개 → 덥깨]'는 'ㅍ'이 음절의 끝에서 [ㅂ]으로 발음되고, 다시 'ㅂ'과 'ㄱ'이 만나 된소리되기가 나타난다.

연음 현상
자음으로 끝나는 음절 뒤에 모음으로 시작하는 형식 형태소가 오면, 앞 음절의 끝소리인 자음이 뒤 음절의 첫소리로 옮겨 발음된다. 예 책이[채기], 꽃에[꼬체], 연필은[연피른]

03 ㉠에서 '꽃다발'의 받침 'ㅊ'에 음절의 끝소리 규칙이 적용되어 [꼳다발]이 되고, ㉡에서 'ㄷ'과 'ㄷ'이 만나 뒤의 'ㄷ'이 [ㄸ]으로 소리 나는 된소리되기가 적용되어 [꼳따발]로 발음된다.

04 '현상[현상]'은 표기와 발음이 일치한다.

> **오답풀이** ❶ '빛[빋]', ❷ '곳[곧]', ❹ '무릎[무릅]', ❺ '솥대[솓때]'는 표기와 발음이 일치하지 않는다.

05 '날개[날개 → 날깨]', '뻗대다[뻗때다]'로 'ㄷ' 뒤에 오는 'ㄱ, ㄷ'이 각각 'ㄲ, ㄸ'으로 바뀌어 소리 나는 된소리되기가 나타난다.

> **오답풀이** ❶ '운명[운:명]'은 음운 변동이 일어나지 않으며 '옆집[엽집 → 엽찝]'은 된소리되기가 나타난다.
> ❷ '깡통[깡통]'은 음운 변동이 일어나지 않으며 '밭갈이[받가리 → 받까리]'는 된소리되기가 나타난다.
> ❸ '연탄[연탄]'은 음운 변동이 일어나지 않으며 '국밥[국빱]'은 된소리되기가 나타난다.
> ❺ '옷고름[옫고름 → 옫꼬름]'은 된소리되기가, '장미꽃[장미꼳]'은 음절의 끝소리 규칙이 나타난다.

06 '엽서[엽써]'는 'ㅂ' 뒤에 오는 'ㅅ'이 [ㅆ]으로 발음된다.

> **오답풀이** ❶ '품대[품:따]'는 뒤에 오는 용언의 어간 받침 'ㅁ' 뒤에 첫소리가 'ㄷ'인 어미가 올 때의 된소리되기가 나타난다.
> ❸ '실전[실쩐]'은 한자어에서의 받침 'ㄹ' 뒤에 'ㅈ'이 올 때의 된소리되기가 나타난다.
> ❹ '짜증[짜증]'은 음운의 변동이 나타나지 않는다.
> ❺ '부엌[부억]'은 음절의 끝소리 규칙이 나타난다.

07 '돌'의 받침 'ㄹ'은 관형사형이 아니므로, '돌 던지기'는 된소리되기가 일어나는 조건에 해당하지 않는다.

08 '옷'의 받침 'ㅅ'은 음절의 끝에서 [ㄷ]으로 발음되고, 받침 뒤에 모음으로 시작하는 실질 형태소를 만난 경우이므로 [옫 안에 → 오다네]로 발음한다.

> **오답풀이** ❶ '밭도'에서 'ㅌ'은 음절의 끝에서 [ㄷ]으로 발음되고, 다시 뒤에 오는 'ㄷ'을 만나 [받도 → 받또]로 소리 나는 것으로, (가)에만 해당된다.
> ❷ '옷'에서 'ㅅ'은 음절의 끝에서 [ㄷ]으로 발음되고, 다시 뒤에 오는 'ㅅ'을 만나 [옫속 → 옫쏙]으로 소리 나는 것으로, (가)에만 해당된다.
> ❸ '밖에서'는 음절의 끝소리 뒤에 모음으로 시작하는 형식 형태소 '에'가 와서 연음 현상이 나타나므로 [바께서]로 발음된다. 따라서 (가), (나)와 관련이 없다.
> ❺ '숲'에서 'ㅍ'은 음절의 끝에서 [ㅂ]으로 발음되는 것으로, (가)에만 해당된다.

DAY 04 음운의 변동 ❷
본문 025~027쪽

핵심만 바로 체크

1 (1) × (2) ○ (3) ×　**2** (1) [궁내] (2) [피부치] (3) [미:다지]

1 (1) 유음화는 비음 'ㄴ'이 유음 'ㄹ'의 앞 또는 뒤에서 'ㄹ'의 영향을 받아 유음 'ㄹ'로 바뀌어 발음되는 현상이다.
　(2) 구개음화는 두 개의 음운을 발음할 때, 두 음운이 입안의 가까운 자리에서 소리 날 때 발음하기가 더 편하기 때문에 나타나는 현상이다.
　(3) 음운의 교체는 한 음운이 다른 음운으로 바뀌는 현상이고, 음운의 축약은 두 음운이 합쳐져서 하나의 음운으로 줄어드는 현상이다.

2 (1) '국내'는 'ㄱ'과 'ㄴ'이 만나 'ㄱ'이 비음 'ㅇ'으로 바뀌어 발음되는 비음화가 일어나 [궁내]로 발음한다.
　(2) '피붙이'는 'ㅌ'이 형식 형태소인 모음 'ㅣ'를 만나 구개음인 'ㅊ'으로 바뀌어 발음되는 구개음화가 일어나 [피부치]로 발음한다.
　(3) '미닫이'는 'ㄷ'이 형식 형태소인 모음 'ㅣ'를 만나 구개음인 'ㅈ'으로 바뀌어 발음되는 구개음화가 일어나 [미:다지]로 발음한다.

예시로 바로 연습

1 (1) ㉠ (2) ㉡ (3) ㉡ (4) ㉠　　**2** 끝이, 샅샅이, 맏이
3 (1) ㉢ (2) ㉠ (3) ㉡

1 (1) '밥물[밤물]'은 'ㅂ'이 'ㅁ'을 만나 비음 'ㅁ'으로 바뀌어 발음되는 비음화 현상이 일어난다.
　(2) '난로[날:로]'는 'ㄴ'이 'ㄹ'을 만나 유음 'ㄹ'로 바뀌어 발음되는 유음화 현상이 일어난다.
　(3) '곤란[골:란]'은 'ㄴ'이 'ㄹ'을 만나 유음 'ㄹ'로 바뀌어 발음되는 유음화 현상이 일어난다.
　(4) '곡물[공물]'은 'ㄱ'이 'ㅁ'을 만나 비음 'ㅇ'으로 바뀌어 발음되는 비음화 현상이 일어난다.

2 구개음화는 앞말의 끝소리 'ㄷ, ㅌ'이 모음 'ㅣ'나 반모음 'ㅣ'로 시작하는 형식 형태소를 만날 때 일어난다. 〈보기〉에서 구개음화가 일어난 단어는 '끝이, 샅샅이, 맏이'이다. '마디[마디]'는 하나의 형태소로 이루어진 단어이기 때문에 구개음화가 일어나지 않으며, '볕에[벼테]'는 'ㅌ' 뒤에 모음 'ㅔ'가 오기 때문에 구개음화가 일어나지 않는다. '홑이불[혼니불]'은 'ㅌ' 뒤에 형식 형태소가 아닌, 실질 형태소의 'ㅣ'가 오기 때문에 구개음화가 일어나지 않는다.

3 (1) ㉢ '젖히다[저치다]'는 'ㅈ'과 'ㅎ'이 만나 [ㅊ]으로 소리 난다.
　(2) ㉠ '백합[배캅]'은 'ㄱ'과 'ㅎ'이 만나 [ㅋ]으로 소리 난다.
　(3) ㉡ '덥히다[더피다]'는 'ㅂ'과 'ㅎ'이 만나 [ㅍ]으로 소리 난다.

기본 다지기

01 ③　　**02** ④　　**03** ①　　**04** ④

01 〈보기〉는 'ㅂ'이 비음 'ㅁ'을 만나 비음 'ㅁ'으로 바뀌어 발음되는 비음화를 나타낸 것이다. '밥맛[밤맏]'은 앞에 오는 음절의 끝소리 'ㅂ'이 뒤에 오는 음절의 첫소리 'ㅁ'을 만나 비음 'ㅁ'으로 바뀌어 발음되는 비음화 현상에 해당한다.
　[오답풀이] ❶ '탐방[탐방]', ❷ '냄비[냄비]', ❹ '남부[남부]', ❺ '굼벵이[굼:벵이]'는 표기와 발음이 같아 비음화 현상이 일어나지 않는다.

02 '찰나[찰라]'는 비음 'ㄴ'이 앞에 있는 유음 'ㄹ'의 영향을 받아 유음 'ㄹ'로 바뀌어 발음되는 유음화 현상이 일어난다.

03 〈보기〉는 구개음화에 대한 설명이다. '밭이[바치]'는 앞말의 끝소리 'ㅌ'이 모음 'ㅣ'를 만나 'ㅊ'으로 바뀌어 소리 나는 구개음화 현상의 예이다.
　[오답풀이] ❷ '반란[발:란]'은 'ㄴ'이 뒤에 오는 'ㄹ'의 영향으로 'ㄹ'로 바뀌어 발음되는 유음화가 일어난다.
　❸ '닭대[닥따]'는 음절의 끝소리 규칙과 된소리되기가 일어난다.
　❹ '곁에[겨테]'는 음운 변동 현상이 일어나지 않는다.
　❺ '견디다[견디다]'는 음운 변동 현상이 일어나지 않는다.

04 〈보기〉의 '잡히다[자피다]'는 'ㅂ'과 'ㅎ'이 만나 [ㅍ]으로 소리 나는 거센소리되기가 나타난다. '놓치다[논치다]'는 음절의 끝소리 규칙만 적용된다.
　[오답풀이] ❶ '옳지[올치]'는 겹받침 중 'ㅎ'과 뒤에 오는 예사소리 'ㅈ'이 만나 'ㅊ'으로 바뀌어 발음되는 거센소리되기가 나타난다.
　❷ '하얗게[하:야케]'는 예사소리 'ㅎ'과 뒤에 오는 'ㄱ'이 만나 'ㅋ'으로 바뀌어 발음되는 거센소리되기가 나타난다.
　❸ '못하다[모:타다]'는 예사소리 'ㄷ'과 뒤에 오는 'ㅎ'이 만나 'ㅌ'으로 바뀌어 발음되는 거센소리되기가 나타난다.
　❺ '업히다[어피다]'는 예사소리 'ㅂ'과 뒤에 오는 'ㅎ'이 만나 'ㅍ'으로 바뀌어 발음되는 거센소리되기가 나타난다.

실력 쌓기

01 ③　　**02** ④　　**03** ②　　**04** ②　　**05** ⑤　　**06** ①
07 ④

01 〈보기〉는 비음화에 대한 설명이다. ③의 '옆방[엽방 → 엽빵]'은 음절의 끝소리 규칙과 된소리되기가 일어나는 예이다.
　[오답풀이] ❶ 깎는[깍는 → 깡는], ❷ 꽃말[꼳말 → 꼰말], ❹ 갚는[갑는 → 감는], ❺ 부엌문[부억문 → 부엉문]은 음절의 끝소리 규칙과 비음화가 일어난다.

02 '대관령'은 'ㄴ'이 'ㄹ' 앞에서 'ㄹ'의 영향을 받아 유음 'ㄹ'로 바뀌어 발음되는 유음화 현상이 일어나므로 [대:괄령]으로 발음된다.

 ❶, ❸ '놓는'과 '앞마당'은 비음화 현상이 일어나므로 [논는 → 논는], [암마당]으로 발음된다.
❷, ❺ '신라'와 '실내'는 유음화 현상이 일어나므로 [실라], [실래]로 발음된다.

03 자음 동화에는 비음화와 유음화가 있다. 구개음화는 음운 교체의 유형 중 하나이다.

04 '꽃이[꼬치]'는 'ㅊ'이 모음으로 시작하는 뒤 음절 첫소리로 옮겨 발음하는 연음 현상의 예로, 구개음화 현상이 일어나지 않는다.

지식 더하기

구개음화
• 구개음은 혓바닥이 입천장 중앙에 닿으면 나는 소리로, 'ㅈ, ㅊ, ㅉ'이 이에 속한다. 'ㄷ, ㅌ'이 모음 'ㅣ'를 만나서 'ㅈ, ㅊ'으로 바뀌어 발음되는 것을 구개음화라고 한다.
  예 • 맏이[마디 → 마지]
     • 밭이[바티 → 바치]
• 자음 'ㄷ'이 'ㅎ'를 만나면 'ㅌ'으로 축약이 되고, 축약된 'ㅌ'이 다시 'ㅊ'으로 바뀌는 구개음화가 일어나기도 한다.
  예 • 굳히다[구티다 → 구치다]
     • 묻히다[무티다 → 무치다]

05 '따뜻한[따뜬한 → 따뜨탄], 박하사탕[바카사탕]'은 예사소리 'ㄷ, ㄱ'이 'ㅎ'과 만나 거센소리 'ㅌ, ㅋ'으로 발음되는 거센소리되기가 일어난다.

 ㉠ '함박눈[함방눈]'은 비음화가 일어난다.
㉢ '볕이[벼티 → 벼치]'는 구개음화가 일어난다.

06 '굳이[구지]'와 '국물[궁물]'은 각각 구개음화와 비음화가 나타나므로 모두 음운의 교체가 일어났다.

 ❷ '숙모[숭모]'는 비음화(교체), '국화[구콰]'는 거센소리되기(축약)가 일어난다.
❸ '먹물[멍물]'은 비음화(교체), '잡히다[자피다]'는 거센소리되기(축약)가 일어난다.
❹ '걷는다[건는다]'는 비음화(교체), '꽂히다[꼬치다]'는 거센소리되기(축약)가 일어난다.
❺ '한라산[할:라산]'은 유음화(교체), '도착하다[도:차카다]'는 거센소리되기(축약)가 일어난다.

07 ㉠은 순행 동화, ㉢은 역행 동화에 대한 설명이다. '물놀이'는 앞의 'ㄹ'이 뒤의 'ㄴ'에 영향을 주어 'ㄴ'이 'ㄹ'로 바뀌어 [물로리]로 발음된다. '읍내'는 뒤의 'ㄴ'이 앞의 'ㅂ'에 영향을 주어 'ㅂ'이 'ㅁ'로 바뀌어 [음내]로 발음된다.

 ❶ 진리[질리](앞이 바뀜), 담력[담:녁](뒤가 바뀜)
❷ 신랑[실랑](앞이 바뀜), 먹는대[멍는다](앞이 바뀜)
❸ 앞문[암문](앞이 바뀜), 들나물[들:라물](뒤가 바뀜)
❺ 붙는대[분는다](앞이 바뀜), 맏며느리[만며느리](앞이 바뀜)

핵심만 바로 체크

1 (1) × (2) ○ (3) ×　　**2** (1) 탈락 (2) 동음 (3) ㄴ, 첨가

1 (1) 음운의 탈락은 자음과 모음에서 모두 일어나는 현상이다.
(2) 음절의 끝에 오는 겹받침 'ㄼ'은 뒤 자음 'ㅂ'이 탈락해 'ㄹ'로 발음된다. 따라서 '넓다'는 [널따]로 발음된다.
(3) 음절 끝의 두 자음 중 하나가 탈락하고, 하나만 소리 나는 현상은 자음군 단순화이다. 'ㄹ' 탈락은 'ㄹ'로 끝나는 용언의 어간이 몇몇 어미와 결합할 때 'ㄹ'이 탈락하는 현상이다.

2 (1) 음운 변동의 유형 중 하나인 탈락은 두 음운 중 하나의 음운이 발음되지 않는 현상을 말하며, 그 유형으로는 자음군 단순화, 'ㄹ' 탈락, 'ㅎ' 탈락, 모음 탈락이 있다.
(2) 동음 탈락은 모음으로 끝나는 어간 뒤에 동일한 모음으로 시작하는 어미가 올 때 그중 하나가 탈락하는 현상이다. '가−+−아서 → [가서]'는 모음 'ㅏ'가, '건너−+−어서 → [건너서]'는 모음 'ㅓ'가 탈락한 예이다.
(3) '솜이불'은 어근 '솜'과 어근 '이불'이 결합한 합성어로, 자음 'ㅁ' 뒤에 모음 'ㅣ'가 결합하여 'ㄴ'이 덧붙어 발음되는 'ㄴ' 첨가 현상이 일어난다. 또한 '한여름'은 접사 '한−'과 어근 '여름'이 결합한 파생어로, 자음 'ㄴ' 뒤에 반모음 'ĭ[j]'가 결합하여 'ㄴ'이 덧붙어 발음되는 'ㄴ' 첨가 현상이 일어난다.

예시로 바로 연습

1 (1) 닥, ㄹ (2) 여덜, ㅂ (3) 훌꼬, ㅌ (4) 일꼬, ㄱ　　**2** (1) ㉢ (2) ㉠ (3) ㉡　　**3** (1) 아드님, 흙, 아파 (2) 집안일, 아니오

1 (1) '닭'은 받침 'ㄺ'의 앞 자음 'ㄹ'이 탈락해 [닥]으로 발음된다.
(2) '여덟'은 받침 'ㄼ'의 뒤 자음 'ㅂ'이 탈락해 [여덜]로 발음된다.
(3) '훑고'는 받침 'ㄾ'의 뒤 자음 'ㅌ'이 탈락해 [훌꼬]로 발음된다.
(4) 받침 'ㄺ'은 앞 자음 'ㄹ'이 탈락하는 것이 원칙이나, 'ㄱ'으로 시작하는 어미 앞에서는 'ㄱ'이 탈락한다. 따라서 '읽고'는 받침 'ㄺ'의 뒤 자음 'ㄱ'이 탈락해 [일꼬]로 발음된다.

2 (1) '맨입'은 'ㄴ'이 첨가되어 [맨닙]으로 발음된다.
(2) '좋은'은 'ㅎ' 탈락되어 [조은]으로 발음된다.
(3) '잠가'는 '잠그+어'에서 'ㅡ'가 탈락되어 [잠가]로 발음된다.

3 (1) '아드님'은 '아들+-님'에서 'ㄹ'이 탈락되어 [아드님]으로, '흙'은 받침 'ㄺ'의 앞 자음 'ㄹ'이 탈락되어 [흑]으로, '아파' 는 '아프+아'에서 모음 'ㅡ'가 탈락되어 [아파]로 발음되는 음운의 탈락 현상이 일어난다.

(2) '집안일'은 [지반닐]로 'ㄴ'이 첨가되어 발음되고, '아니오'는 [아니오 / 아니요]로 반모음 'ĭ[j]'가 첨가되어 발음되는 음운의 첨가 현상이 일어난다.

기본다지기

01 ③　　**02** ④　　**03** ①　　**04** ①

01 '핥고'는 받침 'ㄾ'의 뒤 자음 'ㅌ'이 탈락해 [할꼬]로 발음된다.

오답풀이 ❶ 'ㄺ'은 앞 자음인 'ㄹ'이 탈락한다.
❷ 'ㄻ'은 앞 자음인 'ㄹ'이 탈락한다.
❹ 'ㄵ'은 뒤 자음인 'ㅈ'이 탈락한다.
❺ 'ㄽ'은 뒤 자음인 'ㅅ'이 탈락한다.

02 〈보기〉는 음운의 탈락에 대한 설명이다. '맞히면[마치면]'은 'ㅈ' 과 'ㅎ'이 만나 [ㅊ]으로 소리 나는 음운 축약의 예이다.

오답풀이 ❶ 따님: 'ㄹ' 탈락('딸'+'-님' → 따님)
❷ 값도[갑또]: 자음군 단순화(받침 'ㅄ'에서 뒤 자음 탈락), 된소리되기
❸ 섰대[섣따]: 동음 탈락('서-'+'-었-'+'-다' → 섰다), 된소리되기
❺ 넣어[너어]: 'ㅎ' 탈락

03 '줄넘기'는 [줄럼끼]로 발음되는데 'ㄴ'이 'ㄹ'로 교체되는 유음 화가 나타날 뿐, 없던 음운이 첨가된 것이 아니므로 〈보기〉에 서 설명하는 첨가에 해당하지 않는다.

오답풀이 ❷ 내복약[내복냑 → 내:봉냑]: 'ㄴ' 첨가, 비음화
❸ 솜이불[솜:니불]: 'ㄴ' 첨가
❹ 한여름[한녀름]: 'ㄴ' 첨가
❺ 급행열차[그팽녈차]: 거센소리되기, 'ㄴ' 첨가

04 ㉠ '담요'는 'ㄴ'이 첨가되어 [담뇨]로 발음되고, ㉡ '색연필'은 'ㄴ'이 첨가되어 [생년필]로 발음된다. 따라서 ㉠과 ㉡은 모두 발음할 때 'ㄴ'이 첨가된다.

오답풀이 ㉢ 놓여[노여]: 'ㅎ' 탈락
㉣ 가서: 동음 탈락(가-+-아서 → 가서)

지식 더하기

• **탈락과 축약**: 탈락은 축약과 달리 원래 있던 음운의 소리가 완 전히 사라진다.
　예 •놓아[노아]: 'ㅎ' 탈락
　　•놓고[노코]: 축약(ㅎ+ㄱ → ㅋ)
• **'ㄴ' 첨가**: 두 형태소가 결합하여 이루어지는 합성어와 파생어 에서, 자음으로 끝나는 말 뒤에 모음 'ㅣ'나 반모음 'ĭ[j]'로 시 작하는 말이 결합할 때 'ㄴ'이 첨가된다.
　예 한여름(한-+여름 → [한녀름])에도 솜이불(솜+이불 → [솜:니불])을 덮는다.

실력쌓기

01 ③　**02** ②　**03** ④　**04** ①　**05** ④　**06** ①

01 '되어'는 단모음과 단모음 사이에 반모음 'ĭ[j]'가 첨가되는 현 상이 나타나 [되여]로 발음할 수 있다.

오답풀이 ❶ 넓대[널따]: 자음군 단순화(받침 'ㄼ'의 앞 자음 탈락)
❷ 좋아[조아]: 'ㅎ' 탈락
❹ 앓고[알코]: 축약(ㅎ+ㄱ → ㅋ)
❺ 맨입[맨닙]: 'ㄴ' 첨가

02 '읽고'의 받침 'ㄺ'은 'ㄱ'으로 시작하는 어미 앞에서 'ㄹ'이 아닌 'ㄱ'이 탈락한다. 따라서 '읽고'는 [일꼬]로 발음해야 한다.

지식 더하기

겹받침 'ㄺ'의 발음
겹받침 'ㄺ'은 'ㄹ'이 탈락하는 것이 원칙이다. 그러나 'ㄱ'으로 시작하는 어미 앞에서는 'ㄱ'이 탈락한다.

03 '월요일[워료일]'은 연음되기 때문에 음운 변동이 일어나지 않 는다.

오답풀이 ❶ 화살: 'ㄹ' 탈락(활+살 → 화살)
❷ 없대[업따]: 자음군 단순화(받침 'ㅄ'의 뒤 자음 탈락)
❸ 바빠: 'ㅡ' 탈락(바쁘-+-아 → 바빠)
❺ 우짖다: 'ㄹ' 탈락(울-+짖다 → 우짖다)

04 반모음 첨가가 표준 발음으로 인정되는 것은 어간 모음 'ㅣ (ㅚ, ㅟ)' 뒤에 오는 단모음에 반모음 'ĭ[j]'가 덧붙는 경우이 다. '배었다'는 어간의 모음이 'ㅐ'로 'ㅣ(ㅚ, ㅟ)'에 해당하지 않으 므로, [배연따]와 같이 반모음을 첨가하여 발음하는 것은 표준 발음으로 인정하지 않는다. 따라서 [배얻따]로 발음해야 한다.

오답풀이 ❷ 음운 변동이 일어나지 않는다.
❸, ❹ 반모음 첨가가 표준 발음으로 인정되는 것은 어간 모음 'ㅣ(ㅚ, ㅟ)' 뒤에 오는 단모음에 반모음 'ĭ[j]'가 덧붙는 경우이다. 따라서 [피 얻따/피연따], [뛰얻따/뛰연따] 모두 표준 발음이다.
❺ 'ㅅ'이 뒤에 오는 모음 'ㅣ'에 연음되어 [무어시오]로 발음된다.

05 '아파서'는 '아프-'와 모음으로 시작하는 어미 '-아서'가 결합 하여 어간의 'ㅡ'가 탈락하는 모음 탈락의 예에 해당된다. 하지 만 '아프다'는 모음 탈락에 해당되지 않는다.

06 '편리[펼리]'는 음운의 교체 현상(유음화)만 일어나기 때문에 음운의 개수는 그대로 유지된다. 반면에 '고프-+-아서(7개) → 고파서(6개)', '버들+나무(9개) → 버드나무(8개)'는 'ㅡ' 탈 락, 'ㄹ' 탈락으로 음운의 개수가 줄어들고, '눈요기(6개) → [눈뇨기](7개)', '식용유(6개) → [시굥뉴](7개)'는 'ㄴ' 첨가로 음운의 개수가 늘어난다. 따라서 '기준 1'은 음운의 개수 변화 여부가 될 수 있다. '기준 2'에서는 '고파서'('ㅡ' 탈락)와 '버드 나무'('ㄹ' 탈락), '눈요기[눈뇨기]'('ㄴ' 첨가)와 '식용유[시굥 뉴]'('ㄴ' 첨가)로 나뉘었다. 따라서 '기준 2'는 음운이 탈락한 것인지 첨가된 것인지를 기준으로 분류한 것이다.

01 ②	**02** ④	**03** ③	**04** ④	**05** ⑤	**06** ②

07 (1) 'ㅏ', 후설 모음, 저모음　(2) 'ㅕ, ㅢ', 이중 모음　**08** ②
09 통　**10** ②　**11** ⑤　**12** ④　**13** ②　**14** ㉠: 유음화, ㉡: 음절의 끝소리 규칙, ㉢: 비음화　**15** ②　**16** '굳이[구지], 여닫이문[여다지문], 샅샅이[삳싸치]'는 모음 'ㅣ'의 소리 나는 위치가 'ㄷ, ㅌ'보다는 'ㅈ, ㅊ'과 더 가깝다. 따라서 발음을 편하게 하기 위해 'ㄷ, ㅌ'이 'ㅣ'를 만나 'ㅈ, ㅊ'으로 바뀌는 구개음화가 일어난다.
17 ④　**18** ②　**19** ④　**20** ④　**21** ②　**22** ㉠은 'ㄴ' 첨가, ㉡은 반모음 첨가, ㉢은 'ㅡ' 탈락이 일어났다.

01 음운은 말의 뜻을 구별해 주는 소리의 가장 작은 단위이다. 따라서 ㉡에는 '소리'가 들어가야 한다.

02 우리말에는 자음, 모음 외에도 강약(소리의 세기), 고저(소리의 높낮이), 장단(소리의 길이)과 같은 음운 요소가 있다. 제시된 자료에서는 장음 기호(:)를 통해 음성을 의미하는 '말'은 길게 발음하고, 동물을 뜻하는 '말'은 짧게 발음함을 알 수 있다.

💡 **지식 더하기**

> **음운의 종류**
> - **분절 음운**: 소리마디의 경계가 뚜렷하게 나누어지는 '자음', '모음'과 같은 음운
> - **비분절 음운**: 소리마디의 경계가 잘 나누어지지 않는 '강약(소리의 세기), 고저(소리의 높낮이), 장단(소리의 길이)'과 같은 음운

03 'ㅌ'은 혀끝이 윗잇몸에 닿아서 나는 잇몸소리이며, 공기의 흐름을 막았다가 터뜨리면서 내는 파열음이다.

오답풀이 ① 'ㅁ'은 두 입술에서 나는 입술소리이자 공기를 코로 내보내는 소리인 비음이다.
③ 'ㅉ'은 혓바닥과 입천장 앞쪽의 단단한 부분 사이에서 나는 센입천장소리이자 공기의 흐름을 막았다가 서서히 터뜨리면서 마찰을 일으키며 내는 파찰음이다.
④ 'ㄴ'은 혀끝이 윗잇몸에 닿아서 나는 소리인 잇몸소리이자 공기를 코로 내보내는 소리인 비음이다.
⑤ 'ㄱ'은 혀의 뒷부분과 입천장 뒤쪽의 부드러운 부분 사이에서 나는 여린입천장소리이자 공기의 흐름을 막았다가 터뜨리면서 내는 파열음이다.

04 〈보기〉는 마찰음에 대한 설명이다. 마찰음인 'ㅅ, ㅆ, ㅎ' 중 'ㅎ'이 사용된 단어인 '학교'가 알맞은 답이다.

05 ㉠ '사과나무'에 쓰인 비음은 'ㄴ, ㅁ'으로 2개이다. ㉡ '찌른다'에서 된소리는 'ㅉ'으로 1개이다. ㉢ '미끄럽다'에서 파찰음은 0개이다. ㉣ '여름'에서 유음은 'ㄹ'로 1개이다. 따라서 과제의 답을 모두 합한 수는 4개이다.

06 제시된 문장에는 목청소리인 'ㅎ'이 쓰이지 않았다. '의, 을'에서 'ㅇ'은 음절의 첫소리에서 소리가 나지 않으므로 음운이 아니다.

오답풀이 ① 'ㅂ, ㅍ'은 두 입술 사이에서 나는 입술소리이다.
③ 'ㄴ, ㄷ, ㄹ, ㅅ'은 혀끝이 윗잇몸에 닿아서 나는 소리인 잇몸소리이다.
④ 'ㅊ'은 혓바닥과 입천장 앞쪽의 단단한 부분 사이에서 나는 센입천장소리이다.
⑤ 'ㄱ, ㅇ'은 혀의 뒷부분과 입천장 뒤쪽의 부드러운 부분 사이에서 나는 여린입천장소리이다.

07 제시된 문장에 쓰인 모음은 'ㅡ, ㅏ, ㅐ, ㅕ, ㅓ, ㅜ, ㅢ, ㅗ, ㅡ'이다. 〈보기〉의 (1)은 후설 모음과 저모음으로 'ㅏ'가, (2)는 이중 모음으로 'ㅕ, ㅢ'가 기준을 충족한다.

08 전설 모음이자 고모음이면서 원순 모음인 단모음은 'ㅟ'이다.

오답풀이 ① ㉠ 전설 모음이자 평순 모음, 고모음인 것은 'ㅣ'이다.
③ ㉢ 후설 모음이자 평순 모음, 중모음인 것은 'ㅓ'이다.
④ ㉣ 전설 모음이자 평순 모음, 저모음인 것은 'ㅐ'이다.
⑤ ㉤ 후설 모음이자 평순 모음, 저모음인 것은 'ㅏ'이다.

09 첫소리에는 파열음 'ㄱ, ㅋ, ㄲ, ㄷ, ㅌ, ㄸ, ㅂ, ㅍ, ㅃ' 중 잇몸소리는 'ㄷ, ㄸ, ㅌ'이고, 이 중 크고 거친 느낌을 주는 거센소리는 'ㅌ'이다. 가운뎃소리에서 후설 모음 'ㅡ, ㅓ, ㅏ, ㅜ, ㅗ' 중 중모음은 'ㅓ, ㅗ'이고, 이 중 입술을 동그랗게 오므려 소리 내는 원순 모음은 'ㅗ'이다. 끝소리에서 여린입천장소리는 'ㄱ, ㅋ, ㄲ, ㅇ'이며, 이 중 공기를 코로 내보내면서 내는 소리인 비음은 'ㅇ'이다.

10 음운이 일정한 환경에 따라 다르게 발음되는 현상을 음운 변동이라고 한다. 음운 변동은 표기에 반영되기도 하고 반영되지 않기도 하므로, 표기와 발음을 일치시키기 위한 현상이라는 설명은 적절하지 않다.

오답풀이 ① 음운의 변동은 보통 인접해 있는 음운 사이에서 실현된다.
③ 음운 변동은 일정한 환경에서 말소리가 바뀌는 현상이다.
④ 원래 없던 음운이 생기는 '첨가', 원래 있었던 음운이 없어지는 '탈락' 현상이 나타난다.
⑤ 한 음운이 다른 음운으로 바뀌는 '교체', 두 음운이 하나의 음운으로 줄어드는 '축약' 현상이 나타난다.

11 '먹을 것'은 관형사형 어미 '-(으)ㄹ' 뒤에 'ㄱ'이 올 때 된소리 'ㄲ'으로 바뀌는 된소리되기와 'ㅅ'이 대표음 'ㄷ'으로 바뀌는 음절의 끝소리 규칙이 나타나 [머글껀]으로 발음된다.

오답풀이 ① 웃는[욷는 → 운는]: 음절의 끝소리 규칙, 비음화
② 앞만[압만 → 암만]: 음절의 끝소리 규칙, 비음화
③ 꺾고[꺽고 → 꺽꼬]: 음절의 끝소리 규칙, 된소리되기
④ 북녘[북녁 → 붕녁]: 음절의 끝소리 규칙, 비음화

12 '달님[달림], 줄넘기[줄럼끼]'는 ㉠에 해당하는 예이고, '논리[놀리], 대관령[대:괄령], 광한루[광:할루]'는 ㉡에 해당하는 예이다.

13 ㉡ '웃음'은 음절의 끝소리에 쓰인 'ㅅ'이 모음으로 시작하는 형태소를 만나 연음되어 [우슴]으로 발음되는 것으로, 음운의 변동이 나타나지 않는다.

오답풀이 ❶ 속삭이는[속싸기는]: 된소리되기
❸ 같이[가치]: 구개음화
❹ 짓는[짇는 → 진는]: 음절의 끝소리 규칙, 비음화
❺ 싶대[십다 → 십때]: 음절의 끝소리 규칙, 된소리되기

14 ㉠의 '난로 → [날:로]'에서는 'ㄴ'이 'ㄹ'의 영향을 받아 유음 'ㄹ'로 바뀌어 발음되는 유음화가 나타난다. ㉡의 '부엌문 → [부억문]'에서는 'ㅋ'이 음절의 끝에서 대표음 'ㄱ'으로 바뀌어 발음되는 음절의 끝소리 규칙이 나타난다. ㉢의 '[부억문] → [부엉문]'에서는 'ㄱ'이 'ㅁ'을 만나 비음 'ㅇ'으로 바뀌어 발음되는 비음화가 나타난다.

15 '싫지[실치]'는 'ㅎ'과 'ㅈ'이 만나 거센소리 'ㅊ'으로 바뀌어 발음되는 음운의 축약 현상이 나타난다.

오답풀이 ❶ 담가: 'ㅡ' 탈락(담그+아 → 담가)
❸ 갔대[갇따]: 음절의 끝소리 규칙, 된소리되기, 'ㅏ' 탈락(가+았+다 → 갔다)
❹ 닿아서[다아서]: 'ㅎ' 탈락
❺ 둥그니: 'ㄹ' 탈락(둥글+니 → 둥그니)

지식 더하기

탈락의 유형

'ㄹ' 탈락	'ㄹ'로 끝나는 용언의 어간이 몇몇 어미와 결합할 때 'ㄹ'이 탈락하는 현상 예 놀+는 → 노는
'ㅎ' 탈락	'ㅎ'으로 끝나는 용언의 어간 뒤에 모음으로 시작하는 형식 형태소가 올 때 'ㅎ'이 탈락하는 현상 예 쌓+아 → 쌓아[싸아]
모음 탈락	• 'ㅡ' 탈락: 모음 'ㅡ'로 끝나는 용언의 어간이 모음 'ㅏ/ㅓ'로 시작하는 어미 앞에서 탈락하는 현상 예 크+어 → 커 • 동음 탈락: 모음으로 끝나는 어간 뒤에 동일한 모음으로 시작하는 어미가 올 때 그중 하나가 탈락하는 현상 예 가+아 → 가

16 '굳이[구지], 여닫이문[여다지문], 샅샅이[삳싸치]'는 모두 앞말의 끝소리 'ㄷ, ㅌ'이 모음 'ㅣ'로 시작하는 형식 형태소를 만나 구개음인 'ㅈ, ㅊ'으로 발음된다. 이와 같은 구개음화가 일어나는 이유는 발음을 편하게 하기 위해서인데 모음 'ㅣ'가 발음되는 위치가 'ㄷ, ㅌ'보다는 'ㅈ, ㅊ'이 소리 나는 위치와 더 가깝기 때문이다.

17 '삵는'은 겹받침 'ㄺ' 중 앞 자음 'ㄹ'이 탈락했을 뿐 다른 음운 변동 현상은 일어나지 않는다.

오답풀이 ❶ 맑지[막지 → 막찌]: 자음군 단순화('ㄺ' 중 앞의 자음 탈락), 된소리되기
❷ 읊고[읖고 → 읍고 → 읍꼬]: 자음군 단순화('ㄿ' 중 앞의 자음 탈락), 음절의 끝소리 규칙, 된소리되기
❸ 훑는[훌는 → 훌른]: 자음군 단순화('ㅌ' 중 뒤의 자음 탈락), 유음화

❺ 닭만[닥만 → 당만]: 자음군 단순화('ㄺ' 중 앞의 자음 탈락), 비음화

18 ㉡의 '닳도록[달토록]'은 'ㅎ'과 'ㄷ'이 만나 'ㅌ'으로 축약(거센소리되기)되어 발음된다.

오답풀이 ❶ 잡혔대[자펻따]: 거센소리되기, 음절의 끝소리 규칙, 된소리되기
❸ 않지[안치]: 거센소리되기
❹ 낳았대[나앋따]: 'ㅎ' 탈락, 음절의 끝소리 규칙, 된소리되기
❺ 않고[안코]: 거센소리되기

19 '신록[실록]'은 'ㄴ+ㄹ → ㄹ+ㄹ'로 소리 나는 유음화가 나타난다.

20 ㉣은 'ㄷ, ㅂ'이 'ㅎ'을 만나 각각 'ㅌ, ㅍ'으로 바뀌는 축약에 해당한다. 그러나 '썼다'는 '쓰+었+다 → 썼다'로 'ㅡ' 탈락에 해당한다.

오답풀이 ❶ '아는'은 '알+는 → 아는'으로, '여는'은 '열+는 → 여는'으로, '사는'는 '살+는 → 사는'으로 'ㄹ' 탈락이 나타난다.
❷ '한라산[할:라산]'은 유음화, '잎눈[입눈 → 임눈]'는 음절의 끝소리 규칙, 비음화가 나타난다.
❸ '금이빨[금니빨]'은 'ㄴ' 첨가, '홑이불[혼니불 → 혼니불]'은 음절의 끝소리 규칙, 'ㄴ' 첨가, 비음화가 나타나는데, 공통적인 음운 현상은 'ㄴ' 첨가이다. '가랑잎[가랑닢 → 가랑닙]'에도 'ㄴ' 첨가가 나타나고 음절의 끝소리 규칙이 나타난다.
❺ ㉡의 '잎눈[입눈 → 임눈]'과 ㉢의 '홑이불[혼니불 → 혼니불]'에서 음절의 끝소리 규칙이 나타난다.

21 '물약'은 '[물냑 → 물략]'으로 'ㄴ' 첨가가 일어난 후, 다시 유음화가 일어난다.

오답풀이 ❶ 모음으로 끝나는 형태소 뒤에 단모음으로 시작하는 형태소가 올 때, 반모음이 첨가되었다. [피어/피여] 모두 표준 발음으로 인정한다.
❸, ❹ 'ㅎ'과 'ㄱ'이 만나 'ㅋ'으로 축약되었다.
❺ 'ㅂ'과 'ㅎ'이 만나 'ㅍ'으로 축약되었다.

22 ㉠에서 '눈요기[눈뇨기]'는 'ㄴ' 첨가, ㉡에서 '되어[되여]'는 반모음 첨가, ㉢에서 '기쁘+어 → 기뻐'는 'ㅡ' 탈락이 나타났다.

지식 더하기

첨가의 유형

'ㄴ' 첨가	두 형태소가 결합하여 이루어지는 합성어와 파생어에서, 자음으로 끝나는 말 뒤에 모음 'ㅣ'나 반모음 'ㅣ[j]'로 시작하는 말이 결합할 때 'ㄴ'이 첨가됨. 예 • 콩잎 → [콩닙] • 솜이불 → [솜:니불]
반모음 첨가	모음으로 끝나는 형태소 뒤에 단모음으로 시작하는 형태소가 올 때, 모음끼리의 충돌을 피하기 위해 반모음 'ㅣ[j]'나 반모음 'ㅗ/ㅜ[w]'가 덧붙음. 예 • 피어 → [피어/피여] • 되어 → [되어/되여]

 DAY 06 **품사 ❶**

본문 039~041쪽

핵심만 바로 체크

1 (1) ○ (2) ○ (3) ×   **2** (1) 체언, 목적어 (2) 관계언
(3) 이름, 대명사, 수사

1 (1) 품사는 성질이 공통된 것끼리 모아 분류해 놓은 단어의 갈
래로, 우리말의 품사는 9개로 분류된다.
(2) 품사는 문장 안에서 단어의 형태가 변하는지의 여부에 따
라 불변어와 가변어로 분류한다. 형태가 변하지 않는 단어
를 불변어, 형태가 변하는 단어를 가변어라고 한다.
(3) 품사는 문장 안에서 단어가 어떤 기능을 하는지에 따라 체
언, 수식언, 관계언, 독립언, 용언으로 나눌 수 있고, 어떤
의미를 나타내는지에 따라 명사, 대명사, 수사, 동사, 형용
사, 관형사, 부사, 조사, 감탄사로 나눌 수 있다.

2 (1) 체언은 문장에서 주체가 되는 역할을 하는 말로, 주로 주
어, 목적어, 보어로 쓰인다.
(2) 품사는 문장에서 단어가 어떤 기능을 하는지에 따라 분류
할 수 있는데, 단어들의 관계를 나타내 주는 기능을 하는
단어를 관계언이라고 한다.
(3) 체언에는 명사, 대명사, 수사가 있다. 사람, 사물, 장소 등
구체적인 대상의 이름을 나타내는 단어는 명사, 어떤 대상
의 이름을 대신하여 가리키는 단어는 대명사, 사물의 수량
이나 순서를 가리키는 단어는 수사이다.

예시로 바로 연습

1 국가   **2** (1) 그분, 우리, 나 (2) 여기, 그것   **3** (1) ㉡ (2) ㉠

1 명사는 의미의 특성에 따라 고유 명사와 보통 명사로 나눌 수
있다. 고유 명사는 특정 대상을 다른 개체와 구별하기 위해 붙
인 이름이고, 보통 명사는 공통된 특성을 지닌 대상들을 아울
러 대표하는 이름이다.

2 (1) 사람의 이름을 대신하여 가리키는 대명사인 인칭 대명사
에 대한 설명이다. '그분, 우리, 나'가 이에 해당한다.
(2) 사물이나 장소의 이름을 대신하여 가리키는 대명사인 지
시 대명사에 대한 설명이다. '여기, 그것'이 이에 해당한다.

3 (1) 첫째, 둘째, 제일, 제이와 같이 순서를 나타내는 수사인 서
수사에 해당하는 단어이다.
(2) 하나, 둘, 일, 이와 같이 수량을 나타내는 수사인 양수사에
해당하는 단어이다.

기본 다지기

01 ③   **02** ④   **03** ②   **04** ③

01 명사, 대명사, 수사는 품사를 의미에 따라 나눈 것이다. 품사
를 기능에 따라 나누면 체언, 용언, 수식언, 관계언, 독립언으
로 나눌 수 있다.

02 우리말의 품사는 형태가 변하는지의 여부에 따라 불변어와 가
변어로 나눌 수 있다. '먹다, 편안하다, 자다, 연습하다'는 문
장 안에서 단어의 형태가 변하는 가변어인 반면 '헌'은 문장 안
에서 형태가 변하지 않는 불변어이다.

03 체언은 문장에서 쓰일 때 형태가 변하지 않는 불변어이다.

04 체언에는 명사, 대명사, 수사가 있다. '항상 바쁘게 살아야 한
다.'라는 문장에는 체언인 명사, 대명사, 수사가 포함되어 있
지 않다.

오답풀이 ❶ '이것'은 대명사, '최선, 방법'은 명사이다.
❷ '달, 지구, 주위'는 명사이다.
❹ '학생'은 명사, '셋'은 수사이다.
❺ '그'는 대명사, '고양이, 강아지'는 명사이다.

실력 쌓기

01 ③   **02** ⑤   **03** ⑤   **04** ④   **05** ④   **06** ①

01 품사는 기능에 따라 체언, 용언, 수식언, 관계언, 독립언으로
분류할 수 있다. 명사와 수사는 모두 체언에 해당한다.

오답풀이 ❶ 우리말 단어는 의미적 특성에 따라 9개의 품사로 나
눌 수 있다.
❷ 품사를 형태에 따라 분류할 때 불변어와 가변어로 나눌 수 있다.
❹ 품사를 형태에 따라 분류할 때 형용사는 가변어, 관형사는 불변어
로 다른 부류로 분류된다.
❺ 품사를 형태에 따라 분류할 때 용언은 가변어이다. 용언을 의미에
따라 분류하면 동사와 형용사로 나누어진다.

02 문장에서 쓰일 때 단어의 형태가 변하는지의 여부에 따라 불
변어(와, 창밖, 에서, 눈, 이, 펑펑)와 가변어(하얀, 내린다)로
나눌 수 있다.

03 〈보기〉는 명사 중에서도 다른 말의 도움 없이 혼자 쓰일 수 있
는 자립 명사에 대한 설명이다. ⑤의 '개'는 다른 말에 기대어
쓰이는 명사인 의존 명사이다.

04 ㉣ '우리'는 동현 및 동현과 함께 체육관에서 배구를 하는 친
구들을 가리키는 인칭 대명사이다.

오답풀이 ❶ ㉠ '너'는 '동현'을 가리키는 인칭 대명사이다.
❷ ㉡ '나'는 '동현'을 가리키는 인칭 대명사이다.
❸ ㉢ '거기'는 '체육관'을 가리키는 지시 대명사이다.
❺ ㉤ '여기'는 휴대 전화의 '지도'를 가리키는 지시 대명사이다.

지식 더하기

대명사의 종류

지시 대명사		사물의 이름을 대신하여 가리키는 대명사 예 이것, 그것, 저것
		장소의 이름을 대신하여 가리키는 대명사 예 여기, 저기, 거기
인칭 대명사	1인칭	말하는 사람이 자신을 가리킴. 예 나, 저, 우리, 저희, 소인, 짐
	2인칭	말하는 사람이 듣는 사람을 가리킴. 예 너, 자네, 그대, 당신, 너희 등
	3인칭	말하는 사람이 자신과 듣는 사람을 제외한 나머지를 가리킴. 예 그, 이분, 그분, 저분, 이이, 그이, 저이
	재귀칭	문장 안에서 앞에 나온 체언을 다시 가리킴. 예 저, 자기, 당신
	미지칭	모르는 대상을 가리킴. 예 누구
	부정칭	특정 대상을 가리키지 않음. 예 아무, 아무개

05 자립 명사는 다른 말의 도움 없이 혼자 쓰일 수 있는 명사, 인칭 대명사는 사람을 가리키는 대명사, 서수사는 사물의 순서를 나타내는 수사이다. ㉠~㉤ 중 자립 명사는 ㉢ '소인', ㉤ '지혜', 인칭 대명사는 ㉠ '그분', ㉡ '여러분', 서수사는 ㉣ '제이(第二)'이다.

06 ①의 '제일'은 '여럿 가운데서 첫째가는 것'을 뜻하는 명사이다. 수사는 사물의 수량이나 순서를 나타내는 품사로 하나, 둘, 셋과 같이 수량을 나타내는 양수사, 첫째, 둘째, 셋째와 같이 순서를 나타내는 서수사가 있다.

지식 더하기

수사

수를 나타낸다고 해서 모두 수사인 것은 아니다. 상황에 따라 수사, 관형사, 명사로도 쓰일 수 있다.

예 · 첫째, 정직하자.(수사)
· 첫째 주 화요일(관형사)
· 언니가 우리 집 첫째이다.(명사)

DAY **17** 품사 ❷
본문 043~045쪽

핵심만 바로 체크

1 (1) × (2) ○ (3) ○ **2** (1) 자동사 (2) 형용사 (3) 관형사, 부사

---

1 (1) 용언은 문장에서 주로 주어를 서술하는 역할을 하며 동사, 형용사가 용언에 해당한다.
(2) 문장에서 주어를 서술하는 용언 중 사람 또는 사물의 움직임이나 작용을 나타내는 단어는 동사이다.
(3) 수식언은 문장에서 뒤에 오는 다른 말을 꾸며 주는 것으로, 관형사와 부사가 이에 해당한다. 관형사와 부사는 문장에서 쓰일 때 형태가 변하지 않는 불변어이다.

2 (1) 동사는 대상의 움직임이나 작용을 나타내는 품사로, 움직임이 주어에만 미치는 자동사와 움직임의 대상이 되는 목적어를 필요로 하는 타동사로 나눌 수 있다.
(2) 형용사는 사람 또는 사물의 성질이나 상태를 나타내는 단어로, 대상의 성질이나 상태를 나타내는 성상 형용사와 대상의 성질이나 상태 등이 어떠하다는 것을 지시하는 지시 형용사로 나눌 수 있다.
(3) 관형사와 부사는 문장에서 뒤에 오는 다른 말을 꾸며 주는 수식언에 속한다. 관형사는 뒤에 오는 체언을 꾸며 주고, 부사는 용언, 다른 부사, 관형사, 문장 전체를 꾸며 준다.

예시로 바로 연습

1 (1) 작다, 따뜻하다, 슬프다 (2) 읽다, 흐르다, 주다　**2** (1) 아니 (2) 자주 (3) 어제　**3** (1) 부사 (2) 관형사 (3) 부사 (4) 관형사

1 (1) '작다, 따뜻하다, 슬프다'는 사람 또는 사물의 성질이나 상태를 나타내는 형용사이다.
(2) '읽다, 흐르다, 주다'는 사람 또는 사물의 움직임이나 작용을 나타내는 동사이다.

2 (1) '아니'는 부정의 뜻을 지닌 부정 부사이다.
(2) '자주'는 모양, 상태, 성질을 한정하여 꾸며 주는 성상 부사이다.
(3) '어제'는 장소나 시간 등의 특정한 대상을 가리키는 지시 부사이다.

3 (1) '매우'는 부사 '빨리'를 수식하는 부사이다.
(2) '다른'은 명사 '일'을 수식하는 관형사이다.
(3) '과연'은 문장 '내일은 오늘처럼 비가 올까?'를 수식하는 부사이다.
(4) '여러'는 명사 '나라'를 수식하는 관형사이다.

기본 다지기

01 ④　**02** ②　**03** ⑤　**04** ①

01 용언은 동사, 형용사로 문장에서 주어를 서술하는 역할을 하며, 주로 부사의 수식을 받는다. 관형사의 수식을 받는 것은 체언이다.

본용언과 보조 용언

용언을 본용언과 보조 용언으로 나누기도 하는데, 본용언은 문장 안에서 자립적으로 사용되지만 보조 용언은 홀로 쓰이지 않고 본용언 뒤에 붙어서 의미를 더해 주는 역할을 한다.
- **본용언**: 문장의 주체를 주되게 서술한다.
- **보조 용언**: 혼자는 쓰이지 못하고 다른 용언 뒤에 붙어서 의미를 더하여 준다.
  - 예 · 여행을 떠나고(본용언) 싶다(보조 용언).
  - · 급하게 뛰다가 넘어질(본용언) 뻔하다(보조 용언).
  - · 결과를 보니 열심히 노력했나(본용언) 보구나(보조 용언).

02 '놓았다'는 대상의 움직임을 나타내는 동사이고, '넓다, 어렵다, 작다, 길다'는 대상의 성질이나 상태를 나타내는 형용사이다.

03 ㉠ '이번'은 명사 '방학'을 꾸며 주는 관형사이고, ㉡ '꼭'은 동사 '공부해야지'를 꾸며 주는 부사이다. 관형사와 부사는 문장에서 쓰일 때 형태가 변하지 않는 불변어이다.

04 '어떤'은 명사인 '것'을 꾸며 주는 관형사이며, '더'는 형용사인 '좋아'를 꾸며 주는 부사이다.

오답풀이 ❷ 부사 '되도록'이 쓰였다.
❸ 관형사와 부사가 쓰이지 않았다.
❹ 관형사 '저'가 쓰였다.
❺ 부사 '열심히, 정말'이 쓰였다.

실력 쌓기

01 ③	02 ⑤	03 ②	04 ⑤	05 ①	06 ⑤
07 ①					

01 〈보기〉의 '만났다'는 동사, '위험하다'는 형용사로 용언에 해당하며, 용언은 문장에서 사용할 때 그 형태가 변하는 가변어이다.

오답풀이 ❶ 부사에 관한 설명이다.
❷ 관형사에 관한 설명이다.
❹ 동사에 관한 설명이다.
❺ 형용사에 관한 설명이다.

02 〈보기〉에서 설명하는 품사는 형용사로, '깨끗하다'가 이에 해당한다. '사랑한다, 일어나자, 도착했다, 본, 해결한다'는 동사이다.

형용사의 종류

성상 형용사	사람 또는 사물의 상태나 성질을 나타냄. 예 마음씨가 곱다.
지시 형용사	사람 또는 사물의 상태나 성질이 어떠하다는 것을 지시함. 예 사정이 그러니 이해할게.

03 '빨리'는 동사 '도착했다'를 꾸며 주는 부사이다.

오답풀이 ❶ '다른'은 명사 '일'을 꾸며 주는 관형사이다.
❸ '저런'은 명사 '색깔'을 꾸며 주는 관형사이다.
❹ '온갖'은 명사 '정성'을 꾸며 주는 관형사이다.
❺ '그'는 명사 '그림'을 꾸며 주는 관형사이다.

04 〈보기〉의 ㉠ '설마'는 문장 전체인 '우리가 떨어지겠어?'를 꾸며 주는 문장 부사이다. '분명히'도 문장 전체인 '그는 다시 올 것이다.'를 꾸며 주는 문장 부사이다.

오답풀이 ❶ 부사 '매우'가 형용사 '부지런하다'를 꾸며 준다.
❷ 부사 '아주'가 관형사 '헌'을 꾸며 준다.
❸ 부사 '급히'가 동사 '멈추었다'를 꾸며 준다.
❹ 부사 '빨리'가 동사 '달리는구나'를 꾸며 준다.

부사가 꾸며 주는 대상

용언	그는 운동을 매우 잘한다. → 부사 '매우'가 용언 '잘한다'를 꾸밈.
부사	학교에 엄청 빨리 도착했다. → 부사 '엄청'이 부사 '빨리'를 꾸밈.
관형사	아주 헌 신발을 버렸다. → 부사 '아주'가 관형사 '헌'을 꾸밈.
문장 전체	분명히 그녀는 다시 나타날 것이다. → 부사 '분명히'가 문장 전체를 꾸밈.

05 〈보기〉는 성분 부사 중에서도 지시 부사에 대한 설명이다. '내일'은 동사 '만나자'를 꾸며 주고 있고, 시간을 가리키고 있으므로 지시 부사이다.

오답풀이 ❷ 부정 부사 '안'이 사용되었다.
❸ 접속 부사 '그리고'가 사용되었다.
❹ 성상 부사 '빨리'가 사용되었다.
❺ 성상 부사 '무럭무럭'이 사용되었다.

06 ㉠의 '새'는 명사 '친구'를, ㉡의 '이'는 명사 '학교'를, ㉣의 '한'은 명사 '시간'을 꾸며 주는 관형사이다. 반면에 ㉢의 '정말'은 형용사 '반가워'를, ㉤의 '같이'는 동사 '할래'를 꾸며 주는 부사이다.

07 동사는 움직임이 주어에만 관련되는 자동사와, 움직임이 목적어에 미치는 타동사가 있다. ㉠의 동사 '먹는다'는 목적어인 '간식을'을 필요로 하는 타동사이다.

동사의 종류

자동사	움직임이 주어에만 미치는 동사 예 바닥에 앉다.
타동사	움직임의 대상이 되는 목적어를 필요로 하는 동사 예 어머니가 빗자루를 찾는다.

DAY 8 품사 ❸

핵심만 바로체크

1 (1) × (2) ○ (3) ○　　**2** (1) 부사어 (2) 보조사 (3) 자유로운

1 (1) 조사는 주로 체언 뒤에 붙어 그 말과 다른 말의 문법적인 관계를 나타내거나 특별한 뜻을 더해 주는 품사이다.
(2) 조사는 형태가 변하지 않지만, 서술격 조사 '이다'는 동사나 형용사처럼 '이니, 이구나' 등으로 활용한다.
(3) 감탄사는 문장에서 다른 성분들과 문법적인 관계를 맺지 않고 독립적으로 사용되는 독립언이다.

2 (1) '에, 에서, 에게' 등은 부사격 조사로 앞의 체언이 부사어의 자격을 갖게 하는 조사이다.
(2) '은/는, 도, 만, 부터, 요'와 같이 앞말에 특별한 뜻을 더해 주는 조사는 보조사이다.
(3) 감탄사는 문장에서 다른 성분들과 문법적인 관계를 맺지 않고 독립적으로 쓰는 독립언으로, 대체로 조사가 붙지 않고 문장 안에서의 위치가 비교적 자유롭다.

예시로 바로 연습

1 ㉠ 접속 조사　㉡ 격 조사　㉢ 보조사　　**2** (1) ㉠ (2) ㉢
(3) ㉡　　**3** 아야, 아이, 깜짝이야, 아이고

1 (1) '랑'은 '사과'와 '배'를 같은 자격으로 이어 주는 접속 조사이다.
(2) '에'는 '집'이 부사어의 자격을 갖도록 해 주는 격 조사이다.
(3) '도'는 '많이'에 특별한 뜻을 더해 주는 보조사이다.

2 (1) '가'는 앞의 체언인 '영호'가 주어의 자격을 갖게 하는 주격 조사이다.
(2) '의'는 앞의 체언인 '엄마'가 관형어의 자격을 갖게 하는 관형격 조사이다.
(3) '아'는 앞의 체언인 '채연'이 독립어의 자격을 갖게 하는 호격 조사이다.

3 감탄사는 문장에서 다른 성분들과 문법적인 관계를 맺지 않고 독립적으로 사용되는 단어로, 부름, 대답, 놀람, 느낌을 나타내는 데 쓰인다. '아야, 아이, 깜짝이야, 아이고'는 놀람이나 느낌을 나타내는 감탄사이다.

기본 다지기

01 ③　　**02** ⑤　　**03** ⑤　　**04** ④

01 조사는 홀로 쓸 수 있는 말에 붙어 쉽게 분리될 수 있기 때문에 단어로 인정된다. 조사가 자립할 수 있기 때문에 단어로 인정되는 것은 아니다.

오답풀이 ❶ 조사는 주로 체언 뒤에 붙어 그 체언의 문법적 역할을 나타낸다.
❷ '오늘은요, 학교에서만이'처럼 조사는 여러 개를 겹쳐 쓸 수 있다.
❹ 서술격 조사 '이다'는 '이니, 이구나, 였다'처럼 형태가 변할 수 있으나, 다른 조사는 형태가 변하지 않는다.
❺ 조사는 다양한 문법적 관계를 나타내거나 의미를 추가하는 역할을 한다.

지식 더하기

단어의 개념
홀로 쓰일 수 있는 말, 또는 홀로 쓰일 수 있는 말에 붙어 쉽게 분리할 수 있는 말

02 '빵도'에서 '도'는 체언에 특별한 의미를 더해 주는 보조사로, '이미 어떤 것이 포함되고 그 위에 더함'의 뜻을 더한다.

오답풀이 ❶ '에게'는 체언 '나'가 부사의 자격을 갖게 하는 부사격 조사이다.
❷ '이'는 '아니다' 앞에서 체언 '대학생'이 보어의 자격을 갖게 하는 보격 조사이다.
❸ '을'은 체언 '미술'이 목적어의 자격을 갖게 하는 목적격 조사이다.
❹ '께서'는 체언 '할아버지'가 주어의 자격을 갖게 하는 주격 조사로, 주어가 높임의 대상일 때 사용한다.

03 〈보기〉의 '그래'는 대답을 나타내는 감탄사로, 감탄사는 문장에서 쓰일 때 형태가 변하지 않는 불변어이다.

오답풀이 ❶ 감탄사는 문장에서 다른 성분들과 문법적인 관계를 맺지 않고 독립적으로 쓰인다.
❷ 감탄사는 독립언으로, 문장 안에서 위치 이동이 비교적 자유롭다.
❸ 감탄사는 말하는 이의 놀람이나 느낌 등을 나타낸다.
❹ 감탄사는 문장에서 독립적으로 쓰이며 조사와 결합하지 않는다.

04 '청춘'의 품사는 명사로, 감탄사가 아니다.

오답풀이 ❶ '아차'는 놀람을 나타내는 감탄사이다.
❷ '이봐'는 부름을 나타내는 감탄사이다.
❸ '아니요'는 대답을 나타내는 감탄사이다.
❺ '아이고'는 놀람을 나타내는 감탄사이다.

실력 쌓기

01 ④　　**02** ⑤　　**03** ③　　**04** ③　　**05** ①　　**06** ③

01 ㉠ '와'는 '나'와 '동생'을 같은 자격으로 이어 주는 접속 조사이다. ㉡ '께서'는 체언을 주어로 만드는 주격 조사 '이/가'의 높임 표현이다. ㉢ '도'는 놀람의 감정을 강조하는 데 쓰이는 보조사이다.

02 ㉠의 조사 '이'는 앞말 '얼음'이 보어임을 나타내며, ㉡의 조사 '에서'는 앞말 '도서관'이 부사어임을 나타낸다. 이처럼 조사는 앞말과 다른 말의 문법적인 관계를 나타내는 역할을 한다.

오답풀이 ❶ ㉠의 조사 '이'는 앞말 '얼음'이 보어임을 나타내는 보격 조사이다.

❷ 두 단어를 같은 자격으로 이어 주는 조사는 접속 조사이다. ㉠의 '이'는 격 조사 중 보격 조사이다.

❸ ㉡의 '에서'는 앞말이 용언을 꾸며 주는 부사어임을 나타낸다.

❹ ㉠의 '이'와 ㉡의 '에서'는 문장에서 쓰일 때 형태가 변하지 않는다.

💡 지식 더하기

보어의 개념

서술어 '되다', '아니다'가 필요로 하는 문장 성분 중에서 주어가 아닌 것에 해당하는 말이다. 체언에는 '이/가'가 붙은 형태로 나타난다.

📖 • 나는 회장이 되었다.

　　• 지금은 오후가 아니다.

03 '인생은'에서 '은'은 '어떤 대상이 다른 것과 대조됨'을 나타내는 보조사이다.

오답풀이 ❶ '도'는 '이미 어떤 것이 포함되고 그 위에 더함'의 뜻을 나타내는 보조사이다.

❷ '부터'는 '어떤 일이나 상태 따위에 관련된 범위의 시작'임을 나타내는 보조사이다.

❹ '만'은 '다른 것으로부터 제한하여 어느 것을 한정함'을 나타내는 보조사이다.

❺ '마저'는 '이미 어떤 것이 포함되고 그 위에 더함'의 뜻을 나타내는 보조사로, 하나 남은 마지막임을 나타낸다.

04 〈보기〉는 감탄사에 대한 설명이다. 제시된 문장 속의 감탄사는 '에헴, 천만에, 자'로 총 3개이다.

💡 지식 더하기

독립언: 감탄사

문장에서 다른 성분들과 문법적인 관계를 맺지 않고 독립적으로 사용되는 단어로, 감탄사가 이에 속한다. 감탄사는 부름, 대답, 놀람, 느낌 등을 나타내는 데 쓰이고, 문장에서 쓰일 때 형태가 변하지 않는다.

📖 앗 깜짝이야.

05 독립언은 감탄사를 말하며, 제시된 문장에 쓰인 감탄사는 ㉠ '아'이다.

오답풀이 ❷ ㉡(다시)은 서술어를 꾸며 주는 부사이다.

❸ ㉢(말하다)은 문장의 서술어 역할을 하는 동사이다.

❹ ㉣(잘)은 '들어 주다'를 꾸며 주는 부사이다.

❺ ㉤(들어 주렴)은 본용언과 보조 용언이 결합한 형태로, 문장의 서술어 역할을 하는 동사이다.

06 '산에서'의 '에서'는 '장소'의 의미를 갖게 하는 부사격 조사이다.

오답풀이 ❶ '대화로'에서 '로'는 수단의 의미를 갖게 한다.

❷ '회장으로서'에서 '으로서'는 자격의 의미를 갖게 한다.

❹ '집에의 '에'는 도착점의 의미를 갖게 한다.

❺ '너에게'에서 '에게'는 어떤 행동이 미치는 대상임을 나타낸다.

DAY 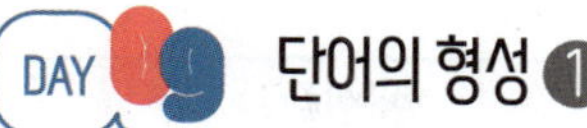 **단어의 형성 ❶** 　　　　본문 051~053쪽

핵심만 바로 체크

1 (1) ○ (2) × (3) ○　　**2** (1) 자립 (2) 단어 (3) 접사

1 (1) 단어는 하나 또는 그 이상의 형태소가 모여 이루어진다.

(2) 형태소는 일정한 뜻을 가진 가장 작은 말의 단위이며, 단어는 홀로 쓰일 수 있는 말 또는 홀로 쓰일 수 있는 말에 붙어 쉽게 분리할 수 있는 말이다.

(3) 형태소는 자립할 수 있는지의 유무에 따라 홀로 쓰일 수 있는 자립 형태소와, 홀로 쓰일 수 없고 다른 형태소와 함께 쓰이는 의존 형태소로 나뉜다.

2 (1) 홀로 쓰일 수 있는 형태소는 자립 형태소로, '서울'은 자립 형태소에 해당한다.

(2) 단어는 홀로 쓰일 수 있는 말 또는 홀로 쓰일 수 있는 말에 붙어서 쉽게 분리할 수 있는 말이다. '맑-'과 '-다'는 형태소일 뿐, 단어는 아니다.

(3) '풋사과'에서 '풋-'은 어근 앞에 붙어 그 뜻을 더하거나 제한하는 접사이며, '사과'는 단어의 실질적인 의미를 나타내는 중심 부분인 어근이다.

예시로 바로 연습

1 (1) 나, 오늘, 일찍 (2) 는, 자-, -겠-, -다 (3) 나, 오늘, 일찍, 자- (4) 는, -겠-, -다　　**2** (1) 동생, 이, 라면, 을, 먹는다 (2) 동생, 이, 라면, 을, 먹-, -는-, -다　　**3** (1) ㉡ (2) ㉢ (3) ㉠

1 (1) 〈보기〉 문장에서 홀로 쓰일 수 있는 자립 형태소는 '나, 오늘, 일찍'이다.

(2) 〈보기〉 문장에서 홀로 쓰이지 못하고 다른 말에 의존하여 쓰이는 의존 형태소는 '는, 자-, -겠-, -다'이다.

(3) 〈보기〉 문장에서 실질적인 의미를 나타내는 형태소인 실질 형태소는 '나, 오늘, 일찍, 자-'이다.

(4) 〈보기〉 문장에서 실질적인 의미 없이 문법적 기능을 하는 형식 형태소는 '는, -겠-, -다'이다.

2 (1) 단어는 홀로 쓰일 수 있는 말 또는 홀로 쓰일 수 있는 말에 붙어서 쉽게 분리할 수 있는 말로, 〈보기〉의 문장을 단어로 나누면 '동생, 이, 라면, 을, 먹는다'이다.

(2) 형태소는 일정한 뜻을 지닌 가장 작은 말의 단위로, 〈보기〉의 문장을 형태소로 나누면 '동생, 이, 라면, 을, 먹-, -는-, -다'이다.

3 (1) ㉡의 '손등'은 어근 '손'과 어근 '등'이 결합한 단어이다.

(2) ㉢의 '햇과일'은 접사 '햇-'과 어근 '과일'이 결합한 단어이다.

(3) ㉠의 '달님'은 어근 '달'과 접사 '-님'이 결합한 단어이다.

기본 다지기

01 ③　　**02** ④　　**03** ⑤　　**04** ⑤

01 뜻을 가지고 있는 형태소, 즉 실질적인 의미를 지니고 있는 형태소는 실질 형태소이며, 홀로 쓰일 수 있는 형태소는 자립 형태소이다. 형식 형태소는 실질적인 의미 없이 문법적인 기능을 하는 형태소를 말한다.

〔오답풀이〕 ❶ 형태소는 '산, 딸기, 가, 달-, -다'와 같이 일정한 뜻을 지닌 가장 작은 말의 단위를 의미한다.
❷ 형태소인 '산'을 'ㅅ, ㅏ, ㄴ'처럼 더 나누거나 '딸기'를 '딸, 기'로 더 나눈다면 각각이 의미하는 바를 잃어버린다.
❹ 단어는 '딸기'처럼 하나의 형태소로 이루어진 것도 있고, 형태소 '달-'과 '-다'가 결합한 '달다'처럼 둘 이상의 형태소로 이루어진 것도 있다.
❺ 단어는 문장에서 홀로 쓰일 수 있는 말과, 홀로 쓰일 수 있는 말에 붙어 쉽게 분리될 수 있는 말을 의미한다.

02 형태소는 자립할 수 있느냐에 따라 자립 형태소와 의존 형태소로 나눌 수 있으며, 실질적인 의미가 있느냐에 따라 실질 형태소와 형식 형태소로 나눌 수 있다. ④의 '크-'는 홀로 쓰일 수 없고 '-다'와 같은 다른 말에 의존하여 쓰이는 의존 형태소이며, 대상의 상태를 나타내는 실질적인 의미를 지닌 실질 형태소이다.

〔오답풀이〕 ❶ '집'은 홀로 쓰일 수 있는 자립 형태소이자, 실질적인 의미를 지니고 있는 실질 형태소이다.
❷ '이'는 홀로 쓰일 수 없어 '집'과 같은 다른 형태소와 함께 쓰이는 의존 형태소이자, '집'이 문장의 주체임을 나타내는 문법적인 기능을 하는 형식 형태소이다.
❸ '매우'는 홀로 쓰일 수 있는 자립 형태소이자, 실질적인 의미를 지니고 있는 실질 형태소이다.
❺ '-다'는 홀로 쓰일 수 없어 '크-'와 같은 다른 형태소와 같이 쓰이는 의존 형태소이자, 문장이 종결되었음을 나타내는 기능을 하는 형식 형태소이다.

〔지식 더하기〕
자립 형태소와 의존 형태소
• 자립 형태소: '가방', '나무', '우리', '매우', '누구' 등과 같이 홀로 하나의 단어를 형성할 수 있다.
• 의존 형태소: '뛰-', '-겠-', '-다', '을/를' 등과 같이 반드시 다른 형태소와 결합해야만 단어를 형성할 수 있다.

03 '하늘을 보니 기분이 좋았다.'에서 실질 형태소는 '하늘, 보-, 기분, 좋-'으로 4개이며, 형식 형태소는 '을, -니, 이, -았-, -다'로 5개이다. 따라서 실질 형태소가 형식 형태소에 비해 개수가 적다.

〔오답풀이〕 ❶ '하늘, 을, 보니, 기분, 이, 좋았다'의 6개의 단어로 이루어져 있다.
❷ 조사 '을'과 '이'는 홀로 쓰일 수 없지만 홀로 쓰일 수 있는 말에 붙

어서 쉽게 분리될 수 있으므로 단어로 인정한다.
❸ '하늘, 을, 보-, -니, 기분, 이, 좋-, -았-, -다'의 9개의 형태소로 이루어져 있다.
❹ 의존 형태소는 '을, 보-, -니, 이, 좋-, -았-, -다'로 7개이며, 자립 형태소는 '하늘, 기분'으로 2개이다. 따라서 의존 형태소가 자립 형태소보다 개수가 많다.

04 '책가방'은 실질적인 의미를 나타내는 중심 부분인 어근 '책'과 '가방'의 결합으로 만들어진 단어이다.

〔오답풀이〕 ❶ '먹이'는 동사 '먹다'의 어근 '먹-'에 접미사 '-이'가 결합하여 만들어진 단어이다.
❷ '헛기침'은 '이유 없는, 보람 없는'의 뜻을 더하는 접두사 '헛-'과 어근 '기침'이 결합하여 만들어진 단어이다.
❸ '풋사과'는 '처음 나온, 덜 익은'을 뜻하는 접두사 '풋-'과 어근 '사과'가 결합하여 만들어진 단어이다.
❹ '사냥꾼'은 어근 '사냥'에 '어떤 일을 전문적으로 하는 사람'을 뜻하는 접미사 '-꾼'이 결합하여 만들어진 단어이다.

실력 쌓기

01 ②　　**02** ②　　**03** ⑤　　**04** ③　　**05** ①　　**06** ⑤
07 ④

01 형태소는 일정한 뜻을 가지고 있는 가장 작은 말의 단위로, 더 작은 단위로 나누면 본래의 뜻을 잃어버린다.

〔오답풀이〕 ❶ 문장에서 띄어 쓰는 단위는 형태소가 아니라 어절이다.
❸ 하나의 덩어리로 소리 낼 수 있는 말의 단위는 음절이다.
❹ 말의 뜻을 구별해 주는 소리의 가장 작은 단위는 음운이다.
❺ 문장에서 자립하여 쓸 수 있는 가장 작은 단위는 단어이다.

〔지식 더하기〕
음운, 음절, 어절, 문장의 개념
• 음운: 말의 뜻을 구별해 주는 소리의 가장 작은 단위
• 음절: 하나의 덩어리로 소리 낼 수 있는 말의 단위
• 어절: 문장을 구성하는 도막의 마디로, 띄어쓰기의 단위
• 문장: 우리의 생각이나 감정을 완결된 내용으로 표현하는 최소의 언어 형식

02 '푸르다'는 '푸르- + -다'로, 2개의 형태소가 결합한 단어이다.

03 ㉤의 '골랐다'는 '고르- + -았- + -다'가 결합한 단어이다.

04 '맛있다'의 '있-'은 실질적인 의미를 지닌 실질 형태소이면서 홀로 쓰일 수 없는 의존 형태소이다.

〔오답풀이〕 ❶ '강'은 실질 형태소이면서 자립 형태소이다.
❷ '다발'은 실질 형태소이면서 자립 형태소이다.
❹ '-다'는 형식 형태소이면서 의존 형태소이다.
❺ '-하-'는 형식 형태소이면서 의존 형태소이다.

05 '우리'는 홀로 쓰일 수 있는 자립 형태소이면서 실질적인 의미를 지닌 실질 형태소이다.

  오답풀이 ❷ '는'은 의존 형태소이면서 형식 형태소이다.

  ❸ '어제'는 자립 형태소이면서 실질 형태소이다.

  ❹ '놀–'은 의존 형태소이면서 실질 형태소이다.

  ❺ '–았–'은 의존 형태소이면서 형식 형태소이다.

06 접사는 문법적 기능을 하는 형식 형태소에 해당한다.

  오답풀이 ❶ 접사는 어근과 달리 홀로 단어를 이루지 못하고, 어근과 결합해서만 단어를 이룰 수 있다.

  ❷ 어근 '장난'과 접사 '–꾸러기'가 결합한 '장난꾸러기'처럼 어근과 접사를 결합하여 단어를 형성할 수 있다.

  ❸ '사과', '나무'처럼 단어의 실질적인 의미를 지닌 중심 부분을 어근이라고 한다.

  ❹ 접두사는 '맨손'의 '맨–'처럼 어근의 앞에 붙는 접사를, 접미사는 '겁쟁이'의 '–쟁이'처럼 어근의 뒤에 붙는 접사를 말한다.

07 '높다랗다'는 '높다'의 어근 '높–'에 접미사 '–다랗다'가 결합하여 만들어진 단어이다.

  오답풀이 ❶ '치솟다'는 접사 '치–'와 어근 '솟다'가 결합한 단어이다.

  ❷ '걸레질'은 어근 '걸레'와 접사 '–질'이 결합한 단어이다.

  ❸ '무사히'는 어근 '무사'와 접사 '–히'가 결합한 단어이다.

  ❺ '잠꾸러기'는 어근 '잠'에 접사 '–꾸러기'가 결합한 단어이다.

DAY 10   단어의 형성 ❷

본문 055~057쪽

핵심만 바로 체크

1 (1) ○ (2) × (3) ×   **2** (1) 복합어 (2) 어근 (3) 새말

1 (1) 단일어는 하나의 어근 즉 하나의 실질 형태소로 이루어진 단어이다.

  (2) 접두사는 어근의 품사를 바꾸지 못하지만, 접미사는 어근의 품사를 바꾸기도 한다.

  (3) 접사 없이 둘 이상의 어근이 결합하여 만들어진 단어는 합성어이며, 어근과 접사가 결합하여 만들어진 단어는 파생어이다.

2 (1) 복합어는 둘 이상의 어근으로 이루어진 합성어와 어근과 접사가 결합하여 이루어진 파생어로 나뉜다.

  (2) 파생어는 어근과 접사가 결합하여 만들어진 단어로, 접사는 어근의 앞 또는 뒤에 붙는다.

  (3) 새말은 사회의 변화에 따라 새로 생겨난 개념이나 사물을 나타내기 위해 새로 만들어 사용하는 말이다.

예시로 바로 연습

1 (1) 고슴도치 (2) 치솟다 (3) 떡국   **2** (1) 오가다 (2) 물걸레
(3) 춘추(나이)   **3** (1) ㉠ (2) ㉢ (3) ㉡

1 (1) '고슴도치'는 하나의 어근으로 이루어진 단어이다.

  (2) '치솟다'는 접사 '치–'와 어근 '솟다'가 결합하여 만들어진 단어이다.

  (3) '떡국'은 두 개의 어근인 '떡'과 '국'이 결합하여 만들어진 단어이다.

2 (1) '오가다'는 두 개의 어근 '오–'와 '가다'가 본래의 의미를 가지고 대등하게 결합하여 만들어진 대등 합성어이다.

  (2) '물걸레'는 두 개의 어근 '물'과 '걸레'가 결합한 합성어로, '물'이 '걸레'를 꾸며 주는 종속 합성어이다.

  (3) '춘추'는 어근 '춘'과 '추'가 결합할 때, 각각의 어근이 지닌 원래 의미를 벗어나 '나이를 높여 이르는 말'이라는 새로운 의미를 나타내는 융합 합성어이다.

3 (1) '엄지족'은 어근 '엄지'와 접미사 '–족'이 결합한 단어로, 파생의 방법으로 만들어진 새말이다.

  (2) '열공(열심히 + 공부하다)은 각 단어의 첫 글자를 결합하여 만든 새말이다.

  (3) '웃프다(웃기다 + 슬프다)는 각 단어의 일부분을 따서 결합한 새말이다.

기본 다지기

01 ②   **02** ②   **03** ④   **04** ③

01 하나의 어근으로 이루어진 단어는 단일어이며, 접사 없이 둘 이상의 어근이 결합해서 만들어진 단어는 합성어, 어근과 접사가 결합하여 만들어진 단어는 파생어이다. 따라서 ㉠에는 단일어, ㉡에는 합성어, ㉢에는 파생어가 들어간다.

02 〈보기〉는 융합 합성어에 대한 설명이다. '마소'는 어근 '말'과 '소'가 본래의 의미를 가지고 대등하게 결합한 대등 합성어이다.

03 '조용히'는 '조용하다'의 어근 '조용'과 접미사 '–히'가 결합하여 만들어진 단어로, 품사가 부사로 변화하였다.

  오답풀이 ❶ 어근 '부채'와 접미사 '–질'이 결합해 명사 '부채질'이 되었으며, 접사가 결합하는 과정에서 어근의 품사가 바뀌지 않았다.

  ❷ 접사 '치–'와 어근 '뜨다'가 결합해 동사 '치뜨다'가 되었으며, 접사가 결합하는 과정에서 어근의 품사가 바뀌지 않았다.

  ❸ 어근 '더욱'과 접사 '–이'가 결합해 부사 '더욱이'가 되었으며, 접사가 결합하는 과정에서 어근의 품사가 바뀌지 않았다.

  ❺ 접사 '헛–'과 어근 '고생'이 결합해 명사 '헛고생'이 되었으며 접사가 결합하는 과정에서 어근의 품사가 바뀌지 않았다.

04 '라볶이(라면 + 떡볶이)'는 각 단어의 일부분을 따서 결합한 새말이다.

오답풀이 ❶ '인강'은 '인터넷 강의'에서 각 단어의 첫 글자를 결합한 새말이다.

❷ '심쿵'은 '심장이 쿵'에서 각 단어의 첫 글자를 결합한 새말이다.

❹ '소확행'은 '소소하지만 확실한 행복'에서 각 단어의 첫 글자를 결합한 새말이다.

❺ '오운완'은 '오늘의 운동 완료'에서 각 단어의 첫 글자를 결합한 새말이다.

실력 쌓기

01 ③　**02** ④　**03** ②　**04** ③　**05** ⑤　**06** ③

01 접두사는 어근에 특정한 뜻을 더하거나 의미를 강조하는 역할을 하지만 어근의 품사를 바꾸지는 못한다. 어근에 결합하여 어근의 품사를 바꾸는 접사는 접미사이다.

오답풀이 ❶ 둘 이상의 어근으로 이루어진 복합어를 합성어라고 한다.

❷ 단어 중 어근, 즉 실질 형태소가 하나뿐인 것을 단일어라고 한다.

❹ 합성어를 만드는 과정에서 'ㅅ'이 첨가되거나 'ㄹ'이 탈락하는 등 단어의 형태가 변화하기도 한다.

❺ 어근과 어근이 결합할 때 각각의 어근이 가진 원래 의미를 벗어나 새로운 의미를 나타내는 합성어를 융합 합성어라고 한다.

02 '소설책'은 '소설(어근) + 책(어근)'이 결합하여 만들어진 합성어이다.

오답풀이 ❶ '새파랗다'는 '새-(접사) + 파랗다(어근)'가 결합한 파생어이다.

❷ '맨땅'은 '맨-(접사) + 땅(어근)'이 결합한 파생어이다.

❸ '넓이'는 '넓-(어근) + -이(접사)'가 결합한 파생어이다.

❺ '어른스럽다'는 '어른(어근) + -스럽다(접사)'가 결합한 파생어이다.

03 '군침'은 '공연히 입안에 도는 침'을 의미하며, '겁쟁이'는 '겁이 많은 사람을 낮잡아 이르는 말'을 의미한다.

04 ⓒ은 '부르다'라는 하나의 어근으로 이루어진 단일어이다.

오답풀이 ❶ '마음껏'은 '마음(어근) + -껏(접사)'이 결합한 파생어이다.

❷ '뛰놀다'는 '뛰-(어근) + 놀다(어근)'가 결합한 합성어이다.

❹ '빨리'는 '빠르-(어근) + -이(접사)'가 결합한 파생어이다.

❺ '들어오렴'은 '들-(어근) + 오-(어근)'가 결합한 합성어이다.

05 '네티켓(네트워크 + 에티켓)'은 각 단어의 일부분을 따서 결합한 새말이다.

오답풀이 ❶ '먹방(먹는 + 방송)'은 각 단어의 첫 글자를 결합한 말이다.

❷ '금손(금 + 손)'은 두 어근을 결합한 합성의 방법으로 만든 말이다.

❸ '누리꾼(누리 + -꾼)'은 어근에 접사를 결합하는 파생의 방법으로 만든 말이다.

❹ '전자책'은 외국에서 들어온 말(E-Book)을 우리말로 다듬은 말이다.

06 '부채질'은 어근 '부채'에 접미사 '-질'이 결합하여 만들어진 단어로, 어근의 품사가 명사로 동일하다.

오답풀이 ❶ '먹이'는 동사 '먹다'의 어근 '먹-'에 접미사 '-이'가 결합하여 만들어진 단어로, 어근의 품사가 동사에서 명사로 변화하였다.

❷ '웃음'은 동사 '웃다'의 어근 '웃-'에 접미사 '-음'이 결합하여 만들어진 단어로, 어근의 품사가 동사에서 명사로 변화하였다.

❹ '영원히'는 명사 어근 '영원'에 접미사 '-히'가 결합하여 만들어진 단어로, 어근의 품사가 명사에서 부사로 변화하였다.

❺ '건강하다'는 명사 어근 '건강'에 접미사 '-하다'가 결합하여 만들어진 단어로, 어근의 품사가 명사에서 형용사로 변화하였다.

DAY 11　어휘의 체계와 양상

본문 059~061쪽

핵심만 바로 체크

1 (1) × (2) ○ (3) ×　**2** (1) 고유어 (2) 외래어 (3) 표준어

1 (1) 우리말의 어휘는 어원에 따라 고유어, 한자어, 외래어로 분류할 수 있다. 지역 방언과 사회 방언은 사용 지역 또는 사회 계층에 따라 어휘를 분류한 것이다.

(2) 외래어는 다른 나라에서 들어와 우리말처럼 쓰이는 말로, 우리말 어휘를 풍부하게 해 준다. 하지만 무분별하게 사용할 경우 우리말의 정체성을 해칠 수 있다는 위험이 있다.

(3) 옛말의 자취가 남아 있어 국어의 역사를 연구하는 데 도움을 주는 방언은 지역에 따라 다르게 쓰는 말인 지역 방언(사투리)이다.

2 (1) '쓰다'가 '글씨를 종이에 쓰다.', '소설을 쓰다.'로 사용될 수 있듯이, 고유어는 하나의 단어가 여러 의미로 쓰이는 다의어가 많다.

(2) 외래어는 외국과의 문화적 교류 과정에서 다른 나라로부터 들어와 우리말처럼 쓰이는 말이다.

(3) 지역 방언은 지역에 따라 다르게 쓰는 말로, 해당 지역의 사람이 아니면 이해하기 어려울 수 있다. 따라서 지역에 상관 없이 다수의 사람들과 소통해야 하는 공식적인 상황에서는 지역 방언보다 표준어를 사용하는 것이 바람직하다.

예시로 바로 연습

1 (1) 치마, 개나리 (2) 감기, 냉면 (3) 택시, 아르바이트　**2** (1) 정구지(부추), 오이소(오세요) (2) 스카(스터디 카페), 버정(버스 정류장)
3 (1) ⓛ (2) ⓒ (3) ⓐ

1 (1) '치마, 개나리'는 고유어이다.

(2) '감기(感氣), 냉면(冷麵)'은 한자어이다.

(3) '택시(taxi), 아르바이트(arbeit)'는 외래어이다.

2 (1) '부추'를 의미하는 '정구지', '오세요'를 의미하는 '오이소'는 지역에 따라 다르게 쓰는 말인 지역 방언이다.
(2) '스카(스터디 카페)', 버정(버스 정류장)'은 줄임말로, 청소년 세대가 많이 사용하는 사회 방언이다.

3 (1) '소싯적(젊었을 때)'은 기성세대가 많이 사용하는 사회 방언(기성세대 언어)이다.
(2) '악플'은 인터넷 매체가 발전하면서 새롭게 생긴 '악의적인 댓글'을 의미하는 사회 방언(인터넷 언어)이다.
(3) '상기도 감염'은 의학 분야에서 사용하는 사회 방언(전문어)이다.

기본 다지기

01 ②　　**02** ④　　**03** ②　　**04** ④

01 한자어는 일반적으로 고유어에 비해 그 뜻이 분화된 경우가 많아, 고유어를 보완하는 역할을 한다.

오답풀이 ❶ 한자어는 한자를 바탕으로 만들어진 말이다.
❸ 우리말 어휘는 어원에 따라 고유어와 한자어, 외래어로 분류할 수 있다.
❹ 외래어는 다른 나라에서 들어와 우리말처럼 쓰이는 말로, 외국과의 문화적 교류 과정에서 들어오는 경우가 많다.
❺ 고유어는 우리말에 본디 있었던 말이나 그것에 기초하여 새로 만들어진 말로, 우리 민족이 지닌 고유의 정서나 문화가 담겨 있다.

지식 더하기

외래어와 외국어

	외래어	외국어
공통점	외국에서 들어온 말	
차이점	해당 어휘를 대체할 수 있는 우리말이 존재하지 않음. ⓔ 커피, 피아노	해당 어휘를 대체할 수 있는 우리말이 존재함. ⓔ 와이프 → 아내

02 ㉠의 '기차(汽車), 연세(年歲), 추억(追憶)'은 한자어, ㉡의 '가방(kaban), 첼로(cello), 파스타(pasta)'는 외래어, ㉢의 '손, 꽃샘, 하늘'은 고유어이다.

03 공식적인 상황에서는 다수의 사람들이 원활하게 이해할 수 있도록 표준어를 사용해야 한다.

오답풀이 ❶ 지역 방언은 지역에 따라 다르게 쓰는 말로, 각 지역의 고유한 정서와 문화를 담고 있다.
❸ 표준어와 지역 방언은 상황에 따라 다르게 쓰이기 때문에 어느 것이 우월하다고 할 수 없다.
❹ 지역 방언은 문학 작품 등에서 특정 분위기를 형성할 때 사용할 수 있다.
❺ 지역 방언은 오래 전부터 각 지역에서 사용해 오던 말로, 옛말의 자취가 남아 있어 국어의 역사를 연구하는 데 도움을 준다.

04 '레가토'는 악보에서, 둘 이상의 음을 이어서 부드럽게 연주하라는 말이며, '트리플렛'은 이등분하여야 할 음표를 삼등분하여 한데 묶어 나타낸 것이다. 이들은 지휘자, 작사가, 연주가 등 음악 분야의 전문가들이 전문적인 개념을 표현할 때 쓰는 전문어이다.

오답풀이 ❶ 전문어는 한자어나 외국어를 많이 사용하지만 한자어나 예의를 갖춘 표현을 많이 쓰는 것은 기성세대 언어이다.
❷ 전문어는 특정 분야의 사람들이 쓰는 말이다.
❸ 인터넷 언어에 대한 설명이다.
❺ 새롭게 생긴 사물이나 개념을 표현하기 위해 만들어진 말은 새말이다. 인터넷 언어는 매체 환경의 변화에 따라 만들어진 새말을 사용하는 경우가 많다.

실력 쌓기

01 ③　　**02** ④　　**03** ①　　**04** ③　　**05** ①　　**06** ⑤

01 〈보기〉에 제시된 고유어들은 '매끄러운 느낌이나 상태'를 구체적이고 생생하게 표현한 것이다. 이처럼 고유어는 모양이나 움직임을 나타내는 의태어가 발달했다는 것을 알 수 있다.

오답풀이 ❶ 고유어는 여러 가지 의미로 쓰이는 다의어가 많다. 하지만 〈보기〉의 단어들은 하나의 의미를 나타내는 여러 단어들에 해당한다.
❷ 우리말 어휘에서 가장 큰 비중을 차지하는 어휘는 한자어이다.
❹ 우리말로 쓰인 지 오래된 외래어일지라도 고유어와 어원이 다르기 때문에 고유어로 분류하지 않는다.
❺ 무분별하게 사용할 경우 우리말의 정체성을 해칠 수 있는 어휘는 외래어이다.

02 〈보기〉에 제시된 한자어 '예감(豫感), 감상(感想), 심정(心情)'은 고유어 '느낌'으로 바꾸어 쓸 수 있다. 이처럼 하나의 고유어에는 여러 개의 한자어가 대응한다.

오답풀이 ❶ 한자어에는 개념을 표현하는 말이나 추상적인 대상을 표현하는 말이 많다.
❷ 고유어 '느낌'이 한자어 '예감, 감상, 심정'의 뜻을 포괄하는 것으로 보아, 고유어가 한자어보다 의미의 폭이 넓다는 것을 알 수 있다.
❸, ❺ 한자어는 고유어에 비해 그 뜻이 분화된 경우가 많아 고유어를 보완하는 역할을 한다.

지식 더하기

한자어의 특징

· 우리말 어휘 중 가장 큰 비중을 차지한다.
· 개념어나 추상어가 많고, 고유어에 비해 분화된 의미를 지녀 고유어를 보완하는 역할을 한다.

03 우리말의 어휘는 어원에 따라 고유어, 한자어, 외래어로 분류할 수 있다. '김, 지우개'는 고유어, '색연필(色鉛筆), 두유(豆乳)'는 한자어, '볼펜(ball pen), 초콜릿(chocolate)'은 외래어이다.

04 '누룽지'를 지역에 따라 '깜밥, 강개' 등으로 다르게 부르는 것
은 사회 방언이 아닌 지역 방언에 해당한다.

오답풀이 **❶** '프사'와 '생파'는 우리말과 영어를 섞어 만든 표현으
로, 청소년어에 해당한다. 청소년어는 사회 방언 중 세대별 어휘로 구
분할 수 있다.
❷ '평안'과 '염려'는 한자어 표현으로, 나이가 든 어른이 주로 사용하
는 기성세대 언어이다. 기성세대 언어는 사회 방언 중 세대별 어휘로
구분할 수 있다.
❹ '어레스트'는 의학 분야에서 전문적인 개념을 표현하기 위해 사용
하는 전문어로, 사회 방언에 속한다.
❺ '숏'은 영화 분야에서 전문적인 개념을 표현하기 위해 사용하는 전
문어로, 사회 방언에 속한다.

05 ㉠의 '인플루언서'는 매체 환경의 변화에 따라 만들어진 인터
넷 언어이다.

06 (가)는 공적인 상황으로, 방송을 보는 대중이 내용을 쉽게 이
해할 수 있도록 표준어를 사용하고 있다. (나)는 비공식적인
상황으로, 지역 방언을 사용하여 친밀감을 형성하고 있다. 이
처럼 표준어와 지역 방언은 대립적 관계가 아닌 상호 보완적
인 관계이므로 상대와 상황에 맞게 적절하게 사용해야 한다.

DAY 12 단어의 의미 관계

본문 063~065쪽

핵심만 바로 체크

1 (1) × (2) × (3) ○ **2** (1) 상의어, 하의어 (2) 의미 (3) 다의어

1 (1) 유의 관계의 단어들은 그 의미가 같은 경우도 있지만 미묘한
의미의 차이가 있어 서로 바꾸어 쓸 수 없는 경우도 있다.
(2) 반의 관계의 단어들은 단어 사이에 한 가지의 의미 요소만
다르고, 나머지 의미 요소는 공통적이어야 한다.
(3) 상하 관계는 한 단어가 의미상 다른 쪽을 포함하거나 다른
쪽에 포함되는 관계이다.

2 (1) 상하 관계에서 의미상 다른 단어를 포함하는 단어를 상의
어, 다른 단어에 포함되는 단어를 하의어라고 한다.
(2) 동형이의어는 형태와 발음은 같지만 의미가 다른 별개의
단어이다.
(3) 다의어는 하나의 단어가 둘 이상의 뜻을 지닌 단어로, 가
장 기본적이고 핵심적인 의미가 중심적 의미가 되고, 중심
적 의미로부터 파생 또는 연상되어 쓰이는 의미가 주변적
의미가 된다.

예시로 바로 연습

1 (1) ㉢ (2) ㉡ (3) ㉠ **2** (1) 다의 (2) 동형이의 **3** 발

---

1 (1) '옷'은 포괄적이고 일반적인 의미, '한복'은 한정적이고 구
체적인 의미를 지니고 있는 '상하 관계'이다.
(2) '잡다'와 '놓다'는 의미가 서로 반대되는 '반의 관계'이다.
(3) '입다'와 '쓰다'는 의미가 비슷한 '유의 관계'이다.

2 (1) ㉠의 '가다'는 각각 '수레, 배, 자동차, 비행기 따위가 운행
하거나 다니다', '관심이나 눈길 따위가 쏠리다'의 의미를
지니고 있으며 '이동하다, 옮겨지다'라는 의미적 연관성이
있는 다의 관계이다.
(2) ㉡의 '배'는 형태와 발음이 같을 뿐 의미의 연관성이 없으
므로 동형이의 관계에 해당한다.

3 〈보기〉에 공통적으로 들어갈 단어는 '발'이다. 동형이의어는
형태와 발음은 같지만 의미가 다른 단어로 사전에 발¹, 발², 발³
과 같이 제시된다.

기본 다지기

01 ④ **02** ③ **03** ⑤ **04** ④

01 '곱다 – 예쁘다'는 단어들의 말소리는 다르지만 의미가 같거나
비슷한 유의 관계이다.

오답풀이 **❶** '열다'와 '닫다'는 의미가 서로 반대되는 반의 관계이다.
❷ '걷다'와 '뛰다'는 의미가 서로 반대되는 반의 관계이다.
❸ '밝다'와 '어둡다'는 의미가 서로 반대되는 반의 관계이다.
❺ '묻다'와 '대답하다'는 의미가 서로 반대되는 반의 관계이다.

02 '비슷하다'는 '두 개의 대상이 크기, 모양, 상태, 성질 따위가
똑같지는 아니하지만 전체적 또는 부분적으로 일치하는 점이
많은 상태에 있다.'를 의미한다. 이와 유의 관계인 단어는 '같
다, 닮다' 등이 있으며, 반의 관계인 단어는 '다르다'가 있다.
유의 관계의 단어 중, '같다'는 '서로 다르지 않고 하나이다.'를
의미하기 때문에 두 단어는 의미상 미묘한 차이가 있으므로
바꾸어 쓸 수 없다.

지식 더하기

'다르다'와 '틀리다'의 의미
• **다르다**: 비교가 되는 두 대상이 서로 같지 아니하다.
  예 다르다 ↔ 같다
• **틀리다**: 셈이나 사실 따위가 그르게 되거나 어긋나다.
  예 틀리다 ↔ 맞다

03 상하 관계는 한쪽이 의미상 다른 쪽을 포함하거나 다른 쪽에
포함되는 관계이다. 이때 포함하는 단어를 상의어라고 하는
데, 하의어보다 일반적이고 포괄적인 의미를 지닌다. 〈보기〉
의 '연극, 영화, 음악, 미술, 문학'을 모두 포괄하는 상의어는
'예술'이다.

04 〈보기〉의 '다리¹', '다리²', '다리³'은 사전에서 별개의 단어로 제시하는 동형이의 관계로, 형태와 발음은 같지만 의미가 다르다.

오답풀이 ❶ 동형이의 관계의 단어는 별개의 단어이다.
❷ 동형이의 관계의 단어는 의미의 연관성이 없지만, 다의어는 의미 사이의 연관성이 있다.
❸ 다의어는 의미를 서로 연상할 수 있지만, 동형이의어는 그렇지 않다.
❺ 다의어는 중심적 의미와 주변적 의미가 존재하지만, 동형이의어는 그렇지 않다.

실력쌓기

| 01 ⑤ | 02 ② | 03 ④ | 04 ② | 05 ① | 06 ① |

01 ㉠의 '작다'와 ㉡의 '적다'는 유의 관계로, 의미가 유사하지만 미묘한 의미 차이를 지녀 완전히 같지는 않다.

오답풀이 ❶ ㉠ '작다'의 반의어는 '크다', ㉡ '적다'의 반의어는 '많다' 등으로, 반의어가 동일하지 않다.
❷ 핵심적인 의미에서 파생된 의미를 가지는 것은 다의 관계에 해당한다.
❸ 단어 사이에 한 가지 의미 요소만 다른 단어는 반의 관계를 가진다.
❹ ㉠ '작다', ㉡ '적다'는 모두 고유어이다.

02 상의어인 '옷'은 하의어인 '치마, 바지, 외투'보다 일반적이고 포괄적인 의미를 지닌다.

오답풀이 ❶ '옷'은 '치마, 바지, 외투'의 상의어이다.
❸ '치마, 바지, 외투'는 '옷'에 비해 구체적인 의미를 지니는 하의어이다. 따라서 하의어인 '치마, 바지, 외투'가 상의어인 '옷'에 포함된다.
❹ '치마'와 '바지'는 '옷'의 하의어일 뿐, 두 단어가 유의 관계는 아니다.
❺ '바지'와 '외투'는 '옷'의 하의어일 뿐, 둘 이상의 의미 요소가 다르므로 반의 관계는 아니다.

03 ㉠ '위 – 아래'는 '방향'이라는 의미 요소가 대립하는 반의 관계이다. ㉡ '학교'는 '중학교'의 상의어이므로 상하 관계이다. ㉢ '오늘 – 금일(今日)'은 의미가 비슷한 유의 관계이다.

💡 지식 더하기

유의어의 발달 요인
- 우리말은 고유어, 한자어, 외래어가 함께 쓰인다.
  예 아내(고유어) – 부인(한자어) – 와이프(외래어)
- 우리말은 높임법이 발달했다. 예 밥 – 진지
- 우리말은 감각어, 색채어가 발달했다.
  예 파랗다 – 푸르다 – 푸르스름하다
- 금기어에 대응하는 완곡어가 등장했다. 예 천연두 – 마마

04 다의어는 중심적 의미와 주변적 의미를 가지고 있다. 따라서 하나의 단어에 여러 개의 반의어가 대립할 수 있다. '책임을 벗는다'의 '벗다'는 '의무나 책임 따위를 면하게 되다.'라는 뜻을 가지고 있다. 이때 '벗다'의 반의어로는 '책임이나 의미를 맡다.'를 의미하는 '지다'가 있다. '면하다'는 '벗다'의 유의어이다.

오답풀이 ❶ '장갑을 벗었다'에서 '벗다'는 '사람이 자기 몸 또는 몸의 일부에 착용한 물건을 몸에서 떼어 내다.'라는 뜻으로, 반의어로는 '끼다'가 있다.
❸ '신발을 벗어야 한다'의 '벗다'는 '사람이 자기 몸 또는 몸의 일부에 착용한 물건을 몸에서 떼어 내다.'라는 뜻으로, 반의어로는 '신다'가 있다.
❹ '누명을 벗을 수 있었다'의 '벗다'는 '누명이나 치욕 따위를 씻다.'라는 뜻으로, 반의어로는 '쓰다'가 있다.
❺ '가방을 벗어'에서 '벗다'는 '메거나 진 배낭이나 가방 따위를 몸에서 내려놓다.'라는 뜻으로, 반의어로는 '메다'가 있다.

05 다의어는 여러 개의 의미를 가지고 있지만 중심적 의미로부터 주변적 의미가 파생된 것이므로, 사전에 하나의 단어로 등재된다. 반면에 동형이의어는 형태와 발음은 같지만 다른 의미를 지닌 단어이므로, 사전에 '벌¹', 벌², 벌³'과 같이 다른 단어로 등재된다.

06 '공기'는 각각 '밥 따위의 분량을 세는 단위'와 '지구를 둘러싼 대기의 하층부를 구성하는 기체'를 말한다. 두 단어는 형태와 발음은 같지만 의미가 다른 동형이의 관계의 단어이다.

오답풀이 ❷ '타다'는 '불씨나 높은 열로 불이 붙어 번지거나 불꽃이 일어난다.', '피부가 햇볕을 오래 쬐어 검은색으로 변하다.'를 말하는 것으로, 두 단어는 다의 관계의 단어이다.
❸ '배'는 '사람이나 동물의 몸에서 위장, 창자, 콩팥 따위의 내장이 들어 있는 곳으로 가슴과 엉덩이 사이의 부위', '긴 물건 가운데의 볼록한 부분'을 말하는 것으로, 두 단어는 다의 관계의 단어이다.
❹ '손'은 '어떤 일을 하는 데 드는 사람의 힘이나 노력, 기술', '사람의 팔목 끝에 달린 부분'을 말하는 것으로, 두 단어는 다의 관계의 단어이다.
❺ '쓰다'는 '머릿속의 생각을 종이 혹은 이와 유사한 대상 따위에 글로 나타내다.', '머릿속에 떠오른 곡을 일정한 기호로 악보 위에 나타내다.'를 말하는 것으로, 두 단어는 다의 관계의 단어이다.

◆ 고득점 도전하기

본문 066~069쪽

01 ⑤	02 ④	03 ㉠: '영호'가 목적어의 자격을 갖게 한다..

㉡: '영호'뿐이라는 한정의 의미를 덧붙인다. **04** ① **05** ④

06 ⑤	07 ④	08 ⑤	09 ③	10 ②	11 ④
12 ⑤	13 ①	14 ⑤	15 ①	16 ③	17 ④
18 ③	19 ②	20 ⑤	21 ①	22 ③	

01 우리말의 품사는 형태에 따라 '불변어, 가변어'로, 기능에 따라 '체언, 용언, 수식언, 관계언, 독립언'으로, 의미에 따라 '명사, 대명사, 수사, 동사, 형용사, 관형사, 부사, 조사, 감탄사'로 나뉜다. ㉢ '의미'에 따라 나누면 '새'는 체언 '학생'을 수식하는 관형사이다.

오답풀이 ❶ ㉠ '형태'에 따라 나누면 '유리'는 불변어인 반면, '이다'는 가변어이다.
❷ ㉡ '기능'에 따라 나누면 '학생'은 문장에서 주로 주체가 되는 역할을 하는 체언이다.
❸ ㉢ '기능'에 따라 나누면 '첫째'는 문장에서 주로 주체가 되는 역할을 하는 체언이다.
❹ ㉣ '의미'에 따라 나누면 '유리'는 명사, '우리'는 대명사로 다른 품사이다.

02 ㉠은 수사, ㉡과 ㉤은 대명사, ㉢과 ㉣은 명사이다.

03 ㉠ '를'은 '영호'가 목적어의 자격을 갖게 하는 목적격 조사이다. ㉡ '만'은 '민수'가 잡은 사람이 '영호'뿐이라는 한정의 의미를 덧붙이는 보조사이다.

04 〈보기〉의 동사 '앉다'와 다르게 형용사 '높다'는 현재 시제를 나타내는 어미 '-ㄴ-/-는-', 명령형 어미 '-아라/-어라', 청유형 어미 '-자'와 결합할 수 없다. '찾다, 입다, 부르다, 돌아오다'는 모두 동사로 〈보기〉와 같이 활용이 가능하다.

05 〈보기〉는 감탄사에 대한 설명이며 '첫째, 밥을 잘 먹어야 해.'에는 감탄사가 쓰이지 않았다. '첫째'는 감탄사가 아니라 수사이다.

오답풀이 ❶ 말하는 이의 대답을 나타내는 감탄사 '네'가 쓰였다.
❷ 말하는 이의 대답을 나타내는 감탄사 '여보세요'가 쓰였다.
❸ 상대편의 대답을 재촉할 때 쓰는 감탄사 '응'이 쓰였다.
❺ 말하는 이의 놀람을 나타내는 감탄사 '이런'이 쓰였다.

지식 더하기

감탄사의 개념과 특성
- **개념**: 말하는 이의 부름, 대답, 놀람, 느낌 등을 나타냄.
- **특성**: 문장에서 다른 성분들과 문법적인 관계를 맺지 않고 독립적으로 쓰이므로, 생략해도 문장이 성립됨.
  ⓔ 아, 제가 늦었습니다. → 감탄사 '아'를 생략해도 문장이 성립함.

06 〈보기〉의 문장은 '우아(감탄사), 그(대명사), 의(조사), 팔(명사), 조사(은), 나뭇가지(명사), 처럼(조사), 가늘어(형용사)'로 분석할 수 있다. 수사, 관형사, 부사는 사용되지 않았지만, 형용사(가늘어)가 사용되었으므로 ⑤의 설명은 적절하지 않다.

오답풀이 ❶ '처럼'은 체언(명사)인 '나뭇가지'와 결합했으므로 조사이다.
❸ '가늘어'의 기본형은 '가늘다'로 '가늘어, 가늘고, 가늘면, 가느냐'와 같이 형태가 변한다.

07 ㉥의 '예'는 '윗사람의 부름에 대답하거나 묻는 말에 긍정하여 대답할 때 쓰는 말.'로 감탄사이다.

오답풀이 ❶ ㉠ '나라'는 명사, ㉤ '저것'은 대명사이다.
❷ ㉡ '얼마나'는 부사로 뒤에 오는 서술어를 꾸며 주지만, ㉢ '이나'는 조사로 체언 뒤에 붙어 그 말과 다른 말의 문법적 관계를 나타내거나 특별한 뜻을 더해 준다.

❸ ㉣ '무척'은 부사이다.
❺ ㉆ '열흘'은 명사, ㉇ '여기'는 대명사이다.

08 ㉈ '먹는다'를 형태소 단위로 분석하면 '먹-', '-는-', '-다'이다.

09 '김밥'은 형태소 '김'과 '밥'이 결합하여 만들어진 단어이다.

지식 더하기

형태소와 단어의 관계
- 단어는 하나 또는 그 이상의 형태소로 이루어진다.

단일어	하나의 형태소 ⓔ 강, 산, 뛰다
복합어	두 개 이상의 형태소 ⓔ 밤나무, 치솟다

- 형태소 중에서 자립 형태소는 단어이다.
  ⓔ 집, 차, 길 등
- 조사는 자립 형태소가 아니지만 단어이다.
  ⓔ 이/가, 을/를, 에서, (으)로 등
- 형태소는 최소의 의미를 갖지만, 단어는 형태소가 결합하여 의미를 지닌다.
  ⓔ 김밥 → 형태소: 김, 밥 / 단어: 김밥

10 어근과 어근이 결합한 것은 합성어이다. ㉠ '앞뒤'는 어근 '앞'과 어근 '뒤'가 결합한 합성어이며, ㉢ '강산'은 어근 '강'과 어근 '산'이 결합한 합성어이다. ㉣ '군고구마'는 동사 '굽다'의 어근 '굽-'에 명사 '고구마'가 결합하여 만들어진 합성어이다.

오답풀이 ㉡ '헛일'은 접사 '-헛'과 어근 '일'이 결합한 파생어이고, ㉤ '풋잠'도 접사 '풋-'에 어근 '잠'이 결합한 파생어이다.

지식 더하기

의미 관계에 따른 합성어의 분류

대등 합성어	두 어근이 본래의 의미를 가지고 대등한 자격으로 결합한 합성어 ⓔ 앞 + 뒤 → 앞뒤
종속 합성어	한쪽의 어근이 다른 한쪽의 어근을 꾸며 주는 합성어 ⓔ 돌 + 다리 → 돌다리
융합 합성어	어근과 어근이 결합할 때 어근이 가진 원래의 의미를 벗어나 새로운 의미를 나타내는 합성어 ⓔ · 피 + 땀 → 피땀(피와 땀이 날 정도의 노력, 정성) · 밤 + 낮 → 밤낮(항상)

11 '겁쟁이'는 명사 '겁'에 접미사 '-쟁이'가 결합해 만들어진 파생어, 명사이다. 따라서 어근의 품사는 달라지지 않는다.

오답풀이 ❶ '느낌'은 동사의 어근 '느끼-'에 접미사 '-ㅁ'이 붙어 명사가 된다.
❷ '정답다'는 명사 '정'에 접미사 '-답다'가 붙어 형용사가 된다.
❸ '지우개'는 동사의 어근 '지우-'에 접미사 '-개'가 붙어 명사가 된다.
❺ '공부하다'는 명사 '공부'에 접미사 '-하다'가 붙어 동사가 된다.

12 〈보기〉는 접사 '-장이'의 의미이다. '양복장이'는 '양복을 만드는 일을 직업으로 하는 사람'을 의미한다.

오답풀이 ❶ '-보'는 '그것을 특성으로 지닌 사람'을 의미하는 접미사로, '꾀보'는 '잔꾀가 많은 사람을 낮잡아 이르는 말'을 의미한다.
❷ '-쟁이'는 '그것이 나타내는 속성을 많이 가진 사람'을 의미하는 접미사로, '멋쟁이'는 '멋있거나 멋을 잘 부리는 사람'을 의미한다.
❸ '-꾼'은 '어떤 일을 전문적으로 또는 습관적으로 하는 사람'을 의미하는 접미사로, '사냥꾼'은 '사냥하는 사람. 또는 사냥을 직업으로 하는 사람'을 의미한다.
❹ '알-'은 '겉을 덮어 싼 것이나 딸린 것을 다 제거한, 진짜'를 의미하는 접두사로, '알부자'는 '겉보다는 실속이 있는 부자'를 의미한다.

13 '검붉다'는 두 어근의 의미가 대등하게 결합된 대등 합성어, '뛰어가다'는 '달음박질로 빨리 가다'라는 뜻을 지닌 종속 합성어, '강산'은 '강'과 '산'의 원래 의미가 아닌 '자연의 경치'라는 새로운 의미를 지닌 융합 합성어이다.
오답풀이 ㉠ 대등 합성어: 뛰놀다, 팔다리
㉡ 종속 합성어: 쌀밥, 국그릇, 책가방, 강바람
㉢ 융합 합성어: 돌아가다

14 새말을 만들 때는 가급적 순우리말을 사용해 만들려는 노력이 필요하다.
오답풀이 ❶ ㉠은 어근 '알뜰'에 접사 '-족'이 결합해 만들어진 파생어이다.
❷ ㉡은 '취향'의 '취'와 '존중'의 '존'이 결합해 만들어진 단어이다.
❸ ㉢은 '네티즌'과 '에티켓'의 일부분을 따서 결합해 만든 단어이다.
❹ ㉣은 고유어 '마을'과 외래어 '버스'를 결합해 만든 합성어이다.

15 ㉠ '햇밤', '햇곡식'은 접두사 '햇-'과 어근 '밤', '곡식'이 결합한 파생어로, 'ㅅ'이 첨가된 형태가 아니다.
오답풀이 ❷ ㉡ '화살'은 '활(어근)'과 '살(어근)'이 결합할 때 'ㄹ'이 탈락했다. '여닫이'는 '열-(어근)'과 '닫-(어근)'이 결합할 때 'ㄹ'이 탈락하여 '여닫'이 된 후, '여닫-(어근)'과 '-이(접미사)'가 결합한 것이다.
❸ '갖가지, 엊저녁'은 '가지(어근)'와 '가지(어근)', '어제(어근)'와 '저녁(어근)'이 결합할 때 첫 어근의 끝모음인 'ㅣ'와 'ㅔ'가 탈락했다.
❹ ㉣ '바느질, 아드님'은 '바늘(어근)'과 '-질(접미사)', '아들(어근)'과 '-님(접미사)'이 결합할 때 'ㄹ'이 탈락했다.
❺ ㉤ '솟아오르다, 뛰어나다'는 '솟-(어근)'과 '오르-(어근)', '뛰-(어근)'와 '나-(어근)'가 결합할 때 어미 '-아-'가 추가되었다.

💡 **지식 더하기**

접사의 의미와 쓰임
① 접두사

접두사	의미	예
새-	매우 짙고 선명하게	새까맣다, 새빨갛다
치-	위로 향하게	치뜨다, 치솟다
맨-	다른 것이 없는	맨발, 맨손
헛-	이유 없는, 보람 없는	헛걸음, 헛수고
덧-	거듭된, 겹쳐 신거나 입는	덧니, 덧신
군-	쓸데없는	군말, 군침

② 접미사

접미사	의미와 기능	예
-질	그 도구를 가지고 하는 일	망치질, 부채질
-꾸러기	그것이 심하거나 많은 사람	욕심꾸러기, 장난꾸러기
-개	그러한 행위를 하는 간단한 도구	덮개, 지우개
-하다	일부 명사 뒤에 붙어 동사를 만듦.	생각하다, 행복하다

16 고유어 '고치다'는 한자어인 '치료하다, 수선하다, 수리하다, 교정하다, 개정하다' 등에 대응한다. ③ '지난 계획을 고치자.'에서 '고치다'는 한자어인 '수정(修正)하다'로 바꾸어 쓸 수 있다. '수리(修理)하다'는 '고장 나거나 허름한 데를 손보아 고침.'을 의미하므로 '오래된 집을 수리하다'와 같이 쓴다.

17 〈보기〉의 ㉠은 '고유어', ㉡은 '한자어', ㉢은 '외래어'이다. 한자어는 우리말 어휘에서 차지하는 비중이 높은 편이다.

18 〈보기〉는 어휘의 양상 중 사회 방언의 예로, ㉠은 전문어, ㉡은 기성세대 언어, ㉢은 인터넷 언어이다. ㉡과 같이 기성세대들이 주로 쓰는 말로는 한자어나 예의를 갖춘 표현이 많다.

19 유의 관계의 단어들은 의미가 같거나 비슷해 바꾸어 쓸 수 있지만, 미묘한 의미 차이가 있어 바꾸어 쓸 수 없는 경우가 있다. ②에서는 '잡거나 쥐고 있던 물체를 일정한 곳에 두다'라는 의미의 '놓다'와 '일정한 곳에 두다'라는 의미의 '두다'를 모두 사용할 수 있다.
오답풀이 ❶ '가치'가 적절하다.
❸ '짚어'가 적절하다.
❹ '두텁다'가 적절하다.
❺ '오르자'가 적절하다.

20 〈보기〉는 단어의 의미 관계 중 상하 관계에 대한 설명이다. ⑤의 '작고(作故)'는 '고인이 되었다.'는 뜻으로, '사람의 죽음을 높여 이르는 말.'이며, '운명(殞命)'은 '사람의 목숨이 끊어짐.'을 뜻한다. 따라서 이 두 단어는 유의 관계에 해당한다.
오답풀이 ❶ '신체'는 상의어, '손'은 하의어로 상하 관계에 해당한다.
❷ '감정'은 상의어, '기쁨'은 하의어로 상하 관계에 해당한다.
❸ '과목'은 상의어, '국어'는 하의어로 상하 관계에 해당한다.
❹ '요리하다'는 상의어, '굽다'는 하의어로 상하 관계에 해당한다.

21 '끌다'는 '바닥에 댄 채로 잡아당기다.'라는 뜻으로 '일정한 방향으로 움직이도록 반대쪽에서 힘을 가하다.'의 의미를 가진 '밀다'의 반의어이다. 따라서 ㉠에는 '수레를 뒤에서 밀다.'가 적절하다. 한편, '나무를 밀다.'에서의 '밀다'는 '허물어 옮기거나 깎아 없애다.'라는 뜻으로 이에 대한 반의어는 '초목의 뿌리나 씨앗 따위를 흙 속에 묻다.'의 의미를 가진 '심다'가 적절하다.

22 다의 관계는 사전에 하나의 표제어로 등재되어 '길다'라는 단어 아래 「1」, 「2」와 같이 제시된다. 반면 동형어의 관계는 길다¹, 길다²와 같이 표제어가 다르게 등재된다.

Ⅲ 문장

DAY 13 문장 성분

본문 073~075쪽

핵심만 바로 체크

1 (1) ○ (2) × (3) ○ **2** (1) 서술어 (2) 목적어 (3) 독립어

1 (1) 문장을 이루는 데 꼭 필요한 문장 성분은 주성분으로 주어, 서술어, 목적어, 보어가 있다.
(2) 주어와 보어 모두 문장에서 '누가, 무엇이'에 해당하는 말이다. 한편 주어는 동작, 상태나 성질의 주체가 되는 성분이며, 보어는 서술어 '되다, 아니다'를 보충하는 성분이다.
(3) 관형어는 체언을, 부사어는 용언, 관형어, 부사어, 문장 전체를 꾸며 주는 부속 성분이다. 관형어와 부사어는 문장에 꼭 필요한 성분은 아니기 때문에 생략이 가능하다는 특징이 있다.

2 (1) 서술어는 주어의 동작이나 상태, 성질 등을 풀이하는 성분으로 동사, 형용사가 그대로 서술어가 되기도 하며, 체언에 서술격 조사 '이다'가 결합하여 서술어가 되기도 한다.
(2) 목적어는 문장에서 '누구를, 무엇을'에 해당하는 말로, 서술어의 동작의 대상이 되는 성분이나 목적어는 체언에 목적격 조사 '을/를'이 붙어 성립된다.
(3) 독립어는 문장에서 주성분, 부속 성분과 직접적인 관계를 맺지 않고 독립적으로 쓰이는 말이다.

예시로 바로 연습

1 (1) 꽃이, 피었네 (2) 저, 활짝 (3) 어머 **2** (1) ⓒ (2) ⓛ (3) ㉠
3 (1) 독립어, 부사어, 서술어 (2) 보어 (3) 관형어, 목적어

1 (1) '꽃이'는 주어, '피었네'는 서술어로, 주성분에 해당한다.
(2) '저'는 체언 '꽃'을 꾸며 주는 관형어, '활짝'은 용언 '피었네'를 꾸며 주는 부사어로, 부속 성분에 해당한다.
(3) '어머'는 감탄사 단독으로 쓰인 독립어로, 독립 성분에 해당한다.

2 (1) '빨리'는 용언 '달린다'를 꾸며 주는 부사어이다.
(2) '도시의'는 체언 '야경'을 꾸며 주는 관형어이다.
(3) '아이스크림을'은 서술어 '먹는다'의 동작의 대상이 되는 목적어이다.

3 (1) '와'는 감탄사 단독으로 쓰인 독립어, '정말'은 용언 '반갑다'를 꾸며 주는 부사어, '반갑다'는 주어의 상태를 풀이하는 서술어이다.
(2) '그녀가'는 문장의 주체인 주어, '학생이'는 서술어 '되었다'를 보충하는 보어, '되었다'는 주어의 상태를 풀이하는 서술어이다.
(3) '누나가'는 문장의 주체인 주어, '옛'은 체언 '친구'를 꾸며 주는 관형어, '친구를'은 서술어의 동작 대상이 되는 목적어, '그리워한다'는 주어의 상태를 풀이하는 서술어이다.

기본 다지기

01 ③ **02** ③ **03** ⑤ **04** ⑤

01 부속 성분은 주성분을 꾸며 주는 성분으로, 문장에 꼭 필요한 성분이 아니기 때문에 대부분 생략이 가능하다. 예를 들어 '새 옷이 예쁘다.'에서 관형어 '새'를, '옷이 아주 크다.'에서 부사어 '아주'를 생략해도 문장이 성립되므로 부속 성분은 생략이 가능하다는 것을 알 수 있다.

오답풀이 ❶ 문장 안에서 일정한 문법적 기능에 따라 주성분, 부속 성분, 독립 성분의 3가지로 나뉜다.
❷ 둘 이상의 어절이 모여서 하나의 단어처럼 기능하는 말은 구이다.
❹ 문장을 이루는 데 필수적인 성분은 주성분으로 주어, 서술어, 목적어, 보어가 해당한다.
❺ 독립 성분은 다른 문장 성분과 직접적인 관련을 맺지 않고 독립적으로 쓰이며, 독립어가 해당한다.

지식 더하기

문장 성분과 품사
• **문장 성분**: 어절이 기본 단위가 된다. 결합하는 조사나 쓰이는 위치에 따라서 문장 성분이 달라진다.
• **품사**: 단어가 갖는 성질을 말하며 단어가 기본 단위가 된다. 형태가 달라져도 품사는 변하지 않는다.
ⓓ 노래를 부르니 즐겁다. → '즐겁다'의 문장 성분은 '서술어'이고 품사는 '형용사'이다.

02 문장을 이루는 데 꼭 필요한 성분은 주성분으로, 주어, 목적어, 서술어, 보어가 해당한다. '신이시여'는 체언 '신'에 호격 조사 '이시여'가 붙은 독립어로 문장을 이루는 데 꼭 필요한 성분은 아니다.

오답풀이 ❶ '민호가'는 서술어의 주체가 되는 성분인 주어이다.
❷ '보통이'는 서술어 '아니다'를 보충하는 성분인 보어이다.
❹ '따져 본다'는 주어의 동작을 풀이하는 성분인 서술어이다.
❺ '자전거를'은 서술어의 동작의 대상이 되는 성분인 목적어이다.

03 '그의'는 체언 '그'에 관형격 조사 '의'가 붙어 성립된 관형어로 체언 '시'를 수식하고, '매우'는 부사 단독으로 쓰인 부사어로 동사 '좋아한다'를 수식한다.

오답풀이 ❶ '주어+부사어+서술어'의 구조로, 부사어(정말)만 쓰였다.
❷ '관형어+주어+서술어'의 구조로, 관형어(그)만 쓰였다.
❸ '관형어+주어+서술어'의 구조로, 관형어(모든)만 쓰였다.
❹ '주어+관형어+목적어+서술어'의 구조로, 관형어(녹색의)만 쓰였다.

04 ⓜ '그래도'는 접속 부사가 부사어로 쓰인 것으로, 부속 성분에 해당한다.

> **오답풀이** ㉠의 '정윤아'는 체언 '정윤'에 호격 조사 '아'가 붙어 성립된 독립어이며, ㉡의 '응', ㉢의 '아', ㉣의 '후유'는 감탄사 단독으로 쓰인 독립어이다.

> **지식 더하기**
>
> **접속 부사어**
> • 단어 접속 부사어: 체언과 체언을 이어 구를 형성한다.
>   ⓔ 및, 또는, 혹은
> • 문장 접속 부사어: 앞뒤 문장을 다양한 의미적인 관계로 이어 준다. ⓔ 그리고, 그러나, 그러므로

> **실력 쌓기**
>
> **01** ④ **02** ① **03** ② **04** ③ **05** ② **06** ②

01 서술어 '피었다'는 주어(개나리가) 하나만을 필요로 하는 한 자리 서술어이다.

> **오답풀이** ❶ 서술어 '같다'는 주어(우정은)와 부사어(보석과)를 요구하는 두 자리 서술어이다.
> ❷ 서술어 '되었다'는 주어(얼음이)와 보어(물이)를 요구하는 두 자리 서술어이다.
> ❸ 서술어 '돌았다'는 주어(그는)와 목적어(운동장을)를 요구하는 두 자리 서술어이다.
> ❺ 서술어 '주셨다'는 주어(할머니께서)와 부사어(우리들에게), 목적어(용돈을)를 요구하는 세 자리 서술어이다.

02 '이걸 누구 줄까?'는 '이것을 누구에게 줄까?'가 줄어든 형태로, '누구'는 부사격 조사 '에게'가 생략된 부사어이다.

> **오답풀이** ❷ '밥'은 '밥을'에서 목적격 조사가 생략된 목적어이다.
> ❸ '축구도'는 체언 '축구'에 목적격 조사 대신 보조사 '도'가 붙은 목적어이다.
> ❹ '말씀을'은 체언 '말씀'에 목적격 조사 '을'이 붙은 목적어이다.
> ❺ '전화를'은 체언 '전화'에 목적격 조사 '를'이 붙은 목적어이다.

03 서술어 '되다, 아니다'는 주어와 보어를 필요로 한다. 밑줄 친 부분의 문장 성분은 서술어 '되다, 아니다'를 보충하는 보어이다.

04 '부사어(아직)＋주어(시간이)＋부사어(많이)＋서술어(남았다)'로 관형어가 쓰이지 않았다.

> **오답풀이** ❶ 관형사 '어떤'이 관형어로 사용되어 명사 '분'을 꾸며 주고 있다.
> ❷ 관형사 '새'가 관형어로 사용되어 명사 '옷'을 꾸며 주고 있다.
> ❹ 체언 '도시'에 관형격 조사 '의'가 붙어 관형어로 사용되었으며 명사 '밤경치'를 꾸며 주고 있다.

❺ 체언 '스페인'에 관형격 조사 '의'가 붙어 관형어로 사용되었으며 명사 '수도'를 꾸며 주고 있다.

05 〈보기〉에서 설명하는 문장 성분은 부사어이다. '새, 헌, 옛'과 같은 관형사는 문장에서 관형어로 기능한다.

> **오답풀이** ❶ 모든 부사는 문장에서 부사어로 기능한다.
> ❸ '그리고, 그러므로'와 같은 접속 부사는 문장에서 부사어로 기능한다.
> ❹ '아름답게, 닳도록'과 같이 용언의 어간에 부사형 어미가 붙은 용언의 활용형은 문장에서 부사어로 기능한다.
> ❺ '학교에, 학교에서'와 같이 체언에 부사격 조사가 결합한 형태는 문장에서 부사어로 기능한다.

06 ㉠에 제시된 문장은 '주어＋목적어＋서술어'의 구조이므로, 주성분은 주어, 목적어, 서술어 3개가 쓰였다. ㉡에 제시된 문장은 '독립어＋주어＋서술어'의 구조이므로, 독립 성분은 독립어 1개가 쓰였다. ㉢에 제시된 문장은 '부사어＋관형어＋목적어＋서술어'의 구조이므로, 부속 성분은 부사어, 관형어 2개가 쓰였다. 따라서 ㉠~㉢에 해당하는 문장 성분의 수를 모두 더한 값은 6개이다.

DAY 14 문장의 짜임 ❶

본문 077~079쪽

> **핵심만 바로 체크**
>
> **1** (1) ○ (2) × (3) × **2** (1) 홑문장 (2) 안은문장 (3) 대등하게, 종속적으로

1 (1) 주어와 서술어의 관계가 두 번 이상 나타나는 문장은 겹문장으로, 겹문장은 대등하게 이어진문장과 종속적으로 이어진문장으로 나눌 수 있다.

(2) 앞 문장과 뒤 문장의 위치를 바꾸었을 때 의미가 달라지는 것은 종속적으로 이어진문장이다. 대등하게 이어진문장은 앞 문장과 뒤 문장의 의미가 '나열, 대조, 선택' 등과 같이 대등하게 연결된 문장이기 때문에, 두 문장의 위치를 바꾸어도 의미가 같다.

(3) 종속적으로 이어진문장은 두 홑문장이 '원인, 조건, 의도, 배경, 양보' 등의 의미 관계로 연결된다. 두 홑문장이 '나열, 대조, 선택' 등의 의미 관계로 연결된 문장은 대등하게 이어진문장이다.

2 (1) 문장의 종류는 크게 주어와 서술어의 관계가 한 번만 나타나는 문장인 홑문장과 주어와 서술어의 관계가 두 번 이상 나타나는 문장인 겹문장으로 나눌 수 있다.

(2) 안은문장은 홑문장을 문장 속에서 하나의 성분처럼 포함하는 문장이다.

(3) 이어진문장은 두 개의 홑문장이 대등한 의미 관계로 연결된 대등하게 이어진문장과 두 개의 홑문장이 독립적이지 못하고 종속적인 의미 관계로 연결된 종속적으로 이어진문장으로 나눌 수 있다.

예시로 바로 연습

1 (1) ㉢, ㉣ (2) ㉠, ㉡ **2** (1) ㉠ (2) ㉢ (3) ㉡ **3** (1) 대등하게 (2) 종속적으로 (3) 종속적으로

1 (1) ㉢은 '부사어+주어+부사어+서술어'의 구조, ㉣은 '관형어+주어+관형어+서술어'의 구조로 홑문장이다.
(2) ㉠과 ㉡은 '주어+서술어+주어+서술어'의 구조로 겹문장이다.

2 (1) '주어+부사어+서술어'의 구조로 홑문장이다.
(2) '원인'의 의미를 나타내는 연결 어미 '-어서'에 의해 연결된 종속적으로 이어진문장이다.
(3) '대조'의 의미를 나타내는 연결 어미 '-지만'에 의해 연결된 대등하게 이어진문장이다.

3 (1) '선택'의 의미를 나타내는 연결 어미 '-거나'에 의해 연결된 대등하게 이어진문장이다.
(2) '양보'의 의미를 나타내는 연결 어미 '-ㄹ지라도'에 의해 연결된 종속적으로 이어진문장이다.
(3) '배경'의 의미를 나타내는 연결 어미 '-는데'에 의해 연결된 종속적으로 이어진문장이다.

기본 다지기

01 ① **02** ④ **03** ② **04** ①

01 홑문장은 주어와 서술어의 관계가 한 번 나타나는 문장이고, 겹문장은 주어와 서술어의 관계가 두 번 이상 나타나는 문장이다. 따라서 문장에 주어와 서술어의 관계가 몇 번 나타나는지를 기준으로 홑문장과 겹문장을 구분할 수 있다.

[오답풀이] ② 서술어의 자릿수를 구분하는 기준이다.
③ 이어진문장을 대등하게 이어진문장과 종속적으로 이어진문장으로 구분하는 기준이다.
④ 문장을 이루는 데 필요한 문장 성분을 갖춘 온전한 문장인지를 구분하는 기준이다.
⑤ 이어진문장을 대등하게 이어진문장과 종속적으로 이어진문장으로 구분하는 기준이다.

02 '배가 부르다.'와 '더 이상은 못 먹겠다.'의 두 홑문장이 '원인'의 의미를 나타내는 연결 어미 '-어서'에 의해 종속적으로 이어진문장이다.

03 '그는 시간이 나다.'와 '그는 책을 읽는다.'의 두 홑문장이 '조건'의 의미를 나타내는 연결 어미 '-면'에 의해 종속적으로 이어진문장이다.

[오답풀이] ① '나열'의 의미를 나타내는 연결 어미 '-으며'에 의해 대등하게 이어진문장이다.
③ '선택'의 의미를 나타내는 연결 어미 '-든지'에 의해 대등하게 이어진문장이다.
④ '대조'의 의미를 나타내는 연결 어미 '-지만'에 의해 대등하게 이어진문장이다.
⑤ '대조'의 의미를 나타내는 연결 어미 '-나'에 의해 대등하게 이어진문장이다.

04 〈보기〉는 종속적으로 이어진문장에 대한 설명이다. ①은 '길이 좋지 않다'와 '너는 길을 조심해라'의 두 홑문장이 '원인(이유)'의 의미를 나타내는 연결 어미 '-으니'에 의해 종속적으로 이어진문장이다.

[오답풀이] ②, ③ 주어와 서술어의 관계가 한 번씩만 나타난 홑문장이다.
④ '대조'의 의미를 나타내는 연결 어미 '-지만'에 의해 대등하게 이어진문장이다.
⑤ '선택'의 의미를 나타내는 연결 어미 '-든지'에 의해 대등하게 이어진문장이다.

실력 쌓기

01 ② **02** ③ **03** ④ **04** ③ **05** ② **06** ②

01 '주어(우리는)+부사어(열심히)+목적어(손을)+서술어(흔들었다)'의 구조로, 주어와 서술어의 관계가 한 번만 나타나는 홑문장이다.

[오답풀이] ① '주어+목적어+서술어+서술어'의 문장 구조로 주어와 서술어의 관계가 두 번 이상 나타나는 겹문장이다.
③ '주어+서술어+목적어+서술어'의 문장 구조로 주어와 서술어의 관계가 두 번 이상 나타나는 겹문장이다.
④ '주어+목적어+서술어+주어+목적어+서술어'의 문장 구조로 주어와 서술어의 관계가 두 번 이상 나타나는 겹문장이다.
⑤ '목적어+서술어+관형어+목적어+서술어'의 문장 구조로 주어와 서술어의 관계가 두 번 이상 나타나는 겹문장이다.

02 ㉢은 '안개가 자욱하다.'와 '앞이 보이지 않는다.'의 두 홑문장이 '원인'의 의미를 나타내는 연결 어미 '-아서'에 의해 종속적으로 이어진문장이다.

[오답풀이] ① ㉠은 겹문장으로 주어와 서술어의 관계가 두 번 나타난다.
② ㉡의 주어는 '나는'으로, 생략되지 않았다.
④ ㉠은 '나열'의 의미를 나타내는 연결 어미 '-고'에 의해 대등하게 이어진문장으로 겹문장이고, ㉡은 홑문장이다.
⑤ ㉡의 서술어는 '받았다'로 한 개이나, ㉢의 서술어는, '자욱해서', '보이지 않는다'로 두 개이다.

03 연결 어미 '-(으)ㄹ지라도'는 '양보'의 의미를 가지고 있으며, 앞 문장과 뒤 문장을 종속적으로 연결한다.

04 〈보기〉에 제시된 문장은 '나열'의 의미를 나타내는 연결 어미 '-고'에 의해 대등하게 이어진문장이다. ③의 '남편은 자상하며 부인은 친절하다.'도 '나열'의 의미 관계를 지닌 연결 어미 '-며'에 의해 대등하게 이어진문장이다.

오답풀이 ❶ '전환'의 의미를 나타내는 연결 어미 '-다가'에 의해 종속적으로 이어진문장이다.

❷ '의도'의 의미를 나타내는 연결 어미 '-고자'에 의해 종속적으로 이어진문장이다.

❹ '원인'의 의미를 나타내는 연결 어미 '-니까'에 의해 종속적으로 이어진문장이다.

❺ '가정'의 의미를 나타내는 연결 어미 '-ㄹ지라도'에 의해 종속적으로 이어진문장이다.

05 ㉠은 '이유'의 의미를 나타내는 연결 어미 '-어서'에 의해, ㉣은 '조건'의 의미를 나타내는 연결 어미 '-면'에 의해 종속적으로 이어진문장이다.

오답풀이 ㉡은 '대조'의 의미를 나타내는 연결 어미 '-지만'에 의해 대등하게 이어진문장이다. ㉢과 ㉤은 주어와 서술어의 관계가 한 번만 나오는 홑문장이다.

06 '윗물이 맑아야 아랫물이 맑다.'는 '윗물이 맑다.'와 '아랫물이 맑다.'의 두 홑문장이 '조건'의 의미를 나타내는 연결 어미 '-아야'에 의해 종속적으로 이어진문장이다.

오답풀이 ❶ '동시'의 의미를 나타내는 연결 어미 '-자'에 의해 종속적으로 이어진문장이다.

❸ '의도(목적)'의 의미를 나타내는 연결 어미 '-으려고'에 의해 종속적으로 이어진문장이다.

❹ 주어와 서술어의 관계가 한 번만 나오는 홑문장이다.

❺ '나열'의 의미를 나타내는 연결 어미 '-고'에 의해 대등하게 이어진문장이다.

DAY 15 문장의 짜임 ❷

본문 081~083쪽

핵심만 바로 체크

1 (1) ○ (2) ○ (3) ✕ **2** (1) 서술절 (2) 부사절 (3) 라고

1 (1) 한 문장이 하나 이상의 절(안긴문장)을 문장 성분으로 포함하는 문장은 안은문장이다.

(2) 주어, 목적어, 부사어 등의 기능을 하며 명사처럼 쓰이는 절은 명사절이다.

(3) '-아서/-어서, -이, -게, -도록'은 절을 부사로 만들기 때문에, 이들이 붙은 절은 부사절이 된다.

2 (1) 서술절은 다른 절과 다르게 절을 표시하는 어미나 조사가 붙지 않는다.

(2) 서술어를 꾸미는 부사어의 기능을 하는 절은 부사절이다.

(3) 직접 인용절에는 인용격 조사 '라고'를 사용하며, 간접 인용절에는 인용격 조사 '고'를 사용한다.

예시로 바로 연습

1 (1) 나는 빗물이 떨어지는 소리를 들었다. (2) 빗물이 떨어지는
2 (1) 얼굴이 잘생겼다. (2) 맛이 있게 (3) 그가 옳았음 (4) 피아노 치는
(5) 그림책이 재미있다고 **3** (1) ㉡ (2) ㉢ (3) ㉠

1 (1) 안은문장은 '나는 빗물이 떨어지는 소리를 들었다.'이다.

(2) '빗물이 떨어지다.'에 관형사형 어미 '-는'이 붙어 체언 '소리'를 꾸며 주는 관형사절로, 안긴문장이다.

2 (1) '얼굴이 잘생겼다.'는 전체 주어인 '은우가'에 대한 서술어의 기능을 하는 서술절이다.

(2) '맛이 있게'는 서술어 '익었다'를 꾸며 주는 부사절이다.

(3) '그가 옳았음'은 목적어의 기능을 하는 명사절이다.

(4) '피아노 치는'은 체언 '소리'를 꾸며 주는 관형사절이다.

(5) '그림책이 재미있다고'는 동생의 말을 인용하는 간접 인용절이다.

3 (1) '소리도 없이'는 서술어 '내린다'를 꾸며 주는 부사절이다.

(2) '지각을 하는'은 체언 '학생들'을 꾸며 주는 관형사절이다.

(3) '그날이 오기'는 목적어의 기능을 하는 명사절이다.

기본 다지기

01 ④ **02** ② **03** ② **04** ①

01 부사절은 '-아서/-어서, -이, -게, -도록' 등이 붙어서 만들어진다.

오답풀이 ❶ 관형사절은 관형사형 어미 '-(으)ㄴ, -는, -(으)ㄹ, -던'이 붙어 문장 내에서 관형어의 기능을 하는 절을 말한다. 따라서 관형사절은 체언을 꾸며 주는 기능을 한다.

❷ 서술절은 다른 절과 달리, 절을 표시하는 별도의 어미나 조사가 붙지 않는다.

❸ 직접 인용은 인용격 조사 '라고'가, 간접 인용은 인용격 조사 '고'가 붙어서 만들어진다.

❺ 명사절은 명사형 어미 '-(으)ㅁ, -기'가 붙어 문장 내에서 명사처럼 쓰여 주어, 목적어, 부사어 등의 기능을 하는 절이다.

02 '난을 키우기가 가장 어렵다.'는 '난을 키우다.'에 명사형 어미 '-기'가 붙어 문장에서 주어의 기능을 하는 명사절이 되었다. 따라서 '덕화'가 제시한 문장이 명사절을 가진 안은문장이다.

오답풀이 ❶ '마당이 넓다.'라는 홑문장이 전체 주어인 '이 카페는'의 서술어 기능을 하는 서술절을 가진 안은문장이다.

❸ '내가 감기에 걸린'은 '내가 감기에 걸리다.'에 관형사형 어미 '-ㄴ'이 붙어 문장에서 관형어의 기능을 하는 관형절이 되었다. 따라서 관형사절을 가진 안은문장이다.

❹ '목이 빠지게'는 '목이 빠지다.'에 '−게'가 붙어 문장에서 부사어의 기능을 하는 부사절이 되었다. 따라서 부사절을 가진 안은문장이다.
❺ '"너 자신을 알라."라고'는 인용한 문장인 '너 자신을 알라.'에 따옴표와 인용격 조사 '라고'를 붙여 인용절이 되었다. 따라서 인용절을 가진 안은문장이다.

03 〈보기〉는 서술절을 가진 안은문장에 대한 설명이다. '마음씨가 참 따뜻하다.'가 전체 주어인 '그녀는'에 대한 서술어의 기능을 하는 서술절을 가진 안은문장이다.

오답풀이 ❶ '주어+(필수적) 부사어+서술어'의 구조를 지닌 홑문장이다.
❸ '조건'의 의미를 지닌 종속적 연결 어미 '−면'에 의해 연결된 종속적으로 이어진문장이다.
❹ '주어+관형어+관형어+보어+서술어'의 구조를 지닌 홑문장이다.
❺ '그가 배신자이다.'에 명사형 어미 '−ㅁ'이 붙어 문장에서 목적어의 기능을 하는 명사절이 되었다. 따라서 명사절을 가진 안은문장이다.

04 '말도 없이'는 문장에서 서술어 '떠났다'를 꾸미는 부사어의 기능을 하는 부사절이다.

오답풀이 ❷ '맑은'은 체언 '공기'를 꾸며 주는 관형사절이다.
❸ '영진이가 쓴'은 체언 '책'을 꾸며 주는 관형사절이다.
❹ '그가 사건을 조작했다는'은 체언 '증거'를 꾸며 주는 관형사절이다.
❺ '지원이가 학교를 옮긴'은 체언 '사실'을 꾸며 주는 관형사절이다.

실력쌓기

01 ① **02** ③ **03** ④ **04** ① **05** ④ **06** ②

---

01 국어의 겹문장은 안은문장과 이어진문장으로 나눌 수 있다. 안긴문장은 다른 문장 속에 들어가 문장 성분의 역할을 하는 절이다.

오답풀이 ❷ '사탕이 제일 맛있다.'라는 서술절을 가진 안은문장이다.
❸ '날씨가 덥다.'에 '−어서'가 붙은, 부사절을 가진 안은문장이다.
❹ '내가 (책을) 읽다.'에 관형사형 어미 '−던'이 붙은, 관형사절을 가진 안은문장이다.
❺ 안긴문장은 안은문장 속에서 하나의 문장 성분처럼 쓰이는 절이다.

02 〈보기〉는 명사절을 가진 안은문장에 대한 설명이다. ③은 '그 내용이 사실이다.'에 명사형 어미 '−ㅁ'이 붙어 문장에서 목적어의 기능을 하는 명사절을 가진 안은문장이다.

오답풀이 ❶ '주어+부사어+서술어'의 구조를 지닌 홑문장이다.
❷ '풍경이 아름답다.'가 전체 주어인 '여기는'에 대한 서술어의 기능을 하는 서술절을 가진 안은문장이다.
❹ '사고 없다.'에 '−이'가 붙어 문장에서 부사어의 기능을 하는 부사절을 가진 안은문장이다.
❺ '연우가 전학을 갔다.'에 관형사형 어미 '−는'이 붙어 관형어의 기능을 하는 관형사절을 가진 안은문장이다.

03 '장미꽃은 나의 예상과 달리 싱싱했다.'는 '나의 예상과 다르다.'에 '−이'가 붙어 부사어의 기능을 하는 부사절을 가진 안은문장이다. '장미는 내가 좋아하는 꽃이다.'는 '내가 꽃을 좋아하다.'에 관형사형 어미 '−는'이 붙어 관형어의 기능을 하는 관형사절을 가진 안은문장이다.

04 ㉠은 〈보기〉의 전체 주어인 '우리 학교는'에 대한 서술어의 기능을 하는 서술절이다. '누나가 세 명이다.'도 전체 주어 '나는'에 대한 서술어 기능을 하는 서술절이다.

오답풀이 ❷ '물과 같다.'에 '−이'가 붙어 문장에서 부사어의 기능을 하는 부사절을 가진 안은문장이다.
❸ '내가 (책을) 직접 쓰다.'에 관형사형 어미 '−ㄴ'이 붙어 문장에서 관형어의 기능을 하는 관형사절을 가진 안은문장이다.
❹ '회사의 요구가 부당하다.'에 명사형 어미 '−ㅁ'이 붙어 문장에서 목적어의 기능을 하는 명사절을 가진 안은문장이다.
❺ '신발이 닳다.'에 '−도록'이 붙어 문장에서 부사어의 기능을 하는 부사절을 가진 안은문장이다.

05 ④는 인용격 조사 '고'를 사용하여 내일은 수업이 없다는 선생님의 말을 간접 인용한, 인용절을 가진 안은문장이다.

오답풀이 ❶ '국토 면적이 가장 크다.'가 전체 주어인 '러시아는'에 대한 서술어의 기능을 하는 서술절을 가진 안은문장이다.
❷ '(노래가) 구성지다.'에 '−게'가 붙어 부사어의 기능을 하는 부사절을 가진 안은문장이다.
❸ '그가 (노래를) 부르다.'에 관형사형 어미 '−ㄴ'이 붙어 관형어의 기능을 하는 관형사절을 가진 안은문장이다.
❺ '진수가 돌아오다.'에 명사형 어미 '−기'가 붙어 목적어의 기능을 하는 명사절을 가진 안은문장이다.

06 '그녀가 돌아오다.'에 명사형 어미 '−기'가 붙어 문장에서 주어의 기능을 하는 명사절을 가진 안은문장이다.

오답풀이 ❶ '키가 크다.'는 전체 주어인 '우리 형은'에 대한 서술어의 기능을 하는 서술절을 가진 안은문장이다.
❸ '(빵이) 맛있다.'에 관형사형 어미 '−는'이 붙어, 관형어의 기능을 하는 관형사절을 가진 안은문장이다.
❹ '예고도 없다.'에 '−이'가 붙어 서술어 '찾아왔다'를 꾸미는 부사어의 기능을 한다.
❺ 인용한 문장인 '빨리 가자.'에 따옴표와 인용격 조사 '라고'가 붙은, 직접 인용절을 가진 안은문장이다.

DAY 16 문법 요소 ❶ 본문 085∼087쪽

핵심만 바로 체크

1 (1) ○ (2) × (3) ○ **2** (1) 종결 표현 (2) 평서문 (3) 청유문

1 (1) 국어의 문장 유형은 종결 표현에 따라 달라지며, 평서문, 의문문, 명령문, 청유문, 감탄문이 있다.

(2) 말하는 이가 듣는 이에게 어떤 행동을 하도록 요구하는 문장은 명령문이다. 의문문은 대체로 말하는 이가 듣는 이에게 대답을 요구하는 문장이다.

(3) 감탄문은 말하는 이가 듣는 이를 별로 의식하지 않거나 거의 독백하는 상태에서 자신의 느낌을 표현하는 문장으로, 듣는 이를 의식하는 다른 문장과는 차이가 있다.

2 (1) 종결 표현은 말하는 이가 듣는 이에게 자신의 생각이나 느낌을 표현하는 방식으로, 종결 어미에 의해 종결 표현이 결정된다.

(2) 서술어의 종결 어미가 '-다, -아요/어요, -지, -네'인 문장은 평서문이다.

(3) 말하는 이가 듣는 이에게 어떤 행동을 함께하도록 요청하는 문장은 청유문으로, 주어는 말하는 이와 듣는 이가 함께 포함된다.

1 (1) 평서문 (2) 청유문 (3) 명령문 　　**2** (1) -군 (2) 감탄문
3 (1) ㉣ (2) ㉡ (3) ㉢ (4) ㉠ (5) ㉤

1 (1) '-다, -지, -네'는 '비가 부슬부슬 내린다. / 내리지. / 내리네.'와 같은 평서문을 표현하는 종결 어미이다.

(2) '-자, -세, -ㅂ시다'는 '우리 같이 영화 보러 가자. / 가세. / 갑시다.'와 같은 청유문을 표현하는 종결 어미이다.

(3) '-아라, -게, -ㅂ시오'는 '물 좀 떠 와라. / 오게. / 오십시오.'와 같은 명령문을 표현하는 종결 어미이다.

2 (1) '아름답다'의 어간 '아름답-' 뒤에 붙은 '-군'이 문장의 종결 어미이다.

(2) 감탄형 종결 어미 '-군'이 붙은 문장의 유형은 감탄문이다.

3 (1) 청유형 종결 어미 '-자'가 붙은 문장의 유형은 청유문이다.

(2) 의문형 종결 어미 '-느냐'가 붙은 문장의 유형은 의문문이다.

(3) 명령형 종결 어미 '-아라'가 붙은 문장의 유형은 명령문이다.

(4) 평서형 종결 어미 '-다'가 붙은 문장의 유형은 평서문이다.

(5) 감탄형 종결 어미 '-(는)구나'가 붙은 문장의 유형은 감탄문이다.

01 ④　　**02** ②　　**03** ③　　**04** ④

01 종결 어미는 문장의 유형을 결정하며, 이에 따라 문장의 전체 의미가 좌우된다.

오답풀이 ❶ 명령문과 청유문은 서술어로 동사만 올 수 있고 형용사는 올 수 없다는 제약을 받는다.

❷ 의문문에서 듣는 이에게 질문에 대한 특정한 대답을 요구하거나 명령문에서 듣는 이의 행동을 요구하는 등 종결 표현에 따라 말하는 이의 의도가 드러날 수 있다.

❸ '빨리 안 갈래?'가 형식상 의문문이지만 명령의 기능을 수행하는 것처럼 종결 표현의 형식과 문장의 기능이 다를 수 있다.

❺ 문장의 유형은 종결 표현에 따라 평서문, 의문문, 명령문, 청유문, 감탄문의 다섯 가지 문장 유형으로 나눌 수 있다.

02 '-(으)ㅂ시다'는 '-자, -세'와 같이 말하는 이가 듣는 이에게 어떤 행동을 함께하도록 요청하는 청유문을 만들 때 활용되는 종결 어미이다. 따라서 〈보기〉의 문장은 청유문이며, 청유문에 대한 설명으로 적절한 것은 ②이다.

오답풀이 ❶ 말하는 이가 듣는 이에게 질문하는 문장은 의문문으로, 종결 어미 '-느냐/-냐, -는가, -(ㅂ)니까, -(으)ㄹ까' 등이 사용된다.

❸ 말하는 이가 듣는 이에게 어떤 행동을 하도록 강하게 요구하는 문장은 명령문으로, 종결 어미 '-아라/-어라, -게, -ㅂ시오' 등이 사용된다.

❹ 말하는 이가 듣는 이를 크게 의식하지 않고 자신의 느낌을 표현하는 문장은 감탄문으로, 종결 어미 '-(는)구나, -군, -(는)구먼, -(는)구려' 등이 사용된다.

❺ 말하는 이가 듣는 이에게 특별히 요구하는 바 없이 하고 싶은 말을 진술하는 문장은 평서문으로, 종결 어미 '-다, -아요/-어요, -지, -네' 등이 사용된다.

03 '-구려'는 '옷이 참 예쁘구려!'와 같은 감탄문이나, '이리 좀 들어오구려.'와 같은 명령문을 만들 때 활용되는 종결 어미이다.

오답풀이 ❶의 '-냐', ❷의 '-(으)니', ❹의 '-는가', ❺의 '-(으)ㅂ니까'는 말하는 이가 듣는 이에게 질문하여 대답을 요구하는 의문문을 만들 때 활용되는 종결 어미이다.

지식 더하기

감탄형 종결 어미 '-구려'의 특수한 쓰임
동사 어간에 붙어 쓰일 때는 상대에게 권하는 태도로 명령의 뜻을 나타낸다.
⑩ 어서 가구려. / 만나 보시구려.

04 명령문과 청유문은 듣는 이에게 행동을 요구하거나 요청하는 문장이기 때문에, 서술어로 동사만 올 수 있다. ④의 서술어인 '씻는다'는 동사이므로, '씻어라'와 같은 명령문의 형식이나 '씻자'와 같은 청유문의 형식으로 바꾸어 쓸 수 있다.

오답풀이 ❶ '푸르다'는 형용사이므로, '푸르십시오'와 같은 명령문의 형식이나 '푸르시지요'와 같은 청유문의 형식으로 바꾸어 쓸 수 없다.

❷ '기쁘다'는 형용사이므로, '기쁘십시오'와 같은 명령문의 형식이나 '기쁘시지요'와 같은 청유문의 형식으로 바꾸어 쓸 수 없다.

❸ '아름답다'는 형용사이므로, '아름다우십시오'와 같은 명령문의 형식이나 '아름다우시지요'와 같은 청유문의 형식으로 바꾸어 쓸 수 없다.

❺ '믿음직하다'는 형용사이므로, '믿음직하십시오'와 같은 명령문의 형식이나 '믿음직하시지요'와 같은 청유문의 형식으로 바꾸어 쓸 수 없다.

실력쌓기

01 ⑤ **02** ④ **03** ③ **04** ① **05** ⑤ **06** ①

01 의문문은 상대방의 대답을 요구하는 설명 의문문과 판정 의문문, 상대방의 대답을 요구하지 않는 수사 의문문으로 나눌 수 있다. ⑤는 상대방에게 대답을 요구하지 않으면서 공부에만 집중할 수 있으면 '매우 좋겠다'는 의미를 드러내는 수사 의문문이다.

> **오답풀이** ❶ 책의 주인이 누구인지에 대한 구체적 설명을 요구하는 설명 의문문이다.
> ❷ 준서가 늦은 이유에 대한 구체적 설명을 요구하는 설명 의문문이다.
> ❸ 우산을 가져 왔는지에 대한 긍정이나 부정의 대답을 요구하는 판정 의문문이다.
> ❹ 청소를 안 한 사람이 은수인지에 대한 긍정이나 부정의 대답을 요구하는 판정 의문문이다.

02 ㉠은 평서형 종결 어미 '-다'가 사용된 평서문, ㉡은 청유형 종결 어미 '-자'가 사용된 청유문이다. 청유문은 말하는 이가 듣는 이에게 어떤 행동을 함께하도록 요청하는 문장이므로, 주어에 말하는 이와 듣는 이가 함께 포함된다.

> **오답풀이** ❶ 주어가 항상 듣는 이인 문장은 명령문이다.
> ❷ 평서문은 말하는 이가 듣는 이에게 특별히 요구하는 바 없이, 하고 싶은 말이나 생각을 단순하게 진술하는 문장이다.
> ❸ 말하는 이가 듣는 이를 의식하지 않는 문장은 감탄문이다.
> ❺ 청유문은 어떤 행동을 함께 하자고 요청하는 말하는 이의 의도를 듣는 이에게 직접적으로 전달한다.

03 평서문과 감탄문은 말하는 이가 듣는 이에게 행동이나 대답을 요구하지 않는다. 반면에 의문문은 대개 듣는 이의 대답을 요구하고, 명령문과 청유문은 듣는 이의 행동을 요구한다.

04 '-다, -네, -(으)ㅂ니다'는 평서형 종결 어미로, 평서문을 만든다.

> **오답풀이** ❷ '-군, -(는)구려, -(는)구먼'은 감탄형 종결 어미로 감탄문을 만든다.
> ❸ '-게, -(으)오, -ㅂ시오'는 명령형 종결 어미로 명령문을 만든다.
> ❹ '-세, -(으)ㅂ시다, -(으)시지요'는 청유형 종결 어미로 청유문을 만든다.
> ❺ '-냐, -(으)오, -(으)ㅂ니까'는 의문형 종결 어미로 의문문을 만든다.

05 ㉢의 '너 얼른 준비 안 할래?'는 의문형 종결 어미 '-ㄹ래'를 사용했지만, 얼른 준비하라는 명령의 기능을 수행하고 있다.

> **오답풀이** ❶ ㉠은 명령형 종결 어미 '-아라'를 사용하였으며 형식과 기능이 명령으로 일치한다.
> ❷ ㉡은 의문형 종결 어미 '-ㄹ까'를 사용하였으며 형식과 기능이 의문으로 일치한다.
> ❸ ㉢은 의문형 종결 어미 '-니'를 사용하였으며 형식과 기능이 의문으로 일치한다.

❹ ㉣은 청유형 종결 어미 '-자'를 사용하였으며 형식과 기능이 청유로 일치한다.

06 〈보기〉는 명령문에 대한 설명이다. ①은 명령형 종결 어미 '-어라'가 붙어 실현된 명령문이다.

> **오답풀이** ❷ 의문형 종결 어미 '-어요'가 붙어 실현된 의문문이다.
> ❸ 감탄형 종결 어미 '-구나'가 붙어 실현된 감탄문이다.
> ❹ 청유형 종결 어미 '-자'가 붙어 실현된 청유문이다.
> ❺ 평서형 종결 어미 '-ㅂ니다'가 붙어 실현된 평서문이다.

DAY 17 · 문법 요소 ❷

본문 089~091쪽

핵심만 바로 체크

1 (1) ✕ (2) ○ (3) ○   **2** (1) 높임 (2) 께서, 께 (3) 해요

1 (1) 높임의 정도에 따라 종결 표현을 다르게 사용하여 실현되는 높임법은 상대 높임법이다.
(2) 객체 높임법은 특수 어휘인 '모시다, 드리다, 여쭈다' 등을 사용하거나, 부사격 조사 '께'에 의해 실현 된다.
(3) 상대 높임법이란 종결 표현을 통해 말하는 이가 듣는 이를 높이거나 낮추는 방법을 말한다.

2 (1) 높임 표현이란 말하는 이가 어떤 대상이나 상대의 높고 낮은 정도에 따라 언어적으로 구별하여 표현하는 방식이나 체계이다.
(2) 주체 높임법은 주격 조사 '이/가' 대신 '께서'를 사용하여 실현되며, 객체 높임법은 부사격 조사 '에게' 대신 '께'를 사용하여 실현된다.
(3) 상대 높임법은 높임의 정도에 따라 종결 표현을 다르게 사용하여 실현하는데, 크게 격식체와 비격식체로 나눈다. 격식체는 '하십시오체, 하오체, 하게체, 해라체'가 있으며, 비격식체는 '해요체, 해체'가 있다.

예시로 바로 연습

1 (1) ㉢ (2) ㉠ (3) ㉡   **2** (1) 할아버지 (2) 객체 높임법
3 (1) 해라체 (2) 해요체 (3) 해체

1 (1) '해요체'의 종결 어미 '-세요'를 사용하여 말하는 이가 듣는 이를 높이는 상대 높임법이 쓰였다.
(2) 주격 조사 '께서'와 주체 높임 선어말 어미 '-시-'를 사용하여 문장의 주어인 '선생님'을 높이는 주체 높임법이 쓰였다.

(3) 부사격 조사 '께'를 사용하여 문장의 부사어가 지시하는 대상인 '아버지'를 높이는 객체 높임법이 쓰였다.

2 (1) 〈보기〉의 문장은 부사격 조사 '께'와 특수 어휘 '드리다'를 사용하여 문장의 부사어가 지시하는 대상인 '할아버지'를 높이고 있다.
(2) 〈보기〉처럼 문장의 부사어가 지시하는 대상을 높이는 방법을 객체 높임법이라고 한다.

3 (1) '영수야, 여기 앉아라.'에서 서술어에 쓰인 종결 어미는 '-아라'로, 격식체 중 '해라체'에 해당한다.
(2) '오빠, 여기 앉아요.'에서 서술어에 쓰인 종결 어미는 '-아요'로 비격식체 중 '해요체'에 해당한다.
(3) '민희야, 여기 앉아.'에서 서술어에 쓰인 종결 어미는 '-아'로, 비격식체 중 '해체'에 해당한다.

기본 다지기

01 ④　**02** ⑤　**03** ①　**04** ①

01 높임 표현은 높임의 대상이 누구인지에 따라 주체 높임법, 객체 높임법, 상대 높임법으로 나눌 수 있다. 주체 높임법은 문장의 주어에 해당하는 대상을, 객체 높임법은 문장의 목적어나 부사어가 지시하는 대상을, 상대 높임법은 듣는 이를 각각 높이는 방법이다.

02 주체 높임법은 문장의 주어(서술의 주체)를 높이는 방법으로, 주격 조사 '께서', 주체 높임 선어말 어미 '-(으)시-', 특수 어휘 '계시다, 잡수시다' 등을 통해 실현된다. ⑤의 '바쁘시다'는 문장의 주어인 '큰어머니'를 높이기 위해 서술어에 주체 높임 선어말 어미 '-시-'를 붙여 쓴 것이다.

오답풀이 ❶ '가자'는 '해라체'로, 상대 높임법을 사용해 듣는 이인 '용준'을 낮추고 있다.
❷ '있었습니다'는 '하십시오체'로, 상대 높임법을 사용해 듣는 이인 '아버지'를 높이고 있다.
❸ 부사격 조사 '께'로 문장의 부사어가 지시하는 대상인 '할머니'를 높이는 객체 높임법이 사용되었다.
❹ 특수 어휘 '아뢰다'로 문장의 목적어가 지시하는 대상인 '할아버지'를 높이는 객체 높임법이 사용되었다.

03 객체 높임법은 문장의 목적어나 부사어가 지시하는 대상을 높이는 방법이다. ①은 특수 어휘 '뵈다'를 사용하여 문장의 목적어가 지시하는 대상인 '그분'을 높이고 있다.

오답풀이 ❷ 높임 표현이 사용되지 않았다.
❸ 주격 조사 '께서'와 주체 높임 선어말 어미 '-(으)시-'를 사용해 '할머니의 걱정'과 같이 주체와 관련이 있는 대상을 높임으로써 주어인 '할머니'를 간접적으로 높이는 주체 높임법이 실현되었다.
❹ 특수 어휘 '주무시다'를 사용해 문장의 주어인 '아버지'를 직접 높이는 주체 높임법이 실현되었다.

❺ 부사격 조사 '께'를 사용해 문장의 부사어가 지시하는 대상인 '선생님'을 높이는 객체 높임법이 실현되었다.

04 높이는 대상이 듣는 이에 해당하는 높임 표현은 상대 높임법으로, 종결 표현을 통해 실현된다. ①은 종결 표현 중 '하십시오체'의 종결 어미 '-ㅂ시오'를 사용해 듣는 이를 아주 높이고 있다.

오답풀이 ❷ 부사격 조사 '께'를 사용해 문장의 부사어가 지시하는 대상인 '아버지'를 높이는 객체 높임법이 실현되었다.
❸ 주격 조사 '께서'와 주체 높임 선어말 어미 '-시-'를 사용해 문장의 주어인 '선생님'을 직접 높이는 주체 높임법이 실현되었다.
❹ 주격 조사 '께서'와 주체 높임 선어말 어미 '-(으)시-'를 사용해 '할아버지의 귀'와 같이 주체와 관련이 있는 대상을 간접적으로 높임으로써 주어인 '할아버지'를 높이는 주체 높임법이 실현되었다.
❺ 특수 어휘 '모시다'를 사용해 문장의 목적어가 지시하는 대상인 '시부모님'을 높이는 객체 높임법이 실현되었다.

실력 쌓기

01 ②　**02** ③　**03** ①　**04** ③　**05** ⑤　**06** ⑤

01 특수 어휘 '계시다'를 사용하여 문장의 주어인 '어머니'를 직접 높이는 직접 높임이 나타난다.

오답풀이 ❶ 주체 높임 선어말 어미 '-시-'를 사용하여 '아버지의 발'을 높임으로써 주어인 '아버지'를 간접적으로 높이는 간접 높임이다.
❸ 주체 높임 선어말 어미 '-(으)시-'를 사용하여 '이모부의 차'를 높임으로써 주어인 '이모부'를 간접적으로 높이는 간접 높임이다.
❹ 주체 높임 선어말 어미 '-(으)시-'를 사용하여 '교수님의 성품'을 높임으로써 주어인 '교수님'을 간접적으로 높이는 간접 높임이다.
❺ 주체 높임 선어말 어미 '-(으)시-'를 사용하여 '선생님의 따님'을 높임으로써 주어인 '선생님'을 간접적으로 높이는 간접 높임이다.

지식 더하기

'있다'의 주체 높임 표현

계시다	주어를 직접 높일 때 사용됨. 예 선생님께서 교무실에 계신다.
있으시다	주어를 간접적으로 높일 때 사용됨. 예 선생님께서는 회의가 있으시다.

02 비격식체는 듣는 이를 두루 높이는 '해요체'와 듣는 이를 두루 낮추는 '해체'가 있다. ③은 '해요체'를 사용하여 듣는 이를 두루 높이고 있다.

오답풀이 ❶ 격식체인 '하게체'를 사용하여 듣는 이를 예사 낮추고 있다.
❷ 격식체인 '하오체'를 사용하여 듣는 이를 예사 높이고 있다.
❹ 격식체인 '해라체'를 사용하여 듣는 이를 아주 낮추고 있다.
❺ 격식체인 '하십시오체'를 사용하여 듣는 이를 아주 높이고 있다.

상대 높임법에서의 '하게체'와 '하오체'

하게체	• 아랫사람이나 친구를 '해라체'나 '해체'보다 좀 더 대우할 때 쓰임. • 오늘날 거의 쓰이지 않음. 예 박 서방, 어서 오게.
하오체	• 아랫사람이나 친구를 '하게체'보다 더 높여 대우할 때 쓰임. • 젊은 세대에서는 잘 쓰이지 않음. 예 어서 오시오.

03 〈보기〉에는 문장의 목적어나 부사어가 지시하는 대상을 높이는 객체 높임법은 쓰이지 않았고, 듣는 이인 '부장님'을 높이는 상대 높임법과 문장의 주어인 '교장 선생님'을 높이는 주체 높임법이 쓰였다.

오답풀이 ❷ 비격식체인 '해요체'를 사용해 듣는 이인 '부장님'을 두루 높이고 있다.

❸ '교장 선생님'은 말하는 이보다 상위자이므로 높임의 뜻을 더하는 접사 '-님'을 붙여 높이고 있다.

❹ 주체 높임 선어말 어미 '-시-'를 사용해 문장의 주어인 '교장 선생님'을 높이고 있다.

❺ '부장'에 높임의 뜻을 더하는 접사 '-님'을 붙여 높이고 있다.

04 말하는 이가 듣는 이를 높이거나 낮추어 말하는 방법인 상대 높임법은 크게 격식체와 비격식체로 나뉜다. '하게체'는 격식체에 해당하는 종결 어미로, 격식을 차려야 하는 상황에서 듣는 이와의 심리적인 거리감을 나타낸다. 또한 주체 높임법은 '계시다, 잡수시다, 주무시다, 편찮으시다'와 같은 특수 어휘를 사용하여 주어를 높이고, 객체 높임법은 '드리다, 모시다, 여쭈다, 뵈다'와 같은 특수 어휘를 사용하여 목적어나 부사어를 높인다.

오답풀이 ㉠ 주체 높임법은 조사 '이/가' 대신 '께서'를 사용해 주어를 높인다.

㉢ 상대 높임법은 종결 어미를 사용하여 말하는 이가 듣는 이를 높이거나 낮추는 방법이다. 문장의 목적어나 부사어가 지시하는 대상을 높이는 방법은 객체 높임법이다.

㉣ 주체 높임법은 서술어에 높임 선어말 어미 '-(으)시-'를 결합하여 주어를 높인다.

05 '오시래'의 선어말 어미 '-시-'는 문장의 주어를 높일 때 사용된다. 서술어 '오다'의 주어인 '지환'은 높임의 대상이 아니므로 쓰임이 적절하지 않다. 따라서 '오시래'를 '오라서' 또는 '오라고 하셔'로 고쳐야 한다.

06 주체 높임 선어말 어미 '-시-'를 사용해 문장의 주어인 '엄마'를, 특수 어휘 '여쭈다'를 사용해 부사어가 지시하는 대상인 '할머니'를, '해요체'의 종결 어미를 사용해 듣는 이인 '아빠'를 각각 높이고 있다. 따라서 〈보기〉에 실현된 높임 표현의 요소를 바르게 짝 지은 것은 ⑤의 '선어말 어미, 특수 어휘, 종결 어미'이다.

DAY 18 문법 요소 ❸ 본문 093~095쪽

핵심만 바로 체크

1 (1) × (2) ○ (3) ○   **2** (1) 현재 (2) 미래 (3) 완료상

1 (1) 동작이나 상태가 일어나는 시점은 사건시이고, 말하는 이가 말하는 시점을 발화시라고 한다.
(2) 과거 시제는 동작이나 상태가 일어나는 시점이 말하는 이가 말하는 시점보다 앞선 시제로, 선어말 어미 '-았-/-었-/-였-', '-았았-/-었었-', 관형사형 어미 '-(으)ㄴ, -던'이 붙거나, 시간 부사어 '어제, 아까, 옛날' 등이 함께 쓰여 실현된다.
(3) 동작상은 시간의 흐름 속에서 그 동작이 진행되고 있는지, 완결된 것인지 등 동작이 일어나는 모습을 표현하는 문법 요소이다.

2 (1) 현재 시제는 사건이 일어나는 시점인 사건시와 말하는 이가 말하는 시점인 발화시가 일치하는 시제이다.
(2) 미래 시제는 '내가 입을 옷'처럼 동사 어간에 관형사형 어미 '-(으)ㄹ'을 붙여 실현할 수 있다.
(3) 완료상은 말하는 이가 말하는 시점인 발화시를 기준으로 동작이 이미 끝났음을 나타낸다.

예시로 바로 연습

1 (1) -더- (2) 과거 시제   **2** (1) 내일, 겠 (2) 어제, 었
(3) 지금, 는   **3** (1) 완료상 (2) 진행상 (3) 진행상

1 (1) 〈보기〉에서 시제를 나타내는 선어말 어미는 '-더-'이다.
(2) 〈보기〉는 선어말 어미 '-더-'를 사용해 과거 시제임을 나타내고 있다.

2 (1) 시간 부사어 '내일', 선어말 어미 '-겠-'은 미래 시제임을 나타내는 요소이다.
(2) 시간 부사어 '어제', 선어말 어미 '-었-'은 과거 시제임을 나타내는 요소이다.
(3) 시간 부사어 '지금', 선어말 어미 '-는-'은 현재 시제임을 나타내는 요소이다.

3 (1) 연결 어미 '-고서'를 사용해 동작이 이미 끝났음을 나타내는 완료상이다.
(2) 연결 어미 '-(으)면서'를 사용해 동작이 계속되고 있음을 나타내는 진행상이다.
(3) 보조 용언 '-고 있다'를 사용해 동작이 계속되고 있음을 나타내는 진행상이다.

01 ⑤ 02 ③ 03 ② 04 ⑤

01 '추천하는'은 동사 어간에 관형사형 어미 '−는'이 붙어 현재 시제를 나타낸다.

오답풀이 ❶ 동사 어간에 관형사형 어미 '−(으)ㄴ'이 붙어 과거 시제를 나타낸다.
❷ 동사 어간에 관형사형 어미 '−던'이 붙어 과거 시제를 나타낸다.
❸ 동사 어간에 과거에 있었던 상황이면서 현재와 다르거나 단절된 상황을 나타내는 선어말 어미 '−았었−'이 붙어 과거 시제를 나타낸다.
❹ 시간 부사어 '옛날에'를 사용해 과거 시제를 나타낸다.

02 동사는 '먹는다, 간다'와 같이 동사 어간에 선어말 어미 '−는−/−ㄴ−'이 붙어 현재 시제가 실현된다. 반면에 형용사나 서술격 조사는 현재 시제를 나타낼 때, '예쁘다, 학생이다'와 같이 선어말 어미가 나타나지 않는다.

오답풀이 ❶ 현재 시제는 동작이나 상태가 일어나는 사건시와 말하는 이가 말하는 시점인 발화시가 일치하는 시제이다.
❷ 현재 시제는 '오늘, 지금, 현재'와 같은 시간 부사어로 표현할 수 있다.
❹ 동사 어간에는 관형사형 어미 '−는'이 붙어 현재 시제를 나타낼 수 있다.
❺ 형용사와 서술격 조사에서는 관형사형 어미 '−(으)ㄴ'이 붙어 현재 시제를 나타낼 수 있다.

03 〈보기〉의 '숨바꼭질할'은 동사 어간에 관형사형 어미 '−ㄹ'이 붙어 미래 시제를 나타낸다. ②의 '가겠습니다'는 동사 어간에 선어말 어미 '−겠−'이 붙어 미래 시제를 나타낸다.

오답풀이 ❶ '가수이다'는 서술격 조사가 선어말 어미 없이 그대로 쓰여 현재 시제를 나타낸다.
❸ '많더라'는 형용사 어간에 선어말 어미 '−더−'가 붙어 과거 시제를 나타낸다.
❹ '하였다'는 동사 어간에 선어말 어미 '−였−'이 붙어 과거 시제를 나타낸다.
❺ '하는'은 동사 어간에 선어말 어미 '−는'이 붙고, '기특하다'는 형용사가 선어말 어미 없이 그대로 쓰여, 현재 시제를 나타낸다.

04 발화시에 동작이 이미 완료되었음을 나타내는 것은 완료상이다. ⑤의 '떨어져 있다'는 보조 용언 '−어 있다'를 사용해 동작이 끝났음을 나타내는 완료상이다.

오답풀이 ❶ '말라 간다'는 보조 용언 '−아 가다'를 사용해 동작이 계속되고 있음을 나타내는 진행상이다.
❷ '보면서'는 연결 어미 '−면서'를 사용해 동작이 계속되고 있음을 나타내는 진행상이다.
❸ '뛰고 있다'는 보조 용언 '−고 있다'를 사용해 동작이 계속되고 있음을 나타내는 진행상이다.
❹ '하는 중이다'는 보조 용언 '∼는 중이다'를 사용해 동작이 계속되고 있음을 나타내는 진행상이다.

01 ① 02 ③ 03 ⑤ 04 ② 05 ④ 06 ②

01 시제는 말하는 이가 말하는 시점인 발화시를 기준으로, 사건이 일어나는 시점인 사건시가 언제인지에 따라 과거 시제, 현재 시제, 미래 시제로 나뉜다.

02 사건시가 발화시보다 앞선 시제는 '과거 시제'이다. ③에서는 형용사 '자랑스럽다'가 선어말 어미 없이 그대로 쓰여 현재 시제가 나타난다.

오답풀이 ❶ 동사 어간에 관형사형 어미 '−던'이, 동사 어간에 선어말 어미 '−었−'이 붙어 과거 시제를 나타낸다.
❷ 시간 부사어 '어제'가 쓰이고, 동사 어간에 선어말 어미 '−더−'가 붙어 과거 시제를 나타낸다.
❹ 시간 부사어 '예전에'가 쓰이고, 형용사 어간에 선어말 어미 '−았었−'이 붙어 과거 시제를 나타낸다.
❺ 동사 어간에 선어말 어미 '−었−'이 붙어 과거 시제를 나타낸다.

03 〈보기〉는 동사 어간에 선어말 어미 '−ㄴ−'이 붙어 현재 시제를 나타낸다. ⑤는 동사 어간에 관형사형 어미 '−(으)ㄴ'이 붙고 형용사 어간에 선어말 어미 '−았−'이 붙어 과거 시제를 나타내므로, 〈보기〉의 시제와 동일하지 않다.

오답풀이 ❶ '양심적이다'는 서술격 조사가 선어말 어미 없이 그대로 쓰여 현재 시제를 나타낸다.
❷ '아름답다'는 형용사가 선어말 어미 없이 그대로 쓰여, 현재 시제를 나타낸다.
❸ '닦는다'는 동사 어간에 선어말 어미 '−는−'이 붙어 현재 시제를 나타낸다.
❹ '부른다'는 동사 어간에 선어말 어미 '−ㄴ−'이 붙어 현재 시제를 나타낸다.

04 '−겠−'은 미래 시제를 나타내는 것 외에 ㉠처럼 주체의 의지를 나타내거나, ㉡처럼 말하는 이의 추측을 나타내거나, ㉢처럼 가능성을 나타내는 등 다양한 의미로 쓰인다.

05 '들으면서'는 연결 어미 '−(으)면서'를 사용해 진행상을 나타낸다.

오답풀이 ❶ '앉아 있다'는 보조 용언 '−아 있다'를 사용해 완료상을 나타낸다.
❷ '가 버렸다'는 보조 용언 '−아 버리다'를 사용해 완료상을 나타낸다.
❸ '켜져 있다'는 보조 용언 '−어 있다'를 사용해 완료상을 나타낸다.
❺ '듣고서'는 연결 어미 '−고서'를 사용해 완료상을 나타낸다.

06 ㉡의 '오늘의 날씨를 말씀드리겠습니다.'에서는 선어말 어미 '−겠−'을 사용해 미래 시제를 나타낸다. 이때 ㉡에서 '오늘'은 시간 부사어가 아니라 명사 '날씨'를 꾸며 주는 관형어에 해당한다. 따라서 시간 부사어 '오늘'을 사용한 현재 시제라는 ②의 설명은 적절하지 않다.

DAY 18 문법 요소 ❹

본문 097~099쪽

핵심만 바로 체크

1 (1) ○ (2) ○ (3) × **2** (1) 부사어, 주어 (2) 주동, 사동
(3) 부사어, 목적어

1 (1) 주어가 다른 대상에 의해 동작이나 행위를 당하게 되는 것을 피동이라고 한다.
(2) 피동 표현은 동사 어근에 피동 접미사 '-이-, -히-, -리-, -기-'를 결합하여 실현할 수 있다.
(3) '-당하다'는 일부 명사에 붙어 피동 표현을 만드는 피동 접미사이다. 일부 명사에 붙어 사동 표현을 만드는 사동 접미사로는 '-시키다'가 있다.

2 (1) 능동문인 '경찰이(주어) 도둑을(목적어) 잡았다(서술어).'를 피동문으로 바꾸면 '도둑이(주어) 경찰에게(부사어) 잡혔다(서술어).'가 된다. 이처럼 능동문을 피동문으로 바꿀 때, 능동문의 주어는 피동문의 부사어로, 능동문의 목적어는 피동문의 주어로 변하고 서술어는 피동사로 바뀐다.
(2) 주동은 '아이가 밥을 먹는다.'와 같이 주어가 동작이나 행위를 직접 하는 것이고, 사동은 '엄마가 아이에게 밥을 먹인다.'와 같이 주어가 다른 대상에게 동작이나 행위를 하도록 시키는 것이다.
(3) 주동문을 사동문으로 바꿀 때, 주동문의 주어는 사동문에서 부사어(서술어가 타동사인 경우)나 목적어(서술어가 자동사, 형용사인 경우)로 바뀐다.

예시로 바로 연습

1 (1) 능동문 (2) 피동문 (3) 능동문 (4) 피동문 **2** (1) 주동문
(2) 사동문 (3) 주동문 (4) 사동문 **3** (1) 물고기가, 잡혔다
(2) 언니에게, 안겼다

1 (1) 주어인 '동생'이 스스로 한 동작 및 행위를 나타내므로 능동문이다.
(2) 동사의 어간 '만들-'에 '-어지다'가 붙은 피동문이다.
(3) 주어인 '학생들'이 스스로 한 동작 및 행위를 나타내므로 능동문이다.
(4) 동사의 어근 '밀-'에 피동 접미사 '-리-'가 붙은 피동문이다.

2 (1) 주어인 '삼촌'이 직접 한 동작 및 행위를 나타내므로 주동문이다.
(2) 동사 어간 '울-'에 '-게 하다'가 붙은 사동문이다.
(3) 주어인 '차'의 직접적인 동작을 나타내므로 주동문이다.
(4) 동사 어근 '읽-'에 사동 접미사 '-히-'가 붙은 사동문이다.

3 (1) 능동문을 피동문으로 바꿀 때에는 능동문의 목적어가 피동문의 주어가 되고, 서술어가 피동사로 바뀐다.
(2) 주동문을 사동문으로 바꿀 때에는 주동문의 주어가 사동문의 부사어나 목적어가 되고, 서술어가 사동사로 바뀐다.

기본 다지기

01 ⑤ **02** ④ **03** ⑤ **04** ③

01 피동 표현은 주어가 다른 대상에 의해 동작이나 행위를 당하게 되는 것을 나타내는 표현이다. 피동 표현은 동사 어간에 '-아/-어지다'를 붙이거나 일부 명사 뒤에 '-되다, -받다, -당하다'를 붙여 만들 수 있다. 동사 어간에 '-게 하다'를 붙여 만드는 표현은 사동 표현이다.

02 피동 표현은 주어가 다른 대상에 의해 동작이나 행위를 당하게 되는 것을 나타내는 표현이다. 능동 표현을 피동 표현으로 바꿀 때에는 능동문의 주어를 피동문의 부사어로, 능동문의 목적어를 피동문의 주어로 바꾼다. 또한 '쏟다'는 '-아지다'를 활용하여 피동 표현을 만들 수 있으므로 ④가 적절하다.

오답풀이 ❶ 능동 표현으로, 〈보기〉의 문장과 다른 의미를 지닌다.
❷ 동사 어간 '쏟-'에 '-게 하다'가 붙은 사동 표현이다.
❸ 동사 어간 '쏟-'에 '-아지다'가 붙은 피동 표현이지만, 〈보기〉의 문장과 의미가 다르므로 적절하지 않다. 이 문장의 능동 표현은 '(내가) 지수한테 물을 쏟았다.'가 된다.
❺ 능동 표현으로, ①의 문장에서 생략된 주어가 추가된 문장이다.

03 ㉠은 주동문이고, ㉡은 사동문이다. ㉡은 언니가 동생에게 직접 운동화를 신긴 경우(직접 사동)와 동생이 스스로 운동화를 신게 한 경우(간접 사동)로 해석이 가능하다.

오답풀이 ❶ ㉠의 주어 '동생이'는 ㉡에서 부사어 '동생에게'로 바뀐다.
❷ ㉠의 목적어 '운동화를'은 ㉡에서도 그대로 유지된다.
❸ ㉡에서는 ㉠에 없던 새로운 주어 '언니가'가 나타난다.
❹ ㉠의 타동사 '신다'에 사동 접미사 '-기-'가 붙어 ㉡에서는 사동사 서술어 '신기다'가 되었다.

04 ③의 '우리 동네에 아파트가 지어졌다.'에서 '지어졌다'는 '짓다'에 '-어지다'가 붙어 실현된 피동 표현이다. 즉 ③에서는 주어가 다른 대상에 의해 동작이나 행위를 당하게 되는 것을 나타내는 피동 표현이 사용되었고, 나머지는 주어가 다른 대상에게 동작이나 행위를 시키는 것을 나타내는 사동 표현이 사용되었다.

[오답풀이] ❶ '비다'에 사동 접미사 '-우-'가 붙어 만들어진 사동 표현이다.
❷ '낮다'에 사동 접미사 '-추-'가 붙어 만들어진 사동 표현이다.
❹ '집합'이라는 명사에 사동 접미사 '-시키다'가 붙어 만들어진 사동 표현이다.
❺ 동사 '나가다'의 어간 '나가-'에 '-게 하다'가 붙어 만들어진 사동 표현이다.

실력 쌓기

01 ⑤   02 ③   03 ⑤   04 ③   05 ②   06 ②
07 ④

01 '녹이고'는 동사 '녹다'에 사동 접미사 '-이-'가 붙어 만들어진 사동 표현이다.

[오답풀이] ❶ '풀다'에 '-어지다'가 붙어 만들어진 피동 표현이다.
❷ '먹다'에 피동 접미사 '-히-'가 붙어 만들어진 피동 표현이다.
❸ '끊다'에 피동 접미사 '-기-'가 붙어 만들어진 피동 표현이다.
❹ 명사인 '형성' 뒤에 피동 접미사 '-되다'가 붙어 만들어진 피동 표현이다.

02 ③의 '찢어졌어'는 동사 '찢다'에 피동 접미사 '-어지다'가 붙어 만들어진 피동 표현이다. 피동 표현은 행동의 주체를 드러내는 능동 표현과 달리, 행동의 주체를 감추어 책임을 피하고 싶을 때 사용한다.

[오답풀이] ❶ '깨다'에 사동 접미사 '-우-'가 붙은 사동 표현이다.
❷, ❹ 피동 접미사나 사동 접미사가 붙지 않은 능동(주동) 표현이다.
❺ '오르다'에 사동 접미사 '-이-'가 붙은 사동 표현이다.

03 ⑤는 동사 어근 '잊-'에 피동 접미사 '-히-'가 결합해 실현된 피동 표현으로 적절하게 사용되었다.

[오답풀이] ❶ '끊긴', ❷ '불렸다', ❸ '쓰인다', ❹ '짜였다'로 써야 어법에 맞다.

04 ㉠은 명사 '운동'에 사동 접미사 '-시키다'가, ㉡은 동사 어근 '속-'에 사동 접미사 '-이-'가 결합해 만들어진 사동문이다. ㉢은 동사 어간 '맡-'에 '-게 하다'가 결합해 만들어진 사동문이다.

[오답풀이] ㉣은 명사 '건설'에 피동 접미사 '-되다'가 결합해 만들어진 피동문이다.

05 ②의 '먹인다'는 사동 접미사 '-이-'를 사용하여 주동 표현을 사동 표현으로 바꾼 것이다.

[오답풀이] ❶ '걷혔다'는 '-히-'를 사용해 능동 표현을 피동 표현으로 바꾼 것이다.
❸ 피동 표현을 능동 표현으로 바꾼 것이다.
❹ '담겼다'는 '-기-'를 사용해 능동 표현을 피동 표현으로 바꾼 것이다.
❺ '개봉됐다'는 '-되다'를 사용해 능동 표현을 피동 표현으로 바꾼 것이다.

06 '국물이 졸다.'의 사동 표현은 '국물을 졸이다.'이므로, 사동 접미사 '-이-'가 필요하다.

07 ㉠~㉢의 주동문을 사동문으로 바꾸면 ㉠, ㉡은 서술어의 자릿수가 한 자리에서 두 자리로, ㉢은 두 자리에서 세 자리로 늘어난다.

[오답풀이] ❶ ㉠의 사동문에서 '-게 하다'를 활용하면 '인부들이 담을 높게 하다.'이다.
❷ ㉠과 ㉡에서 주동문의 주어인 '담이', '자동차가'는 사동문에서 각각 목적어 '담을', '자동차를'로 바뀌었다.
❸ ㉠~㉢은 모두 주동문이 사동문이 될 때, 사동문에 새로운 주어 '인부들이', '경찰이', '엄마가'가 생겼다.
❺ ㉢의 사동문에서 사동 접미사를 활용하여 바꾸면 '엄마가 아이에게 옷을 입히다.'가 된다. 이 문장은 엄마가 아이에게 직접 옷을 입혀 주었다는 의미(직접 사동)와 엄마가 아이에게 옷을 입도록 시켰다는 의미(간접 사동)로 해석될 수 있다.

DAY 문법 요소 ❺   본문 101~103쪽

핵심만 바로 체크

1 (1) × (2) ○ (3) ○   **2** (1) 라고 (2) 짧은 (3) 못

1 (1) 직접 말을 전하는 듯한 생생한 느낌을 주는 것은 직접 인용이다. 간접 인용은 매끄럽고 간결한 느낌을 준다.
　(2) 부정 표현은 의미에 따라 '안' 부정문과 '못' 부정문으로, 길이에 따라 짧은 부정문과 긴 부정문으로 분류할 수 있다.
　(3) '안' 부정문은 '안', '-지 않다'를 사용해 단순(상태) 부정과 주체의 의지에 의한 부정을 모두 표현할 수 있다.

2 (1) 직접 인용은 인용절 다음에 조사 '라고'를 사용하고, 간접 인용은 인용절 다음에 조사 '고'를 사용한다.
　(2) 짧은 부정문은 부정 부사 '안', '못'을 사용하고, 긴 부정문은 부정 용언 '않다', '못하다'를 사용한다.
　(3) '못' 부정문은 '못', '-지 못하다'를 사용해 주체의 능력 부족이나 상황에 의한 부정을 표현한다.

예시로 바로 연습

1 (1) 간접 (2) 직접 (3) 간접 (4) 직접   **2** (1) ㉠ (2) ㉠ (3) ㉡
3 (1) 못 (2) 안 (3) 못

1 (1), (3) 따옴표가 사용되지 않았고, 인용절 다음에 조사 '고'를 사용하였으므로 간접 인용문이다.

(2), (4) 큰따옴표를 사용해 인용절을 표시하고, 인용절 다음에 조사 '라고'를 사용하였으므로 직접 인용문이다.

2 (1) '-지 마라'를 사용해 명령문의 부정을 표현한 긴 부정문이다.
(2) 부정 용언 '않다'를 사용한 긴 부정문이다.
(3) 부정 부사 '못'을 사용한 짧은 부정문이다.

3 (1) 상황에 의해 잠을 자지 못한 것이므로 '못'이 적절하다.
(2) 주체의 의지에 의해 점심을 먹지 않은 것이므로 '안'이 적절하다.
(3) 주체의 능력 부족에 의해 문제를 풀지 못한 것이므로 '못'이 적절하다.

기본 다지기

01 ⑤   **02** ①   **03** ⑤   **04** ⑤

01 〈보기〉는 다른 사람의 말이나 글을 원래의 내용과 형식을 유지한 채 인용하는 직접 인용 표현이다.

오답풀이 ❶ 직접 인용 표현은 직접 전하는 듯한 생생한 느낌을 준다. 매끄럽고 간결한 느낌을 주는 것은 간접 인용 표현이다.
❷ 〈보기〉는 직접 인용 표현을 사용한 문장이다.
❸ 부사형 어미가 아니라 인용격 조사 '라고'를 사용하고 있다.
❹ 말하는 이의 생각이 아닌, 다른 사람(해영)의 말을 인용하고 있다.

02 직접 인용 표현을 간접 인용 표현으로 바꿀 때는 큰따옴표가 없어지고 인용격 조사, 종결 어미 등이 달라진다. 제시된 문장의 경우, 큰따옴표가 없어지고 인용절의 종결 어미가 '-는구나'에서 '-다'로 바뀌며 그 뒤에 인용격 조사 '고'가 붙는다.

지식 더하기

직접 인용 표현을 간접 인용 표현으로 바꿀 때 종결 어미의 변화

의문문	인용절에서 서술어의 품사가 동사면 '-느냐', 형용사나 서술격 조사면 '-냐'로 바꾸고 '고'를 붙임. 예 • "어디 가니?"라고 했다. → 어디 가느냐고 했다. • "맛있니?"라고 물었다. → 맛있냐고 물었다. • "학생이니?"라고 물었다. → 학생이냐고 물었다.
명령문	인용절에서 종결 어미를 '-(으)라'로 바꾸고 '고'를 붙임. 예 "어서 가."라고 말했다. → 어서 가라고 말했다.
청유문	인용절에서 종결 어미를 '-자'로 바꾸고 '고'를 붙임. 예 "어서 갑시다."라고 말했다. → 어서 가자고 말했다.

03 부정 표현은 길이에 따라 짧은 부정문과 긴 부정문으로 나뉜다. ⑤는 부정 부사 '못'을 사용한 짧은 부정문이다.

오답풀이 ❶, ❷ 부정 용언 '못하다'와 '않다'를 사용한 긴 부정문이다.
❸ 명령문에 쓰이는 '-지 마라'를 사용한 긴 부정문이다.
❹ 청유문에 쓰이는 '-지 말자'를 사용한 긴 부정문이다.

04 제시된 문장은 부정 부사 '못'을 사용한 짧은 부정문이자 '못' 부정문으로, 상황에 의한 부정을 표현하고 있다. 명령문의 부정 표현은 '-지 마/마라'를 사용하므로, 이 문장에 사용된 문장 부사인 '못'은 쓰이지 않는다.

오답풀이 ❸ '안' 부정문은 '안', '-지 않다'를 사용하는 부정문으로, 단순 부정 또는 주체의 의지에 의한 부정을 표현한다. 제시된 문장은 상황에 의한 부정을 나타내는데, 이를 '안' 부정문으로 바꾸면 그 의미가 달라진다.
❹ '못' 부정문은 '못', '-지 못하다'를 사용하는 부정문이다. 제시된 문장을 '-지 못하다'를 사용하여 바꾸면 '별안간 사고가 나서 집에 가지 못했다.'가 되는데, 제시된 문장과 그 의미가 동일하다.

실력 쌓기

01 ③   **02** ④   **03** ③   **04** ①   **05** ②   **06** ⑤
07 ①

01 ㉠은 간접 인용 표현, ㉡은 직접 인용 표현이다. 직접 인용 표현은 직접 말하는 듯한 생생한 느낌을 줄 수 있다.

오답풀이 ❶ ㉠은 간접 인용문, ㉡은 직접 인용문이다.
❷ 매끄럽고 간결한 느낌을 주는 것은 ㉡이 아니라 ㉠이다.
❹ ㉠과 ㉡은 서로 같은 의미를 담고 있다.
❺ ㉠은 다른 사람의 말이나 글의 내용을 가져오되, 형식은 유지하지 않은 문장이고, ㉡은 다른 사람의 말과 형식을 그대로 가져온 문장이다.

02 직접 인용 표현을 간접 인용 표현으로 바꿀 때, 지시 대명사는 말하는 이 중심으로 바꾸어야 한다. 〈보기〉를 간접 인용 표현으로 바꾸면 '호주에 간 윤호는 자기는 그곳이 좋다고 말했다.'이다.

03 ③의 '어제 지수는 "내일 눈이 오니?"라고 물었다.'를 간접 인용 표현으로 바꾸면 '어제 지수는 오늘 눈이 오느냐고 물었다.'이다. 인용절에서 시간을 나타내는 표현인 '내일'은 '오늘'로, 인용절의 종결 어미 '-니'를 '-느냐'로, 인용격 조사 '라고'를 '고'로 바꾸어야 한다.

04 〈보기〉는 '안', '-지 않다'를 사용하는 '안' 부정문에 대한 설명이다. ①은 부정 용언 '-지 않다'를 사용한 '안' 부정문이다.

오답풀이 ❷ 부정 표현이 쓰이지 않았다.
❸ 주체의 능력 부족을 표현한 '못' 부정문이다.
❹ '-지 마라'를 사용한 명령문의 부정 표현이다.
❺ 상황에 의한 부정을 표현한 '못' 부정문이다.

05 ㉠은 짧은 부정문이자 '안' 부정문, ㉡은 짧은 부정문이자 '못' 부정문, ㉢은 '-지 말자'를 사용한 청유문의 부정 표현이다. ㉠을 긴 부정문으로 고치면 '시험공부를 하지 않았다.'가 된다.

06 ⑤는 상황에 의한 부정을 나타내야 하므로 '못' 부정문인 '못 만났다.' 또는 '만나지 못했다.'로 표현하는 것이 적절하다.

 ❶ '-지 마'를 사용한 명령문의 부정 표현이다.
❸ 체언에 서술격 조사 '이다'가 붙은 경우 부정 표현은 '~이/가 아니다'를 사용하므로 '당번이 아니다'로 표현한다.

07 '못' 부정문 중 짧은 부정문은 부정 부사 '못' 뒤에 동사만 올 수 있다. 따라서 ①의 형용사 '똑똑하다'는 '못' 부정문 중 짧은 부정문의 형태를 취할 수 없다.

 ❷ '나는 공원에 안 갔다.'로 바꿀 수 있다.
❸ '친구는 어제 약속 장소에 안 나갔다.'로 바꿀 수 있다.
❹ '짐이 너무 무거워서 너는 못 들 거야.'로 바꿀 수 있다.
❺ '동생은 오늘 하루 종일 아무 것도 안 먹었다.'로 바꿀 수 있다.

DAY 31 담화

본문 105~107쪽

핵심만 바로 체크

1 (1) ○ (2) ○ (3) ×　　**2** (1) 발화 (2) 담화 (3) 세대

1 (1) 담화는 말하는 이와 듣는 이를 포함하여 구체적인 맥락 속에서 이루어지는 발화, 또는 둘 이상의 발화가 연속되어 이루어지는 말의 단위를 말한다. 담화의 구성 요소에는 말하는 이와 듣는 이, 발화, 맥락이 있다.
(2) 맥락은 담화가 이루어지는 시간적·공간적 상황 및 사회·문화적 배경으로, 구체적인 맥락에 따라 같은 말이라도 다른 의미로 해석될 수 있다.
(3) 담화가 이루어지는 시간적·공간적 상황을 담화의 상황 맥락이라고 한다.

2 (1) 담화의 구성 요소 중 하나인 발화는 의사소통 상황에서 전달하고자 하는 내용이다.
(2) 담화는 상황 맥락, 사회·문화적 맥락과 같이 구체적인 맥락 속에서 이루어지는 발화를 말한다.
(3) 사회·문화적 맥락은 담화가 이루어지는 사회·문화적 배경으로, 지역, 세대, 문화 등의 차이가 있다. 의도는 담화의 상황 맥락의 구성 요소에 해당한다.

예시로 바로 연습

1 (1) 시간과 공간　(2) 말하는 이와 듣는 이　　**2** 죄송해요. 다음부터는 지각하지 않겠습니다.　　**3** (1) ㉡ (2) ㉠ (3) ㉢

1 (1) 같은 말이라도 언제, 어디에서 말하느냐에 따라 담화의 의미가 다르게 전달된다.
(2) 말하는 이와 듣는 이의 관계, 화제에 대한 배경지식이나 관심 정도, 심리적 태도 등에 따라 담화의 의미가 다르게 전달된다.

---

2 등교 시간이 지나 선생님이 화가 났다는 상황 맥락을 고려하여 담화의 의도를 파악해야 한다. 선생님은 시간을 묻는 것이 아니라 지각한 학생을 질책하는 것이므로 잘못을 인정하고 용서를 구하는 반응이 적절하다.

3 (1) 한국인과 외국인 사이의 문화의 차이 때문에 겸양의 표현으로 사용한 말의 의미가 제대로 전달되지 않을 수 있다.
(2) 할머니는 손자와 세대가 달라, 손자가 사용하는 줄임 표현인 '생파(생일 파티)'를 잘 이해하지 못한다.
(3) 같은 언어 안에서도 지역적인 차이에 의해 '정구지(부추)'와 같이 사용하는 말이 달라지기도 한다.

기본 다지기

01 ②　　**02** ②　　**03** ④　　**04** ①

01 말하는 이의 생각이 음성을 통해 문장 단위로 표현된 것은 '담화'가 아니라 '발화'이다.

02 〈보기〉에서 '손님'의 발화는 신발의 크기가 커서 신발이 마음에 들지 않는다는 부정의 의미를 담고 있다.

03 (가)의 밑줄 친 말은 '시간이 남았으니 지각은 아니다.'라는 의미인 반면, (나)의 밑줄 친 말은 '시간이 얼마 남지 않아서 매점에 갈 수 없다.'는 의미이다. 이처럼 같은 말이라도 담화가 이루어지는 시간과 공간에 따라 그 의미가 달라질 수 있다.

04 '퍼뜩 오이소.'는 '얼른 오세요.'라는 뜻의 경상도 방언이다. 경상도에 살지 않는 서울 손님은 이 말의 의미를 알아듣지 못하고 있다. 이처럼 지역적 차이를 고려하지 않고 말하면 의사소통이 원활하게 이루어지기가 어렵다.

> **지식 더하기**
>
> **지역적 차이를 고려한 언어 표현**
> 지역 방언은 해당 지역 사람들 간의 유대감을 높이고 풍부한 정서를 표현하는 데 도움이 되지만, 다른 지역 사람들이 이해하기 어려운 말이기도 하다. 따라서 지역에 따른 언어 차이를 고려하여 다른 지역 사람들에게는 표준어를 사용하려는 태도가 필요하다.

실력 쌓기

01 ⑤　　**02** ③　　**03** ①　　**04** ③　　**05** ①　　**06** ③

01 담화의 구성 요소 중 맥락은 원활한 의사소통을 위해 고려해야 할 요소로, 담화의 구체적인 의미를 결정한다. 따라서 사회·문화적 맥락은 담화의 의미를 해석하는 데 필수 요소로 볼 수 있다.

02 선생님이 수업 시간에 교실에서 떠드는 학생을 꾸짖는 상황 맥락을 고려하여 담화의 의도를 파악해야 한다. 선생님은 담화가 이루어지는 공간이 운동장이냐고 묻는 것이 아니라 조용히 하라고 질책하는 것이므로 ㉠에는 잘못을 인정하는 학생의 반응이 들어가는 것이 적절하다.

03 〈보기〉에서 손자와 할머니의 세대가 다르기 때문에, 할머니가 손주에게 애정을 담아 귀엽게 부를 때 쓰는 말인 '똥강아지'의 의미를 이해하지 못했다. 따라서 의사소통을 원활하게 하기 위해서는 사회·문화적 맥락의 요소 중 하나인 '세대'의 차이를 고려하여 말해야 한다.

04 ㉠과 ㉡에는 지역 방언이 사용되지 않았다. 따라서 담화 해석에서 지역에 따른 오해는 발생하지 않는다.

05 〈보기〉에 제시된 담화는 말하는 이가 듣는 이의 마음을 움직여 차별 없는 학교를 만들자고 호소하는 기능을 하고 있다.

06 (나)에서 엄마는 표면적으로 '기특하다'며 아들을 칭찬하고 있지만, 이면적으로는 상황에 대해 질책하고 있다.

> **오답풀이** ❶ '진호'는 동네 어르신의 말을 이해하지 못해서 질문에 대해 대답을 하지 못한 것이다.
> ❷ (가)는 사회·문화적 맥락인 세대 간의 언어 표현의 차이를 고려하지 않으면 의사소통을 원활하게 하기 어렵다는 것을 보여 준다.
> ❹ (나)의 '아들'은 상황 맥락을 고려하지 못하여 엄마가 말하려는 의도를 정확히 이해하지 못하고 있다.
> ❺ (가)와 달리 (나)는 상황 맥락과 관련이 있다.

고득점 도전하기

본문 108~113쪽

01 ④ **02** ① **03** ② **04** ⑤ **05** ③ **06** ⑤
07 ④ **08** ⑤ **09** ⑤ **10** ② **11** ④ **12** ㉠: 판정, ㉡: 설명, ㉢: 수사 **13** ④ **14** 운동을 하면 건강이 호전됩니까? **15** ④ **16** ⑤ **17** ④ **18** ② **19** ⑤
20 ③ **21** ㉮: 형이 동생을 울린다.., ㉯: 형이 동생에게 책을 읽게 했다.., ㉰: 나뭇가지가 세찬 바람에 꺾였다.. **22** ③
23 ⑤ **24** ④ **25** ② **26** ⑤ **27** ②

01 ㉡, ㉢의 서술어 '되다'는 모두 주어(일이, 현지가)와 보어(엉망진창이, 회장이)를 필수적으로 요구하는 두 자리 서술어이다. 따라서 서술어 외에 반드시 필요한 문장 성분의 수가 같다.

> **오답풀이** ❶ ㉠의 '운다'는 주어를 필요로 하는 한 자리 서술어이다. '구슬피'는 부사어로 생략이 가능하다.
> ❷ ㉡의 '되다', ㉢의 '되었다'는 주어와 보어를 필수적으로 요구하는 두 자리 서술어이다.

❸ ㉢의 '학생회의'는 '회장'을 꾸며 주는 관형어로, 서술어 '되었다'가 필수적으로 요구하는 문장 성분이 아니다.
❺ ㉣의 '만들었다'는 주어와 목적어를 필수적으로 요구하는 두 자리 서술어이다. ㉢의 '되었다'와 서술어의 자릿수는 같지만, 필요로 하는 문장 성분은 다르다.

02 '싸웠다'는 주어 이외에 부사어를 필수적으로 요구하는 두 자리 서술어이다.

> **오답풀이** ❷, ❸, ❹, ❺ 밑줄 친 말은 문장에서 생략이 가능한 부사어에 해당한다.

03 ㉡은 관형사형 어미 '-ㄴ'이 붙어서 만들어진 관형사절로, 뒤에 오는 명사구 ㉢을 꾸며 주는 관형어의 기능을 하고 있다.

> **오답풀이** ❶ ㉠은 주어로, 주어는 문장에서 동작, 상태나 성질의 주체를 나타낸다. 따라서 ㉠은 다른 문장 성분을 꾸며 주는 기능을 하지는 않는다.
> ❸ ㉠은 주어, ㉣은 서술어로, 주성분에 해당한다. 다른 문장 성분과 관련 없이 독립적으로 쓸 수 있는 문장 성분은 독립어이다.
> ❹ ㉡과 ㉢의 문장 성분은 관형어로 동일하며, 문장에서의 기능 또한 체언을 수식하는 것으로 동일하다.
> ❺ ㉠과 ㉣은 '어절', ㉡은 '절', ㉢은 '구'로 문장 성분이 실현되었다.

04 '나는(주어), 고등학생이(보어), 아니라(서술어), 중학생이다(서술어)'로 주성분으로만 이루어진 문장이다. 따라서 부속 성분이 사용되지 않는다.

> **오답풀이** ❶ '철수는(주어) 현관문을(목적어) 살짝(부사어) 열었다(서술어).'로, 주성분이 주어, 목적어, 서술어로 3개인 문장이다.
> ❷ '민서야(독립어), 너(주어) 그(관형어) 책은(목적어) 어디서(부사어) 샀니(서술어)?'로, 부속 성분이 관형어, 부사어로 2개인 문장이다.
> ❸ '그는(주어) 결국(부사어) 선생님이(보어) 되었다(서술어).'로, 목적어가 없는 문장이다.
> ❹ '화단에(부사어) 장미꽃이(주어) 활짝(부사어) 피었다(서술어).'로, 부속 성분인 부사어가 2개 사용된 문장이다.

05 ③에서 '없이'의 '-이'는 부사절을 형성하는 역할을 한다. 따라서 ③은 이어진문장이 아니라 부사절을 가진 안은문장이다.

> **오답풀이** ❶ 관형사형 어미 '-ㄴ'을 통해 형성된 관형사절을 가진 안은문장이다.
> ❷ 연결 어미 '-어서'를 통해 형성된 종속적으로 이어진문장이다.
> ❹ 어미 '-게'를 통해 형성된 부사절을 가진 안은문장이다.
> ❺ 명사형 어미 '-ㅁ'을 통해 형성된 명사절을 가진 안은문장이다.

06 서술어 '대면하다'는 '만나다, 닮다, 같다'와 같이 두 대상을 필요로 한다. 따라서 ⑤는 두 홑문장으로 분리할 수 없다.

> **오답풀이** ❶ '민아는 국어를 좋아한다.'와 '민아는 역사를 좋아한다.'로 분리할 수 있다.
> ❷ '천장이 무너졌다.'와 '사람들이 많이 다쳤다.'로 분리할 수 있다.
> ❸ '아버지는 병원에 다녀오셨다.'와 '아버지는 우체국에 다녀오셨다.'로 분리할 수 있다.
> ❹ '은서는 교실에서 책을 읽는다.'와 '동현이는 교실에서 책을 읽는다.'로 분리할 수 있다.

07 두 홑문장의 의미 관계가 독립적인 것은 대등하게 이어진문장이다. ④는 연결 어미 '-으나'에 의해 두 홑문장이 대조의 의미 관계로 대등하게 이어진문장이다.

오답풀이 ❶ 연결 어미 '-어서'에 의해 '원인'의 의미 관계로 종속적으로 이어진문장이다.
❷ 연결 어미 '-는데'에 의해 '배경'의 의미 관계로 종속적으로 이어진문장이다.
❸ 연결 어미 '-면'에 의해 '조건'의 의미 관계로 종속적으로 이어진문장이다.
❺ 연결 어미 '-ㄹ지라도'에 의해 '가정'의 의미 관계로 종속적으로 이어진문장이다.

08 '우리나라는 겨울에는 춥고 여름에는 덥다.'와 같이 앞 문장과 뒤 문장을 바꾸어도 의미가 달라지지 않는다. 이를 통해 ⑤에서 '-고'는 '두 가지 이상의 사실을 대등하게 벌여 놓는 연결 어미'로 사용되었으며, ⑤가 각 문장이 나열의 의미 관계를 맺으며 대등하게 이어진문장임을 알 수 있다.

오답풀이 ❶ '-고'는 '앞 절의 동작이 그대로 지속되는 가운데 뒤 절의 동작이 일어남을 나타내는 연결 어미'로 사용되어 각 문장이 종속적으로 이어진문장이다.
❷ '-고'는 '앞뒤 절의 두 사실 간에 계기적인 관계가 있음을 나타내는 연결 어미'로 사용되었으며, 각 문장이 종속적으로 이어진문장이다.
❸ '-고'는 '앞 절의 동작이 그대로 지속되는 가운데 뒤 절의 동작이 일어남을 나타내는 연결 어미'로 사용되었으며, 각 문장이 종속적으로 이어진문장이다.
❹ '-고'는 '앞뒤 절의 두 사실 간에 계기적인 관계가 있음을 나타내는 연결 어미'로 사용되었으며, 각 문장이 종속적으로 이어진문장이다.

09 ㉤는 '식물이 자라다'에 명사형 어미 '-기'와 부사격 조사 '에'가 붙어 부사어의 기능을 하는 명사절을 가진 안은문장이다.

10 ㉡은 '오늘은 등산하다.'라는 문장에 명사형 어미 '-기'가 붙어 문장에서 부사어의 기능을 하는 명사절을 가진 안은문장이다.

오답풀이 ❶ ㉠은 '경호가 부자이다.'라는 문장에 명사형 어미 '-ㅁ'이 결합한 뒤 주격 조사가 붙어 문장에서 주어의 기능을 하는 명사절을 가진 안은문장이다.
❸ ㉢은 '눈이 오다.'라는 문장에 명사형 어미 '-기'가 결합한 뒤 목적격 조사가 붙어 문장에서 목적어의 기능을 하는 명사절을 가진 안은문장이다.
❹ ㉣은 '시험에 합격했다.'라는 문장에 명사형 어미 '-음'이 결합한 뒤 목적격 조사가 붙어 문장에서 목적어의 기능을 하는 명사절을 가진 안은문장이다.
❺ ㉠~㉣은 모두 명사절을 가진 안은문장이다.

11 ㉣에서 관형사절인 '친구가 다쳤다는'을 생략할 경우 '사실'의 구체적인 내용이 사라져 문장이 성립되지 않는다.

오답풀이 ❶ ㉠은 '(성격이) 활달한'이 뒤에 오는 체언 '성격'을 꾸미는 관형사절을 가진 안은문장이다.
❷ ㉡은 '(공주에서) 태어난'이 뒤에 오는 체언인 '공주'를 꾸미는 관형사절을 가진 안은문장으로, 관형사절이 꾸며 주는 체언인 '공주'가 관형사절 안에서 부사어('공주에서')의 기능을 하지만 생략되어 있다.

❸ ㉢은 '동생이 (과자를) 산'이 뒤에 오는 체언인 '과자'를 꾸미는 관형사절을 가진 안은문장으로, 관형사절이 꾸며 주는 체언인 '과자'가 관형사절 안에서 목적어('과자를')의 기능을 하지만 생략되어 있다.
❺ ㉠은 관형사절이 꾸며 주는 체언인 '성격'이 관형사절 안에서 주어('성격이')의 기능을 하지만 생략되어 있고, ㉢은 관형사절 안에서 목적어('과자를')가 생략되어 있으므로 생략된 문장 성분이 같지 않다.

12 ㉠은 듣는 이에게 긍정 또는 부정의 대답을 요구하는 판정 의문문이다. ㉡은 듣는 이에게 설명을 요구하는 설명 의문문이다. ㉢은 듣는 이에게 대답을 요구하지 않고 명령의 효과를 가지는 수사 의문문이다.

13 ㉮는 명령문으로 듣는 이에게 행동을 요구하는 문장이고, ㉯는 청유문의 특수 용법으로 듣는 이만의 행동을 요청하는 문장이다. ㉮, ㉯와 마찬가지로 ㉰는 형식은 의문문이지만 말하는 이가 듣는 이에게 특정한 행동을 요구하는 문장이다.

오답풀이 ❶ 명령문의 주어는 항상 듣는 이가 된다.
❷ 청유문의 특수 용법으로, 듣는 이에게만 행동을 요청한 경우이다.
❸ 형식상 의문문이지만, 명령문과 같이 듣는 이의 행동을 요청하고 있다.
❺ '-어라', '-ㅂ시다', '-어요'가 붙어 각각 명령문, 청유문, 의문문이 실현되었다.

14 '조건'의 의미 관계를 띤 연결 어미는 '-(으)면'이므로 '운동을 하다.'와 '건강이 호전되다.'의 두 홑문장을 순서대로 결합해 종속적으로 이어진문장을 만들면 '운동을 하면 건강이 호전되다.'가 된다. 이를 상대 높임법 중 듣는 이를 아주 높이는 격식체인 하십시오체의 의문문으로 만들면 '운동을 하면 건강이 호전됩니까?'가 된다.

15 주격 조사 '께서'와 특수 어휘인 '댁, 계시다'를 사용해 주체를 높이는 주체 높임의 예이다.

오답풀이 ❶ 종결 어미 '-ㅂ시오'를 사용해 상대를 높이는 상대 높임의 예이다.
❷ 주격 조사 '께서'와 선어말 어미 '-시-'를 사용해 주체를 높이는 주체 높임의 예이면서, 종결 어미 '-습니다'를 사용해 상대를 높이는 상대 높임의 예이다.
❸ 선어말 어미 '-(으)시-'를 사용해 서술의 주체를 높이는 주체 높임의 예이면서, 종결 어미 '-ㅂ니다'를 사용해 상대를 높이는 상대 높임의 예이다.
❺ 부사격 조사 '께'와 특수 어휘 '여쭈다'를 사용해 객체를 높이는 객체 높임의 예이면서, 종결 어미 '-아라'를 사용해 상대를 낮추는 상대 높임의 예이다.

16 특수 어휘 '모시다'를 통해 객체를, 종결 어미 '-어요'를 통해 상대를 높이고 있다.

오답풀이 ❶ 선어말 어미 '-시-'를 통해 주체를 높이고 있다.
❷ 조사 '께'와 특수 어휘 '여쭈다'를 통해 객체를 높이고, 종결 어미 '-아라'를 사용해 상대를 낮추고 있다.
❸ 주체 높임 표현과 객체 높임 표현이 쓰이지 않았다.
❹ 특수 어휘 '계시다'를 통해 주체를, 종결 어미 '-ㅂ니까'를 통해 상대를 높이고 있다.

17 관형사형 어미를 사용해 시제를 실현할 때, 현재 시제는 형용사, 서술격 조사에서 '예쁜, 학생인'과 같이 '-(으)ㄴ'으로 실현된다.

18 사건시가 발화시에 앞서는 시제는 과거 시제이다. ㉠은 선어말 어미 '-었-'을 통해 과거 시제가 실현된 문장이다. ㉣은 과거의 경험을 나타낼 때 사용되는 선어말 어미 '-더-'가 붙어 과거 시제가 실현된 문장이다.

> **오답풀이** ㉡의 '-았-'은 과거 시제 선어말 어미가 아니라 미래의 사건이나 일을 이미 정해진 사실인 양 말할 때 쓰는 선어말 어미이다. ㉢은 현재 시제 선어말 어미 '-ㄴ-'을 통해 사건시와 발화시가 일치하는 현재 시제가 실현된 문장이다. ㉤은 동사 어간에 선어말 어미 '-ㄴ-'이 결합하여 가까운 미래의 일을 나타내는 문장으로, 사건시가 발화시보다 나중인 미래 시제가 실현된 문장이다.

19 '앞으로'와 호응하도록 미래 시제 선어말 어미 '-겠-'을 붙여 '배우겠습니다'로 고치는 것은 적절하지만, 이는 '가능성'의 의미가 아니라 '의지'의 의미를 더하는 것이다.

20 ⓐ, ⓓ는 주어가 다른 대상에 의해 동작이나 행위를 당하게 되는 것을 나타내는 문장이며, 목적어가 필요하지 않은 피동사가 사용된 피동문이다. ⓑ, ⓒ는 주어가 다른 대상에게 동작이나 행위를 시키는 것을 나타내는 문장이며, ⓑ에서는 '사진첩'을, ⓒ에서는 '연필을'을 목적어로 하는 사동사가 사용된 사동문이다.

21 ㉮는 '형이 동생을 울린다.'로 주동사 어근 '울-'에 사동 접미사 '-리-'를 붙여 사동문을 만들 수 있다. ㉯는 '형이 동생에게 책을 읽게 했다.'로 주동사 어간 '읽-'에 '-게 하다'를 붙여 사동문으로 만들 수 있다. ㉰는 '나뭇가지가 세찬 바람에 꺾였다.'로 능동사 어근 '꺾-'에 피동 접미사 '-이-'를 붙여 피동문을 만들 수 있다.

22 ㄷ은 동사의 어간 '이루-'에 '-어지다'를 붙여 피동을 표현한 문장이다.

> **오답풀이** ❶ ㄱ은 접미사 '-리-'에 의한 피동 표현이 사용된 문장이다.
> ❷ ㄴ은 '함박눈이 온 마을을 덮었다.'와 같이 능동문으로 바꿀 수 있다.
> ❹ ㄹ은 주어가 다른 대상에게 행위를 시키는 사동의 의미를 지닌 '이해시키다'가 올바르게 사용된 문장이다.
> ❺ ㅁ에 대응되는 능동문은 '두 친구가 물고기 세 마리를 잡았다.'로 '두 친구가 물고기 세 마리씩을 각각 잡았다.'와 '두 친구가 합쳐서 세 마리를 잡았다.'로 해석할 수 있는 중의적 표현이다. 하지만 ㅁ은 두 친구가 합쳐서 세 마리의 물고기를 잡았다는 의미로만 해석된다.

23 '밝다'는 주동사 어근에 '밝-'에 사동 접미사 '-히-'가 결합하여 '하늘 위 조명탄이 사방을 밝혔다.'와 같은 사동문으로도 실현될 수 있다. 따라서 ㉥의 예문으로는 적절하지 않다.

> **오답풀이** ❶ 주어가 직접 동작이나 행위를 하는 주동문이다.
> ❷ 주동사 어근 '입-'에 사동 접미사 '-히-'가 결합해 실현된 사동문이다.

❸ 주동사 어근 '가-'에 '-게 하다'가 결합해 실현된 사동문이다.
❹ '재웠다'는 '자-＋-이우-＋-었-＋-다'로 사동 접미사가 연속된 '-이우-'가 붙어 사동사가 된 경우이다.

24 말하는 이의 입장에서 ④의 그녀가 여행을 간 곳은 '이곳'이 아닌 '그곳'이다. 따라서 '여행을 간 그녀는 자기는 그곳이 좋다고 했다.'로 바꾸어야 한다.

25 '손님이 다 오지 못했다.'는 전체 부정과 부분 부정의 두 가지 의미로 해석되지만, ㉡과 같이 보조사 '는'이 쓰이면 '손님이 일부만 오지 못했다.'는 의미로만 해석된다.

> **오답풀이** ❶ 청유문의 부정 표현은 '-지 말자'가 쓰인다.
> ❸ ㉢은 짧은 부정문인 '그의 말은 안 정확하다.'로 바꾸면 어색하다.
> ❹ 서술어가 '모르다'인 경우, '그는 사건의 내막을 안 모른다.'와 같은 짧은 부정문은 쓰이지 않는다.
> ❺ 서술어가 형용사인 경우, '형편이 못 넉넉해서'와 같은 짧은 '못' 부정문은 쓸 수 없다.

26 ㉤을 상황 부정의 짧은 부정문으로 만들기 위해서는 부정 부사 '못'을 사용해 '못 나갔다'와 같이 만들 수 있다.

> **오답풀이** ❶ '강물이 깊지 않다.'가 적절하다.
> ❷ '지금은 자지 마라(마).'가 적절하다.
> ❸ '무서워서 병원에 안 갔다.'가 적절하다.
> ❹ '아침 일찍 일어나지 못했다.'가 적절하다.

27 (가)는 상황 맥락을 파악해야 올바른 의사소통이 이루어질 수 있음을 보여 주는 예이다. 상황 맥락이 달라지면 듣는 이의 대답과 반응 또한 달라질 수 있다.

> **오답풀이** ❶ (가)의 상황에서는 창문을 닫아 달라는 상대의 의도를 파악하며 의사소통해야 한다.
> ❸ (나)는 말하는 이와 듣는 이의 문화적 차이로 인해 의사소통에 오해가 생길 수 있음을 보여 주는 예이다.
> ❹ (다)처럼 같은 언어를 사용하더라도 지역적인 차이에 의해 말이 달라지기도 한다.
> ❺ (나)처럼 지역적인 차이에 따라 말이 달라지거나 (다)처럼 문화권에 따라 그 나라만의 관습적인 언어 표현을 사용하기도 하므로, 지역, 문화와 같은 사회·문화적 맥락을 고려해야 한다.

💡 지식 더하기

• 담화의 상황 맥락과 사회·문화적 맥락

상황 맥락	담화가 이루어지는 구체적인 상황으로 말하는 이와 듣는 이, 시간과 공간, 의도와 목적을 구성 요소로 함.
사회·문화적 맥락	담화가 이루어지는 사회·문화적 맥락으로, 지역, 세대, 문화 등의 차이가 있음.

• 담화에서 맥락을 고려해야 하는 이유: 담화가 언제, 어디에서 이루어지느냐에 따라 같은 말이어도 담화의 의미가 다르게 해석되거나 표현이 달라지기도 한다. 따라서 맥락을 고려하지 않을 경우 오해가 생기거나 담화의 의미를 제대로 이해하지 못할 수 있으므로 맥락을 반드시 고려해야 한다.

 **Ⅳ 국어의 규범**

 **DAY 8 한글 맞춤법 ❶**

본문 117~119쪽

핵심만 바로 체크

1 (1) ○ (2) × (3) ○ **2** (1) 소리, 어법 (2) 여, 요, 유, 이 (3) 이, 히

1 (1) 한글 맞춤법은 우리말을 한글로 적을 때에 지켜야 할 기준을 정하여 놓은 것이다.
(2) 조사는 단어이지만 홀로 쓰일 수 없으므로 띄어 쓸 수 없다.
(3) 된소리되기와 같이 된소리로 발음되는 이유를 설명할 수 없고, 한 단어 안에서 뚜렷한 까닭 없이 나는 된소리는 '기쁘다, 잔뜩'과 같이 다음 음절의 첫소리를 된소리로 적는다.

2 (1) 한글 맞춤법은 발음에 따라 소리대로 적되, 뜻을 파악하기 쉽도록 각 형태소의 본 모양을 밝혀 어법에 맞도록 함을 원칙으로 한다.
(2) 한자음 '녀, 뇨, 뉴, 니'가 단어 첫머리에 올 적에는 두음 법칙을 반영하여 '여자, 요소, 유대, 이토'와 같이 '여, 요, 유, 이'로 적는다.
(3) '맏이[마지], 같이[가치]'처럼 'ㄷ, ㅌ' 받침 뒤에 모음 '-이-'나 '-히-'로 시작하는 형식 형태소가 올 적에는 그 'ㄷ, ㅌ'이 'ㅈ, ㅊ'으로 소리 나더라도 'ㄷ, ㅌ'으로 표기한다.

예시로 바로 연습

1 언니, 꽃밭 **2** (1) ㉠ (2) ㉠ (3) ㉡ **3** (1) ㉢ (2) ㉡ (3) ㉠

1 '언니'는 한글 맞춤법에서 표준어를 소리대로 적은 것에 해당한다. 한편 [꼳빧]으로 발음되는 표준어는 '꽃나무, 꽃놀이' 등 의미가 같은 말들과 형태를 하나로 고정하여 일관되게 적어야 의미를 파악하기 쉽다. 따라서 '꽃'의 본 모양을 밝혀 어법에 맞도록 '꽃밭'으로 적는다.

2 (1) '가끔'의 'ㄲ'은 모음 'ㅏ'와 'ㅡ' 사이에서 나는 된소리이다.
(2) '어깨'의 'ㄲ'은 모음 'ㅓ'와 'ㅐ' 사이에서 나는 된소리이다.
(3) '엉뚱하다'의 'ㄸ'은 받침 'ㅇ' 뒤에서 나는 된소리이다.

3 (1) 한자음은 '뉴대, 녀자'와 같이 소리 나지만, 두음 법칙에 따라 '유대, 여자'로 적는다.
(2) 한자음은 '례의, 류행'과 같이 소리 나지만, 두음 법칙에 따라 '예의, 유행'으로 적는다.
(3) 한자음은 '로인, 로동'과 같이 소리 나지만, 두음 법칙에 따라 '노인, 노동'으로 적는다.

기본 다지기

01 ① **02** ② **03** ③ **04** ②

01 '마음[마음]'은 소리대로 표기하였고, '늪에[느페]'는 어법에 맞게 형태소의 본 모양을 밝혀 표기하였다.
오답풀이 ❷ '같이[가치]'는 어법에 맞게 형태소의 본 모양을 밝혀 표기하였고, '하늘[하늘]'은 소리대로 표기하였다.
❸ '국물[궁물]'은 어법에 맞게 형태소의 본 모양을 밝혀 표기하였고, '진심[진심]'은 소리대로 표기하였다.
❹ '찾아서[차자서]'와 '밭만[반만]'은 어법에 맞게 형태소의 본 모양을 밝혀 표기하였다.
❺ '따라가다[따라가다]'와 '기쁘다[기쁘다]'는 소리대로 표기하였다.

02 '땅콩'은 첫음절에 된소리가 오는 예로, 〈보기〉의 규정과는 관련이 없다.
오답풀이 ❶ '으뜸'은 모음 'ㅡ' 사이에서 된소리가 나는 예이다.
❸ '오빠'는 모음 'ㅗ'와 'ㅏ' 사이에서 된소리가 나는 예이다.
❹ '아끼다'는 모음 'ㅏ'와 'ㅣ' 사이에서 된소리가 나는 예이다.
❺ '절뚝거리다'는 받침 'ㄹ' 뒤에서 된소리가 나는 예이다.

03 '맏이'는 'ㄷ' 받침 뒤에 종속적 관계를 가진 '-이'가 올 적에 'ㄷ'이 [ㅈ]으로 소리 나 [마지]로 발음되더라도 '맏이'로 적어야 한다.
오답풀이 ❶ '같이'는 'ㅌ' 받침 뒤에 종속적 관계를 가진 '-이'가 와 [가치]로 발음되더라도 '같이'로 적는다.
❷ '굳이'는 'ㄷ' 받침 뒤에 종속적 관계를 가진 '-이'가 와 [구지]로 발음되더라도 '굳이'로 적는다.
❹ '묻히다'는 'ㄷ' 받침 뒤에 종속적 관계를 가진 '-히-'가 와 [무치다]로 발음되더라도 '묻히다'로 적는다.
❺ '닫히다'는 'ㄷ' 받침 뒤에 종속적 관계를 가진 '-히-'가 와 [다치다]로 발음되더라도 '닫히다'로 적는다.

04 두음 법칙은 한자음이 단어의 첫머리에 올 때 적용되는데, '날짜'는 고유어이므로 두음 법칙을 적용하지 않는다.
오답풀이 ❶ '연도'는 '년도(年度)'가 제10항 '한자음 '녀, 뇨, 뉴, 니'가 단어 첫머리에 올 적에는, 두음 법칙에 따라 '여, 요, 유, 이'로 적는다.'에 따라 표기된 것이다.
❸, ❺ '양질'과 '역량'은 '량질(良質), 력량(力量)'이 제11항 '한자음 '랴, 려, 례, 료, 류, 리'가 단어의 첫머리에 올 적에는, 두음 법칙에 따라 '야, 여, 예, 요, 유, 이'로 적는다.'에 따라 표기된 것이다.
❹ '낙관'은 '락관(樂觀)'이 제12항 '한자음 '라, 래, 로, 뢰, 루, 르'가 단어의 첫머리에 올 적에는, 두음 법칙에 따라 '나, 내, 노, 뇌, 누, 느'로 적는다.'에 따라 표기된 것이다.

실력 쌓기

01 ⑤ **02** ② **03** ④ **04** ⑤ **05** ④ **06** ②

01 ㉡에 따라 하나의 뜻을 나타내는 말은 형태를 하나로 고정하여 일관되게 적는다.

02 〈보기 2〉에 쓰인 '와, 에게, 이다'는 각각 선행하는 체언 '너, 나, 기회'와 붙여 쓴다. 조사는 여러 개가 겹쳐서 쓰일 수 있다는 점에서 '도'는 선행하는 조사 '에게'와 붙여 쓴다.

03 한글 맞춤법 제5항은 '한 단어 안에서 뚜렷한 까닭 없이 나는 된소리는 다음 음절의 첫소리를 된소리로 적는다.'라고 규정하고 있다. 세부적으로 두 모음 사이에서 나는 된소리는 된소리로 적으며, 'ㄴ, ㄹ, ㅁ, ㅇ' 받침 뒤에서 나는 된소리는 된소리로 적는다. 또한 한글 맞춤법 제13항은 '한 단어 안에서 같은 음절이나 비슷한 음절이 겹쳐 나는 부분은 같은 글자로 적는다.'라고 규정하고 있다. 따라서 '움찔'은 'ㅁ' 받침 뒤에서 나는 된소리이므로, '움찔'로 적는다.

오답풀이 ❶, ❷ 한 단어 안에서 같은 음절이 겹쳐 나는 부분은 같은 글자로 적어야 하므로, '씩씩, 눅눅하다'로 적는 것이 올바르다.
❸ '담북'은 'ㅁ' 받침 뒤에서 나는 된소리이므로 '담뿍'으로 적는 것이 올바르다.
❺ '산듯'은 'ㄴ' 받침 뒤에서 나는 된소리이므로 '산뜻'으로 적는 것이 올바르다.

지식 더하기

> **[제5항]** 한 단어 안에서 뚜렷한 까닭 없이 나는 된소리는 다음 음절의 첫소리를 된소리로 적는다.
> 1. 두 모음 사이에서 나는 된소리
>   예 소쩍새, 어깨, 오빠, 으뜸, 아끼다, 기쁘다, 깨끗하다
> 2. 'ㄴ, ㄹ, ㅁ, ㅇ' 받침 뒤에서 나는 된소리
>   예 산뜻하다, 잔뜩, 살짝, 훨씬, 담뿍, 움찔, 몽땅, 엉뚱하다
> 다만, 'ㄱ, ㅂ' 받침 뒤에서 나는 된소리는, 같은 음절이나 비슷한 음절이 겹쳐 나는 경우가 아니면 된소리로 적지 아니한다.
> 예 국수, 깍두기, 딱지, 색시, 싹둑, 법석, 갑자기, 몹시

04 '끝이다[끄치다]'는 받침 'ㅌ' 뒤에 종속적 관계를 가진 조사 '이다'가 올 적에 구개음화로 인해 'ㅌ'이 [ㅊ]으로 소리 나더라도 'ㅌ'으로 적는다.

05 '요소(尿素)'는 한자음 '뇨'가 단어의 첫머리에 쓰였기 때문에 두음 법칙에 따라 '요'로 적는다.

오답풀이 ❶ '운률(韻律)'은 'ㄴ' 받침 뒤에 결합되는 '률'은 '율'로 적는 규정에 따라 '운율'로 표기해야 한다.
❷ '소녀(小女)'의 '녀'는 단어의 첫머리에 오지 않기 때문에 두음 법칙이 적용되지 않는다.
❸ '년세(年歲)'는 한자음 '녀'가 단어의 첫머리에 쓰였기 때문에 두음 법칙에 따라 '연세'로 표기해야 한다.
❺ '실패률(失敗律)'은 모음 뒤에 결합되는 '률'은 '율'로 적는 규정에 따라 '실패율'로 표기해야 한다.

06 '닉명(匿名)'은 제10항에 따라 '익명'으로, '룡궁(龍宮)'은 제11항에 따라 '용궁'으로, '래일(來日)'은 제12항에 따라 '내일'로 적는다.

오답풀이 '몇 년'은 단어 첫머리에 '녀'가 와, 두음 법칙에 따라 '여'로 적어야 하지만, 의존 명사에서는 '녀' 음을 인정하기 때문에 '몇 연'으로 적지 않는다. '료리(料理)'는 제11항에 따라 '요리'로 적는다. '루각(樓閣), 름름(凜凜)'은 제12항에 따라 '누각, 늠름'으로 적는다.

DAY 8 한글 맞춤법 ❷ 본문 121~123쪽

핵심만 바로 체크

1 (1) ○ (2) × (3) ○   **02** (1) 띠어 (2) 길이 (3) 쇄

1 (1) 한글 맞춤법 제14항에 따라 체언과 조사는 구별하여 적는다.
(2) '것, 수, 만큼' 등과 같은 의존 명사는 그 앞말에 띄어 쓰고, '마저, 도, 만' 등과 같은 조사는 그 앞말에 붙여 쓴다.
(3) '만하다, 듯하다, 척하다' 등과 같은 보조 용언은 띄어 씀을 원칙으로 하되, 경우에 따라 붙여 씀도 허용한다.

2 (1) 한글 맞춤법 제43항에 따라 '그루'와 같이 단위를 나타내는 명사는 띄어 쓴다.
(2) 한글 맞춤법 제19항에 따라 형용사 어간 '길-'에 접미사 '-이'가 붙어서 명사가 된 것은 '길이'와 같이 어간의 원형을 밝히어 적는다.
(3) 한글 맞춤법 제35항 붙임 2에 따라 'ㅚ' 뒤에 '-어'가 어울려 '쇄'으로 될 적에 준대로 적으므로 '쇠어'는 준말인 '쇄'로 적는다.

예시로 바로 연습

1 (1) 바닷가, 햇볕 (2) 훗날 (3) 베갯잇   **2** (1) 귓병 (2) 쓰러지다
(3) 봬서   **3** (1) 나도 할 수 있다 (2) 주사 한 대를 맞았다
(3) 너마저 가 버리는구나

1 (1) '바닷가[바다까/바닫까], 햇볕[해뼏/핻뼏]'은 순우리말로 된 합성어로, 앞말인 '바다, 해'가 모음으로 끝나고, 뒷말의 첫소리 'ㄱ, ㅂ'이 된소리 [ㄲ, ㅃ]으로 소리 난다.
(2) '훗날[훈ː날]'은 한자어 후(後)와 순우리말 '날'이 결합한 합성어로, 앞말인 '후'가 모음으로 끝나고, 뒷말의 첫소리 'ㄴ' 앞에서 'ㄴ' 소리가 덧난다.
(3) '베갯잇[베갠닏]'은 순우리말로 된 합성어로, 앞말인 '베개'가 모음으로 끝나고 뒷말의 첫소리 모음 'ㅣ' 앞에서 'ㄴㄴ' 소리가 덧난다.

2 (1) '귓병[귀뼝/귇뼝]'은 순우리말 '귀'와 한자어 '병(病)'이 결합한 합성어로, 앞말인 '귀'가 모음으로 끝나고 뒷말의 첫소리인 'ㅂ'이 된소리 [ㅃ]으로 나므로 사이시옷을 표기한다.

(2) '쓰러지다'는 '쓸다'와 '지다'가 어울려 한 개의 용언이 될 때, 앞말의 본뜻에서 멀어졌기 때문에 '쓸다'의 원형을 밝히어 적지 않는다.

(3) '봬서'는 어간 '뵈-'의 'ㅚ' 뒤에 어미 '-어서'의 '-어'가 어울려 '내'가 된 것으로, 준 대로 적는다.

3 (1) 한글 맞춤법 제42항에 따라 의존 명사 '수'는 띄어 써야 하므로, '나도 할 수 있다.'가 옳다.

(2) 한글 맞춤법 제43항에 따라 단위를 나타내는 명사 '대'는 띄어 써야 하므로, '주사 한 대를 맞았다.가 옳다.

(3) 한글 맞춤법 제41항에 따라 조사 '마저'는 그 앞말에 붙여 써야 하므로, '너마저 가 버리는구나.'가 옳다.

01 한글 맞춤법 제14항에서는 체언과 조사를 구별하여 적는다고 하였으므로, 〈보기〉에 제시된 말들은 소리 나는 대로 적지 않고 체언인 '산, 숲, 행복'과 조사인 '을, 에, 은'을 구별하여 적는다.

오답풀이 ❶ 〈보기〉에는 두음 법칙의 예가 없다.
❷ 〈보기〉에 제시된 말을 소리 나는 대로 적으면 '산을[사늘], 숲에[수페], 행복은[행보근]'이 된다. 표기와 소리가 다르다는 것을 알 수 있다.
❹ 〈보기〉에는 용언의 예가 없다.
❺ 문장의 각 단어는 띄어 써야 하지만 조사는 그 앞말에 붙여 쓴다.

02 '먹이'는 용언 '먹다'의 어간 '먹-'에 접미사 '-이'가 붙어서 명사로 된 것이다.

오답풀이 ❶ '굳이'는 어간 '굳-'에 접미사 '-이'가 붙어서 부사가 된 것이다.
❷ '밝히'는 어간 '밝-'에 접미사 '-히'가 붙어서 부사가 된 것이다.
❹ '실없이'는 어간 '실없-'에 접미사 '-이'가 붙어서 부사가 된 것이다.
❺ '짓궂이'는 어간 '짓궂-'에 접미사 '-이'가 붙어서 부사가 된 것이다.

03 한자어에서는 사이시옷을 붙이지 않는 것을 원칙으로 하나, 두 음절로 된 한자어 중 '곳간(庫間), 셋방(貰房), 숫자(數字), 찻간(車間), 툇간(退間), 횟수(回數)'의 6개 단어에서만 사이시옷을 받치어 적는다. 따라서 '대가(代價)'가 바른 표기이다.

04 '만큼'은 주로 어미 '-은, -는, -을' 뒤에 쓰여 앞의 내용에 상당한 수량이나 정도임을 나타내는 의존 명사이다. 한글 맞춤법 제42항에서 '의존 명사는 띄어 쓴다.'고 하였으므로 '내일은 자고 싶은 만큼 자거라.'와 같이 띄어 써야 한다.

오답풀이 ❶ '만'과 같은 의존 명사는 띄어 쓴다.
❷ '보다'와 같은 조사는 그 앞말에 붙여 쓴다.
❸ '벌'과 같은 단위를 나타내는 명사는 띄어 쓴다.
❺ '수'와 같은 의존 명사는 띄어 쓴다.

01 한글 맞춤법 규정 제15항에서는 용언의 어간과 어미는 구별하여 적는다고 하였으므로, ㉠이 아닌 ㉡과 같이 용언의 어간 '입-'과 어미 '-다, -고, -어, -으니'를 구별하여 적어야 한다.

오답풀이 ❶ 체언과 조사로 이루어진 예가 아니다.
❸ 어간 '입-' 뒤에 접미사가 온 예가 아니다.
❹ 어간과 어미가 결합한 형태가 하나의 단어이므로 띄어쓰기가 필요한 예가 아니다.
❺ 어간 '입-'에 어미 '-다, -고, -어, -으니'가 결합하여도 어간의 형태는 '입-'으로 달라지지 않는다.

02 '드러나다'는 '들다'와 '나다'가 어울려 한 개의 용언이 될 때, 앞말 '들다'의 본뜻에서 멀어졌기 때문에 원형을 밝히지 않고 '드러나다'로 적어야 한다.

오답풀이 ❶ '흩어지다'는 '흩다'의 '한데 모였던 것을 따로따로 떨어지게 하다.'라는 본뜻이 유지되고 있으므로 원형을 밝히어 적는다.
❷ '사라지다'는 앞말인 '살다'의 본뜻에서 멀어져 원형을 밝히지 않고 '쓰러지다'로 적어야 한다.
❸ '늘어나다'는 앞말인 '늘다'의 '물체의 길이나 넓이, 부피 따위가 본디보다 커지다, 시간이나 기간이 길어지다.'와 같은 본뜻이 유지되고 있으므로 원형을 밝히어 적는다.
❺ '엎어지다'는 앞말인 '엎다'의 '물건 따위를 거꾸로 돌려 위가 밑을 향하게 하다, 어떤 일이나 체제 또는 질서 따위가 뒤바뀌다.'라는 본뜻이 유지되고 있으므로 원형을 밝히어 적는다.

03 '인사＋말'은 두 단어가 결합할 때 'ㄴ' 소리가 덧나지 않고 [인사말]로 발음하므로 사이시옷을 표기하지 않는다.

오답풀이 ❶ '콧병[코뼝/콛뼝]'은 순우리말 '코'와 한자어 '병(病)'이 결합한 합성어로, 앞말인 '코'가 모음으로 끝나고, 뒷말의 첫소리 'ㅂ'이 된소리 [ㅃ]으로 소리 나므로 사이시옷을 표기한다.
❷ '빗물[빈물]'은 순우리말로 된 합성어로, 앞말인 '비'가 모음으로 끝나고 뒷말의 첫소리 'ㅁ' 앞에서 'ㄴ' 소리가 덧나므로 사이시옷을 표기한다.
❸ 한자어에는 사이시옷을 붙이지 않는 것을 원칙으로 하나, 두 음절로 된 '곳간(庫間), 셋방(貰房), 숫자(數字), 찻간(車間), 툇간(退間), 횟수(回數)'만 사이시옷을 표기한다.
❺ '나뭇가지[나무까지/나묻까지]'는 순우리말 합성어로, 앞말인 '나무'가 모음으로 끝나고 뒷말의 첫소리 'ㄱ'이 된소리 [ㄲ]으로 소리 나므로 사이시옷을 표기한다.

04 한글 맞춤법 제35항 붙임 2에 따라 'ㅚ' 뒤에 '-어'가 어울려 '내'로 된 경우 준 대로 적어야 하므로 '뵈어요'는 '봬요'로 적는다.

오답풀이 ❷ '되었다'의 준말은 '됐다'이다.
❸ '되뇌었다'의 준말은 '되냈다'이다.
❹ '추었다'의 준말은 '췄다'이다.
❺ '쑤었다'의 준말은 '쒔다'이다.

05 '막아낸다'는 '본용언(막다) + -아 + 보조 용언(낸다)'의 구성으로, 한글 맞춤법 제47항에 따라 보조 용언도 하나의 단어이므로 띄어 쓰는 것이 원칙이나 붙여 쓰는 것이 허용되는 경우의 예이다.

06 단위를 나타내는 명사는 띄어 써야 하므로, '한 통'과 같이 띄어 써야 한다.

오답풀이 ㉠의 '요리하기, 산책하기, 춤추기 등'에서 '등'은 열거할 적에 쓰이는 말로 띄어 쓴다. ㉡의 '그에게서'의 '에게서'는 조사로, 체언 '그'에 붙여 쓴다. ㉣의 '아무 것'에서 '것'은 의존 명사로 띄어 쓴다. ㉤의 '식어 버렸다'에서 '버렸다'는 보조 용언으로 띄어 씀을 원칙으로 한다.

07 ㉠ '귓밥[귀빱/귇빱], 맷돌[매똘/맫똘], 나룻배[나루빼/나룯빼]'는 뒷말의 첫소리가 된소리로 나는 예이다. ㉡ '냇물[낸:물], 잇몸[인몸], 멧나물[멘나물], 아랫마을[아랜마을], 텃마당[턴마당]'은 뒷말의 첫소리 'ㄴ, ㅁ' 앞에서 'ㄴ' 소리가 덧나는 예이다. ㉢ '나뭇잎[나문닙], 깻잎[깬닙]'은 뒷말의 첫소리 모음 'ㅣ' 앞에서 'ㄴㄴ' 소리가 덧나는 예이다.

DAY 24 표준 발음법

본문 125~127쪽

핵심만 바로 체크

1 (1) × (2) ○ (3) ×　**2** (1) ㄱ (2) ㅣ (3) ㅣ, ㅔ

1 (1) 표준 발음법 제5항에 따라 'ㅑ, ㅒ, ㅕ, ㅖ, ㅘ, ㅙ, ㅛ, ㅝ, ㅞ, ㅠ, ㅢ'는 발음할 때 입술 모양이나 혀의 위치가 변하는 이중 모음으로 발음한다.
(2) 'ㅕ'는 이중 모음으로 발음하는 것이 원칙이나 용언의 활용형에 나타나는 '져, 쪄, 쳐'는 [저, 쩌, 처]로 발음한다.
(3) 표준 발음법 제30항에 따라 사이시옷 뒤에 '이' 음이 결합되는 단어의 경우 [ㄴㄴ]으로 발음한다.

2 (1) 겹받침 'ㄳ'은 어말 또는 자음 앞에서 뒤 자음 'ㅅ'이 탈락하여 [ㄱ]으로 발음한다.
(2) 'ㅢ'는 이중 모음으로 발음하지만 자음을 첫소리로 가지고 있는 음절의 'ㅢ'는 [ㅣ]로 발음한다는 규정에 따라 '무늬'는 [무니]로 발음한다.
(3) 'ㅢ'는 이중 모음으로 발음하지만, 단어의 첫음절 이외의 'ㅢ'는 [ㅣ]로, 조사 '의'는 [ㅔ]로 발음함도 허용한다.

예시로 바로 연습

1 (1) 철리 (2) 할따 (3) 가을거지　**2** (1) ㉠ (2) ㉣ (3) ㉡ (4) ㉢
(5) ㉠ (6) ㉣　**3** (1) ㉡, 맨닙 (2) ㉠, 절머 (3) ㉠, 을퍼 (4) ㉡, 콩녇

1 (1) 표준 발음법 제20항에 따라 'ㄴ'은 'ㄹ' 앞이나 뒤에서 [ㄹ]로 발음하므로, '천리'는 [철리]로 발음한다.
(2) 표준 발음법 제10항에 따라 겹받침 'ㄼ'은 자음 앞에서 [ㄹ]로 발음하므로, '핥다'는 [할따]로 발음한다.
(3) 표준 발음법 제17항에 따라 받침 'ㄷ'이 접미사의 모음 'ㅣ'와 결합되는 경우에는 [ㅈ]으로 바뀌어 뒤 음절 첫소리로 옮겨 발음하므로, '가을걷이'는 [가을거지]로 발음한다.

2 (1) 겹받침 'ㄺ'은 어말에서 [ㄱ]으로 발음하므로, '흙'은 [흑]으로 발음한다.
(2) 겹받침 'ㅄ'은 어말에서 [ㅂ]으로 발음하므로, '값'은 [갑]으로 발음한다.
(3) 겹받침 'ㄵ'은 자음 앞에서 [ㄴ]으로 발음하므로, '앉고'는 [안꼬]로 발음한다.
(4) 겹받침 'ㄼ'은 자음 앞에서 [ㄹ]로 발음하므로, '넓다'는 [널따]로 발음한다.
(5) 겹받침 'ㄺ'은 자음 앞에서 [ㄱ]으로 발음하므로, '맑다'는 [막따]로 발음한다.
(6) 겹받침 'ㅄ'은 자음 앞에서 [ㅂ]으로 발음하므로, '없다'는 [업:따]로 발음한다.

3 (1) '맨입'은 '맨-'과 '입'이 결합한 파생어로, 접두사 '맨-'의 끝이 자음이고 뒤 단어가 '입'이므로 'ㄴ' 음을 첨가하여 [맨닙]으로 발음한다. 이는 ㉡의 예에 해당한다.
(2) '젊어'는 겹받침 'ㄻ'이 모음으로 시작된 어미 '-어'와 결합한 것으로, 'ㅁ'을 뒤 음절 첫소리로 옮겨 [절머]로 발음한다. 이는 ㉠의 예에 해당한다.
(3) '읊어'는 겹받침 'ㄿ'이 모음으로 시작된 어미 '-어'와 결합한 것으로, 'ㅍ'을 뒤 음절 첫소리로 옮겨 [을퍼]로 발음한다. 이는 ㉠의 예에 해당한다.
(4) '콩엿'은 '콩'과 '엿'이 결합한 합성어로, 앞 단어 '콩'의 끝이 자음이고 뒤 단어가 '엿'이므로 'ㄴ' 음을 첨가하여 [콩녇]으로 발음한다. 이는 ㉡의 예에 해당한다.

기본 다지기

01 ②　**02** ③　**03** ①　**04** ⑤

01 표준 발음법 제1항은 표준 발음법의 기본 원칙으로, 국어의 전통성(㉠)과 합리성(㉡)을 고려하여 정함을 원칙으로 한다. 이때 전통성을 고려한다는 것은 이전부터 내려오던 발음상의 관습을 감안한다는 의미이다. 합리성은 현실 발음을 표준 발음으로 인정할지를 결정하는 요소이다. 합리성이 떨어지는 현실 발음은 표준 발음으로 인정하지 않는다.

02 자음을 첫소리로 가지고 있는 음절의 'ㅢ'는 [ㅣ]로 발음하므로, '희망'은 [히망]이라고 발음해야 한다.

오답풀이 ❶ '교'에 쓰인 'ㅛ'는 이중 모음으로 발음한다.
❷ 용언의 활용형에 나타나는 '져'는 [저]로 발음한다.
❹ '예, 례' 이외의 'ㅖ'는 [ㅔ]로도 발음함을 허용하므로 '연계'는 [연계/연게]로 발음할 수 있다.
❺ 조사 '의'는 [ㅔ]로 발음함도 허용하므로 '나의'는 [나의/나에]로 발음할 수 있다.

03 겹받침이 모음으로 시작된 조사나 어미, 접미사와 결합되는 경우에는, 뒤엣것만을 뒤 음절 첫소리로 옮겨 발음하므로 [달글]로 발음한다.

오답풀이 ❷, ❸ 겹받침이 모음으로 시작된 조사나 어미, 접미사와 결합되는 경우에는, 뒤엣것만을 뒤 음절 첫소리로 옮겨 발음하므로 '젊어서'는 [절머서]로, '앓아서'는 [알바서]로 발음한다.
❹ 겹받침 'ㄼ'은 '넓–'이 포함된 복합어 중 '넓적하다'와 같은 경우에 [ㅂ]으로 발음하므로 [넙쩌카다]는 올바른 발음이다.
❺ 겹받침이 모음으로 시작된 조사나 어미, 접미사와 결합되는 경우에는, 뒤엣것만을 뒤 음절 첫소리로 옮겨 발음하고, 이 경우 'ㅅ'은 된소리로 발음하므로 '가엾어'는 [가:엽써]로 발음한다.

04 '광야'는 앞 단어의 끝이 자음 'ㅇ'이고 뒤 단어의 첫음절이 '야'이지만 복합어가 아니므로, 'ㄴ' 음을 첨가하지 않는다.

오답풀이 ❶ '한여름'은 파생어에서 접두사 '한–'의 끝이 자음이고 뒤 단어가 '여름'이므로 'ㄴ' 음을 첨가하여 [한녀름]으로 발음한다.
❷ '솜이불'은 합성어에서 앞 단어 '솜'의 끝이 자음이고 뒤 단어 '이불'의 첫음절이 '이'이므로 'ㄴ' 음을 첨가하여 [솜:니불]로 발음한다.
❸ '영업용'은 파생어에서 앞 단어 '영업'의 끝이 자음이고 접미사 '–용'의 첫음절이 '요'이므로 'ㄴ' 음을 첨가하여 [영엄뇽]으로 발음한다.
❹ '꽃잎'은 합성어에서 앞 단어 '꽃'의 끝이 자음이고 뒤 단어 '잎'의 첫음절이 '이'이므로 'ㄴ' 음을 첨가하여 [꼰닙]으로 발음한다.

실력쌓기

01 ①　　**02** ⑤　　**03** ③　　**04** ④　　**05** ⑤　　**06** ⑤

01 표준 발음법은 표준어를 발음할 때의 표준을 정해 놓은 규정이다. 표준어를 한글로 올바르게 적는 방법은 한글 맞춤법이다.

오답풀이 ❷ 표준어는 교양 있는 사람들이 두루 쓰는 현대 서울말로 정함을 원칙으로 한다.
❸ '맛있다'의 원칙 발음은 [마딛따]이지만 [마싣따]도 인정하는 것은 실제 발음을 허용하는 합리성을 고려한 결과이다.
❹ 실제 발음이라고 하더라도 전통성과 합리성에 위배된다면 표준 발음으로 인정하지 않는다.
❺ 실제 발음을 고려하여 복수 표준 발음을 허용하되, 전통성과 합리성을 고려하여 표준 발음을 정한다.

02 용언의 활용형에 나타나는 '져, 쪄, 쳐'는 각각 [저, 쩌, 처]로 발음해야 한다. '쓰여'의 '여'는 '져, 쪄, 쳐'에 해당하지 않으므로 이중 모음으로 발음하는 것이 적절하다.

오답풀이 ❶ '쪄'는 단모음 [쩌]로 발음해야 한다.
❷ '다져'의 '져'는 단모음 [저]로 발음해야 한다.
❸ '잊혀'는 'ㅈ'과 'ㅎ'이 만나 [이쳐]가 된 후, 단모음 [이처]로 발음해야 한다.
❹ '가져'는 단모음 [가저]로 발음해야 한다.

03 겹받침 'ㄹㄱ'은 어말 또는 자음 앞에서 [ㄱ]으로 발음한다. 다만, 용언의 어간에서 겹받침 'ㄹㄱ'은 'ㄱ' 앞에서 [ㄹ]로 발음하므로 '읽다'는 [익따]로, '읽고'는 [일꼬]로 발음한다.

오답풀이 ❶ '훑고'는 [훌꼬]로 발음한다.
❷ '여덟이다'는 [여덜비다]로 발음한다.
❹ '삶'은 [삼:]으로, '늙다'는 [늑따]로 발음하며, 겹받침 중 앞의 자음을 발음하지 않는다.
❺ '넋'은 [넉]으로, '넓다'는 [널따]로 발음하며 겹받침 중 뒤의 자음을 발음하지 않는다.

04 합성어 및 파생어에서, 앞 단어나 접두사의 끝이 자음이고 뒤 단어나 접미사의 첫음절이 '이, 야, 여, 요, 유'인 경우에는, 'ㄴ' 음을 첨가하여 [니, 냐, 녀, 뇨, 뉴]로 발음한다. 따라서 '백분율'은 [백뿐뉼]로 발음한다.

오답풀이 ❶ 원칙적으로 'ㅖ'는 이중 모음으로 발음한다. 다만, '예, 례' 이외의 'ㅖ'는 [ㅔ]로도 발음함을 허용하므로 '지혜'는 [지혜/지헤]로 발음한다.
❷ 'ㄱ, ㄷ, ㅂ, ㅅ, ㅈ'으로 시작하는 단어 앞에 사이시옷이 올 때는 이들 자음만을 된소리로 발음하는 것을 원칙으로 하되, 사이시옷을 [ㄷ]으로 발음하는 것도 허용하므로 '깃발'은 [기빨/긷빨]로 발음한다.
❸ 받침 'ㄷ, ㅌ(ㄾ)'이 조사나 접미사의 모음 'ㅣ'와 결합되는 경우에는, [ㅈ, ㅊ]으로 바꾸어 뒤 음절 첫소리로 옮겨 발음하므로 '땀받이'는 [땀바지]로 발음한다.
❺ 'ㄴ'은 'ㄹ'의 앞이나 뒤에서 [ㄹ]로 발음하므로 '할는지'는 [할른지]로 발음한다.

05 '베갯잇'은 사이시옷 뒤에 '이' 음이 결합하는 예로, [ㄴㄴ]으로 발음하므로 '[베갣닏 → 베갠닏]'으로 발음한다.

오답풀이 ❶ '콧날'은 사이시옷 뒤에 'ㄴ'이 결합하는 예로, [콛날 → 콘날]로 발음한다.
❷ '아랫니'는 사이시옷 뒤에 'ㄴ'이 결합하는 예로, [아랟니 → 아랜니]로 발음한다.
❸ '깻잎'은 사이시옷 뒤에 '이' 음이 결합하는 예로, [깯닙 → 깬닙]으로 발음한다.
❹ '콧등'은 'ㄷ'으로 시작하는 단어 앞에 사이시옷이 오는 예로, 이들 자음만을 된소리로 발음하는 [코뜽]과 사이시옷을 [ㄷ]으로 발음하는 [콛뜽] 모두 올바른 발음이다.

06 '강의의'에서 두 번째 음절의 '의'는 단어의 첫음절 이외의 '의'이므로 [ㅢ]나 [ㅣ]로 발음할 수 있다. 세 번째 음절의 '의'는 조사이므로 [ㅢ]나 [ㅔ]로 발음할 수 있다. 따라서 [강:의의/강:의이/강:이의/강:이에] 모두 올바른 발음이다.

오답풀이 ❶ '의의'는 두 음절 모두 이중 모음으로 발음한 [의:의] 와 단어의 첫음절 이외의 '의'를 [ㅣ]로 발음한 [의:이]로 발음할 수 있 다. 단어의 첫음절에 오는 '의'는 [ㅢ]로 발음해야 하므로, [이:의]와 [이 :이]는 올바른 발음이 아니다.

❷ 자음을 첫소리로 가지고 있는 음절의 'ㅢ'는 [ㅣ]로 발음해야 하므 로, '닐리리'는 [닐리리]로 발음해야 한다.

❸ '협의'에서 '의'는 [ㅢ]로 발음하는 것이 원칙이며 단어의 첫음절 이 외의 'ㅢ'이기 때문에 [ㅣ]로도 발음할 수 있다. 따라서 [혀븨/혀비] 모 두 올바른 발음이다.

❹ '의사'의 'ㅢ'는 자음을 첫소리로 가지고 있지 않으며 단어의 첫음 절이므로 [ㅣ]로 발음할 수 없다. 따라서 [의사]로 발음해야 한다.

◆ 고득점 도전하기

본문 128~129쪽

01 ③ **02** ② **03** ㉠: 살아지다 → 사라지다, ㉡: 삼 → 삶, ㉢: 회수 → 횟수 **04** ④ **05** 우리가∨다섯∨내지∨여섯∨ 자루의∨나무를∨심을∨수∨있을까? **06** ④ **07** ② **08** ⑤ **09** ④ **10** ㉠: [혼니불], ㉡: [하니바람]

---

01 ㉠은 한글 맞춤법, ㉡은 표준 발음법이다. 한글 맞춤법 제5항 에 따라 한 단어 안에서 뚜렷한 까닭 없이 나는 된소리는 '소 쩍새, 산뜻하다'와 같이 다음 음절의 첫소리를 된소리로 적는 다. 하지만 'ㄱ, ㅂ' 받침 뒤에서 나는 된소리는, 같은 음절이 나 비슷한 음절이 겹쳐 나는 경우가 아니면 된소리로 적지 않 는다. 따라서 '싹뚝'이 아닌 '싹둑'으로 적어야 한다.

오답풀이 ❶ 한글 맞춤법은 제1항에 따라 표준어를 소리대로 적되, 어법에 맞도록 함을 원칙으로 한다.

❷ 어법에 맞도록 적기 위해서는 의미가 하나인 말은 형태를 하나로 고정하여 일관되게 적어야 하므로 '같으니'처럼 용언의 어간과 어미를 구별하여 적어야 한다.

❹ 표준 발음법 제1항에 따라 표준어의 실제 발음을 따르되, 국어의 전통성과 합리성을 고려하여 정함을 원칙으로 한다.

❺ 표준 발음법 제5항 '다만 1'에 따라 용언의 활용형에 나타나는 '져, 쪄, 쳐'는 [저, 쩌, 처]로 발음하므로 '다쳐'는 [다처]로 발음해야 한다.

02 제10항에 해당하는 예는 '연간(年間), 여자(女子), 연세(年歲)' 이고, 제11항에 해당하는 예는 '이발(理髮), 양심(良心), 유행 (流行), 예절(禮節), 이치(理致)'이다. 제12항에 해당하는 예는 '내년(來年), 누각(樓閣), 낙원(樂園)'이다.

오답풀이 ❶ '이발(理髮)'은 제11항의 예에 해당한다.

❸ '왕래(往來)'의 '래'는 단어의 첫머리에 오는 경우가 아니므로 두음 법칙을 적용하지 않는다.

❹ '예절(禮節)'는 제11항의 예이며, '개량(改良)'의 '량'은 단어의 첫머 리에 오는 경우가 아니므로 두음 법칙을 적용하지 않는다.

❺ '쾌락(快樂)'의 '락'은 단어의 첫머리에 첫머리에 온 것이 아니므로 두음 법칙을 적용하지 않는다.

---

03 ㉠ 두 개의 용언이 어울려 한 개의 용언이 될 적에, 앞말의 본 뜻에서 멀어진 것은 그 원형을 밝히어 적지 않으므로 '살아 지다'가 아닌, '사라지다'로 고쳐야 한다.

㉡ 어간에 '-이'나 '-(으)ㅁ'이 붙어서 명사로 된 것은 그 어간 의 원형을 밝히어 적으므로 어간 '살-'의 원형을 밝히어 '삶'으로 고쳐야 한다.

㉢ 두 음절로 된 한자어 중 '곳간(庫間), 셋방(貰房), 숫자(數 字), 찻간(車間), 툇간(退間), 횟수(回數)'는 사이시옷을 받 치어 적어야 하므로, '회수'는 '횟수'로 고쳐야 한다.

오답풀이 ㉢ 모음 뒤에 이어지는 '률'은 한자음 '율'로 적으므로 '규 율(規律)'로 적어야 한다.

㉣ 종결형에서 사용되는 어미 '-오'는 '요'로 소리 나는 경우가 있더라 도 그 원형을 밝혀 '오'로 적으므로 '아니오'로 적어야 한다.

🔍 지식 더하기

'들어가다'와 '드러나다'

> 그가 법원으로 ㉠들어가서[드러가서] 증언을 하자 진실이 ㉡드러났다[드러낟따].

- ㉠의 '들어가서'는 '들다(入)'라는 본뜻이 유지되고 있다. 이 처럼 앞말의 본뜻이 유지되고 있는 경우에는 그 앞말의 원형 을 밝혀 적는다.
- ㉡의 '드러났다'는 '들다(入)'라는 앞말이 본뜻과 멀어졌다. 이처럼 앞말의 본뜻에서 멀어진 경우에는 소리 나는 대로 적 는다.

04 부사에 '-이'가 붙어서 역시 부사가 되는 경우 부사의 원형을 밝히어 적으므로 '곰곰이'로 적어야 한다.

오답풀이 ❶ 고유어와 한자어로 된 합성어로서 앞말이 모음으로 끝난 경우, 뒷말의 첫소리 모음 앞에서 [ㄴㄴ] 소리가 덧나는 것은 사 이시옷을 받치어 적어야 하므로 '훗일'로 적어야 한다.

❷ 'ㅌ' 받침 뒤에 종속적 관계를 가진 '-이'가 올 때, 그 'ㅌ'이 [ㅊ]으 로 소리 나더라도 'ㅌ'으로 적어야 하므로 '쇠붙이'로 적어야 한다.

❸ 'ㄷ' 받침 뒤에 종속적 관계를 가진 '-히-'가 올 때, 그 'ㄷ'이 [ㅈ] 으로 소리 나더라도 'ㄷ'으로 적어야 하므로 '묻힌'으로 적어야 한다.

❺ 어간에 '-음'이 붙어서 명사가 된 경우, 그 어간의 원형을 밝혀 적 어야 하므로 '걸음'으로 적어야 한다.

05 조사는 그 앞말에 붙여 쓴다. 한편 두 말을 이어 줄 때 쓰이는 '내지'와 단위를 나타내는 '그루', 의존 명사 '수'는 띄어 쓴다.

06 ㉣에서 '떠난 지'의 '지'는 의존 명사이므로 띄어 쓰고, '큰지'의 '지'는 어미 '-(으)ㄴ지'의 일부이므로 앞말에 붙여 써야 한다.

오답풀이 ❶ 한글 맞춤법 제41항에 따라 조사는 그 앞말에 붙여 써 야 하므로 보조사 '까지'와 '나', 격 조사 '처럼'은 앞말에 붙여 써야 한다.

❷ 한글 맞춤법 제45항에 따라 두 말을 이어 주거나 열거할 적에 쓰이 는 말은 띄어 써야 하므로, '및'과 '등'은 띄어 써야 한다.

❸ 한글 맞춤법 제47항에 따라 보조 용언은 '쏟아져 버렸다'와 같이 띄어 씀을 원칙으로 하되, 경우에 따라 '될법하다'와 같이 붙여 씀도 허용한다.

---

❺ 한글 맞춤법 제43항에 따라 단위를 나타내는 명사는 띄어 써야 하므로, '자루'와 같이 띄어 써야 한다. 다만 '2025년 10월 25일'과 같이 숫자와 어울리어 쓰이는 경우에는 붙여 쓸 수 있다.

07 '예, 례' 이외의 'ㅖ'는 [ㅔ]로도 발음한다. 따라서 '개폐'는 [개폐/개페]로 발음한다.

오답풀이 ❶ 자음을 첫소리로 가지고 있는 음절의 'ㅢ'는 [ㅣ]로 발음하므로 [씨어]로 발음한다.
❸ 단어의 첫음절 이외의 '의'는 [ㅣ]로 발음함도 허용하므로 [주의/주이]로 발음한다.
❹ 조사 '의'는 [ㅔ]로 발음함도 허용하므로 [그곳의/그곳에]로 발음한다.
❺ 단어의 첫음절에 오는 '의'는 이중 모음으로 발음하므로 [의사]로만 발음한다.

08 용언 어간의 받침 'ㄺ'은 자음 앞에서 [ㄱ]으로 발음하고, 'ㄱ' 앞에서 [ㄹ]로 발음한다. 따라서 '밝다'는 [박따], '밝고'는 [발꼬]로 발음한다.

오답풀이 ❶ 제10항에 따라 'ㄽ'은 어말에서 [ㄹ]로 발음하므로, '외곬'은 [외골]로 발음한다.
❷ ㉠에 따라 '밟-'은 자음 앞에서 [밥]으로 발음하므로, '밟지'는 [밥:찌]로 발음한다.
❸ ㉡에 따라 '넓-'은 [넙]으로 발음하므로, '넓죽하다'는 [넙쭈카다]로 발음한다.
❹ 제11항에 따라 겹받침 'ㄺ, ㄻ, ㄿ'은 자음 앞에서 각각 [ㄱ, ㅁ, ㅂ]으로 발음하므로, '붉다'는 [북따], '굶다'는 [굼:따], '읊고'는 [읍꼬]로 발음한다.

09 표준 발음법 제29항에 따르면 합성어에서 앞 단어의 끝이 자음이고, 뒤 단어의 첫 음절이 '이'인 경우에는 'ㄴ' 음을 첨가하여 [니]로 발음한다. 따라서 '솜이불'은 [솜:니불]로 발음하는 것이 적절하다.

오답풀이 ❶ 표준 발음법 제14항에 따라 겹받침이 모음으로 시작된 조사와 결합하는 경우에는, 뒤엣것 'ㅅ'을 뒤 음절 첫소리로 옮겨 발음하고, 'ㅅ'은 된소리로 발음한다. 따라서 '몫이야'는 [목씨야]로 발음한다.
❷ 표준 발음법 제18항에 따라 받침 'ㄱ'은 'ㄴ' 앞에서 [ㅇ]으로 발음한다. 따라서 '먹는'은 [멍는]으로 발음한다.
❸ 표준 발음법 제17항에 따르면 'ㄷ'의 뒤에 접미사 '-히'가 결합되어 '티'를 이루는 것은 [치]로 발음한다. 따라서 '걷히며'는 [거치며]로 발음한다.
❺ 표준 발음법 제20항에 따르면 'ㄴ'은 'ㄹ'의 뒤에서 [ㄹ]로 발음한다. 따라서 '줄넘기'는 [줄럼끼]로 발음한다.

10 ㉠ '홑이불'은 '홑-'과 '이불'이 결합한 파생어로, 접두사의 끝이 자음이고 뒤 단어의 첫음절이 '이'이므로, 'ㄴ' 음을 첨가하여 [혼니불]로 발음한다.
㉡ '하늬바람'의 '늬'는 자음을 첫소리로 가지고 있는 음절이므로 '늬'를 [ㅣ]로 발음한다. 따라서 [하니바람]으로 발음한다.

DAY 25 훈민정음의 창제 원리와 한글의 가치   본문 133~135쪽

핵심만 바로 체크

1 (1) ○ (2) ○ (3) ×   **2** (1) 상형 (2) 세지는 (3) 모아쓰기

1 (1) 'ㄹ'은 기본자의 모양을 달리하여 만든 이체자이다.
(2) 자음자는 발음 기관의 모양을 본떠 기본자를 먼저 만들고, 기본자에 획을 더하여 나머지 글자를 만들었다. 따라서 비슷한 소리를 내는 문자는 그 모양도 비슷하다.
(3) 모음은 '하늘, 땅, 사람'의 모양을 본떠 기본자를 만들었고(상형의 원리), 기본자를 서로 합하여 나머지 글자를 만들었다(합성의 원리).

2 (1) 자음은 발음 기관의 모양을 본떠 기본자를 만들었고, 모음 역시 '하늘, 땅, 사람'을 본떠 기본자를 만들었다. 따라서 자음과 모음의 기본자는 모두 상형의 원리로 만들어졌다.
(2) 자음은 기본자에 획을 하나씩 더해 가며 가획자를 만드는데, 획을 더할 때마다 소리가 더 세진다.
(3) 한글은 음절 단위로 모아쓰기를 하여 의미를 쉽게 파악할 수 있다.

예시로 바로 연습

1 (1) ㉢ (2) ㉡ (3) ㉠   **2** (1) · (2) ― (3) ㅣ   **3** (1) ·, ―, ㅣ (2) ㅗ, ㅏ, ㅜ, ㅓ (3) ㅛ, ㅑ, ㅠ, ㅕ

1 (1) 'ㄹ, ㆁ, ㅿ'은 기본자의 모양을 달리하여 만든 글자로, 이체자이다.
(2) 'ㅋ, ㅌ, ㅍ, ㅊ, ㅎ'은 기본자에 획을 더하여 만든 글자로, 가획자이다.
(3) 'ㄱ, ㄴ, ㅁ, ㅅ, ㅇ'은 발음 기관의 모양을 본떠 만든 글자로, 기본자이다.

2 (1) 하늘의 둥근 모양을 본떠 '·'를 만들었다.
(2) 땅의 평평한 모양을 본떠 '―'를 만들었다.
(3) 사람이 서 있는 모양을 본떠 'ㅣ'를 만들었다.

3 (1) '하늘, 땅, 사람'의 모양을 본떠 기본자 '·, ―, ㅣ'를 만들었다.
(2) 기본자 '―'와 'ㅣ'에 '·'를 합하여 초출자 'ㅗ, ㅏ, ㅜ, ㅓ'를 만들었다.
(3) 초출자 'ㅗ, ㅏ, ㅜ, ㅓ'에 '·'를 결합하여 재출자 'ㅛ, ㅑ, ㅠ, ㅕ'를 만들었다.

기본 다지기

01 ① 02 ⑤ 03 ⑤ 04 ①

01 기본자 'ㄱ, ㄴ, ㅁ, ㅅ, ㅇ'은 상형(㉠)의 원리에 따라 발음 기관(㉡)의 모양을 본떠 만들었다.

02 〈보기〉는 자음자의 가획의 원리에 대한 설명으로, 'ㅇ → ㆆ → ㅎ'의 순서대로 가획을 하여 글자를 만들었다. 'ㆁ'은 'ㅇ'의 가획자가 아닌 이체자이다.

03 재출자 'ㅛ, ㅑ, ㅠ, ㅕ'는 초출자 'ㅗ, ㅏ, ㅜ, ㅓ'에 '·'를 더하여 만든 것이다. 기본자에 획을 더해 새로운 글자를 만드는 가획의 원리는 자음자의 창제 원리에 해당한다.

💡 지식 더하기

자음자와 모음자의 창제 원리

자음자	모음자
• 기본자(ㄱ, ㄴ, ㅁ, ㅅ, ㅇ): 상형의 원리에 따라 만듦.	• 기본자(·, ㅡ, ㅣ): 상형의 원리에 따라 만듦.
• 가획자(ㅋ, ㄷ, ㅌ, ㅂ, ㅍ, ㅈ, ㅊ, ㆆ, ㅎ): 가획의 원리에 따라 만듦.	• 초출자(ㅗ, ㅏ, ㅜ, ㅓ): 합성의 원리에 따라 만듦.
• 이체자(ㆁ, ㄹ, ㅿ): 기본자의 모양을 달리하여 만듦.	• 재출자(ㅛ, ㅑ, ㅠ, ㅕ): 합성의 원리에 따라 만듦.

04 ㉠은 풀어쓰기 방식, ㉡은 모아쓰기 방식이다. 한글은 ㉡과 같이 음절 단위로 글자를 모아쓰기하여 의미를 한눈에 파악할 수 있다. ②~⑤에서도 한글의 장점을 설명하고 있으나 〈보기〉의 내용과는 관련이 적다.

오답풀이 ❷ 한글은 자판을 사용할 때 빠르게 입력하기 쉬운, 정보화 시대에 적합한 문자이다.
❸ 한글은 발음의 원리를 글자 모양에 반영해 원리를 이해하기 쉬운 과학적이고 체계적인 문자이다.
❹ 한글은 적은 수의 자음과 모음을 조합해 많은 글자를 만들어 내는 효율적이고 경제적인 문자이다.
❺ 한글은 기본자를 확장하여 가획자와 이체자를 만든 과학적이고 체계적인 문자이다.

💡 지식 더하기

모아쓰기

읽기도 편하고 의미를 파악하기에도 용이하다. 또 같은 양의 글이라도 지면을 적게 차지한다는 장점이 있다.

한글	자음자와 모음자를 합쳐서 음절 단위로 모아씀. 예 사과
로마자	자음자와 모음자를 음절 단위로 묶지 않고 음소 단위로 씀. 예 apple

실력 쌓기

01 ② 02 ④ 03 ④ 04 ⑤ 05 ② 06 ①

01 모음의 재출자 'ㅛ, ㅑ, ㅠ, ㅕ'는 각각의 초출자 'ㅗ, ㅏ, ㅜ, ㅓ'에 '·'를 합하여 만든 것이다.

02 'ㄴ'은 혀가 윗잇몸에 붙는 모양을 본떠 만든 기본자이다.

오답풀이 ❶ 'ㄷ'은 'ㄴ'에서 획을 하나 더해 만든 가획자이다. 가획자는 획을 더할 때마다 소리가 더 세지므로 'ㄷ'은 'ㄴ'보다 소리가 세게 난다.
❷ 'ㄹ'은 기본자의 모양을 달리하여 만든 이체자이다.
❸ 이체자는 소리의 세기와 관련이 없다.
❺ 가획의 원리에 따라 'ㄴ'에서 한 획을 더해 'ㄷ'을 만들고, 두 획을 더해 'ㅌ'을 만들었다.

03 〈보기〉의 세 자음은 이체자에 해당하는 자음들로, 기본자의 모양을 달리하여 만든 것이다. 'ㆁ'과 'ㅿ'은 현대 국어에서 사용하지 않지만, 'ㄹ'은 현재도 사용하는 글자이다.

04 초출자는 'ㅗ, ㅏ, ㅜ, ㅓ', 재출자는 'ㅛ, ㅑ, ㅠ, ㅕ'이다. 따라서 '양말'은 초출자 'ㅏ'와 재출자 'ㅑ'가 모두 쓰인 단어이다.

오답풀이 ❶ 모음자끼리 글자를 더하여 만든 글자인 'ㅖ'와 'ㅢ'가 쓰인 단어이다.
❷ 초출자 'ㅜ'만 쓰인 단어이다.
❸ 초출자 'ㅏ'와 기본자 'ㅡ'가 쓰인 단어이다.
❹ 기본자 'ㅣ'와 초출자 'ㅜ'가 쓰인 단어이다.

💡 지식 더하기

모음자의 합성의 원리

초출자	재출자
·+ㅡ → ㅗ	ㅗ+· → ㅛ
ㅣ+· → ㅏ	ㅏ+· → ㅑ
ㅡ+· → ㅜ	ㅜ+· → ㅠ
·+ㅣ → ㅓ	ㅓ+· → ㅕ

05 ㉡은 가획이 아닌 합용으로, 모음자끼리 글자를 더하여 만든 것이다.

💡 지식 더하기

병서의 종류

각자 병서	자음자 둘 이상을 옆으로 나란히 쓰는 방법 중, 같은 자음자를 나란히 쓰는 것. 예 ㄲ, ㄸ, ㅃ, ㅆ, ㅉ
합용 병서	자음자 둘 이상을 옆으로 나란히 쓰는 방법 중, 다른 자음자를 나란히 쓰는 것. 예 ㅳ, ㅄ, ㅴ, ㅵ 등

06 초출자는 기본자인 'ㅡ'와 'ㅣ'에 '·'를 합하여 만들고, 재출자는 초출자에 '·'를 합하여 만든 것이므로 가획의 원리가 아닌 합성의 원리이다.

01 혀뿌리가 목구멍을 닫는 모양을 본떠 만든 기본자 'ㄱ'에 획을 더하여 만든 가획자는 'ㅋ'이다. 혀가 윗잇몸에 붙는 모양을 본떠 만든 기본자는 'ㄴ'이다. 이의 모양을 본떠 만든 기본자 'ㅅ'에 획을 더하여 만든 가획자는 'ㅈ, ㅊ'이며, 이체자는 'ㅿ'이다. 따라서 ㉠은 'ㅋ', ㉡은 'ㄴ', ㉢은 'ㅈ, ㅊ', ㉣은 'ㅿ'이다.

02 'ㅌ, ㅍ, ㅎ'은 가획자인 'ㄷ, ㅂ, ㆆ'에 획을 더하여 만든 가획자이다. 따라서 ㉠의 창제 원리는 가획의 원리이다. 한편 'ㅛ, ㅑ, ㅠ, ㅕ'는 초출자인 'ㅗ, ㅏ, ㅜ, ㅓ'에 'ㆍ'를 합하여 만든 재출자이다. 따라서 ㉡의 창제 원리는 합성의 원리이다.

03 첫소리로 올 'ㅁ'에 한 획을 더한 글자는 'ㅂ'이고, 가운뎃소리로 올 수 있는 초출자는 'ㅗ, ㅏ, ㅜ, ㅓ'이며, 끝소리로 올 이체자 'ㆁ, ㄹ, ㅿ' 중 현재까지 남아 있는 것은 'ㄹ'이다. 따라서 이를 조합하여 나올 수 있는 글자는 '볼, 발, 불, 벌'이다.

04 〈보기〉에서 ㉠은 모아쓰기, ㉡은 컴퓨터 자판에서의 한글의 장점, ㉢은 모음자의 합용에 대한 설명이다. 그중 ㉡은 한글의 자음자는 14개, 모음자는 10개로 그 수가 비슷하여 컴퓨터 자판에서 왼쪽과 오른쪽에 적절히 배치할 수 있어 양손을 번갈아 가며 빠른 속도로 글자를 입력할 수 있음을 나타낸 것이다. 이를 통해 컴퓨터 타자 속도가 빠르다는 한글의 장점을 알 수 있으나, 한글이 상형의 원리로 만들어진 글자라는 것은 알 수 없다.

오답풀이 ❶ 한글은 소리 낼 때를 고려하여 '행복'처럼 한글 자모를 음절 단위로 모아쓴다.
❷ 한글은 음절 단위로 모아쓰기 때문에 의미를 한눈에 파악하기 쉽다는 장점이 있다.
❸ 한글은 자음자와 모음자를 컴퓨터 자판의 왼쪽과 오른쪽으로 적절하게 배치할 수 있으므로 컴퓨터 자판에서 입력 속도가 빨라 정보 처리에 유용하다는 장점이 있다.
❺ 적은 수의 모음자를 조합하여 필요에 따라 많은 문자를 만들어 낼 수 있다.

05 한글은 문자와 소리의 일치성이 뛰어나므로 음성 인식에 유리하다.

오답풀이 ❶ 한글은 〈보기〉의 'ㅏ'가 언제나 [ㅏ]로 소리 나는 것처럼 하나의 모음이 한 가지의 소리로 발음된다.
❷ 알파벳은 〈보기〉의 'a'가 [ㅏ], [ㅓ], [ㅐ] 등의 소리로 발음되는 것처럼, 하나의 모음이 다양한 소리로 발음된다.
❸ 한글은 하나의 글자가 하나의 소릿값을 가지고 있어 배우기 쉽고 소리를 내기도 쉽다.
❹ 한글의 문자와 소리의 일치성은 기계 번역이나 음성 인식 컴퓨터 등 한글 정보화에 유리하게 작용한다.

I 음운

기출로 끝내기

01 ①	**02** ②	**03** ④	**04** ③	**05** ⑤	**06** ②
07 ③	**08** ④	**09** 소리 내는 방법	**10** (1) 용언의 어간		

받침 'ㅁ' 뒤에 첫소리가 'ㄱ'인 어미가 올 때 된소리되기가 발생한다. (2) 관형사형 어미 '-(으)ㄹ' 뒤에 'ㄱ'이 올 때 된소리되기가 발생한다. **11** ③ **12** ⑤ **13** ③ **14** (1) 거센소리되기 (2) 구개음화 (3) 다치다 **15** ⑤ **16** ③ **17** 'ㄹ'로 끝나는 용언의 어간이 'ㄴ, ㅅ' 같이 조음 위치가 같은 자음을 가진 어미와 결합할 때 'ㄹ'이 탈락한다. **18** ④ **19** ⑤ **20** ⑤ **21** ④ **22** ②

01 '장군[장군]'은 'ㅈ, ㅏ, ㅇ, ㄱ, ㅜ, ㄴ'의 6개 음운으로 이루어진 단어이고, '임금[임금]'은 'ㅣ, ㅁ, ㄱ, ㅡ, ㅁ'의 5개 음운으로 이루어진 단어이다.

오답풀이 ❷ 국어에는 자음 'ㄱ, ㄲ, ㄴ, ㄷ, ㄸ, ㄹ, ㅁ, ㅂ, ㅃ, ㅅ, ㅆ, ㅇ, ㅈ, ㅉ, ㅊ, ㅋ, ㅌ, ㅍ, ㅎ' 19개와 단모음 'ㅏ, ㅐ, ㅓ, ㅔ, ㅗ, ㅚ, ㅜ, ㅟ, ㅡ, ㅣ' 10개, 이중 모음 'ㅑ, ㅒ, ㅕ, ㅖ, ㅘ, ㅙ, ㅛ, ㅝ, ㅞ, ㅠ, ㅢ' 11개를 합한 모음 21개가 있다.
❸ 'ㅁ'과 'ㅂ'이 '물'과 '불'의 뜻을 구별해 주듯, 음운은 말의 뜻을 구별하여 주는 소리의 가장 작은 단위이다.
❹ '우유'는 모음 'ㅜ'와 'ㅠ'로만 이루어진 단어로, 발음할 때 공기의 흐름이 방해를 받지 않는다.
❺ '밤'과 '발'의 의미가 구별되는 것은 끝소리의 자음인 'ㅁ'과 'ㄹ'이 다르기 때문이다.

02 'ㅆ'은 혀끝이 윗잇몸에 닿아서 나는 소리인 잇몸소리이자, 공기가 흐르는 통로를 좁혀 마찰을 일으키며 내는 소리인 마찰음이다.

오답풀이 ❶ 'ㅁ'은 입술소리이자 비음이다.
❸ 'ㅋ'은 여린입천장소리이자 파열음이다.
❹ 'ㅎ'은 목청소리이자 마찰음이다.
❺ 'ㅅ'은 잇몸소리이자 마찰음이다.

03 'ㅐ'는 전설 모음이면서 저모음이지만, 'ㅏ'는 후설 모음이면서 저모음이다.

04 ㉠은 원순 모음으로, 'ㅟ, ㅚ, ㅜ, ㅗ'가 이에 해당한다.

오답풀이 ❶의 'ㅐ', ❷의 'ㅔ', ❹의 'ㅡ', ❺의 'ㅣ'는 발음할 때 입술을 평평하게 하는 모음인 평순 모음에 해당한다.

05 'ㅘ'는 반모음 'ㅗ'와 단모음 'ㅏ'가 결합한 이중 모음이다.

오답풀이 ❶, ❸ 국어의 이중 모음은 'ㅑ, ㅒ, ㅕ, ㅖ, ㅘ, ㅙ, ㅛ, ㅝ, ㅞ, ㅠ, ㅢ'로 총 11개가 있다.
❷, ❹ 이중 모음은 발음할 때 입술의 모양이나 혀의 위치가 달라지는 모음으로, 반모음과 단모음이 결합하여 만들어진다.

06 첫소리는 여린입천장소리로, 'ㄱ, ㄲ, ㅇ, ㅋ'이 있다. 가운뎃소리는 이중 모음으로, 'ㅑ, ㅒ, ㅕ, ㅖ, ㅘ, ㅙ, ㅛ, ㅝ, ㅞ, ㅠ, ㅢ'가 있다. 끝소리는 비음으로, 'ㄴ, ㅁ, ㅇ'이 있다. 따라서 제시된 〈조건〉을 모두 충족하는 글자는 '꽝'이다.

07 음절의 끝소리 규칙에 따라 음절의 끝소리에서 발음될 수 있는 자음은 'ㄱ, ㄴ, ㄷ, ㄹ, ㅁ, ㅂ, ㅇ'으로 7개이다. 그 외의 자음이 음절의 끝에 오면 이 7개 자음 중 하나의 소리로 바뀌어 발음된다. 이에 따라 'ㅊ'은 음절 끝에서 [ㄷ]으로 발음하므로, ③의 '꽃'은 [꼳]으로 발음된다.

08 〈보기〉의 '숙모[숭모]'는 앞에 오는 음절의 끝소리 'ㄱ'이 그 뒤에 오는 음절의 첫소리인 'ㅁ'을 만나 비음으로 바뀌는 비음화가 나타난다. ④의 [너는 모름지기 하거베 힘써야 한다]에는 아무런 음운 변동도 일어나지 않는다. 연음은 음운 변동이 아니다.

오답풀이 ❶ '맞는'은 음절의 끝소리 규칙에 의해 [맏는]이 되고, 앞에 오는 음절의 끝소리 'ㄷ'이 그 뒤에 오는 음절의 첫소리인 'ㄴ'을 만나 'ㄴ'이 되는 비음화가 일어나 [만는]으로 발음된다.
❷ '흙만'은 자음군 단순화에 의해 [흑만]이 되고, 앞에 오는 음절의 끝소리 'ㄱ'이 그 뒤에 오는 음절의 첫소리인 'ㅁ'을 만나 'ㅇ'이 되는 비음화가 일어나 [흥만]으로 발음된다.
❸ '꽃망울'은 음절의 끝소리 규칙에 의해 [꼳망울]이 되고, 앞에 오는 음절의 끝소리 'ㄷ'이 그 뒤에 오는 음절의 첫소리인 'ㅁ'을 만나 'ㄴ'이 되는 비음화가 일어나 [꼰망울]로 발음된다.
❺ '있는'은 음절의 끝소리 규칙에 의해 [읻는]이 되고, 앞에 오는 음절의 끝소리 'ㄷ'이 그 뒤에 오는 음절의 첫소리인 'ㄴ'을 만나 'ㄴ'이 되는 비음화가 일어나 [인는]으로 발음된다.

09 '각막, 잡는, 닫는'이 각각 [강막], [잠는], [단는]으로 발음되는 것은 파열음으로 발음되는 앞 글자의 끝소리가 뒤이은 글자의 첫소리의 영향을 받아 비음으로 바뀌어 소리가 났기 때문이다. 이는 앞 자음의 소리 내는 방법이 변한 결과이다.

10 〈자료 1〉의 '담고'가 [담:꼬]로 발음되는 것은, 용언의 어간 받침 'ㅁ' 뒤에 첫소리가 'ㄱ'인 어미가 올 때 된소리되기가 일어나기 때문이다. 이처럼 용언의 어간 받침 'ㄴ, ㅁ' 뒤에 첫소리가 'ㄱ, ㄷ, ㅅ, ㅈ'인 어미가 오면 '신고[신:꼬], 감고[감:꼬], 품다[품:따], 젊지[점:찌]'와 같이 된소리되기가 일어난다. 한편 〈자료 2〉의 '먹을 것을'이 [머글꺼슬]로 발음되는 것은, 관형사형 어미 '-(으)ㄹ' 뒤에 'ㄱ, ㄷ, ㅂ, ㅅ, ㅈ'이 올 때 된소리되기가 일어나기 때문이다. 이와 같은 된소리되기의 예로는 '갈 곳[갈꼳], 살 데가[살떼가], 할 바[할빠], 만날 사람[만날싸람], 할 적에[할쩌게]'가 있다.

11 ㉠은 'ㄹ'의 비음화, ㉡은 유음화의 예가 들어가야 한다. '동료'는 'ㄹ'의 비음화로 인해 [동뇨]로, '난리'는 유음화로 인해 [날:리]로 발음된다.

오답풀이 ❶ 권리[궐리]: 유음화, 생략[생냑]: 'ㄹ'의 비음화
❷ 논리[놀리]: 유음화, 공리[공니]: 'ㄹ'의 비음화
❹ 먹물[멍물]: 비음화, 천리[철리]: 유음화
❺ 심리[심니], 강령[강녕]: 'ㄹ'의 비음화

12 〈보기〉는 구개음화에 대한 내용이다. '붙이다[부치다]'는 앞말의 끝소리 'ㅌ'이 모음 'ㅣ'로 시작하는 형식 형태소를 만나 구개음인 [ㅊ]으로 바뀌고, 앞 음절의 끝 자음이 모음으로 시작하는 뒤 음절의 첫소리로 옮겨 발음되는 연음이 일어났기 때문이다.

[오답풀이] ❶, ❷ '잔디[잔디]', '잡티[잡티]'에서 '디'와 '티'는 하나의 형태소 내부에 있으므로 구개음화가 일어나는 환경이 아니다.
❸ '달맞이'가 [달마지]로 발음되는 것은, 연음 때문이지 구개음화 때문이 아니다.
❹ '잊히다'가 [이치다]로 발음되는 것은, 'ㅈ'과 'ㅎ'이 만나 [ㅊ]으로 축약되었기 때문이지, 구개음화 때문이 아니다.

13 두 음운이 합쳐져서 하나의 음운으로 줄어드는 현상은 '음운의 축약'으로, '거센소리되기'가 이에 해당한다. '많다[만:타]'는 예사소리 'ㅎ'과 'ㄷ'이 만나 거센소리 [ㅌ]으로 바뀌어 발음된다.

[오답풀이] ❶ '실내[실래]': 유음화(음운의 교체)
❷ '같대[갇다 → 갇따]': 음절의 끝소리 규칙, 된소리되기(음운의 교체)
❹ '등받이[등바지]': 구개음화(음운의 교체)
❺ '받는대[반는다]': 비음화(음운의 교체)

14 ㉠에서는 '닫-'의 'ㄷ'과 '-히-'의 'ㅎ'이 만나 [ㅌ]으로 바뀌어 발음되는 거센소리되기가 나타난다. ㉡에서는 앞말의 끝소리 'ㅌ'이 모음 'ㅣ'로 시작하는 형식 형태소를 만나 [ㅊ]으로 바뀌어 발음되는 구개음화가 나타난다. 이로 인해 ㉢에서 [다치다]로 발음된다.

15 ㉠은 음절의 끝소리 규칙, ㉡은 거센소리되기의 예이다. '산뜻하다'는 '뜻'의 'ㅅ'이 음절의 끝소리 규칙에 의해 [ㄷ]으로 발음되어 [산뜯하다]가 되고, [뜯]의 'ㄷ'과 [하]의 'ㅎ'이 만나 거센소리되기가 되어 [ㅌ]으로 바뀌어, [산뜨타다]로 발음된다.

[오답풀이] ❶ ㉠의 음절의 끝소리 규칙은 음운의 교체로서, 음운의 개수를 바꾸지 않는다.
❷ ㉡은 된소리되기의 예이다. 된소리되기는 음운의 첨가가 아닌 교체에 해당한다. ㉢은 음운의 축약에 속한다.
❸ ㉡은 음절의 첫소리에 놓인 자음이 바뀌지만, ㉠은 음절의 끝소리에 놓인 자음이 바뀐다.
❹ ㉡의 된소리되기는 순우리말 단어, 한자어 등을 가리지 않고 발생한다.

16 겹받침 'ㄼ'은 음절 끝 또는 자음 앞에서 뒤 자음 'ㅂ'이 탈락하고 [ㄹ]로 발음하는 것이 원칙이다. 하지만 '밟-'은 자음 앞에서 [밥]으로 발음하므로 '밟다'는 [밥:따]로 발음된다.

[오답풀이] ❶ '넋'의 'ㄳ'은 뒤 자음이 탈락하여 [넉]으로 발음된다.
❷ '앎'의 'ㄻ'은 앞 자음이 탈락하여 [암:]으로 발음된다.
❹ '낡고'의 'ㄺ'은 앞 자음이 탈락하여 [ㄱ]으로 발음하는 것이 원칙이다. 하지만 'ㄱ'으로 시작하는 어미 앞에서는 뒤 자음 'ㄱ'이 탈락해 [ㄹ]로 발음된다. 따라서 '낡고'는 [날꼬]로 발음된다.
❺ '없다'에서 'ㅄ'은 뒤 자음이 탈락하여 [업:따]로 발음된다.

17 '노는'은 어간 '놀-'과 어미 '-는'이, '사는'은 어간 '살-'과 어미 '-는'이, '아신다'는 어간 '알-'과 선어말 어미 '-시-'가 결합할 때 'ㄹ'이 탈락한 것이다. 이를 통해 'ㄹ'로 끝나는 용언의 어간

이 'ㄴ, ㅅ'과 같이 조음 위치가 같은 자음을 가진 어미와 결합할 때 'ㄹ'이 탈락한다는 것을 알 수 있다.

18 〈보기〉는 'ㅎ' 탈락에 대한 설명이다. ④에서 '그렇지[그러치]'는 예사소리 'ㅎ'과 'ㅈ'이 만나 거센소리 [ㅊ]으로, '않다[안타]'는 예사소리 'ㅎ'과 'ㄷ'이 만나 거센소리 [ㅌ]으로 바뀌어 발음되는 거센소리되기가 나타난다.

19 '잠가서'는 어간의 'ㅡ'가 어미 '-아서' 앞에서 탈락한 'ㅡ' 탈락의 예이다.

[오답풀이] ❶ '꺼'는 어간의 'ㅡ'가 어미 '-어' 앞에서 탈락한 것이다.
❷ '섰다'는 모음으로 끝나는 어간 '서-' 뒤에 동일한 모음으로 시작하는 선어말 어미 '-었-'이 와서 그중 하나가 탈락한 것이다.
❸ '커서'는 어간의 'ㅡ'가 어미 '-어서' 앞에서 탈락한 것이다.
❹ '담가'는 어간의 'ㅡ'가 어미 '-아' 앞에서 탈락한 것이다.

20 ㉠에서 나타나는 음운 변동 현상은 'ㄴ' 첨가이다. ⑤의 '책 넣는다'에서 '책'은 음절의 끝소리 'ㄱ'이 그 뒤에 오는 음절의 첫소리 'ㄴ'을 만나 [ㅇ]으로 바뀌어 발음되는 비음화가 나타난다. '넣는다'는 음절의 끝소리 규칙에 따라 'ㅎ'이 [ㄷ]으로 바뀐 후 뒤에 오는 음절의 첫소리 'ㄴ'을 만나 [ㄴ]으로 발음되는 비음화가 나타난다. 따라서 ⑤에서 'ㄴ' 첨가는 나타나지 않는다.

21 〈보기 1〉의 밑줄 친 부분에 해당하는 음운 변동은 반모음 첨가이다. ㉠의 '기- + -어'는 단모음 'ㅣ'와 단모음 'ㅓ'가 만날 때, ㉡의 '이- + -오'는 단모음 'ㅣ'와 단모음 'ㅗ'가 만날 때, ㉣의 '뛰- + -어'는 단모음 'ㅟ'와 단모음 'ㅓ'가 만날 때 모음끼리의 충돌을 피하기 위해 반모음 'ㅣ[j]'가 덧붙고 있다.

[오답풀이] ㉢의 '자- + -아서'가 [자서]가 되는 것은 모음으로 끝나는 어간 뒤에 동일한 모음으로 시작하는 어미가 올 때 그중 하나가 탈락하는 동음 탈락이 일어난 것이다.

💡 지식 더하기

모음 탈락
- **'ㅡ' 탈락**: 모음 'ㅏ/ㅓ'로 시작하는 어미 앞에서 용언의 어간 'ㅡ'가 탈락함. 예 담그- + -아 → 담가
- **동음 탈락**: 모음으로 끝나는 어간 뒤에 동일한 모음으로 시작하는 어미가 올 때 그중 하나가 탈락함.
  예 가- + -아서 → 가서

22 '멋지다[먿찌다]'에서 '멋'의 'ㅅ'은 음절의 끝소리 규칙에 따라 [ㄷ]으로 발음한다. 'ㄷ' 뒤에 연결되는 'ㅈ'은 된소리로 발음하므로 [ㅉ]으로 발음한다. 따라서 두 번의 교체가 일어난다고 할 수 있다.

[오답풀이] ❶ '단풍잎[단풍닙]'은 첨가('ㄴ' 첨가)와 교체(음절의 끝소리 규칙)가 일어난다.
❸ '밟히다[발피다]'는 축약(거센소리되기)이 일어난다.
❹ '직행열차[지캥녈차]'는 축약(거센소리되기)과 첨가('ㄴ' 첨가)가 일어난다.
❺ '서른여섯[서른녀섣]'은 첨가('ㄴ' 첨가)와 교체(음절의 끝소리 규칙)가 일어난다.

Ⅱ 단어

기출로 끝내기

01 ⑤　**02** ①　**03** ④　**04** ①　**05** ⑤　**06** ②
07 (1) 문장 안에서 위치가 비교적 자유롭다. (2) 조사와 결합할 수
없다. (3) 생략해도 문장이 성립한다.　**08** ⑤　**09** ④
10 ⑤　**11** ①　**12** ③　**13** ④　**14** ①　**15** ③
16 ②　**17** ③　**18** ㉠ 반의 ㉡ 발음과 형태 ㉢ 의미(뜻)
19 ②

01 품사를 기능에 따라 분류하면 체언, 용언, 수식언, 관계언, 독립언으로 나눌 수 있다. 그중 관계언은 문장 속 단어들의 관계를 나타내는 단어를 말하며 조사가 관계언에 속한다. 감탄사는 독립언에 해당한다.

오답풀이 ❶ 품사는 문장 안에서 단어의 형태가 변하는지의 여부에 따라 불변어와 가변어로 나뉜다.
❷ 품사를 기능에 따라 분류할 때 체언이나 용언을 꾸며 주는 단어를 수식언이라고 한다. 이러한 수식언에는 관형사와 부사가 있다.
❸ 품사를 기능에 따라 분류할 때 용언은 서술어로 쓰이는 단어를 말한다. 이러한 용언은 의미를 기준으로 대상의 움직임을 나타내는 동사와 대상의 성질, 상태를 나타내는 형용사로 나뉜다.
❹ 용언이 문장에서 쓰일 때 어간에 여러 어미가 번갈아 결합하여 용언의 형태가 달라지는 것을 활용이라고 한다. 이처럼 문장에서 쓰일 때 형태가 변하는 단어를 가변어라고 한다.

02 밑줄 친 단어들은 명사(잠), 대명사(우리), 수사(첫째)로, 모두 체언이다. 체언은 문장에서 주로 관형사의 수식을 받는다. 부사는 주로 용언이나 문장 전체를 수식한다.

03 '빛나고(빛나다), 먹었다(먹다), 뛰는(뛰다)'은 대상의 움직임이나 작용을 나타내는 동사이고, '예쁜(예쁘다), 달콤한(달콤하다), 하얀(하얗다)'은 대상의 성질이나 상태를 나타내는 형용사이다.

04 동사는 움직임이 주어에만 미치는 자동사와, 움직임이 목적어에 미치는 타동사가 있다. ㉠의 '부르다'는 움직임이 목적어 '노래를'에 미치고 있으므로 타동사에 해당한다.

오답풀이 ❷ ㉠은 '아이'의 움직임이나 작용을 나타내는 동사이다.
❸ ㉡은 사람 또는 사물의 성질이나 상태를 나타내는 형용사이다.
❹ ㉠과 ㉡은 주어 '아이가, 얼굴이'를 서술하는 기능을 한다.
❺ ㉠은 '부르면, 부르니'처럼 ㉡은 '하얗게, 하야니'처럼 문장에서 사용될 때 형태가 변하는 가변어이다.

05 〈보기〉는 부사에 대한 설명이다. '바로'는 형태가 변하지 않으며 동사 '떠났다'를 꾸며 주는 부사이다.

오답풀이 ❶ '새'는 명사 '가방'을 꾸미는 관형사이다.
❷ '따뜻한'은 형용사 어간 '따뜻하-'에 어미 '-ㄴ'이 결합한 것이다.
❸ '놀고'는 동사 어간 '놀-'에 어미 '-고'가 결합한 것이다.
❹ '모자'는 명사이다.

06 '에게'는 앞의 체언이 부사어의 자격을 갖게 하는 부사격 조사로, 격 조사에 해당한다.

오답풀이 ❶ '만'은 '한정'의 뜻을 더하는 보조사이다.
❸ '은'은 '대조, 강조'의 뜻을 더하는 보조사이다.
❹ '도'는 '더함, 역시'의 뜻을 더하는 보조사이다.
❺ '까지'는 '더함'의 뜻을 더하는 보조사이다.

07 감탄사는 문장에서의 위치가 비교적 자유롭다. 또한 감탄사는 문장에서 다른 성분들과 문법적인 관계를 맺지 않고 독립적으로 쓰이므로 조사와 결합하여 사용할 수 없으며, 생략해도 문장이 성립한다.

08 '아(감탄사), 갑자기(부사), 소나기(명사), 가(조사), 마구(부사), 쏟아지네(동사).'로, 독립언, 수식언, 체언, 관계언, 용언이 포함된 문장이다.

오답풀이 ❶ '그래(감탄사), 참(부사), 잘됐다(동사).'로, 독립언, 수식언, 용언이 포함된 문장이다.
❷ '벌써(부사), 하루(명사), 가(조사), 갔다(동사).'로, 수식언, 체언, 관계언, 용언이 포함된 문장이다.
❸ '새(관형사), 옷(명사), 을(조사), 선물(명사), 받았어(동사).'로 수식언, 체언, 관계언, 용언이 포함된 문장이다.
❹ '두(관형사), 사람(명사), 밖에(조사), 안(부사), 왔어(동사)?'로 수식언, 체언, 관계언, 용언이 포함된 문장이다.

09 동사의 활용형인 '할'을 꾸며 주는 '못'의 품사는 부사이다.

10 '로서'는 지위나 신분 또는 자격을 나타낼 때 사용하는 격 조사이다. 어떤 일의 수단이나 도구를 나타낼 때는 '로써'를 쓴다.

11 의존 형태소는 홀로 쓰일 수 없는 형태소로 반드시 다른 말에 기대어 쓰인다. 이 문장에 사용된 의존 형태소는 '는, 맨-, 로, 에서, 뛰-, -어, 놀-, -았-, -다'이며, 자립 형태소는 '아이, 발, 잔디, 밭'이다.

오답풀이 ❶ '아이, 잔디, 밭'은 홀로 쓰일 수 있는 자립 형태소이다.
❷ '아이, 발, 잔디, 밭, 뛰-, 놀-'은 실질적인 의미를 지니고 있는 실질 형태소이다.
❸ '는, 로, 에서, -어, -았-, -다'는 실질적인 의미 없이 문법적 기능을 하는 형식 형태소이다.
❹ '아이, 는, 맨발, 로, 잔디밭, 에서, 뛰어놀았다'는 홀로 쓰일 수 있는 말('아이, 맨발, 잔디밭, 뛰어놀았다') 또는 홀로 쓰일 수 있는 형태소에 붙어서 쉽게 분리할 수 있는 말('는, 로, 에서')인 단어이다.

12 '꽃밭'은 '꽃'과 '밭'으로 나눌 수 있으므로 두 개의 형태소로 이루어져 있고, '장미'는 더 이상 나눌 수 없는 한 개의 형태소로 이루어져 있다.

오답풀이 ❶ '꽃밭, 에, 예쁜, 장미, 가, 피었다'의 6개의 단어로 이루어진 문장이다.
❷ 자립 형태소이면서 실질 형태소인 것은 '꽃, 밭, 장미'로 3개이다.
❹ '피었다'는 '피- + -었- + -다'로 분석할 수 있다.
❺ 실질적인 의미 없이 문법적 기능을 하는 형태소는 '에, -ㄴ, 가, -었-, -다'로 5개이다.

13 '군–'은 어근에 붙어 '쓸데없는'의 뜻을 더하므로, ㉠은 '접사'가 적절하다. '군소리'는 어근과 접사가 결합한 단어이므로, ㉡은 '파생어'가 적절하다. ㉢은 파생어의 다른 예이므로 '처음 나온', 또는 '덜 익은'을 뜻하는 접사 '풋–'과 어근 '고추'가 결합한 '풋고추'가 적절하다. '돌다리'는 어근 '돌'과 어근 '다리'가 결합한 합성어이기 때문에 적절하지 않다.

14 '물', '방울', '고집', '손'은 단어를 형성할 때 실질적인 의미를 지닌 어근이다.

오답풀이 ② 다른 말과의 문법적 관계를 나타내는 단어는 조사이다.
③ 어근에 붙어 특정한 의미나 기능을 더해 주는 역할을 하는 것은 접사이다.
④ 모두 문장에서 홀로 쓰일 수 있는 자립 형태소에 해당한다.
⑤ 어근은 실질적인 의미를 나타내는 중심 부분으로, 단어를 형성할 때 반드시 필요한 요소이다.

15 ㉢에서 형용사 어근 '조용–, 고요–, 나란–'에 결합한 접사 '–히'는 부사를 만드는 접미사로, 품사를 바꾸는 경우에 해당한다.

오답풀이 ① ㉠은 형용사 어근 '높–, 깊–, 길–, 넓–'에 접사 '–이'가 결합하여 품사를 명사로 바꾼 경우에 해당한다.
② ㉡은 어근 '잡–, 안–, 떨–' 뒤에 접미사 '–히–, –기–, –리–'가 결합하여 만들어진 단어이다.
④ ㉣은 어근 '높다, 웃음, 빨갛다'의 앞에 접두사 '드–, 헛–, 새–'가 결합하여 만들어진 단어이다.
⑤ ㉣은 접두사 '드–'가 '심하게' 또는 '높이'의 뜻, 접두사 '헛–'이 '이유 없는, 보람 없는'의 뜻, 접두사 '새–'가 '매우 짙고 선명하게'의 뜻을 더하는 역할을 한다.

16 '가다'는 '원래의 상태를 잃고 상하거나 변질되다.'의 뜻으로 사용되었으므로, '모양이나 모습이 달라지거나 바뀌게 되다'를 의미하는 '변모(變貌)되다'가 아니라 '성질이 달라지거나 물질의 질이 변하게 되다'라는 뜻의 '변질(變質)되다'를 사용하는 것이 적절하다.

17 '순삭(순간 삭제), 문상(문화 상품권)'은 청소년이 주로 사용하는 줄임말로, 사회 방언에 해당한다.

18 (가)에서 영수가 사용한 '밖'과 지영이 사용한 '안'은 그 의미가 서로 반대되므로 반의 관계에 있는 말이다. (나)의 영수와 지영이 사용한 두 '타다'는 동형이의어이므로, 발음과 형태는 같지만 서로 다른 의미(뜻)로 사용되었다.

19 '눈'의 중심적 의미는 '빛의 자극을 받아 물체를 볼 수 있는 감각 기관.'이라는 뜻이다. 이러한 의미로 사용된 것은 ②이다.

오답풀이 ① '사물을 보고 판단하는 힘.'이라는 뜻으로 사용되었다.
③ '사람들의 눈길.'이라는 뜻으로 사용되었다.
④ '물체의 존재나 형상을 인식하는 눈의 능력.'이라는 뜻으로, '시력'과 같은 의미로 쓰인다.
⑤ '무엇을 보는 표정이나 태도.'의 뜻으로 사용되었다.

기출로 끝내기

본문 146~150쪽

01 ④　　**02** 우리는 상대의 인격을 존중해야 하고 상대가 나와 동등하게 소중하다는 생각을 지녀야 한다.　　**03** ②　　**04** ④　　**05** ②　　**06** ①　　**07** ⑤　　**08** 문장에서 다른 성분들과 직접적인 관계를 맺지 않고 독립적으로 쓰인다.　　**09** ①　　**10** ②　　**11** ②　　**12** ①　　**13** ⑤　　**14** ③　　**15** ③　　**16** 서술어로 동사만 올 수 있고, 형용사는 올 수 없다.　　**17** ②　　**18** ②　　**19** (1) 이웃집 아주머니 (2) 드렸다.　　**20** ④　　**21** ⑤　　**22** ①　　**23** ④　　**24** ⑤　　**25** ㉠: 시간 표현, ㉡: 인용격 조사　　**26** ②　　**27** 관객들이 다는 도착하지 않았다.　　**28** ④

01 문장의 주성분은 주어, 서술어, 목적어, 보어이다. '나는 요리사가 되었다.'는 주어 '나는', 보어 '요리사가', 서술어 '되었다'로, 주성분로만 이루어진 문장이다.

오답풀이 ① 부사어 '무척'은 부속 성분이다.
② 부사어 '빨리'는 부속 성분이다.
③ 관형어 '작은', 부사어 '높이'는 부속 성분이다.
⑤ 부사어 '천천히', '집에'는 부속 성분이다.

02 제시된 문장은 '나와 동등하게 소중하다.'의 주어가 빠져 있으므로 앞 문장을 참고하여 주어 '상대가'를 추가해야 한다.

03 ㉡의 '나무가'는 제시된 문장의 주어로 주성분에 해당한다. '그, 창문은' 관형어, '밖으로, 얼핏'은 부사어로 부속 성분이다.

04 문장에서 문장을 이루는 데 꼭 필요한 주성분은 ㉠, ㉡, ㉢, ㉣이고, 이 중 '누가', '무엇이'에 해당하는 것은 ㉠, ㉡, ㉣이다. 그중에 동작이나 상태의 주체 역할을 하는 주어는 ㉠, ㉣이고, 특별한 의미만을 더하는 보조사와 결합한 것은 ㉣이다.

05 ㉠의 '넣었다'는 주어 '그녀는', 목적어 '책을', 부사어 '가방에'를 필요로 하는 세 자리 서술어이며, ㉢의 '주었다'도 주어 '그녀는', 목적어 '선물을', 부사어 '나에게'를 필요로 하는 세 자리 서술어이다.

오답풀이 ㄴ. '잤다'는 주어 '그녀는'을 필요로 하는 한 자리 서술어이다.
ㄹ. '되었다'는 주어 '그녀는'과 보어 '선생님이'를 필요로 하는 두 자리 서술어이다.
ㅁ. '가르쳤다'는 주어 '그녀는'과 목적어 '학생들을'을 필요로 하는 두 자리 서술어이다.

06 '꽤'는 문장에서 관형어 '많은'을 꾸며 주는 부사어이다.

오답풀이 ②의 '헌'은 체언 '옷'을, ③의 '온'은 체언 '가족'을, ④의 '모든'은 체언 '소망'을, ⑤의 '소중한'은 체언 '추억'을 꾸며 주는 관형어이다.

07 서술어 '주셨다'는 주어 '선생님께서', 목적어 '선행상을', 필수적 부사어 '한나에게'를 필요로 한다.

> **오답풀이** ❶의 '아빠와', ❷의 '학교에서', ❸의 '막대기로', ❹의 '오전에'는 서술어가 꼭 필요로 하지는 않아 문장에서 생략이 가능한 부사어이다.

08 '유리야'는 체언 '유리'에 호격 조사 '야'가 붙어 성립된 독립어로, 문장에서 다른 성분들과 직접적인 관계를 맺지 않고 독립적으로 쓰인다는 특징이 있다.

09 '나는 아침에 운동을 했다.'는 주어 '나는'과 서술어 '했다'의 관계가 한 번만 나타나는 홑문장이다.

> **오답풀이** ❷ 대등하게 이어진문장으로 겹문장이다.
> ❸ 관형사절을 가진 안은문장으로 겹문장이다.
> ❹ 종속적으로 이어진문장으로 겹문장이다.
> ❺ 명사절을 가진 안은문장으로 겹문장이다.

10 '봄이 오면 꽃이 핀다.'는 '봄이 오다.'와 '꽃이 핀다.'가 조건의 연결 어미 '-면'에 의해 연결된 종속적으로 이어진문장이다.

> **오답풀이** ❶ 홑문장이다.
> ❸ '소리도 없이'라는 부사절을 가진 안은문장이다.
> ❹ '그가 오기'라는 명사절을 가진 안은문장이다.
> ❺ '머리가 아프다고'라는 인용절을 가진 안은문장이다.

11 〈보기〉는 '지렁이는 혐오스러워 보인다.'와 '지렁이는 음식물 쓰레기를 줄이는 일등 공신이다.'의 두 문장으로 나눌 수 있는데, 서로 상반되는 내용이므로 대조의 의미를 나타내는 접속어 '그렇지만'으로 연결해야 자연스럽다.

12 ㉡에서는 '소리가 없다.'에 부사 형성 접사 '-이'를 붙여 부사절 '소리 없이'를 만들고, 서술어 '돌아왔다'를 꾸미는 부사절을 가진 안은문장으로 바꾸면 '그들이 소리 없이 돌아왔다.'가 된다.

13 '수희가 현기와 결혼한'이 관형사절로 안겨 있지만, 이 문장은 '수희가 현기와 결혼했다.'가 관형사절로 바뀌어 안긴 것이므로, 원래 있던 문장 성분은 생략되지 않았다.

> **오답풀이** ❶ 주어 '내가'가 생략되었다.
> ❷ 목적어 '피아노를'이 생략되었다.
> ❸ 주어 '내가'가 생략되었다.
> ❹ 주어 '화가가'가 생략되었다.

14 ㉡에서 안긴문장인 '내가 가장 의지하는'은 체언 '친구'를 수식하는 관형사절이다.

> **오답풀이** ❶ ㉠은 '주어(도훈이는)+주어(마음씨가)+서술어(착하다)'의 구조이다.
> ❷ ㉠에서 안긴문장 '마음씨가 착하다.'는 주어 '도훈이는'의 서술어로 기능한다.
> ❹ ㉢은 '아버지께서 먼저 식사하시기'라는 명사절을 가진 안은문장이다.
> ❺ ㉢의 안은문장은 '주어(나는)+목적어(아버지께서 먼저 식사하시기를)+서술어(기다렸다)'의 구조이다.

15 '진수는 배가 터지도록 음식을 먹었다.'에서 '배가 터지도록'은 서술어 '먹었다'를 꾸며 주는 부사어 역할을 한다. 따라서 이 문장은 부사절을 가진 안은문장에 해당한다.

> **오답풀이** ❶ '말도 없이'라는 부사절을 가진 안은문장이다.
> ❷ '키가 크다.'라는 서술절을 가진 안은문장이다.
> ❹ '네가 항상 행복하기'라는 명사절을 가진 안은문장이다.
> ❺ '자신이 가장 빨리 왔다고'라는 인용절을 가진 안은문장이다.

16 ㉠의 명령문과 ㉡의 청유문은 말하는 이가 듣는 이에게 어떤 행동을 요구하거나 요청하는 문장이므로, 서술어로 동사만 올 수 있고 형용사는 올 수 없다.

17 ㉡은 말하는 이가 듣는 이를 별로 의식하지 않거나 거의 독백하는 상태에서 자신의 느낌을 표현하는 감탄문이다.

18 ②는 말하는 이가 듣는 이에게 질문을 하여 대답을 요구하고 있으므로 종결 표현의 형식과 기능이 일치한다.

> **오답풀이** ❶, ❸, ❹, ❺는 의문문의 형식이지만 모두 상대방에게 어떤 행위를 요구하는 의도를 지니고 있으므로 형식과 기능이 일치한다고 볼 수 없다.

19 객체 높임법으로 문장의 부사어인 '이웃집 아주머니'를 높이는 문장이다. 따라서 '주다'의 높임 표현인 특수 어휘 '드리다'를 사용하여 '드렸다'로 고쳐야 한다.

20 주체 높임법은 문장의 주어를 높이는 방법으로, 〈보기 1〉에서는 접사 '-님', 조사 '께서', 선어말 어미 '-시-'를 통해 주어인 '사장님'을 높이고 있다.

21 〈보기〉는 과거 시제에 대한 설명이다. ⑤의 '했던'은 어간 '하-'에 선어말 어미 '-였-'과 관형사형 어미 '-던'이 붙어서 실현된 과거 시제이다.

> **오답풀이** ❶ 선어말 어미 '-ㄴ-'이 붙어 실현된 현재 시제이다.
> ❷ 선어말 어미 '-겠-'이 붙어 실현된 미래 시제이다.
> ❸ 관형사형 어미 '-(으)ㄹ'이 붙어 실현된 미래 시제이다.
> ❹ 시간 부사어 '지금'이 사용되어 실현된 현재 시제이다.

22 〈보기〉는 선어말 어미 '-았-'을 활용하여 실현된 과거 시제이며, 연결 어미 '-(으)면서'를 활용하여 시간의 흐름 속에서 영화를 보는 동작이 진행되고 있는 진행상에 해당한다.

23 ④의 '지워지지'는 '지우- + -어지다'가 결합한 것으로, (나)의 ㉡에 따른 피동 표현이다.

> **오답풀이** ❶ '잡혀지지'는 '잡히- + -어지다'로 이중 피동 표현에 해당하므로 '잡히지'로 고쳐 써야 한다.
> ❷ '보여진다'는 '보이- + -어지다'로 이중 피동 표현에 해당하므로 '보인다'로 고쳐 써야 한다.
> ❸ '믿겨지지'는 '믿기- + -어지다'로 이중 피동 표현에 해당하므로 '믿기지'로 고쳐 써야 한다.
> ❺ '생각되어진다'는 '생각되- + -어지다'로 이중 피동 표현에 해당하므로 '생각된다'로 고쳐 써야 한다.

24 선생님이 학생에게 책을 읽는 행위를 하게 한 ⑤가 사동 표현이다. ①~④는 모두 피동 표현이다.

25 〈보기〉에 제시된 직접 인용문을 간접 인용문으로 바꾸면 '어제 용호가 오늘 보자고 말했다.'가 된다. 이때 시간 표현 '내일'이 '오늘'로, 인용격 조사 '라고'가 '고'로 바뀐다.

26 주체의 의지에 의한 부정은 '안' 부정문에 해당한다. ㉠은 '안' 부정문이자 부정 부사 '안'을 사용한 짧은 부정문이고, ㉢은 '안' 부정문이자 '–지 않다'를 사용한 긴 부정문이다.

> **오답풀이** ㉡ '못' 부정문이자 부정 부사 '못'을 사용한 짧은 부정문으로, 주체의 능력 부족에 의한 부정을 표현한다.
> ㉣ '못' 부정문이자 '–지 못하다'를 사용한 긴 부정문으로, 상황에 의한 부정을 표현한다.

27 부정의 대상이 되는 부분에 보조사를 넣어 중의성을 해소할 수 있으므로, ㉠은 '관객들이 다는 도착하지 않았다.'로 고쳐 쓸 수 있다.

28 (나)에서 ㉣은 시험을 잘 보라는 어머니의 말에 시험을 잘 보겠다고 대답한 것이므로 어머니의 의도를 잘 파악한 대답이다.

국어의 규범

기출족 끝내기

01 ④　　**02** ②　　**03** ④　　**04** ⑤　　**05** ②
06 ㉠: 의자에, ㉡: 띄우려고

01 파생어 '풋콩'과 '울음'은 각각 [푿콩], [우름]으로 발음되지만 어법에 맞도록 각 형태소의 본 모양을 밝혀 적은 예이다.

> **오답풀이** ❶ 합성어 '낮잠[낟짬]'과 파생어 '얼음[어름]'은 어법에 맞도록 적은 예이다.
> ❷ 파생어 '이파리[이파리]'는 소리대로 적은 예이며, 합성어 '눈물[눈물]'은 소리대로 적음과 동시에 어법에 맞도록 적은 예이다.
> ❸ 파생어 '반팔[반팔]'은 소리대로 적음과 동시에 어법에 맞도록 적은 예이며, 파생어 '헛웃음[허두슴]'은 어법에 맞도록 적은 예이다.
> ❺ 합성어 '손발[손발]'은 소리대로 적음과 동시에 어법에 맞도록 적은 예이며, 합성어 '꽃나무[꼳나무 → 꼰나무]'는 어법에 맞도록 적은 예이다.

02 '경쟁율'은 'ㅇ' 받침 뒤에 '율'이 이어지므로 〈보기〉의 조건에 해당하지 않는다. 따라서 '경쟁률'로 적는 것이 옳다.

03 한글 맞춤법 제25항에 따르면 '–하다'가 붙는 어근에 '–이'가 붙어서 부사가 된 경우에는 어근의 원형을 밝히어 적는다. ④의 '깨끗이'는 '–하다'가 붙는 어근 '깨끗'에 '–이'가 붙어서 부사가 된 것이므로 어근의 원형을 밝혀 '깨끗이'로 적는 것이 옳다.

> **오답풀이** ❶ '–이'가 붙어서 부사로 된 것은 그 어간의 원형을 밝히어 적으므로 '샅샅이'로 적는 것이 옳다.
> ❷ 'ㅚ' 뒤에 '–었–'이 어울려 '냈'이 될 적에도 준 대로 적으므로, '샜다'로 적는 것이 옳다.
> ❸ 'ㄴ, ㄹ, ㅁ, ㅇ' 받침 뒤에서 나는 된소리는 된소리로 적으므로, '잔뜩'이 옳다.
> ❺ 두 개의 용언이 어울려 한 개의 용언이 될 적에, 앞말의 본뜻이 유지되고 있는 것은 그 원형을 밝히어 적으므로 '돌아가다'로 적는 것이 옳다.

04 '밭이랑에 씨앗을 심었다.'의 '밭이랑'은 어근 '밭'과 어근 '이랑'이 결합하여 만들어진 합성어이다. '밭이랑'은 받침 'ㅌ' 뒤에 모음 'ㅣ'가 이어지고 있으나, 이때 'ㅣ'는 조사나 접미사의 모음이 아니므로 제17항을 적용할 수 없다. 따라서 '밭이랑[반니랑 → 반니랑]'으로 발음하는 것이 적절하다.

> **오답풀이** ❶ '겉이 하얗다.'의 '겉이'는 명사 '겉'에 조사 '이'가 결합한 경우이므로, 제17항에 따라 [거치]로 발음하는 것이 적절하다.
> ❷ '집에 같이 가다.'의 '같이'는 용언의 어간 '같–'에 접미사 '–이'가 결합한 경우이므로, 제17항에 따라 [가치]로 발음하는 것이 적절하다.
> ❸ '벽보를 붙이다.'의 '붙이다'는 용언의 어간 '붙–'에 접미사 '–이–'가 결합한 경우이므로, 제17항에 따라 [부치다]로 발음하는 것이 적절하다.
> ❹ '달려오는 자전거에 받히다.'의 '받히다'는 어근 '받–'에 접미사 '–히–'가 결합한 경우이므로, 제17항에 따라 [바치다]로 발음하는 것이 적절하다.

05 '마저'는 이미 어떤 것이 포함되고 그 위에 더함의 뜻을 나타내는 보조사로, 조사는 그 앞말에 붙여 써야 한다.

> **오답풀이** ❶ 보조 용언은 띄어 씀을 원칙으로 하되, 경우에 따라 붙여 씀도 허용한다. 다만, 앞말에 조사가 붙는 경우 그 뒤에 오는 보조 용언은 띄어 쓰므로, '듯도 하다'와 같이 띄어 써야 한다.
> ❸ 의존 명사는 띄어 쓰므로 '먹을 만큼'과 같이 띄어 써야 한다.
> ❹ 단위를 나타내는 명사는 띄어 쓰므로, '한 송이'와 같이 띄어 써야 한다.
> ❺ 성과 이름은 붙여 쓰고, 이에 덧붙는 호칭어는 띄어 쓰므로, '김성현 씨'와 같이 띄어 써야 한다.

06 (1)의 '의자에'에서 '의'는 제5항에 따라 이중 모음으로 발음한다. (2)의 '띄우려고'에서 '띄'는 자음 'ㄸ'을 첫소리로 가지고 있는 음절이므로 이때 'ㅢ'는 [ㅣ]로 발음한다. 따라서 ㉠은 [의자에], ㉡은 [띠우려고]로 발음한다.

> 💡 **지식 더하기**
>
> **모음 'ㅢ'의 발음**
> • 자음을 첫소리로 가지고 있는 음절의 'ㅢ'는 [ㅣ]로 발음한다.
>   ⓔ 무늬[무니]
> • 단어 첫음절 이외의 '의'는 [ㅣ]로, 조사 '의'는 [ㅔ]로 발음함도 허용한다.
>   ⓔ 주의[주의/주이], 우리의[우리의/우리에]

V 한글

본문 152쪽

기출로 끝내기

01 ⑤   02 ④   03 ③   04 애민 정신, 창조 정신
05 ④

01 한글 자음의 기본자는 상형의 원리에 따라 발음 기관을 본떠 만들었다. 'ㅇ'은 발음할 때 동그랗게 열리는 목구멍의 모양을 본떠 만든 글자이다.

02 가획자는 기본자에 획을 더해 만든 글자로, 획을 더할 때마다 소리의 세기가 세진다. 이체자는 기본자의 모양을 달리하여 만든 글자이다.

03 초출자는 'ㅏ, ㅓ, ㅗ, ㅜ'이며, '수고'는 초출자로만 쓰인 단어이다.

오답풀이 ❶ '아침'은 초출자(ㅏ)와 기본자(ㅣ)가 쓰인 단어이다.
❷ '저녁'은 초출자(ㅓ)와 재출자(ㅕ)가 쓰인 단어이다.
❹ '직후'는 기본자(ㅣ)와 초출자(ㅜ)가 쓰인 단어이다.
❺ '대기'는 합용자(ㅐ)와 기본자(ㅣ)가 쓰인 단어이다.

04 ㉠에는 훈민정음을 창제한 이유와 새로운 글자를 만들었다는 점이 드러나 있다. 즉 말하고자 하는 바가 있어도 글을 몰라 말을 하지 못하는 백성들을 불쌍히 여겨 글자를 만들었음을, 또한 새롭게 스물여덟 글자를 만들었음을 밝히고 있다. 이를 통해 백성들을 위하는 '애민 정신'과 새로운 문자를 만든 '창조 정신'이 반영되어 있음을 알 수 있다.

05 한글은 자음과 모음을 음절 단위로 조합하여 적는 모아쓰기 방식을 사용해 의미를 쉽고 빠르게 파악할 수 있다.

visang

ONLY
META

다른 곳엔 없는
메타인지 학습 과
성취 기반 AI메타보드·AI채움퀘스트
교재 강의 로
업계 유일한 비상교재, 쎈 강좌 보유

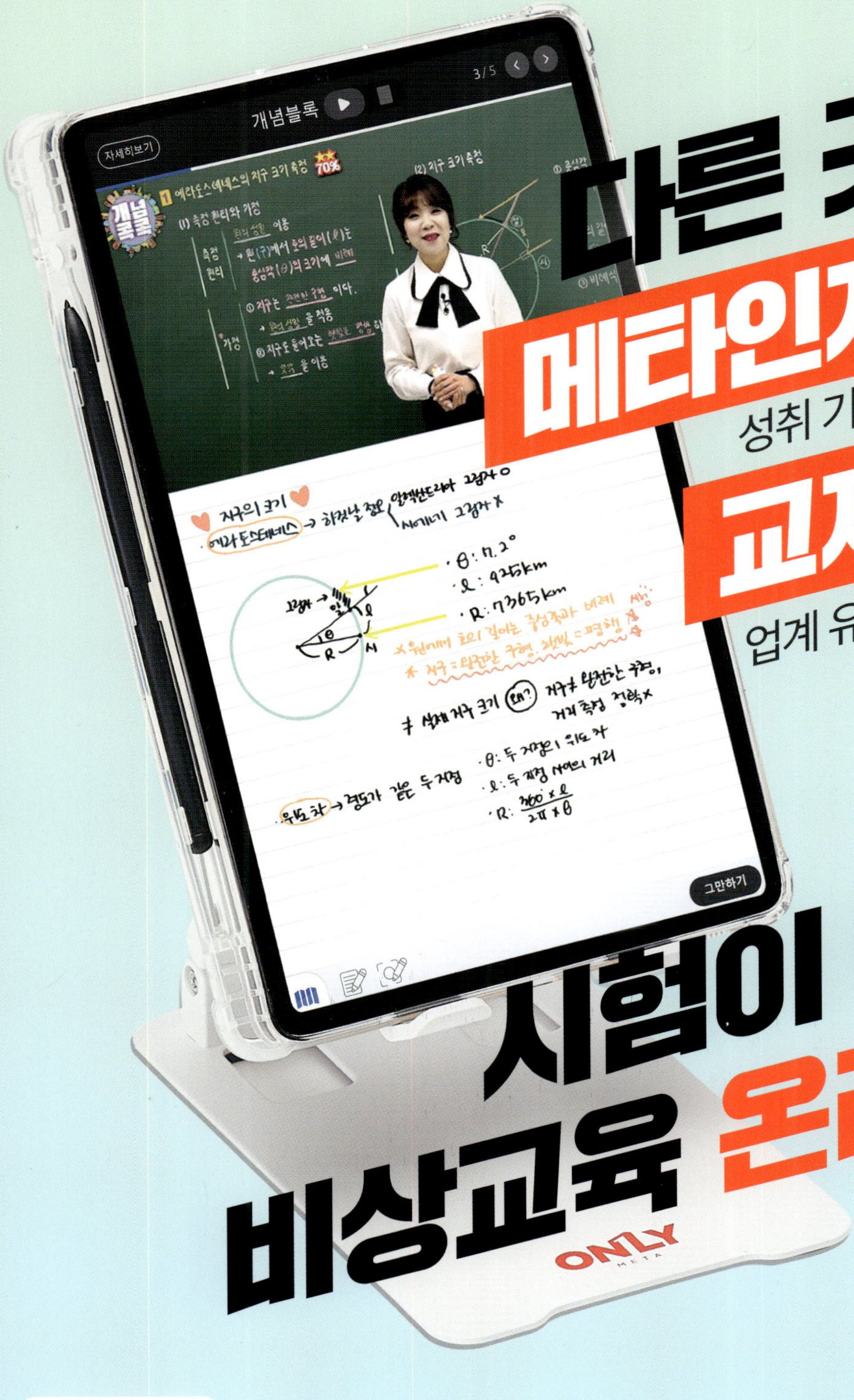

시험이 쉬워지는
비상교육 온리원 중등

0원 무제한 학습!
지금 신청하기

★★★ 10명 중 8명 내신 최상위권
★★★ 특목고 합격생 167% 달성
★★★ 1년 만에 2배 장학생 증가

※ 2023년 2학기 기말 기준, 전체 성적 장학생 중 모범, 으뜸, 우수상 수상자(평균 93점 이상) 비율 81.2% /
특목고 합격생 수 2022학년도 대비 2024학년도 167.4% / 21년 1학기 중간 ~ 22년 1학기 중간 누적 장학생 수(3,499명) 대비
21년 1학기 중간 ~ 23년 1학기 중간 누적 장학생 수(6,888명) 비율

문의 1588-6563 | www.only1.co.kr